日本植民地研究の論点

日本植民地研究の論点

日本植民地研究会 編

岩波書店

［編纂委員長］

須永德武

［編纂委員］

安達宏昭

加藤圭木

清水美里

千住　一

竹内祐介

平山　勉

細谷　亨

三ツ井崇

谷ヶ城秀吉

はじめに

須永徳武・谷ヶ城秀吉

1　日本植民地研究の系譜

　本書は，多様化する日本植民地研究の現在的地平とそこに内在する課題を可能な限り包括的に提示することを通じて，新たな研究プラットフォームの構築に向けた礎石を提供することを目的としている．かつて J. ギャラハー & R. ロビンソンは「自由貿易の帝国主義」において，直接的に政治・行政が支配される植民地を「公式帝国」とし，植民地化されてはいないが，自由貿易体制の下で経済的に支配された地域を「非公式帝国」と区分した［Gallagher and Robinson 1953］．この区分を踏まえれば，近代日本の歩みは「公式帝国」拡張の歴史であり，植民地帝国形成の歩みそのものであった．こうした近代日本のあり様を振り返れば，植民地はその不可欠な構成要素であり，植民地をめぐる諸問題を問うことなしに日本の近代を考えることはできない．さらに日本の植民地帝国化が東アジア地域を巻き込む形で進展した点に鑑みれば，日本の植民地問題を問うことは東アジアの近代を考えることであり，日本植民地研究は東アジアの近代史研究に対して共有可能な研究基盤を提供し得る研究分野でもある．

　戦前期の日本植民地研究は官学アカデミズムにおける植民政策学を中心に進展した．植民政策学は植民地の統治形式や法体系を軸に安定的な植民地支配を進めるための統治政策研究であったが，1920年代になると「公式帝国」としての植民地領有を前提としつつも，植民地に対する従属主義あるいは同化主義的政策を批判し，自治主義的政策の必要性を強調する見解が登場する．京都帝国大学で植民政策学を講じた山本美越乃は1920年に『植民政策研究』を公刊し，具体的な統治機構として立法機能を有する「代議制度」と「民意ニ適合セル統治」のための「責任政府」の必要性を強調した［山本美越乃 1927：261頁］．こうした山本の植民政策学はイギリス帝国の自治領 Dominion をモデルとするもので，植民地行政の実権は植民地議会および行政府に負託されるべきものと考えられていた．また，新渡戸稲造の後任として1923年に東京帝国大学の植

民政策講座教授に就任した矢内原忠雄は，さらにラディカルな自由主義的植民政策学を展開した．矢内原は「論理的終局は植民地に対する本国の領有支配関係の消滅に至る」と論じ［矢内原忠雄 1963(1926)：250, 470 頁］，「植民の実質的必要性と植民地征服領有の不合理性，この矛盾衝突が解決せられなければ植民の理想的実現は期待し得ない」と結論付けた［矢内原忠雄 1963(1926)：16, 468 頁］．このように戦前の植民政策学では日本の統治政策批判を超えて，植民地領有それ自体が批判的に論じられていた．

　これまで戦前を代表する植民地研究者と見做されてきた細川嘉六は，こうした矢内原らの植民政策学を「資本家的階級利害の代弁者」と厳しく批判した［細川嘉六 1973(1927)：198 頁］．細川はマルクス主義の立場からレーニン『帝国主義』をベースに，「公式帝国」日本の植民地統治構造を民族政策と過剰資本輸出を軸として体系的に描出する『植民史』を著した，官学アカデミズム外部の植民地研究者であった．この細川による植民政策学批判は，マルクス主義に立脚したイデオロギー批判の側面が強く，それまでの植民政策学の深化や到達水準を踏まえて検討し，批判したものとは言い難い．戦後の日本植民地研究が帝国主義のコンテクストで進展したため，その先駆的研究として細川嘉六［1972(1941)］に注目が集められたが，矢内原らの植民政策学もまた戦前期における日本植民地研究の 1 つの到達点として見直される必要があろう（細川嘉六［1972(1941)］に関しては，岡部牧夫［2008］の注(2)を参照）．

　アジア太平洋戦争の敗北により「公式帝国」日本は崩壊し，統治政策研究としての植民政策学は実質的な存在意義を失う．戦後の日本植民地研究は帝国主義の視角から出発し，立脚点や濃淡の差異はあったにせよ，日本帝国主義史の強い規定性の下で進展する．国家意思が濃厚に投影された政策展開の下で進行した日本の資本主義化と「公式帝国」化を把握する方法として帝国主義の論理が有効と考えられたからであり，その理論的根拠は主としてレーニン『帝国主義』に求められた．レーニンは，資本主義の独占的段階を帝国主義と捉え，その下で形成される過剰資本輸出が世界市場分割の手段となって，植民地支配と帝国主義対立の拡大を生じさせると論じた［レーニン 1956：102-111, 124-125, 139, 145-146 頁］．しかし，レーニンによる帝国主義の定義は欧米帝国主義国をモデルとするもので，これまでも様々な側面について日本の帝国主義的実態との乖離が指摘されてきた．こうした研究史に鑑みれば，レーニン『帝国主義』を

ア・プリオリに前提とした研究視角には再検討されるべき点が少なくない．

　また，帝国主義の視角が日本植民地研究の視野を狭める傾向を有した点もまた否定できない．経済的収奪性や政治的・軍事的侵略を植民地問題の中核と捉える研究視角は，植民地の社会空間に内包された多義性への問題意識を希薄化させる方向に機能した．こうした帝国主義の視角が，植民地社会に可視・不可視に潜在した支配の多義的解釈を収奪性や侵略性に帰納させる傾向を有したとすれば，それは結果として研究領域の周縁的な拡張可能性を抑制したと言わざるを得ない．たとえば，J. A. シュンペーターは帝国主義政策と資本主義の関係を真っ向から否定し，「近代帝国主義は，資本主義そのものの「内在的論理」からは決して生まれてこなかったはずのもの」と指摘している［シュンペーター 1956：157 頁］．このシュンペーターの指摘を踏まえれば，そもそも日本の「公式帝国」化は経済構造に規定された必然的関係であったのか，この点もあらためて問い直される必要があろう．

2　本書のねらい

　それまでの帝国主義的視角による日本植民地研究に対して，E. W. サイードや B. R. O'G. アンダーソンなどの研究を契機に，1990 年代以降の日本でも帝国史あるいはポストコロニアル研究が本格化する．これらポスト帝国主義の研究視角に共有された特徴は，政治，文化，民族など帝国主義的な研究視角では看過あるいは軽視されてきた領域に視野を広げ，宗主国と植民地各地との相互規定的な影響を重視することで，「公式帝国」日本を総体的に認識しようとする点にあった．さらに脱帝国・脱植民地後も再生産される植民地主義を戦後世界の覇権，民族，社会主義など複合的な観点から検証を進めた点にもその特徴があった．

　その時代の知的関心と研究動向を反映する企画出版に岩波講座があるが，これまで植民地をテーマに 2 つのシリーズが公刊されている．大江志乃夫，浅田喬二ら 8 名を編集委員として 1992-93 年に刊行された『岩波講座近代日本と植民地』全 8 巻［大江志乃夫ほか編 1992-1993］と山本武利，田中耕司ら 8 名を編集委員として 2006 年に刊行された『岩波講座「帝国」日本の学知』全 8 巻［山本武利ほか編 2006］である．後者は前者を受けて「近代日本における学知の生成と展開を歴史的文脈のなかに位置付け」「帝国的認識空間の位相を明らかにする

こと」が目的とされる(第1巻，v頁).この2つの岩波講座から，1990年代以降に進展した帝国主義からポスト帝国主義への研究視角の転換が象徴的に看取される.

表0-1 は2つの岩波講座の各巻タイトルを示したものである.『近代日本と植民地』にも1980年代におけるポスト帝国主義の研究動向がある程度包摂されていると認められるが，同時に「統治」,「支配」,「抵抗」,「屈従」などの用語が目につく．ここでは「公式帝国」日本による植民地化のプロセスが，政治と外交，戦争と軍事，経済とインフラ，思想とイデオロギー，人流と労働と女性，民族抵抗運動，マスコミと文学，脱植民地化とアジアなどの観点から総合的に論じられている．これに対して『「帝国」日本の学知』では「系譜」,「メディア」,「空間」,「地域」などの用語が用いられ，帝国としての近代日本の学知のあり様が，政治の実践的技術知，経済学，東洋学，メディア，広域文学，調査技法，近代自然科学，世界認識などの観点から検討される．『「帝国」日本の学知』の編者の1人である酒井哲哉は，『近代日本と植民地』が「多民族帝国であった戦前期日本の支配様式」を明らかにしたと評価したうえで，『「帝国」日本の学知』は「学問の政治的機能を視野に入れつつも，単なるイデオロギー批判にとどまらない過去の知的遺産の批判的継承を目指すもの」と述べている(第1巻，2-3頁).

さらに両講座の総論にあたると見做し得る第1巻の章別構成を示したものが**表0-2** である．両講座が直接に対象とするテーマの差異に配慮する必要はあるが，分析対象や研究視角が帝国主義からポスト帝国主義へと変化していることが確認できよう．『「帝国」日本の学知』は『近代日本と植民地』の継承講座と自己規定するが，収録論文の多くからそれを直截的に読み取ることは難しい．両講座の対比からは，むしろ研究視角の乖離と対話回路の乏しさが浮き彫りになる．この両講座の間に本書を設定することで，帝国主義とポスト帝国主義の研究視角や問題意識の間に対話の回路をリレーさせ，どのような対話可能性を展望できるか，ここに本書の挑戦がある．

マルクス主義や帝国主義といった日本植民地研究における「大きな物語の終焉」は，ポスト帝国主義の多様な問題意識と多彩な言説を生み出したが，同時に問題意識の拡散と研究対象の細分化も進行し，結果的に研究の分断と相互無関心を拡大させることとなった．これに加えて，個別地域史の集合[杉山伸也

表 0-1　岩波講座の巻別構成

巻数	『近代日本と植民地』	『「帝国」日本の学知』
第1巻	植民地帝国日本	「帝国」編成の系譜
第2巻	帝国統治の構造	「帝国」の経済学
第3巻	植民地化と産業化	東洋学の磁場
第4巻	統合と支配の論理	メディアのなかの「帝国」
第5巻	膨張する帝国の人流	東アジアの文学・言語空間
第6巻	抵抗と屈従	地域研究としてのアジア
第7巻	文化のなかの植民地	実学としての科学技術
第8巻	アジアの冷戦と脱植民地化	空間形成と世界認識

表 0-2　岩波講座の第 1 巻章別構成

『近代日本と植民地』	『「帝国」日本の学知』
まえがき	序章　帝国のなかの政治学・法学・植民政策学
Ⅰ　近代世界の形成と植民地	第1章　札幌農学校と植民学の誕生
1　東アジア新旧帝国の交替	第2章　変奏する統治(ガヴァメント)
2　東アジアの経済圏	第3章　保護下韓国の条約改正と帝国法制
3　中華帝国の「近代」的再編と日本	第4章　植民地の法学者たち
Ⅱ　近代日本の膨張と植民地	第5章　コスモス
4　内国植民地としての北海道	第6章　「始原」と植民地の政治学
5　日本の近代化と沖縄	第7章　誰に向かって語るのか
6　千島列島の領有と経営	第8章　「帝国秩序」と「国際秩序」
7　関東軍の内蒙工作と蒙疆政権の成立	付録　文献解題
8　帝国日本の東アジア支配	
9　日本植民地支配下のミクロネシア	
Ⅲ　帝国主義論の現在	
10　帝国主義の政治理論	
11　帝国主義論と戦後世界	
12　英国と日本の植民地統治	

2012：318 頁］として蓄積されてきた日本植民地研究には，地域分断的な研究の細分化や相互対話の不可能性がより進展し易い特性がある．研究対象への強い地域的アイデンティティは，対象地域以外への問題関心を後景に退かせ，個別地域史内部に研究を自足させがちとなるからである．しかし，研究の個別・細分化や地域分断性を超えて，植民地統治や支配の歴史的／現在的意義を分野横断的かつ地域横断的に問い直すことが日本植民地研究に課せられた責務とするならば，共有すべき研究プラットフォーム構築に向けて問題意識，視角，論点を提示する本書の今日的意義は小さくない．

「公式帝国」,「非公式帝国」のいずれかを問わず,また支配側の主観的な意図がどのようなものであったとしても,植民地支配とは異民族による社会・生活空間の簒奪であり,植民地政策として展開される統治行政は被支配地域に「非日常」的空間を生じさせる.しかし,植民地統治政策が被支配社会を根底から掌握し,組み替え得たわけではない.植民地支配下であっても伝統的な経済関係や生活意識は「日常」的空間として存在し続けた.こうした「日常」性と「非日常」性の間で,植民地支配を円滑に進めるために植民地統治行政が支配地域の慣行に対応して変化する事例があった一方で,逆に伝統的な社会・経済慣行が植民地統治政策に適応して変質する場合もあった.「日常」性と「非日常」性が交錯することで生じる固有の時間と空間が植民地社会であった.この固有の時間と空間に胚胎された諸相を可能な限り論点として抽出し,植民地社会の実相により接近したい,との思いが本書の根底にはある.同時に日本が植民地を喪失してすでに70年以上が経過し,「公式帝国」の期間をはるかに超える.この現代日本において,いまなお日本植民地研究を進める現在的意義はどこにあるのか,本書がそうした根源的な問いをあらためて考え直す出発点になればと願っている.

3　本書の構成

本書を企画・編集した日本植民地研究会(以下,本会)は,学問領域や分析手法,あるいは対象地域を超えた多種多様な研究者によって構成されている.この強みを活かして本会は,年報『日本植民地研究』の誌上で植民地研究に関する最新の研究動向を長年に渡って紹介してきた[内田じゅん・宣在源2001][カプリオ2001][戸邉秀明2003][平山勉2003][岡本真希子2004][千住一2006].また,2006年6月の第14回全国研究大会では,「かつて「大日本帝国」の植民地であった地域を網羅するように,研究状況を地域ごとに並べて概観することで,研究全体の動向を把握し,今後の研究が取り組むべき課題や方向」を議論する共通論題報告「日本植民地研究の現状と課題」を企画した.さらに2008年6月には,この共通論題報告を基盤としつつ,帝国主義論やポストコロニアリズム,帝国史研究の研究動向を紹介する論考を加えて『日本植民地研究の現状と課題』を刊行した[日本植民地研究会編2008:249-253頁].以上のようにして本会は,日本における植民地研究のプラットフォームたるべく努めてきた.

これに対して本書は，研究の細分化と研究者間の相互不理解が地域分断的に進展しつつあるという積年の問題に対応して，従来のような地域別の編成ではなく，テーマ別の編成とした．これは，それぞれの地域研究が得た緻密な事例研究に注視しつつ，それら成果の地域横断的な応用可能性を提示する試みとも言うことができる．以上の問題意識に基づいて本書では，日本植民地研究の到達点と今後取り組むべき課題を3部35テーマ（22の章と13のコラム）に分けて紹介する．

　第Ⅰ部「植民地支配の基盤」では政治や経済を中心に取り上げ，第Ⅱ部「植民地の社会と文化」では主に社会や文化を取り扱う．平田雅博の整理によれば，イギリス帝国史研究では「古い帝国史」である前者と「新しい帝国史」である後者の関係は，概して相互批判的な緊張を孕みながら展開してきたという［平田雅博2004］．翻って日本では，一部の研究者が「古い帝国史」から「新しい帝国史」への違和感を表明しているものの［柳沢遊・岡部牧夫編2001：12頁］，両者の対立が顕在化しているわけではない．ただし，これは研究領域の細分化に起因する研究者間相互の無関心によるもので，議論の蓄積が対立の止揚をもたらしたわけではないことに留意すべきである．かかる事情に鑑みれば，議論の低迷は植民地研究の深化にとって好ましいものではない．

　そこで本書では，「古い帝国史」と「新しい帝国史」の双方を取り上げて議論の喚起を試みる．ここで注意すべき点は，我々は両者の優劣や二者択一の判断を読者に迫っているのではないということである．そうではなく，「帝国」の構造や植民地支配のあり方を総体として把握するためには，政治・経済の制度と文化的側面の双方に目を配る必要があるというのが我々の理解である．もちろん，研究の緻密さが評価基準の1つとして重視される昨今では，1人の研究者が複数領域に跨がって研究を進めていくことは難しい．しかし，そうした状況であるからこそ，双方の研究動向をワンストップで把握しうる本書の意義は大きいと我々は考えている．それぞれの地域を分析の単位とする個々の研究を「植民地支配」や「帝国」というキーワードでいかにつないでいくか．第Ⅰ部と第Ⅱ部は，「分断から分業へ」という本書のメイン・テーマを体現する役割を担っている．

　第Ⅲ部「視角と方法」では，研究を進めるために必要な視角や方法論を紹介する．既述したように，かつて日本の植民地研究は，他の歴史研究と同様にグ

ランドセオリーとしてのマルクス主義と帝国主義論を理論的な基盤として進められてきた．かかる潮流は，アジア諸国の経済成長や社会主義体制の崩壊といった世界秩序の転換を契機として急速に後退する．その結果，1990年代から現在に至るまでの植民地研究は，多種多様な視角や方法論に基づいて，ある意味で個別的に進められることになった［今泉裕美子2000］［岡部牧夫2008：28-29頁］．とはいえ，新たに提起された視角や方法論は，「まだ充分に論述・定義された概念を形成しておらず，それぞれの論者によっても規定は大きく異なる」［岡部牧夫2008：29頁］という問題も抱えている．そこで第Ⅲ部では，これまでに示されてきた研究の視角や方法論を整理しつつ，隣接分野との関連性や研究を進めるうえで必要となる具体的な手法について言及する．

　各部を構成する章やコラムの執筆に際しては，次の点に留意した．第1に，執筆者はテーマごとの専門性を強く意識して選定した．それゆえ，本書の執筆は本会の会員ではない研究者が担当している場合もある．また，同様の理由から特に第Ⅲ部では，日本の植民地を直接の分析対象としない研究者にも執筆を依頼している．

　第2に，紙幅の制約がある本書では，「回顧と展望」（『史学雑誌』）のような研究成果を悉皆的に掲げる形式は採らず，研究の到達点と論点を示すことに叙述の力点を置いた．したがって，本文中で触れる参考文献は，それぞれの章やコラムで議論を進めるために必要な成果に限定した（なお，参考文献は巻末に一括して掲げている）．前掲した『日本植民地研究』所収のサーベイ論文や日本植民地研究会編［2008］には，本書未掲載の優れた成果が数多く紹介されているので併せてご参照いただきたい．

　第3に本書は，日本植民地研究の専門研究者だけでなく，植民地研究の動向や課題に関心を持つ学生や教員・研究者および一般読者にもお読みいただけるよう，できる限り平易な記述に努めた．また，歴史用語や専門用語は可能な範囲で統一したが，執筆者の意思を尊重してそのまま残した箇所もある．

　本書を通読すれば，現時点における日本植民地研究の全貌を理解できるような構成としたが，興味のあるテーマに焦点を絞った拾い読みで知識を深めることも可能である．読者の皆様が本書を通じて日本植民地研究の現状を知る契機となれば望外の喜びである．

目　次

はじめに　　　　　　　　　　　　　　　　須永徳武・谷ヶ城秀吉

凡　例

第Ⅰ部　植民地支配の基盤 …… 1

- 第1章　植民地主義　　　　　　　　　　　　駒込　武　　2
- 第2章　統治機構と官僚・警察・軍隊　　　　松田利彦　　13
- 第3章　被支配者の主体性　　　　　　　　　加藤圭木　　22
- 第4章　アジア経済史と植民地経済史　　　　竹内祐介　　31
  - コラム①　**国民経済計算・数量経済史**　　須永徳武　　40
- 第5章　「国策」と企業経営　　　　　　　　平山　勉　　43
- 第6章　社会資本と「公共性」　　　　　　　清水美里　　53
  - コラム②　**鉄道**　　　　　　　　　　　　林　采成　　62
- 第7章　技術移転　　　　　　　　　　　　　李　海訓　　65
- 第8章　大東亜共栄圏　　　　　　　　　　　安達宏昭　　75
  - コラム③　**内国植民地**　　　　　　　　　大浜郁子　　85
- 第9章　戦後東アジア経済　　　　　　　　　湊　照宏　　87

第Ⅱ部　植民地の社会と文化 …… 99

- 第10章　ジェンダー・セクシュアリティ　　　金　富子　　100
- 第11章　労働　　　　　　　　　　　　　　　都留俊太郎　110
- 第12章　人の移動　　　　　　　　　　　　　細谷　亨　　120
  - コラム④　**観光**　　　　　　　　　　　　千住　一　　130
- 第13章　教育の制度と構造　　　　　　　　　古川宣子　　132
  - コラム⑤　**スポーツ**　　　　　　　　　　小野容照　　143
- 第14章　医療・公衆衛生　　　　　　　　　　鈴木哲造　　146

コラム⑥ **医学と生命**	末永恵子	154
第15章 宗教と信仰	青野正明	157
第16章 住居・都市・領域	青井哲人	168
第17章 東アジアの近代文学と日本語小説	波田野節子	178
コラム⑦ **映画**	高　媛	189
コラム⑧ **芸能・歌謡**	三ツ井崇	191
第18章 日本在留朝鮮・台湾出身者	宮本正明	194

第Ⅲ部　視角と方法 …………………………… 203

第19章 帝国主義研究の現在的意義	兒玉州平	204
コラム⑨ **日本史と植民地研究**	吉井文美	212
コラム⑩ **アーカイブズ**	加藤聖文	215
第20章 「間-帝国史 trans-imperial history」論	水谷智	218
コラム⑪ **植民地近代論**	松本武祝	227
第21章 グローバル・ヒストリーから見た「日本帝国」	脇村孝平	230
第22章 記憶	飯倉江里衣	239
コラム⑫ **地域における歴史実践**	小林信介	249
コラム⑬ **植民地責任論**	浅田進史	252

参考文献一覧　257

あとがき　　　　　　　　　　　　谷ヶ城秀吉　287

凡　例

- 引用文は原則として原文どおりとした．ただし，漢字は日本語常用漢字を用いた．
- 引用文中の引用者補記には〔　〕を用いた．
- 引用文献は，巻末に「参考文献一覧」として，日・韓・中文文献は著者名の五十音順（韓・中文は日本語音読み），欧文文献はアルファベット順に並べて掲載した．中文の簡体字・繁体字は日本語常用漢字で表記した．また，ハングル文献には文献名冒頭に＊を付した．
- 歴史用語・専門用語は，原則として表記を統一した．ただし，「帝国日本」「満洲」「アジア・太平洋戦争」等は，一部の章・コラムでは執筆者の意向に従って統一しなかった箇所もある．
- 「大東亜共栄圏」「皇国」等の当時の政治的な用語や，今日では不適切な呼称（「満洲」「満洲国」「支那」「仏印」等）は，本来「　」をつけて使用すべきであるが，本文では煩雑となるため「　」をはずした．

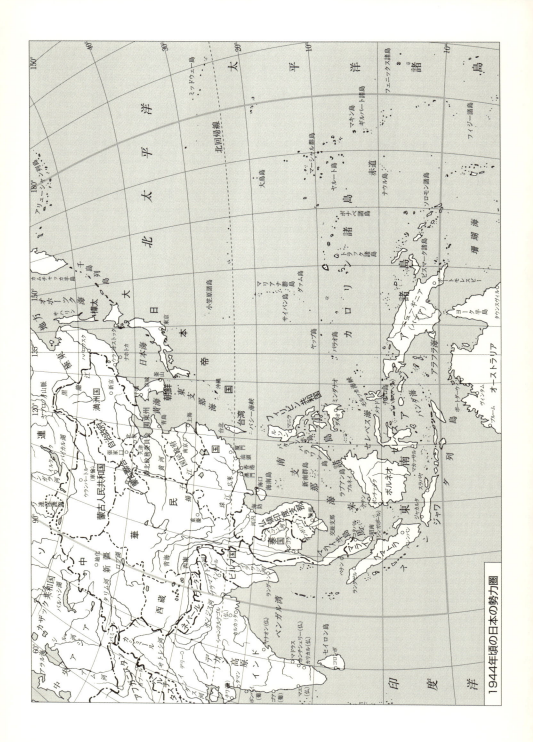

1944年頃の日本の勢力圏

第Ⅰ部

植民地支配の基盤

第1章
植民地主義

駒込 武

はじめに

　植民地主義とはなにか．植民地の統治構造やさまざまな施策の根底にあって，全体としてこれを方向づけている統治思想，ないしイデオロギーをどのようなものとして把握すればよいのか．統治者の言説だけではなく，実態としての制度とこれをめぐる被植民者の経験に即して，植民地主義を浮き彫りにすることはできないだろうか．本章では，このように，ある意味では茫漠とした，しかし，植民地研究における出発点ともなるはずの論点について検討したい．

　そもそも「植民地」をいかに定義すべきなのか．台湾，朝鮮，樺太(サハリン)南部，関東州，南洋群島を「(公式の)植民地」と称することは，ほぼ共通認識といえる．ただし，それでは，これらの地域といわゆる「内地」を区別する基準はなにかと考え始めると，とたんに問題は複雑な様相を呈する．こころみに『広辞苑』(第7版)を紐解いてみるならば，次のように記している．「植民地(colony)　ある国の海外移住者によって，経済的に開発された地域．本国にとって原料供給地・商品市場・資本輸出地をなし，政治上も主権をもたない完全な属領」．この定義には，大きく分けて，①海外移住者の存在，②原料供給地・商品市場・資本輸出地，③主権の不在，という3つの要素が示されている．

　①については，古代ギリシャ，古代ローマにおける移住地としてのcolonyの用例に端を発するものだが，近代日本の場合，かならずしも移住地という側面が重要な位置を占めたわけではない．移住者の占める割合の大きさに着目するならば北海道や樺太こそが代表的な「移住植民地」ということになるはずだが，一般に北海道は植民地から除外される．そこで「内国植民地」という言葉が用いられることもあるものの，同じように「大日本帝国」の一部でありながら北海道はなぜ「内国」であり，台湾や朝鮮はそうではないのか，という問題が新たに呼び起こされることになる．

②は，いうまでもなくレーニンの帝国主義論で提起されたポイントである．しかし，日本による台湾領有当時に輸出すべき「過剰資本」が不在だったことなどレーニンの論に適合しない事実が指摘されて久しい．資本輸出や市場開拓をめぐる事実はもとより重要であるものの，資本主義の発展段階としての帝国主義，その帰結としての植民地支配という論理は，植民地をめぐる問題群に固有な位相を解明するものではない．レーニンも強調した「資本の不均等発展」に着目するならば，一般に地域間格差として表象される問題群——たとえば「裏日本」と「表日本」の格差——と植民地支配をめぐる問題群との連続性をどのように考えるべきかという問いがむしろ浮かび上がる．

③の主権の不在という要素も，実は曖昧である．主権の不在という指摘は，当該地域社会が本来ならば主権的単位を構成するはずだという前提があってこそ意味をもつが，かならずしもこの前提が成り立たないからである．山室信一の指摘しているように，近代東アジア世界は，他の非欧米世界と同様に，「〔欧米から〕主権国家体系を強制され，受け容れることによって，その地域世界を，欧米世界と並立・拮抗しうるものとして再編成」した［山室信一 2001］．たとえば琉球王国について主権的な単位であったとみる論もあるものの，琉球側の立場で「琉球処分」を記録した人物（喜舎場 朝賢）に「主権」という概念があったのかは微妙な問題とされる［西里喜行 2005］［波平恒男 2014］．清朝の辺境に過ぎなかった台湾，「南洋群島」と称されたポリネシアの島嶼は……と考えると，主権の不在はむしろ常態であったとみるべきだろう．欧米以外の世界で主権的単位であることへの渇望は，植民地支配のさなかにおいて，これへの対抗関係のなかで生じる事態が一般的だったと考えられる．

かくして①から③は，いずれも重要な要素ではあるものの，植民地とそれ以外の地域を弁別するための基準としては不十分である．それでは，帝国日本をめぐる経験に即しながらどのように植民地を定義すればよいのだろうか．以下，おもに日本における台湾研究を念頭におきながら検討することにしたい．

1　異法域としての「外地」

植民地とはなにかという問題を掘り下げる可能性を切り拓いてきたのは，法制史的アプローチだった．春山明哲による先駆的な研究では，台湾領有後に統治構想を立案する過程で政府部内において，「殖民地」とはなにかが論議され

ていた事実に着目して，次のように論じている．1896 年 1 月，原敬が台湾事務局委員として伊藤博文首相に「台湾問題二案」と題する意見書を提出，台湾を「殖民地乃チ「コロニー」」の類いとみなす案(甲案)と，内地と多少制度は異なっても「殖民地」の類いとはみなさない案(乙案)の双方を掲げたうえで，ドイツのアルザス・ロレーヌ支配などをモデルとして後者の乙案を採用すべきと主張した．すなわち，原敬は，「殖民地」とは法体系を異にする地域とみなしたうえで，文化的な「同化」よりも法制度上の同一化を優先させる「内地延長主義」の原理にしたがって台湾を統治すべきと考えていた[春山明哲 2008 (1980)]．拙著『植民地帝国日本の文化統合』では，春山らによる研究に学びながら，結局，原敬の構想に反して，台湾を「殖民地」とする方針が選択されたと解釈した．その根拠は，1896 年 3 月施行の「台湾ニ施行スヘキ法令ニ関スル法律」(六三法)において台湾総督に法律の効力を持つ命令(律令)を制定する権利を与え，帝国憲法に定める「臣民ノ権利」の保護という原理を実質的に及ぼさなかったことである．この場合の植民地とは異法域であり，そのなかでも権利・義務関係における非同一性を基準として判断したことになる[駒込武 1996]．

　六三法の解釈，その制定過程における美濃部達吉ら憲法学者の議論や，司法省顧問カークード W. M. H. Kirkwood ら御雇外国人の見解については，その後も，多くの精緻な研究が繰り広げられてきた[浅野豊美・松田利彦編 2004][呉密察 2006][浅野豊美 2008][岡本真希子 2010b]．とりわけ，公文書および関連する私文書の詳細な調査に基づいて展開された檜山幸夫の論が注目される．檜山は，台湾において属人的に適用される法令と属地主義的に適用される法令とが混在していた点に異法域としての「外地」の特異性を見出す．ただし，ヨーロッパにおける植民地が国際法上で領土主権のみを主張する属地だったのとは異なり，台湾は帝国領土の一部として固有の領土に編入された以上，法理論的には内地延長主義による統治論が採用されたとみるべきであると解釈する[檜山幸夫 2004]．さらに近年の論考では，帝国日本の統治機構にかかわる法制度的な概念としての「外地」と，実態概念としての「植民地」を区別したうえで，「外地」としての台湾も「大日本帝国」の構成体の一部であり，実際の総督人事や統治政策については中央政府が権限を掌握していた点を強調している[檜山幸夫 2015]．

　檜山の論理展開には，にわかに首肯しがたい部分もある．たとえば，台湾領

有当初に内地延長主義が採用されたと解釈する過程で「異民族たる現住者に対して，政府は皇地皇民・一視同仁による観念論的帝国臣民論を適用した」［檜山幸夫 2004：48 頁］と論じている点は，説得的な根拠が示されているとは思えない．とはいうものの，法制度的な「外地」と実態概念としての「植民地」を区別して考えるべきという問題提起は重要である．駒込武［1996］において述べた「植民地」の定義も，むしろ「外地」の定義にかかわるものとして把握し直すべきものと今日では考えている．欧米列強における植民地の法的位置づけ，中央政府と植民地政府の関係構造の多様性などを考えた場合に，統治構造上の観点から「植民地」としての共通性を抽出することは困難だからである．

　近代日本において「外地」とされた地域の重要な特徴は，属人主義と属地主義が混在する異法域ということであった．ただし，そのことを確認したうえで，異法域は統治構造上における「外地」に限定されないことを確認しておく必要がある．北海道や沖縄についても市制町村制や衆議院議員選挙法の未施行などさまざまな特例措置が設けられていた．そのことが，「内国植民地」という観点から問われてきたものの，この言葉は，北海道や沖縄も中央からの「差別」の対象であったという類いの結論を急がせて，むしろ議論を混乱させてきたところがある［永井秀夫 1996］．解明の手がかりは，台湾や朝鮮とも，北海道や沖縄とも異なる，微妙な境界領域に視座を置いた研究に見出される．

　たとえば，小笠原諸島における主権的な力の浸透と移動民の関係について論じた石原俊は，日本という国民国家が成立したうえで「外地」を異法域にとどめ置く体制が構築されたのではなく，主権国家としての日本は，そもそもの成り立ちのはじめから異法域の接合体として形作られたと論じている［石原俊 2007：98 頁］．

　小笠原諸島・伊豆諸島・隠岐・対馬・大島郡(奄美諸島)の地方制度について論じた高江洲昌哉は，それぞれの「島嶼」でさまざまな特例措置——郡役所の不在，町村制の未施行，府県税の非徴収と府県会議員選挙権の欠落，帝国議会議員選挙権の欠落など——が設けられたことに着目し，明治政府は「法域ノ斑模様」を避けるために画一的な地方制度を設けようとしたが，現実的には困難だったと論ずる．また，「沖縄県及島嶼町村制」(1907 年)をとりあげて，「名望家層の相対的不在」と「日露戦争後という施行時期の行政権の優位性」とが相まって「官治的制度」となったと解釈する一方，制定当時の説明資料で用いら

れた「低度ナル町村自治制ヲ施行」するという表現について具体的な政治状況との連関を隠蔽しながら，機能的には「差別意識を与える役目を担った」と論じている［高江洲昌哉 2009：240, 251 頁］．

　高江洲の指摘するとおり，あらかじめ特定の地域や人間集団にかかわる「差別意識」があって，それに沿って「島嶼」にかかわる制度が構築されたのではないだろう．実際のところ，現実的な諸条件と利害関係が錯綜するなかでアドホックに特別な制度が構築されたにもかかわらず，「低度」という言葉が特例措置を事後的に正当化しながら説明するために用いられ，それがある種の既成事実となり，先入観ともなっていったと解釈できる．

　石原の研究も，高江洲の研究も，「内地」と「外地」という二項対立に還元できない問題のありようを法域の多元性という事実に即して浮き彫りにしている．山室信一の表現を借りるならば「パッチワーク的に"できあがっていった"」「異法域結合」［山室信一 2003：94 頁］としての帝国日本のあり方がまず認識されねばならないということになるだろう．

2　「ラセンの上昇路」をめぐる被植民者の経験

　これまでに論じてきたように，法域という観点からの定義は，「外地」とされた諸地域の重要な特徴のひとつではあるものの，実態としての「植民地」を定義するものではない．近代日本の場合，植民地主義的と評しうる施策や社会的実践は「外地」と呼ばれた地域において顕著だったかもしれないが，微妙なグラディエーションをはらみながら「内地」と呼ばれた地域にも浸透していたと考えられる．「内地」と「外地」の統治構造の差異をリアルにふまえながら，この差異を絶対化してしまうのではなく，場合によっては「内地」のさまざまな地域や人間集団に通底する問題として「植民地性」をどのようにとらえ，記述すべきか．しかも，統治構造の次元ではなく，被植民者の経験に即してこの問題を掘り下げることができないだろうか．そのことを次に問う必要がある．

　この問いについて，すでに定められた「正解」があるわけではない．我田引水めいてしまうものの，ここでは拙著『世界史のなかの台湾植民地支配――台南長老教中学校からの視座』で着目した林茂生という人物の経験と思索に即して，仮説的な見通しを記すことにしたい［駒込武 2015］．

　林茂生は，1916 年に台湾人として初めて東京帝国大学文科大学を卒業，や

はり台湾人として初めての高等官となって官立台南商業専門学校教授に就任した．台湾総督府の施策に対して対決的な姿勢を示したわけではなかったが，次第に日本人本位の教育体制にたいして批判を抱き，台湾人が中心となって管理運営する学校として母校台南長老教中学校を拡張していくために尽力した．1930 年代になると財団法人台南長老教中学理事会の理事長に就任するが，神社参拝問題を契機として在台日本人から「非国民」と排撃され，英国人宣教師からも裏切られて，孤立無援の状況において学校との一切の関係を断つことを迫られた．ここで参照するのは，そうした歴史のただなかで林茂生が「植民地（性）」をどのように考えていたのかという問題である．

　林茂生は，総督府在外研究員としてアメリカ滞在中の 1929 年にコロンビア大学に博士学位論文を提出した．その序章では，日本の台湾支配は，英国のインド支配とも米国のフィリピン支配とも異なっており，アルザス・ロレーヌの状況に近いと論じている．なぜならば，台湾人の大多数は漢人として「古い伝統と偉大な文化的遺産」をもっているうえに，支配者である日本人と「文化的起源」を共有していると考えたからである．

　台湾は一般的にいう「植民地」ではないと論じているわけである．しかし，この前提は，行論の過程で次第に崩れていく．総督府が教育費支出を抑制しようとして義務教育を施行しないため就学率はアフリカにおけるヨーロッパの植民地と同様に低い，たとえ台湾人が高学歴を取得したとしても影響力ある立場に台湾人のための「空席」はない……．こうした事実をひとつひとつ確認したうえで，結章では総督府の施策は「帝国主義」の一般的な経路にしたがうものであり，台湾も「植民地」にほかならないと論定している［駒込武 2015：360，382 頁］．

　論文の序章と結章で見解が変化しているのは，「植民地」の定義が変わっているからである．序章では，「文明国」の民が「野蛮人」を支配するという一般的なイメージを前提として，台湾は「植民地」ではないと述べていた．しかし，結章では，台湾人が高学歴を取得する経路，さらに高い社会的地位にいたるルートが狭く限定されたものであるという観点から，「植民地」なのだと論じている．

　もうひとつ，林茂生の発言を引いておきたい．アジア・太平洋戦争末期，皇民奉公会の座談会での発言である．座談会のテーマは「心の要塞化を諮（かた）る」と

いういかにも時局的なものだった．林茂生は国民動員部長だったが，あくまでも台湾人の地位にこだわって次のように発言した．「本島有識層の悩み」の第一は「自分達の政治的地位が低いこと，若くは低いと感じて居ること」である．「幾ら歩いても元の場所のやうに思つて振り返つて見ると，丁度螺旋状を描いて居る道を歩くのと同じく決して同じ所ではなく，少しづつ進んで居る」（『新建設』1944 年 8 月号）．

　ここで低い「政治的地位」という言葉が着目される．この場合の「政治的地位」は政治的立場性というよりも，学校ならば校長や理事長，企業では専務取締役のような役員というように，影響力ある立場をさすものだろう．こうした地位の相違が実力次第ではなく，政治的につくりだされているという意味で「政治的地位」という表現を用いたと思われる．座談会ではこの「政治的地位」の低さは少しずつ解消されていると語ってはいるものの，「螺旋状」という言葉はもどかしい気分を率直にあらわしている．

　この「螺旋状」という比喩は，ベネディクト・アンダーソンが，反植民地主義的な想像力の根源として「ラセンの上昇路」に言及したことを思い起こさせる．アンダーソンは，大ブリテン連合王国の一部としてのスコットランドと，英領インドの違いはなにか，なぜ後者においてのみ反植民地主義的運動が生じたのかという問いを立てて，英領インド出身の官僚の「巡礼圏」はインド内部に限られており，政治の中心としてのウェストミンスターや経済の中心としてのシティにいたるのは困難だったとして，次のように語る．「一八世紀のスコットランド人にはなお開かれていたあのラセンの上昇路はもう閉ざされていた」[アンダーソン 1997：157 頁]．

　この「ラセンの上昇路」という言葉は，「植民地性」の隠喩とみなすことができる．それはハシゴのように直線的に昇れるものではなく，遠回りでなかなか昇ることができない．教育制度は幾重にも連なる「ラセン」の第一歩であり，その先には文官高等試験という関門や，官僚としての昇進をめぐる落差などが待ち受けている[岡本真希子 2008]．入学試験，就職試験，昇進というような関門における扉の開き具合は生まれつきの属性に大きく左右される．たとえ少数の者がそこを通過できたとしても，扉の存在は，扉の向こう側にあってその開き具合を決める人びとと，扉の前で立ちすくむ人びととの差異を再生産することになる．さらに，この人間集団を隔てる仕組みは，差異を自然化する人種主義

的なカテゴリー——台湾の場合には「土人」や「チャンコロ」のような言葉——により後付け的に正当化される．中野敏男の指摘しているように，植民地主義とは「人間のカテゴリー化を本質属性としながら，それによって差別的な秩序を構成し支配しようとする」側面を不可欠の構成要素としている［中野敏男 2006：355 頁］．

　このように「ラセン」という言葉を補助線として林茂生とアンダーソンをつないでみたときに，被植民者の経験に即した植民地主義の輪郭が浮かび上がる．ただし，この「ラセンの上昇路」という問題も，法域をめぐる問題と同様，かならずしも「外地」に固有の問題ではなかった．

　初等教育についていえば，「内地」では小学校令（1886 年制定，1890 年第 2 次，1900 年第 3 次）により統一的な義務教育制度が成立したという理解に反して，市制町村制の施行されていない北海道，沖縄県および島嶼については小学校令に代わる小学教育規程が設けられた．さらに北海道では「教育所」と呼ばれる簡易な施設が設けられる一方，鹿児島県大島郡十島村（としま）は義務教育免除地としてあつかわれて 1930 年まで小学校令が施行されなかった［坂本紀子 2014, 2016］．台湾や朝鮮，南洋群島はいわば全体として「義務教育免除地」であり，小学校よりも修業年限の短い初等教育機関（公学校や普通学校）が一般的だったわけだが，内地にもパッチワーク的にそうした空間は存在していた．そのうえで，官吏がこうした制度をどのようなロジックで合理化し，「義務教育免除地」に生きる人びとが「わたしたち」をどのように認識していたのか，ということが問題となろう．

　高等教育をめぐる次元では，沖縄において「第一回県費留学生」として東京帝国大学に学んだ謝花 昇（じゃはなのぼる）の足跡が着目される．謝花は，1890 年代に共有地官有化などをめぐって元薩摩藩士である沖縄県知事と激しく対立，官職を辞して知事罷免運動や参政権獲得運動に奔走したが，志を果たせないまま 1900 年に発狂した．謝花昇や林茂生のように東京帝国大学に学んだ人物が，例外的なエリートとしての地位ゆえにこそ植民地主義という壁に正面から衝突する……そうした事態は，たぶんに普遍的な性格を備えているように思われる．

　ポストコロニアリズムと総称される研究動向（ないしは思想運動）について論じた戸邉秀明は，「かつての帝国の中心にエリートとして渡ってきた旧植民地出身の留学生や研究者たちが，あらためて自己の出自を考察し，故郷の脱植民地

化の困難さそのものに学問的に取り組んでいく」プロセスの重要性を指摘し，「旧植民地出身者の新しい巡礼が，その巡礼を強制した知の帝国主義的構造を批判する契機となった逆説」に着目すべきと論じている［戸邉秀明 2008：58-59 頁］．戸邉の論は，謝花昇や林茂生を含めて，宗主国の中心への巡礼をくり返し，「知の帝国主義的構造」に挑戦してきた事実の延長線上において理解されるべきだろう．ベネディクト・アンダーソンにしても，アイルランド出身者としてケンブリッジに学んだ巡礼であった．「知の帝国主義的構造」を批判的に相対化していくためには，こうした巡礼たち自身による植民地主義の定義を浮き彫りにすることが求められている．

3　台湾人の「政治的地位」

　前節は教育をめぐる問題に即して植民地主義を考えたが，管理運営の主体でありたいという思いと現実の「政治的地位」の低さとのズレは，教育という領域にかぎらず，政治・経済・文化を通じてさまざまな領域で生じていたはずである．また，「ラセンの上昇路」を昇りたいという思いは，多くの場合，単に個人的に「成功する」ことに止まらず，官僚組織・企業・学校・病院など各種団体で影響力ある地位について管理運営の主体となりたいという思いをあらわしていたと考えられる．

　それでは，経済領域における「政治的地位」のありようをどのように考えるべきか．従来の植民地史研究では，経済学・経済史のディシプリンに基づく研究と，政治史や広義の文化史的なアプローチに基づく研究が，相互に乖離する傾向があった．筆者自身の研究を含めてと言うべきだが，帝国史を標榜する研究者が，経済の次元について立ち入って論ずることの少ないことが，こうした断層を大きくしてきたところがある．だが，沖縄戦後史にかかわる鳥山淳の研究のように，徹底して社会経済史的視点に立つことにより，「自治」への希求が広範な社会的基盤に支えられながら生まれてくる経緯と，それが屈折せざるをえなかったプロセスを浮き彫りにする研究も登場している［鳥山淳 2013］．ディシプリンの違いに基づく関心や手法の相違は否定しがたく存在するものの，経済史 vs 文化史という類いの疑似対立は克服されねばならない．実際，たとえば須永徳武による商工会議所の研究，波形昭一による木村匡（きむらきょう）研究などにおいて，断層を克服する方向性が示されている．

須永徳武は，台湾の商業会議所にかかわる波形昭一の先駆的な業績［波形昭一 1997, 2004］をひきとりつつ，あらためてその「植民地的特質」を考察している．須永によれば，日本本国では商業会議所が公法団体として自治的性格を強めるのにともなって時には激しい反政府運動を展開することもあったのに対して，台湾における商工会議所は 1936 年にいたるまで設置されなかったうえに，役員や議員の選出方法にさまざまな制限措置が設けられた．会員資格における基準納税額の高さ，議員定数の半数を台湾総督の任命制とするなどの措置である．市場経済原理に基づく経済活動は本来的に自由かつ対等な関係を前提とするにもかかわらず，台湾の場合，「植民地統治の安定性を動揺させる危険性」への懸念が制度設計に反映された［須永徳武 2015：255-256 頁］．

　ここで須永により明らかにされている「植民地性」は，本章でこれまでに論じてきた内容とも整合的である．台湾人が議員となる道筋が，完全に閉ざされていたわけではない．しかし，肝心な部分はやはり日本人が掌握する仕組みとなっていた．このように人為的な仕組みは，とりもなおさず台湾人の「政治的地位」の低さを示すものといえる．「植民地性」にもかかわらず市場経済システムが徐々に浸透し機能した側面もあるものの，そうだからこそ，市場経済原理が貫徹せずに「植民地性」によるタガがいっそう重大な意味をもつ……．そうした複雑な往還関係への着目を促されている．

　波形昭一による研究は，木村匡というひとりの「銀行家」に密着する形式で同様の問題にアプローチしている．仙台藩士の家系に生まれた木村は，三菱商業学校速成科などに学んだのち，初代文部大臣森有礼（ありのり）のもとで属官となった．台湾領有後に総督官房文書課長心得として渡台，1900 年に民政部学務課長に就任したが，同年中に退官，翌年第三十四銀行台北支店長・台湾総支配人として再渡台，以後，1926 年にいたるまで預金銀行主義・商業銀行主義の理念を堅持しながら，台湾人との取引を飛躍的に伸張させるとともに，大正協会などの組織を通じて社会活動にも尽力，1916 年の時点で「台湾議会」設置の必要を公然と主張してもいた．その言動の根底には「内地人台湾人の区別を成すことは余一個人として好まざる」という信念があった［波形昭一 2017：172, 197, 198 頁］．

　木村匡については，筆者も旧著において学務課長として義務教育施行を主張した人物として論及し，新著では民間人による私立学校の創設をサポートした

人物として着目した［駒込武 1996：46 頁，2015：262 頁］．民族間の「区別」を否定する言説自体はめずらしいものではないとしても，木村は具体的に学校教育や銀行業にかかわってその実現に尽力したといえる．内地延長主義という統治理念が一方で台湾人の自治を否定しながら，他方で形式化・形骸化していく状況において，木村の教育家・銀行家としての活動は生き方にかかわる原則を感じさせる点で着目に値する．これに対して，台湾人にとっての「ラセンの上昇路」を細く狭く限定しようとする植民地主義的志向は，厳密には台湾統治にかかわる「思想」というよりも，既成事実の積み重ねのうえに構築された価値観であり，そこから一定の利益を引き出しうると感じた人びとが温存した惰性とみるべきものだろう．「思想」なるものを語りうるとしたら，むしろ木村のようにこの惰性に抗しようとする言動においてであろう．

おわりに

　最後にふたたび林茂生の言葉を参照することとしたい．日本の敗戦後，林茂生は脱植民地化を目指す言論活動を活発に展開したが，次第に国民党政府との対立を深め，二・二八事件（1947 年）のさなかに特務機関により連行されて処刑された．息子林宗義の回想によれば，連行される前日，次のように語ったという．「〔日本人は〕一般大衆の生活水準を改善した．しかし，わたしたちが自分自身を管理し，政治に参与することを意図的に防いだ．さらに不幸なことは，台湾人がただ一種類の政治体制しか知らないことである．それは殖民政府である」［駒込武 2015：693 頁］．

　この言葉は，「自分自身を管理し，政治に参与すること」，すなわち自己決定権を植民地主義にかかわる問題の核心とみなしたうえで，それが否定されてきたという認識を物語る．この認識は，厳密に言えば単純ではない．そもそも「自己 self」としての「台湾人」という存在自体，かならずしも自明なカテゴリーではなかった．「決定」についても，台南長老教中学理事会や台北商工会議所などさまざまな団体で役員・議員の選出があり，決定に参与する機会もありはした．だが，私立学校の管理運営権を掌握しようとした試みの挫折などから，「わたしたち」の「政治的地位」が低く，自己決定権が阻害されている事態が支配的な現実と感じられたのであろう．まただからこそ，日本も国民党も「殖民政府」という点に変わりはないと言い切ったのであろう．そこには植民

地主義にかかわる林茂生なりの定義が示されている．

　だがそれでは，朝鮮ではどうだったのだろうか．台湾では私立学校の発達自体が抑制されたが，朝鮮では，「契」という在来の方式を通じて蓄積された共有財産が書房や私立学校の管理運営の土台とされた［板垣竜太 2008］．岡本真希子の研究では，朝鮮総督府において朝鮮人官僚の到達しえた地位は，総じて台湾の場合よりも高かったことが示されている［岡本真希子 2008］．すなわち，朝鮮人の「政治的地位」は概して台湾人よりも高かったといえる．だとすれば，その違いはどのように生じたと考えられるのか．「政治的地位」の相対的な位置関係の違いにもかかわらず，同様の事態が生じているとみることができるのか．あるいは「政治的地位」というコンセプトそれ自体に台湾固有の事情が色濃く反映しているとみるべきなのか，検討の余地がある．さらに，南洋群島，沖縄や奄美や小笠原や北海道において，それぞれの地域における経験に即して定義された植民地主義はどのようなものだったのか．最初にも述べたように，いずれも茫漠とした問いではあるものの，植民地研究にかかわる本質的な論点であることは確かである．

第 2 章
統治機構と官僚・警察・軍隊

松田利彦

1　植民地帝国日本の統治構造

　近代日本の歴史においては，日清戦争による台湾の領有(1895 年)，日露戦争後の関東州租借(1905 年)と韓国併合(1910 年)，そして満洲事変(1931 年)後の傀儡国家満洲国建国など，対外戦争と版図の拡張は分かちがたく結びついていた．しかし，東北アジアを中心とした多くの地域を植民地や勢力圏としながらも，日本には植民地支配について統一的な政策を立案・実行する官庁は設けられなかった．イギリスやフランスの植民省に当たる強力な独立官庁はついに作られることはなかったのである．むしろ台湾総督府・朝鮮総督府のように本国(「内地」．以下，カッコを省略)から一定の政治的独立性をもつ強い権限を付与された

官庁が現地に置かれ統治を担った．

　とはいえ，各植民地の支配政策がまったく不統一で異なるものになったわけではない．その大きな理由の一つとして，支配政策を実行する人材が本国と各植民地間で制度的に分離されていなかったことがあげられる．日本では，西欧植民地帝国のように，本国官僚制度とは別個の専門的な植民地官僚養成制度・機関をもたなかった．各植民地に派遣される高級官僚は，基本的には文官高等試験などの内地の官僚登用システムによって生みだされた．

　このように，一方で植民地現地官庁のもつ強力な権限が各植民地独自の実情に応じたさまざまな政策を実施することを可能にした反面，政策の担い手たる官僚は本国と植民地で切り離されておらず均質的だった．植民地帝国日本の統治構造は，遠心力と求心力を同時に内包したシステムであり，そのいずれがより強く作用するかは植民地現地の状況や内地の政治情勢によって左右された．日本植民地間の比較研究がこれまで必ずしも進まなかったのは，こうした植民地の統治構造の複雑さに起因するところも大きい．

　以下，統治機構と官僚・警察・軍隊について，おもに台湾史研究と朝鮮史研究の「相互参照」を通じて，双方の研究に抜け落ちている部分を探っていこう．その際には表面的な比較がむしろ各植民地の支配の実態を看過させる危険性を内包していることにも留意したい．

2　植民地統治機構と植民地総督

　植民地統治機構の本国からの自律性を象徴するとされてきたのは，植民地総督である．台湾史研究では，植民地期は，前期武官総督期(1895-1919 年)，文官総督期(-1936 年)，後期武官総督期(-45 年)に区分され，総督の文武の別が統治の画期と把握されている．植民地期朝鮮では，武断政治期(1910-19 年)，文化政治期(-31 年)，戦時体制期(-45 年)という区分をしつつ，「寺内正毅総督(任期 1910-16 年)の「武断政治」」「斎藤実総督(1919-27, 29-31 年)の「文化政治」」という表現をしばしば使ってきた．朝鮮総督の個人名が統治のあり方と直接結びつけられて理解されてきたのである．

　たしかに植民地総督は，立法権・行政権・司法権，植民地駐屯軍の指揮権(または出兵請求権)など多くの権限を一手に握っていた．しかし，総督ひとりの個性がただちに植民地統治の性格を規定したと見るのは，植民地支配政策史の

単純化につながりかねない．天皇を頂点とし，その下に内閣・議会・軍部・官僚・枢密院などの政治勢力が分立している割拠的・多元的な戦前日本の統治体制(明治憲法体制)を前提としながら，これらの政治勢力の対立・競合・妥協を通じて政治過程を描く手法は，近代日本史研究ではすでに確立されて久しい．植民地史研究においても，このような手法を取りいれ，植民地総督といえども内地の諸政治勢力とのあいだに緊張関係を抱えていたという視角から，植民地と内地双方における政治過程を統一的にとらえようとする研究が現れている．

　台湾史研究においては，総督に委任立法権を付与したいわゆる六三法(1896年)をめぐって，内地政治史との連関で台湾総督の位置づけを検討した研究は古くからある．春山明哲［1980］は，六三法問題も含め内地政治史との関連において植民地史を捉えた先駆的研究である．本国と異なる「異法域」として設計された植民地台湾・朝鮮に，第一次世界大戦期以降，原敬―政友会の主導する「内地延長主義」が及ぼされていく過程を描く．

　このような視角の本国・植民地間関係史は，1920年代後半から30年代前半における政党勢力と植民地官庁の力学関係に集中している．朝鮮総督府については，岡本真希子［2000］，加藤聖文［2003］が政党内閣による総督人事への介入や植民地監督官庁(拓務省)の権限問題を跡づける．近年の成果として，李炯植［2013］が，明治憲法体制のもと朝鮮総督は相対的自律性を確保しつつも，それは本国との政治力学に規定されていたことを，財政や植民地「自治」などの政策的争点に即して明らかにした．春山明哲［1978］は，台湾現住民族が武装蜂起した霧社事件(1930年)をめぐる本国の政友会・民政党・貴族院の合従連衡が石塚英蔵台湾総督の更迭に帰結する過程を描く．このほか，岡本真希子［2003］が，台湾領有初期から1930年代までの枢密院に着目して，枢密院が台湾・朝鮮の人事や植民地政策に介入した様相を考察している．

　このような政党勢力をはじめとする内地の諸政治勢力と植民地総督の権限がもたらした力学関係についての研究は，これまで主に戦間期に集中していた．今後は，このような視角を植民地期全体に拡大させていくことが求められる．匪徒刑罰令の制定と台湾総督府臨時法院条例の改正過程の検討を通じて，領台初期の台湾総督の律令制定権が実際には中央政府に掌握されていたとする檜山幸夫［1998］，戦時期の「内外地行政一元化」(1942年)を検討した水野直樹［1997］等は，そうした方向性を示唆しているだろう．

3　植民地官僚をめぐる諸問題

　植民地支配政策のダイナミズムを形づくっていたのは総督府と「内地」とのあいだの政治交渉ばかりではない．総督府官僚も植民地の内にあって政策決定に影響力をもった．彼らは出自と人脈・所属部局・行政経験などの違いによって多様な政策集団を形づくった．

　ただし，台湾と朝鮮で総督府官僚機構の成立過程は大きく異なる．台湾では日本の領台後，台湾巡撫らの清国官吏は中国大陸に帰ってしまったため，台湾総督府が引き継ぐべき官僚組織がそもそもなかった．このことは台湾総督府から台湾人官僚が排除される主因となった[呉文星 2008]．他方，朝鮮総督府の官僚組織は，大韓帝国と韓国統監府のそれを引き継いで作られた．韓国併合に際し特別任用令によって朝鮮人官吏を任用したため，朝鮮総督府には朝鮮人官吏が相当の割合で存在した(1910 年代で総督府官吏の 40％弱)．とはいえ，台湾・朝鮮とも植民地期を通じて要職は内地人官僚がほぼ独占していた．

　最初に述べたように総督府の官僚は，基本的に内地の官僚選抜制度を経て生みだされてきた人材だったが，植民地で独自のアイデンティティを形成した官僚を「植民地官僚」と呼ぶことも一般的になりつつある．この分野では，岡本真希子[2008]が，植民地期台湾・朝鮮における官僚の任用制度，待遇，異動の様相などについて周到な分析を行っている．同書は，植民地官僚には，内地や他の植民地から随時投入される「移入官僚」と植民地内部で在勤経験を積み重ねる「在来官僚」の二類型が見いだされるという重要な論点を提示している（逆に言えば，台湾と朝鮮間の異動のように植民地を巡回して経歴を積むタイプの植民地官僚は少なかった．ただし，関東庁，樺太庁，南洋庁のような小規模官庁，あるいは満洲国の場合は，他の植民地との人事交流が一定程度見られた[加藤聖文 2008]．また，戦時期台湾では総督府官僚を「南支・南洋」の占領地に派遣してもいる[鍾淑敏 2007]）．以下，植民地官僚に関する研究史全般については松田利彦[2009a]，やまだあつし[2009a]に譲り，今後さらに追究すべき問題に絞って論じておきたい．

　第 1 に，植民地支配政策は植民地官僚のさまざまな政策構想の競合と妥協によって形成されていくという仮説のもと，その政治過程を検討することが近年重要な論点となりつつある．松田利彦[2010]は，大正デモクラシー対策を本国で経験した内務官僚が 1919 年の三・一独立運動後に植民地朝鮮に流入し，対

民衆施策に及ぼした影響を論ずる．先述の李炯植[2013]は，1920年代の諸政策を内務官僚と生え抜き官僚(高級官僚としての経歴を朝鮮で開始し，官僚生活の大部分を朝鮮で送った者)の構想の競合の産物ととらえる．台湾総督府官僚については，前期武官総督期における後藤新平民政長官系統の後藤閥，文官総督期における政党勢力による猟官活動の影響などの研究がある[波形昭一2000][王鉄軍2010][駄場裕司2007]．

官僚の思想という点では，狭義の行政官僚を超えた技術官僚についての論考が増えていることも注目される．台湾総督府の殖産局や土木局の上層では技術官僚の比率が高かったことを反映して，この方面では台湾史研究が先行する．札幌農学校から台湾総督府への農政官僚の供給についてはよく知られている[呉文星2004b]．近年では，蔡龍保[2007, 2011]が，土地調査事業や鉄道・道路建設に関わった技師・技手について，その出自の時期的変遷を扱う一連の研究を発表している．やまだあつし[2009b, 2012]はノンキャリア官僚にも研究対象を広げている．また，建築技術官僚の建築作品を論じた黃士娟[2012]もある．朝鮮総督府についても殖産・土木官僚の研究[広瀬貞三2009][鄭駿永2014][谷川竜一2016]が現れているが，台湾史研究における視野の広さから学ぶところはあろう．

第2に，植民地官僚機構に取り込まれた現地民族，すなわち台湾人・朝鮮人官僚も重要である．先述のように，総督府官僚機構への現地民族の取り込み方は，植民地台湾と朝鮮の官僚機構における大きな違いの一つだった．加えて，植民地統治体制に参入した台湾人・朝鮮人官僚は，「支配と抵抗」という枠組みでは捉えきれない「参加」「協力」という植民地政治空間における「グレーゾーン」の問題にも関わる[尹海東2017]．

朝鮮人官僚は，朝鮮総督府本府より地方行政機関や警察機関で高い割合を占めた．朝鮮人官僚に対しては，既存研究では「親日派」として糾弾する立場が主流だったが，近年次第に内在的分析の対象となりつつある．たとえば，松本武祝[2005]は，「植民地近代性」をめぐる議論を援用しつつ朝鮮人下級行政官吏を分析する．

台湾総督府では，台湾人官僚の比率は小さかったものの，例外として通訳をあげられる．植民地台湾社会が台湾語，客家語，現住民族諸言語などの複数の言語集団から成っていたため，台湾人が通訳として総督府法院・警察・各種調

査事業などに従事したのである．台湾人通訳の任用状況や経歴，意識のみならず，民族学や翻訳通訳理論などの面からも研究が活発化している［冨田哲 2017］．日本人官吏の現地語学習についても研究がある．他方，植民地朝鮮における類似分野の研究としては，山田寛人［2004］による日本人官吏・警察官への朝鮮語奨励政策の研究をあげうる程度だが，今後，台湾史研究の多角的な通訳研究の視点を活かすことも考えてよいだろう．なお，現地民族の採用比率が高かった部署としては治安維持部門もあげうるが，台湾人・朝鮮人警察官については次節で検討したい．

ただ，こうした植民地台湾と朝鮮の比較可能な問題群に目を向けることで，逆に切り捨てられる問題が生ずる危険性があることは，常に留意しておくべきだろう．台湾の官僚制についていえば，平地の漢族と山地の現住民族に対し異なる統治体制をとっていたことは大きな違いである（「理蕃警察」については後述）．

4 植民地警察の共通点と差異

植民地末端の統治に密接に関わったのが警察である．植民地台湾と朝鮮の警察は，現地の状況を反映しながら固有の制度を形成したが，そのあり方にはかなり似通った点も見てとれる．通史的な台湾警察研究［李崇禧 1996］［王鉄軍 2011］［李理 2013］，朝鮮警察研究［松田 2009b］を参照すると，以下のような比較可能な論点を見いだせそうである．

第1に，軍事的警察制度の性格とその存続期間である．台湾領有も韓国併合も，「植民地戦争」と言うべき現地住民の武力抵抗に対する鎮圧過程を経なければならず，初期の植民地統治においては軍隊（憲兵）と警察の混成治安維持方式がとられた（「植民地戦争」の概念については後述）．台湾では，1896年に軍政から民政に移行した後，抗日運動対策として台湾全土の警備区域を憲兵と文官警察および両者共同の警備区域に分ける「三段警備制」を採用した．台湾の三段警備制は短命におわったが（1899年），朝鮮では軍事的警察制度はより長期にわたった．1910年，韓国併合の直前に創設された憲兵隊を主軸とする憲兵警察制度は1919年まで治安維持の要となった［李升熙 2008］．憲兵警察制度は，この後，関東州と満洲国でも採用されている［松田利彦 2007］．

第2に，警察の一般行政への介入である．本来，一般行政官吏が担う行政事務にも警察官が「助長行政」の名で関与する状況が，特に植民地期初期に顕

著に見られた．台湾では，初期の抗日闘争を鎮圧した児玉源太郎総督—後藤新平民政長官期(任期1898-1906年)に警察制度が整備され，警察行政と地方行政が一体化した「警察政治」と称されるシステムが作られた［江慶林1988］［徐国章2000］．また1898年の保甲条例によって清代の住民組織たる保甲制度が漢族系住民を統制する警察補助機関となった［洪秋芬1992］．文官総督期に入ると，郡守に警察の指揮権が付与されたが，地方行政と警察行政はやはり混在していた．1920年代半ば以降，郡警分離が検討されたが実現していない［野口真広2009］．

他方，朝鮮では，警察と行政機関が台湾のように一体化することはなかった．ただ，憲兵警察は，道路建設や徴税，法令周知，日本語教育など広く民衆生活に関わった［張信2004］．1919年に普通警察制度に改編されたのちもこのような傾向は残った．三・一運動後の「警察の民衆化，民衆の警察化」キャンペーンや1930年代の農村振興運動を通じて民衆社会の統制に関わり，戦時期には経済統制や戦時動員に関わる業務が拡大した．

台湾・朝鮮の警察官の一般行政介入については，共通点とみなす見解［Chen 1984］と，朝鮮警察は民族運動対策に重点を置いていたため，台湾に比べ，一般行政への介入に限界があったとする見解［文明基2013］とがある．さらに台湾における明確な違いとしては，漢族と現住民族に対し二元的統治体制がとられ，警察定員の半数は台湾の現住民族に対する「理蕃警察」に当てられたことがあげられる．現住民族の住む山岳部は「蕃地」として，その行政は全面的に警察が管轄し，教育・医療・殖産等を含めた一切の行政権を握った［石丸雅邦2008］．

第3は，警察と民衆の関係，あるいは民衆の警察イメージという問題である．衛生警察［鄭根埴2011］，検閲・出版警察［検閲研究会編2011］，戦時期の経済警察［松田利彦2009b］［郭怡棻2011］など，警察の個別業務についての研究が進んできたこともあり，警察と民衆をめぐる社会史は自ずと重要な論点となりつつある．

台湾史研究では，台湾人の小説や漢詩，当時の新聞記事を分析し，暴力性を中心に警察イメージを抽出した研究がある［陳嘉齢2002］［葉衽樊2010］［孫準植2010］．蔡明志［2014］は，ポストコロニアリズム建築研究の視角から，末端警察官署(派出所など)が台湾人民衆の目に映ずる植民地空間をどのように作っていたかを論ずる．朝鮮史研究では，愼蒼宇［2008］が，朝鮮王朝期の警察の儒教的徳治主義が植民地期に近代的管理に変貌していく様相を描く．また，松田利彦［2009b］が，1920年代の「警察の民衆化」キャンペーン，戦時期の時局座談会

など各時代に特徴的な対民衆警察施策を検討する．朝鮮史研究と台湾史研究では異なる警民関係の研究手法を相互に参照することも今後有効だろう．

また，台湾人警察官・朝鮮人警察官は，現地民族の出自でありながら支配体制の一角をなした存在であり，警民関係の面でも重要な意味をもつ．慎蒼宇[2004]は朝鮮人憲兵補助員の創設過程や逸脱行動を論じ，張信[2009]は朝鮮人警察官の任用と昇進をめぐる差別構造を論ずる．岡本真希子[2011]は，台湾人巡査補をとりあげ，内地人警察官との関係や台湾人社会からの批判的視線といった問題に踏みこんでいる．

5　軍と植民地支配

植民地獲得に際して日本軍は重要な役割を果たした．台湾では，下関条約によって台湾の割譲が決まると，日本の占領に抵抗して清国派遣官吏と土着の士紳(郷紳)らが台湾民主国を宣言し，日本軍とのあいだで戦闘を展開した[黄昭堂 1970]．朝鮮では，第3次日韓協約(1907年)以降，義兵運動と呼ばれる抗日武装闘争が活発化し，本国から軍・憲兵が派遣され増強された．こうした植民地領有にともなう闘いを「植民地戦争」(あるいは「日台戦争」)として捉え直そうとする議論がある[大江志乃夫 1992b][慎蒼宇 2010][檜山幸夫 2011]．

この後，前述のように，台湾でも朝鮮でも植民地統治初期，軍(憲兵)が警察とともに治安維持を担う体制がつくられた．さらに満洲事変・日中戦争・アジア太平洋戦争と続く戦時体制期において，軍は皇民化政策と呼ばれる植民地支配政策を牽引した．

総論的研究として，台湾駐屯軍については劉鳳翰[1997]，朝鮮駐屯軍については林鍾国[1988-89]がある．また近年，坂本悠一編[2015]が台湾，朝鮮のみならず満洲・サハリン・南洋も含めた植民地軍についての論考を収め，現在の研究水準を示す．従来関心が集中してきたのは，現地民族の抗日運動に対する駐屯軍の弾圧という問題であり，朝鮮史研究では，抗日義兵闘争や三・一独立運動に対する日本軍の鎮圧行動に焦点が当てられ[戸部良一 2005][朴廷鎬 2005]，台湾史研究でも，台湾民主国と日本軍の戦争や霧社事件に対する台湾軍の鎮圧については多くの研究が触れる．また，戦時期の台湾人・朝鮮人動員も重要なテーマであり，総力戦体制下における志願兵令の施行・徴兵令の適用あるいは軍属や日本軍慰安婦としての動員がクローズアップされてきた[姜徳相 1997][樋口

雄一 2001］［李国生 1997］［高雄市関懐台籍老兵文化協会 2013］（日本軍慰安婦研究については本書第 10 章「ジェンダー・セクシュアリティ」参照）．

　しかし，植民地と軍という枠組みから想定される多くの問題は，まだ未開拓の状態にある．第 1 に，植民地領有初期や戦時期など特定の時期に関心が集中しているために，それ以外の時期の軍の動向はほとんど明らかになっていない．第 2 に，植民地支配や帝国拡張に対する軍部・軍人の思想・構想について掘り下げた考察がなされていない．近代日本史研究者による政軍関係や大陸政策の研究では，軍の各派閥や軍人政治家の政策構想を書簡や日記などから明らかにする手法はオーソドックスな位置を占めるが，それが植民地史研究ではいまだ十分に試みられていない．逆に，日本近代史研究者の側からの陸海軍研究では──日露戦後の満洲経営については，たとえば北岡伸一［1978］の古典的研究をはじめ少なからぬ蓄積があるものの──公式植民地たる台湾や朝鮮はその関心の射程にほとんど入っていない．

　ただ，こうした状況を打破するような研究も生みだされつつある．台湾史に関わる分野では，日清戦後から大正政変期にかけての大陸政策の展開を考察した小林道彦［1996］が桂太郎・後藤新平の積極的大陸政策の原型を台湾初期経営に見いだす．1930 年代以降の在台軍部の発言力の高まりと皇民化政策への積極的関与については，近藤正己［1996］が詳述しており，駒込武［2007］も同時期のジュノー号事件（1935 年）に着目する．朝鮮史研究では，松田利彦［2005］が，1910 年代の在朝鮮陸軍幹部の大陸政策構想を分析する．宮本正明［2010］は，朝鮮軍司令官だった宇都宮太郎の日記を用いて，三・一運動（1919 年）前後の朝鮮支配構想を読み解き，朴完［2016］は，同時期の朝鮮人軍人問題に焦点を当てる．戦時期については，宮田節子［1985］が，朝鮮人陸軍志願兵制度の施行（1938 年），同徴兵制度の実施決定（1942 年に閣議決定され 1944 年から実施）をめぐる朝鮮軍，本国陸軍省の植民地支配政策への関与にメスを入れたが，この論点がその後深められているとはいいがたい．宮本正明［2004］は，敗戦前後の朝鮮軍の動向を掘り下げている．

　このように植民地における軍を政治的主体として捉える視角は，先述の総督や植民地官僚についての研究状況と比べてもまだ初発段階にあり，今後，日本近代史の研究成果も取りいれながら系統的に考究されるべき課題だと考える．とりわけ日本軍慰安婦のような戦時動員問題に関しては，日本近代史研究者と

植民地史研究者の知見が相互に活用されるかたちで事実の発掘が進められてきたが，このような協業が，植民地と軍の問題をめぐるさらに広い未開拓領域に波及することが望まれる．

第3章
被支配者の主体性

加藤圭木

はじめに

　本章の目的は，日本の植民地支配の下に置かれた人びと（以下，被支配者とする）の行為や実践を日本植民地史のなかにどのように位置づけるのかについて，研究史を整理したうえで，論点を抽出するものである．筆者の問題意識は，被支配者の動向を，宗主国たる日本側に一方的に規定されただけのものとして見るのではなく，さまざまな制約を踏まえつつ主体的なものとして認識する方法を探ることにある．

　被支配者側の主体性という問題については慎重に議論しなければならない．植民地支配下という無権利状態において，筆舌しがたい暴力にさらされ，被支配者の主体性は極めて制約されてしまうからである．一方で，被支配者側の主体性を全く無視すれば，植民地支配万能論に陥る危険性がある．この点に関連して，駒込武は，「被植民者の主体性を強調しようとすれば植民地支配にまつわる暴力性をネグレクトすることになりがちであり，植民地支配の暴力性を強調するならば被植民者の主体性の理解を狭めがちであるという隘路が存在する．この隘路を抜け出すためには，暴力という言葉の含意を腑分けしながら，暴力に直面した者にとっての能動性という問題を考察する必要がある」と述べている［駒込武 2015：17 頁］．また，岡本真希子は，「体制内への「参加」・「参入」から排除される人々が膨大に存在し，それらの人々が生活する世界が植民地社会を構成していた側面は，政治史を考える上でも看過できない」と指摘する［岡本真希子 2010a：125 頁］．

　以下，被支配者の主体性をめぐる議論がこれまでどのように進展してきたの

かを整理したうえで，今後の研究の方向性を展望する．

1　民族運動史研究の展開

1980年代までの歴史学においては，主として日本帝国主義史研究の視点から日本の侵略の実態を解明する研究が進展するとともに，被支配者側の主体性の発露として民族運動史研究が展開されてきた．日本による侵略や支配と徹底的にたたかった人びとの動向こそが，被支配者側の主体性として光をあてられてきたのである．こうした研究動向の背景には，マルクス主義歴史学の強い影響力があった．

朝鮮史を例に取れば，民族運動史との関連では，内在的発展論が大きな力を持った．内在的発展論は，日本の敗戦以前に強調されてきた朝鮮に対する「他律的」で「停滞的」であるとする認識を批判して，「内在的」で「発展的」な新たな朝鮮史像を打ち立てたものである［吉野誠1987］．内在的発展論は経済史の脈絡で，自主的な朝鮮社会の発展・近代化の道筋を論じるとともに，民族の主体的な行為として民族運動史を位置づけたのである．

また，日本帝国主義史による植民地収奪の研究が進められるなかで，被支配者の置かれた矛盾（特に経済的な側面）との関係で，被支配者の運動について議論される傾向があった．

内在的発展論を含め，1980年代までの民族運動史では，主として被支配者側の近代化への志向（それは植民地支配に抵抗し，民族独立国家を建設するものである）が肯定的に評価されてきた．また，支配と抵抗という枠組みで議論が進展してきたといえる．

次節以降で論じるように，徹底した抵抗の局面に光を当てる民族運動史については，その後さまざまな批判が行われることになる．たしかに，機械的に民族主義的な枠組みで運動を把握する傾向が一部にあったことや，抵抗以外の局面が必ずしも十分に論じられてこなかったことは課題であろう．ただし，植民地支配下に置かれた人びとにとって近代的な民族独立国家建設は一貫して重要な課題だったことは事実であり，民族運動史を安易に相対化すれば済むというものではない．特に解放後の民族国家建設を目指す政治史ともかかわらせながら，解放以前の民族運動を把握する実証的な研究が続けられており，こうした問題設定は今日においても有効性を失っていないことに注意すべきである（［徐

仲錫 1997]など).

2　植民地近代(性)論の主体像

　民族運動史研究に対しては，徹底した抵抗の局面以外の部分に対する解明が1980年代から段階的に進められた．台湾史研究では，1980年代から台湾議会設置運動などが注目されており，徹底した抵抗運動以外の部分の具体的な解明が行われた．朝鮮史でも，1990年代に入り民族主義内部の右派(妥協的民族主義)や，朝鮮人の「政治参加」に対する検討が進められた([[若林正丈 1983][パク・チャンスン 1992][並木真人 1993]など).

　そうしたなかで，従来の研究の枠組みに対する批判をまとまった形で提示したのが，植民地近代(性)論である([尹海東 2002]ほか)．これは従来の民族運動史研究や日本帝国主義研究が支配と抵抗の「二項対立」図式に陥っているとし，こうした図式が多くのことを見逃しているとした．また，近代を肯定的に捉える従来の研究視角を批判する必要性があるとした．そして，植民地認識の「グレーゾーン」を見ることを主張し，具体的には対日協力のあり方や，植民地支配によってもたらされる近代性を内面化する人びとの動向をとりあげるべきだとした．対日協力をめぐっては，洪宗郁[2011]が転向を主体形成の一環として位置づけた．近代性の受容をめぐっては，従来の研究で必ずしも重視されてこなかった文化史の側面が議論された．また，従来の議論が「経済還元論」であるとして，経済的な矛盾との関係を強調して運動史を論じる研究が相対化された．さらに，被支配者の「政治参加」をめぐっては，植民地権力と被支配者の政治的なバーゲニングが行われる場として「植民地公共性」が議論されるようになった．要するに，「抵抗する主体」(民族運動史)に代わり，「協力する主体」「統合される主体」「近代を受容する主体」が登場したのである．

　植民地近代(性)論が登場する前提には，マルクス主義歴史学の影響力の低下と言語論的転回による歴史学の変容がある．個々の論者の言語論的転回へのスタンスはむろん一枚岩ではないにしても，この理論的な前提の変化は重要である．言語論的転回は，「民族」や「階級」が本質的に存在するのではなく，言語によってそのカテゴリーが創出されているということをあぶり出す．言語論的転回以降の歴史学は，民族や階級を自明の存在と見なさず，相対化しようとする傾向を持つことになるのである．また，リン・ハントは，こうした新しい

潮流を文化理論と呼び,「文化理論のなかでの文化は, マルクス主義のように生産様式や生産関係のうえに屹立する「上部構造」として構想されているわけではない」とする. そして,「文化理論は〔中略〕文化が自律的な論理を持つことを主張する. つまり, 言語や文化的表現が経済を含む社会的世界を決定するのであって, それらから演繹されるわけではない, ということだ」と述べている［ハント 2016：19 頁］. このような歴史学をめぐる大きな変化のなかで, 植民地研究において提起されてきたのが, 一つは, 植民地近代(性)論であるといって差し支えはないだろう.

以上で見た植民地近代(性)論や植民地公共性論は, これまでも多くの論者が指摘したこと（[趙景達 2008][板垣竜太 2011]など）とも重なるが, 重大な問題を抱えている. まず, バーゲニングが行われる公共領域を想定することは, 政治的権利が剥奪された植民地支配の実態を見誤らせる. そして, 植民地近代(性)論が描くのは, 日本の支配がもたらした近代性を受容し内面化する主体であり, 植民地支配と被支配者が親和的であるという歴史像に陥りかねない. 被支配者の支配への協力に光をあてることで, 結局は植民地万能論に接近し, 植民地支配を乗り越えていこうという被支配者側の主体的な動向は消去されてしまう. もちろん, 対日協力の実態は, 政治史をトータルに把握するうえで重要であり, 今後も実証的に研究を進めるべき課題ではあるが, 従来の議論の単純な相対化によって, 植民地支配に必ずしも統合されない被支配者の主体的な動向が見えなくなってしまった.

3 政治文化論の視角——反近代の視座から

マルクス主義歴史学の影響力の低下と言語論的転回以降の動向のなかで, 植民地近代(性)論とは異なる形で登場してきたのが政治文化論である. これは主に朝鮮史研究の趙景達がリードし, その成果は通史として結実した［趙景達 2012, 2013］. 趙によれば,「政治文化とは, 政治や抗争が行われる際に, その内容や展開のあり方などを規定する, イデオロギー, 伝統, 観念, 信仰, 迷信, 願望, 慣行, 行動規範(ルール)などの, 政治過程に関わる一切の文化のことである. 政治文化は, 一般的には支配層と被支配層で共有される. 共有されない場合には, 国家や政府は安定性を欠き, 危機的状況となる」という［趙景達 2012：iii-iv 頁］. そして, 趙は朝鮮の政治文化として儒教的民本主義をとりあ

げ歴史を把握している.

　この議論の前提には，近代主義的な発想への違和感がある．趙は，近代的方向に進まない歴史の発展に注目する必要があるとして，それぞれの社会における独自の政治文化に注目する必要性を提起した．

　そして，この議論は，植民地期の朝鮮を次のように捉える．日本の支配は儒教的民本主義とは異なる「武威」による支配をおこなった．これに対して民衆はあくまでも儒教的民本主義的な行動様式で抗議活動を展開するなどした．たとえば，三・一運動の際に朝鮮民衆の国王崇拝が運動を高揚させる役割を果たしたことや，社会主義運動の受容に際しても儒教的民本主義的な政治文化が基盤となったこと，などを指摘している．また，民衆が儒教的民本主義的な政治を望んだという点が，歴史像全体を貫いている．この議論は，近代主義的ではない形で，社会の独自性を抽出し，被支配者側の主体性を提示する．抵抗に関する研究が影響力を縮小する状況に対して，政治文化論はアンチテーゼを示した（この点に関連して，愼蒼宇[2008]は見逃せない）．

　また，こうした議論が進められるなかで，近代的知識人と伝統的知識人に共通する「儒教的思考の規制力」が議論されている点も興味深い[愼蒼宇 2016]．近代主義的な思想が社会を埋め尽くしていくのではなく，伝統的な思考様式から主体的な営みを論じようとする潮流である．筆者も儒教的な思想を基盤とする民族運動家と，近代的な思想を基盤とする民族運動家を共通性に注目しながら分析したことがある[加藤圭木 2016]．

　以上の儒教的民本主義や伝統とのかかわりから人びとの動向を論じようとする研究は，近代主義的な歴史像を乗り越えつつ，他方で植民地支配によって規定されるだけではない人びとの主体性に光を当て，大きな成果をあげたが，課題がないわけではない．被支配者の行動や実践を政治文化との関連から論じることに傾斜するあまり，ともすれば平板で静態的な歴史像に陥りかねない．そして，儒教的民本主義をめぐる議論は，朝鮮の政治文化を一枚岩にとらえる傾向があり，地域や階級，ジェンダーによる差異が見えにくいという問題がある．あらためて，政治・経済的な条件やジェンダーなどをも議論に組み込み，全体像を模索する必要があるだろう．

4　人びとが生きる現場への接近

　マルクス主義歴史学の相対化と言語論的転回を背景としつつ，被支配者の主体をめぐる議論の様相は大きく変化した．筆者は政治文化論が切り開いてきた新たな歴史像の重要性を踏まえたうえで，あらためて人びとの主体性について文化以外の要素も視野にいれながら論じることを模索する必要があると考える．

　すでに取り上げたリン・ハントもまた，文化理論のバージョンアップを目指す観点から，その限界性を指摘している．特に女性や先住民などの被抑圧者をめぐって，文化理論においては言語や文化，あるいはジェンダーや人種といったカテゴリーの議論が重視され，被抑圧者側の具体的な動向が議論の対象となりにくくなったことを指摘していることは示唆的である［ハント 2016：30, 44 頁］．植民地の被支配者の主体性もまた同様に，十全には対象化されなくなったのである．

　こうした問題点を打破し，人びとの主体を論じるためには，人びとが生きる具体的な現場に接近するべきである（こうした点で，池秀傑［1993］などの運動史研究は貴重な成果である）．政治的・経済的・文化的な条件が人びとの生をどのように規定していたのかをミクロレベルで明らかにし，そのなかで人びとがどのように生きようとしたのか，という問題に接近することが必要である．政治・経済・文化といった要素のいずれかに還元するのではなく，それらを総合しつつ，現場で生きる人びとの側から主体性を考察していくのである．こうした方向性において議論されるべきは地域社会史研究である．

　この潮流に注目するのは，人びとの生活や生存が地域社会のなかで成り立っていたからである．植民地支配が強化されるなかで，地域社会は被支配者の主体的な取り組みがギリギリで実践される場であり，権力と人びとのせめぎ合いの場であると考えられる．

　以下では，地域社会をめぐる議論を中心に，人びとが生きる現場を論じる方法として，①〜④の視点から研究動向を見ていきたい．

　①植民地化以前からの長期社会変動　植民地社会の状況は，それ以前の歴史によっても規定されている．朝鮮を対象とする研究としては，板垣竜太，筆者が 19 世紀から 20 世紀半ばまでの朝鮮の社会変容に関する検討を行い，植民地化によって一方的につぶされるわけではない地域独自のあり方を議論している

［板垣竜太 2008］［加藤圭木 2017a, 2017b］（関連研究として梶村秀樹［1990］）．これと関係するものとしては，安冨渉・深尾葉子編［2009］がある．また，②とも関わるが，地域有力者の長期変動を扱った研究が重要であろう［洪性讚 1999］．前述の儒教的民本主義をめぐる議論もこうした植民地化以前からの流れを意識する議論であったが，政治史・経済史の文脈でも深めていくことが必要である．

　②**地域有力者論（地域支配構造論）**　地域有力者の分析を通じて地域支配構造を解明する研究がある．このなかで注目したいのが，朝鮮史の池秀傑の「官僚―有志支配体制」論である（［池秀傑 1996, 1999］ほか）．「官僚―有志支配体制」とは，総督府が日本人・朝鮮人の有力者を協力させて構築した地方支配のあり方である．「文化政治」以降，朝鮮人の有力者を植民地支配に協力させようとする民族分裂政策が強められたが，池の研究はその様相を地域の「有志」の動向から具体的に描き出している．さらに，池は地域の支配層（有志）と対抗する「革新青年」を地域政治史に位置づける研究も発表している［池秀傑 2005］．池の議論のポイントは，地域政治においても支配と抵抗の論理，民族と階級差別の論理が貫徹していることを示していることである．また，植民地近代（性）論の主唱者である尹海東が近代的「面制」の浸透を強調するのに対して，池は植民地化以前からの郡の役割を重視している［尹海東 2006］［池秀傑 2007］．台湾地方エリート研究も注目される［陳姃湲 2013］．

　③**地域経済の動向**　地域における人びとの主体性を見ようとするときに，植民地支配下に置かれた地域経済動向を具体的に検討する必要があるだろう．植民地支配と全く隔絶したところで独自の経済活動を行うことは不可能であるが，だからといって支配された側の地域経済の特質が何もかも消えてしまうというわけではない．たとえば，開城商人の研究（［梁晶弼 2013］ほか）においては前近代以来の商人の経済的な実力が，朝鮮東北部の研究では植民地化以前から朝鮮人側の経済的実力が，ある程度発揮されている地域が検討されている［加藤圭木 2014a, 2017a, 2017b］．こうした脈絡のなかで，内在的発展論の立場に立つ梶村秀樹の平壌メリヤス工業（朝鮮人資本が強かった産業）論を読み直し，バージョンアップさせることも必要である［梶村秀樹 1977］．地域経済の分析は，日本側が被支配者側の有力な資産家を植民地支配に協力させようとする政策をとったことから，地域政治史を解明するうえでも意味を持つ．この点に関連して，糟谷憲一は平壌の産業と地域政治史を架橋する視点に言及している［糟谷憲一 2003：

79頁］．また，谷ヶ城秀吉［2012］などに示される台湾人商人の経済活動も政治史との関係が注目される．

　ところで，前述のとおり，植民地支配下において，被支配者が植民地支配と無関係なところで経済活動を行うことはできない．しかし，意識や言論のうえで地域における被支配者側の主導性が強調されることは，被支配者側の主体性として重要である．たとえば，漁業において朝鮮人が一定の割合を占めた地域［加藤圭木 2017a：第2部第2章］では，「朝鮮人の産業機関」「朝鮮人側が主導すべき地域」という意識が形成されていた．「朝鮮人」意識は政治的な意味を持ちうるのである．これと重なるが，済州島と大阪の航路を朝鮮人が独自に運営した際に，「われらはわれらの船で」という意識が現れた［杉原達 1998：121頁］．人びとの生活や生存を支える経済活動は，政治的な意識とも結びつくことがあるのである．

　④「開発」・軍事化と地域　近年，「開発」や軍事化について，それが具体的に地域社会の人びとにとってどのような意味を持ったのかを問う研究が進展してきている．この研究潮流は，人びとの生存基盤がどのように改変されようとしたのか，それに人びとがいかに対応しようとしたのかを論じるものである．

　清水美里［2015］は，水利組合をめぐる抵抗の歴史に注目する．「組合員の総意」によって，「水利の運用の主導権が台湾農民側に戻った瞬間」をとらえ，「それは，一時的なものであったかもしれないが，台湾人の「総意」が〔中略〕植民地権力の意向に対立する形で「決議」された」とする（96頁）．また，「確かに台湾人が台湾のために行おうとしたことの多くは弾圧を受けたが，植民地の制約の中でも台湾人が台湾のために成し遂げたものは決して少なくない」（7頁）と述べる．また，筆者も「開発」や軍事化をめぐる矛盾とそれへの抵抗の問題をこれまで論じてきた．住宅強制撤去や公害という生活と生存の深刻な危機に直面するなかで，地域の人びとは主体的にこれに対抗しようとした［加藤圭木 2013, 2014b, 2017a：第2部第1章］［ヤン・ジヘ 2016］．

　以上①～④を踏まえて，あらためて人びとの主体性の問題をどのように考えるか，ということを考えてみたい．1990年代以降，植民地研究においては民族主義の相対化や，支配と抵抗の「二項対立」図式の相対化が進められてきた．こうした研究動向は従来光が当てられてこなかった協力の側面などを解明することに寄与してきた．しかし，一方で被支配者の主体性（特に抵抗）の問題は矮

小化されていったように思われる.

　筆者は，民族主義や抵抗という枠組みを歴史像に機械的に当てはめるという方法には問題があると考えるが，「民族」や抵抗という問題自体は依然として重要であると考えている．それは，植民地支配が異民族支配であり，被支配者の主体性はこの民族問題に規定されざるをえないからである．筆者は，植民地化以前の社会，そして，植民地化後の変化の双方に規定されつつ，立ち現れる「民族」意識こそを抽出すべきであると思う．すでにみた，「朝鮮人の産業機関」「われらの船」といった意識はその点で注目される．

　駒込武[2015]は，「台湾の場合には，潜在的な可能性のうちに存在した夢の次元を射程に入れなければ，植民地主義をめぐる攻防が見えにくいという事情が存在する」(6頁)と述べる．そして，「「日本帝国主義打倒」を目指した政治運動に比するならば，「台湾人の学校」を目標とした運動は，あまりにもささやかな夢ともいえる．〔中略〕現実において多くの苦難を背負わされた構造的弱者たちの夢は，それ自体として重要である」(7頁)とする．「わたしたち台湾人」が求める「台湾人の学校」「台湾人本位の教育」を目指す運動に注目し，そうしたなかに「自治的で公共的な討論空間」(334頁)を見いだすのである．ここで「公共的」との用語が使われているが，植民地権力とのバーゲニングの領域を指す「植民地公共性」とは区別することを意図したものであろう．駒込は「台湾人」という枠組みを手放すことなく，植民地支配を問う動きを捉えることを試みたのである．

　また，1990年代以降の議論で相対化され，注目されることが少なくなった社会主義運動についても，あらためて光を当てる必要があると思う．韓国で社会主義運動に関する地道な実証研究が継続していることにも注目しなければならないが[林京錫2017]，ここで私が考えたいのは社会主義運動の「奥行き」の問題である．そのためには，地域社会の具体的な文脈において，人びとの生存をめぐって運動が果たした役割の再検証が必要だと考える．総督府権力といかに対抗したか，というレベルはもちろん重要だが，それに加えて社会主義運動を通じていかなる共同性がつくられていたのかを検討すべきである[加藤圭木2017b]．社会主義のテーゼを社会的に下層の人びとがどこまで理解していたのかは別にして，社会主義がつくりだした共同性は人びとの主体性に大きな影響を与えたと考えられる．

以上で述べてきたように，民族主義や社会主義を単純に切り捨てるのではなく，民族主義や社会主義がいかに立ち現れ，どのような役割を果たしたのかを丁寧に見なければならない．これまでに展開されてきた植民地主義批判と近代批判の議論を踏まえて，民族運動史を論じ直すことが，今，あらためて重要な課題となってきているのである．

おわりに

被支配者の主体性をめぐって，かつて強い影響力を持った民族運動史研究に対して植民地近代(性)論や政治文化論が提起されてきたというのが1990年代以降の研究動向である．方法論は多様化したが，議論の枠組みが先行しがちという印象もある．より人びとの主体性の実像に迫るにはどうするべきなのか．筆者は，民族運動史や儒教的民本主義をめぐる議論の成果を踏まえつつ，人びとが生きる現場(特に地域社会)から，人びとの主体性を捉え直していく必要があると考えている．そこには，民族主義的ないし社会主義的な動向もあれば，儒教的民本主義的な動向もある．それらを丁寧に解き明かし，具体的な状況から人びとの行為や実践の意味を浮かび上がらせ，議論を精緻化していく必要がある．月並みな結論ではあるが，人びとが置かれた状況を史料から丹念に明らかにし，密度の高い議論を追求していくことが最も重要な課題である．

第4章
アジア経済史と植民地経済史

竹内祐介

はじめに

1990年代以降，アジアの歴史を対象としたシリーズや入門書の刊行が相次いでおり［溝口雄三ほか編1993-1994］［東アジア地域研究会ほか編2001-2002］［桃木至朗編2008］［和田春樹ほか編2010-2011］(その他,「東南アジア」「南アジア」を冠したシリーズも登場している)，また政治史分野では通史も登場するようになっている［川島真・服部龍二編2007］．経済史分野でも，2015年には研究入門書も刊行さ

れたが[水島司ほか編 2015]，国・地域をまたいだ広域のアジア経済史，通史としてのアジア経済史はいまだ確立されているとは言い難い．他方，日本の植民地支配がアジア地域に及んだ事実を鑑みれば，植民地経済史はアジア経済史でもある，ということを疑う余地はないように思われるが，後述のように，日本史ないし個々の植民地社会の地域史として研究が進展しており，広域のアジア経済(通)史とは必ずしもなりえていない．両者には膨大な研究蓄積があることは承知のうえで，本章では，アジア経済史と植民地経済史の進展に関する研究史を大まかに摑まえ，両者の立場を代表する2つの著作[杉原薫 1996a][堀和生 2009]の対比を手掛かりに，植民地経済史をアジア経済史と架橋するための論点の提示をおこなう．これは植民地経済史の視角をより豊富にするための試みの1つである．

1 アジア経済史とは

(1) アジア経済史の登場

アジア経済史という学問が登場する社会的背景となったのは，1960-90 年代のアジアの経済成長である．第二次世界大戦後の世界は，政治・軍事的には東西対立(冷戦)，経済的には南北問題という枠組み・課題が存在していたなかで，先進国以外の地域の工業化に着目した NICs 論が登場し，その後，石油危機以降も成長を持続したアジア NIEs のパフォーマンスが世界的に注目されるようになった[世界銀行編 1994]．まずは開発経済学などによる現状分析としてのアジア経済論がさかんになったが，その際の論点の1つが，経済成長と貿易[*1]の関係であり，西側陣営の GATT などをはじめとする開放経済体制とその下で展開する環太平洋貿易の拡大，そして輸出志向型といわれる各国・地域の工業化戦略であった．これを受け，アジアの経済成長と対外関係についての歴史的連続性，通時性を探るという，アジア経済史の発想が生まれてきたのである．

他方，日本ではすでに先行して高度経済成長が始まっており，そのなかで「成長」や「近代化」の連続性・通時性を軸とする新しい日本経済史の流れが登場しはじめていた[梅村又次ほか編 1988-1989]．新しい日本経済史は，マルクス主義歴史学をベースとする伝統的な日本経済史の視角，すなわち経済構造の発展段階と，段階の間にある断絶性や移行の画期に着目する視角への批判を前提に進められてきた[永原慶二 2003]．また同時に，日本の近代化を，その「内

的動因」ではなく，国際的契機を重視して世界史のなかに位置づけようとする研究も登場してきた［芝原拓自 1981］．このような日本経済史の潮流ともあいまってアジア経済史は展開してきた．こうしてみると，比較的若い学問であり，また同時に，伝統的な日本の史学の体系（西洋史・日本史・東洋史≒中国史）とは異なる文脈の学問として登場してきたといえるだろう．

アジア経済史研究の基本的枠組みは，1984 年度社会経済史学会全国大会共通論題「近代アジア貿易圏の形成と構造：19 世紀後半〜第一次大戦前を中心に」（のちに『社会経済史学』51-1 に掲載）において提示されたといえる．以後，続々と登場し始めるアジア経済史研究の学問的特徴を整理すると，共通する問題意識として，第 1 に，西洋中心史観の克服・相対化，第 2 に，一国史（国民国家史）批判・脱領域／地域横断的歴史像の構築がある．こうした課題は，近年「グローバルヒストリー」としてアジア以外にも対象を広げて展開している．また，その方法として，西洋とアジア，ないしアジア内の関係に焦点をあてた関係史的接近と，西洋の成長径路とアジアの成長径路，ないしアジア内（たとえば東アジアと東南アジア，南アジア）の成長径路を比較して，その多様性を検出する比較史的接近の 2 つが挙げられる［籠谷直人・脇村孝平編 2009］［水島司 2010］［秋田茂編著 2013］［水島司ほか編 2015］．

しかし実際には，その研究対象は，特定の地域（ただし日本は除く*2）を中心としながら，商品連鎖やアジア商人などの脱領域／地域横断的なテーマを取り上げた研究と，前近代〜19 世紀と，20 世紀後半（戦後）を対象にした研究にやや偏りがあり，20 世紀前半（戦間期・戦時期）の研究が手薄となっている．これらは，第 1 に，「国家」のように明確な主体を設定できない「アジア」の歴史叙述が困難で，特定地域を主体とせざるを得ないということ，第 2 に，国民国家成立以前は，そもそも脱領域／地域横断的であり，戦後もまた，先述のとおり，開放経済体制の進展という点で同様の状況があるため，アジア経済史の関心と接合しやすいという事情があるのだろう．さらに，マディソン推計が示した，19 世紀前半までと 20 世紀後半のアジア経済の興隆も，こうした研究の時代的偏りに影響を与えているものと思われる［マディソン 2004］．20 世紀前半の研究が手薄であることは，まさにその時期が主たる対象となる植民地経済史との架橋が進まない理由の 1 つでもある．

(2) アジア間貿易論

　アジア経済史の全般的傾向が以上のように整理できるならば，戦間期までを対象とし，かつ日本もその議論の射程に含んだ「アジア間貿易論」は，アジア経済史のなかでも特に重要性が際立つ．杉原薫[1996a]は関係史的接近によるアジア経済史の原典といってもよいだろう．アジア間貿易論が挑戦する課題は，西洋による周辺地域の従属化(ウェスタンインパクト)という歴史認識の相対化である．「相対化」とは，西洋を中心とした世界経済の形成と展開という歴史像自体を否定するわけではなく，個々の周辺地域と西洋の間に「アジア」という枠組みを設定することで，西洋と周辺地域(アジア)の基本的関係を前提としつつ，アジア内の関係の変化と成長の相違を説明しようというものである．それは，日本経済史研究が開港以降の歴史を「日本対西洋」という枠組みで捉えてきたことに対する批判でもある．具体的には，インド・東南アジア・中国(満洲を含む)・日本を主要地域とする広域なアジアの地域設定をおこない，これら地域の貿易分析を軸として戦間期までの関係の変化と成長を捉えようとした．このように，「アジア間貿易論」の問題意識は，西洋史・日本史・東洋史を，西洋植民地であったインド・東南アジアを媒介にして結合する，日本の史学の体系を包括する議論の提示であったということができる．

　主要な議論を紹介しておこう．まず，アジアの国際秩序として自由貿易体制(英蘭型国際秩序)の意義を強調することで，アジア貿易の成長の背景を設定しつつ，アジア4地域の貿易を，対アジア貿易と対欧米貿易で分け，その額や成長率の増加を提示する．具体的には，第一次大戦期までは，成長率が対欧米貿易よりも対アジア貿易が上回っていたことをもって「アジアの相対的自立性」を主張し，戦間期には貿易額も対欧米貿易より対アジア貿易が上回ること，しかしそれがインド・東南アジアの対欧米貿易の比率がさほど変化しない一方で，日本・中国(特に前者)の対アジア貿易の比率が上昇していくことをもって「東アジアの相対的自立性」が進んだことを主張する．こうしたアジア間貿易の成長を通貫する論理が「最終需要連関効果」である[*3]．これは，対欧米一次産品輸出を起点としたアジアの購買力の増加が，工業製品を含むアジア産品の消費を増加させていき，アジア間貿易が成長していくというものである．最後に，こうしたアジア間貿易の枠組みが，「アジア太平洋経済圏(環太平洋経済圏)」と形を変えつつ[杉原薫 2003, 2013]，戦後の東アジア(東南アジアを含む)の経済成長

へとつながっていく展望を示している．

2　植民地経済史研究の展開

(1) 植民地経済史の新たな潮流

　一方，日本における植民地経済史研究の本格的端緒は，戦後歴史学・日本帝国主義史に求められる．日本やアジアの高度経済成長開始より前，すなわち日本が「近代化」するための，発展段階論にもとづく現状分析と課題の検出，そして敗戦という経験のなかで大陸侵略・植民地支配への反省が，学界全体に共有されていた時代からの蓄積がある．具体的な植民地研究の課題は，支配と抵抗・従属の構造，そこから導き出される戦争への必然性や資本主義の限界を明らかにすることに求められてきた．これらは日本史という枠組みのなかで議論されてきたものであるから，「一国史」的史観からは逃れられず，またその対象時期も基本的には植民地期に限られてきた［大石嘉一郎編 1985-1994］．

　そうした状況に変化が現れたのは，やはり 1960 年代以降の韓国・台湾（ないし中国）の経済成長という現実社会の変化であった．それ以前の植民地研究を総括し，今後の展望を示した『岩波講座近代日本と植民地』シリーズも，植民地期と戦後（脱植民地期）との通時性を意識して編纂されたことが示されている［大江志乃夫ほか編 1992-1993］．実際，以後の植民地研究の 1 つの流れは，植民地社会の戦後に明確な展望をもたない日本帝国主義史的視角への批判を前提とし，韓国・台湾などの「地域の経済史」を，工業化をキー概念として進展してきたところに特徴がある［松本俊郎 1988］［堀和生 1995］［金洛年 2002］［堀内義隆 2001］（ほか，堀内の一連の研究）．

　地域の経済史が通時的な視点を重視したのに対し，共時的な視点を重視して当時の帝国の経済構造を数量的に把握・解明しようとしたのが「帝国経済史」研究である［山本有造 1992, 2003］．帝国経済史は，先述の新しい日本経済史の一環として登場し，その意味でやはり従来の日本帝国主義史的視角に批判的な文脈の研究として位置づけられる．また，「帝国経済史」のとる国民経済計算・数量経済史の手法と，その背景にある長期経済統計の整備［大川一司ほか編 1965-1988］は，地域の経済史の通時性を明らかにするという目的とも呼応し，各地域の長期統計整備にもつながっていくことになる［金洛年編 2008］[*4]．

　以上のような植民地経済史研究の進展を振り返ると，契機となった社会的背

景や方法論でアジア経済史との共通点が見出せるにもかかわらず，アジア経済史という枠組みを援用して植民地経済史を捉える研究がほとんどみられない理由は，植民地経済が帝国外との関係をほとんどもたなかったことにあると思われる*5．すなわち，植民地経済からみた「アジア」は，「日本帝国」とほぼ同義であり，アジアという広域経済圏の設定が，植民地経済史にとっては有効な分析手段となりえないのが，両者の架橋が進まないもう1つの理由である．

(2) 東アジア資本主義史論

そうしたなか，植民地経済史研究の側からアジア経済史に応答しようとしたのが堀和生[2009]の「東アジア資本主義史論」である．まずは主たる議論を紹介してみよう．

戦前アジア貿易の特徴は，日本帝国圏の貿易成長率の高さにあり，その背景には日本帝国主義の台頭があることを強調する．それは，アジア間貿易論の主要4地域の設定の仕方と，議論の前提である「英蘭型国際秩序」のアジアへの規定性への批判でもある．そして貿易成長率の高さは，日本帝国内貿易（帝国内分業）の進展によるもので，「西洋に対する一次産品輸出を起点」とする「最終需要連関効果」を強く否定する．むしろ，「植民地工業化」が欧米植民地にはみられない現象であること，またそれによって日本—植民地間および植民地同士の貿易にも変容がもたらされ，日本帝国として資本主義化が進行することを強調する．そして，この植民地工業化が戦後の韓国・台湾の経済成長へと連続していく視点を鮮明に打ち出している．

東アジア資本主義史論の意義は，第1に，1990年代以降，地域の経済史として進展してきた植民地経済史研究の成果を，貿易という次元で接続し，関係史としての日本帝国論を展開したことである．さらに中国をその対抗軸として設定することで，日本帝国論を「東アジア」の議論へと昇華させようとした点であり，これによって帝国経済史のもつ一国史的視角をも乗り越えようとしている．また，日本帝国主義の枠組みを戦後にまで延長しようとすることで，従来の日本帝国主義史研究とも一線を画そうとしている（共時的要素の通時的な適用）．地域の経済史から広域経済史（関係史）へと展開した点や，戦後の東アジアの経済成長への連続を重視する点では，アジア間貿易論と共通しているところもあるが，議論全体がアジア間貿易論批判をベースとしているため，両論を架

橋するのは容易ではないものとなっている．

3　アジア経済史と植民地経済史の架橋
(1) 一次産品経済社会と工業化社会
　日本植民地にとってのアジアが，ほぼ日本帝国圏と同義なのであれば，植民地経済史とアジア経済史を接合するには論理の共通性や両者を架橋する地域の研究が不可欠になる．とりわけ，ここまで整理してきたとおり，アジア経済史をより大きな枠組みとして議論したアジア間貿易論と東アジア資本主義史論をどう接合するかが，もっとも重要な課題となる．東アジア資本主義史論に対しては，すでにアジア経済史の立場，日本帝国主義史の立場からそれぞれ応答がなされているが［脇村孝平 2013］［原朗 2013b］，植民地経済史の側からアジア間貿易論・東アジア資本主義史論双方に応答することで，両者の架橋の可能性を探りたい．そこで，東アジア資本主義史論によるアジア間貿易論批判のうち，植民地経済史から応答可能と思われる論点を取り上げて検討してみよう．

　まずアジア間貿易論の基本構造である最終需要連関効果についてである．確かに，日本植民地の場合，欧米先進国との関係性が強いわけではなく（満洲大豆のようにヨーロッパ市場と関係の深い場合もあるが），これをアジア全域の特徴として強調することには違和感があるかもしれない．東アジア資本主義史論でも強く否定されるところだが，日本植民地の場合は「対日」一次産品の輸出が起点となって工業製品需要が発生し，それがのちには植民地工業化の市場的基盤となっていくのであり［金洛年 2002］，成長の論理自体には共通性があるということもできる．

　他方で，その植民地工業化という論点はもう少し相対化される必要もあるだろう．東アジア資本主義史論で植民地工業化が強調されるのは戦後アジアの経済成長との連続性の観点からである．しかし同時代的にみれば，第 1 に，工業化が進展してもなお，植民地社会は国民経済計算の構成上，また就業構造からみても一次産品経済であり（これは鉱業をどのように位置づけるかによる違いもある），第 2 に，堀自身が示した輸出中の工業製品割合という指標からみると，日本植民地（ただし，対日輸出中の割合）も，インド・中国も，1930 年代後半から 20-30% に到達するので，そう大差はない［堀和生 2008：23 頁，図 0-8］［堀和生 2009：147 頁，図 5-3］．植民地工業化が同時代的にみて特徴的なのは重工業部門

の発展にあるのかもしれないが，それは主に朝鮮北部や満洲であり，戦後のアジア経済成長とは直接につながらない地域でもある．植民地社会の特質を一次産品経済に求めるのか，工業化に求めるのか，によってアジア経済史への架橋の可能性は変わってくるといえる．

(2) 1930年代アジア国際秩序と満洲経済

1930年代の日本貿易は，アジア間貿易論の設定する主要地域の枠組み（インド・中国・東南アジア）だけでは対アジア貿易の半分程度にしか満たないのは，杉原自身が示したアジア間貿易論の提示するデータからも明らかである［杉原薫 1996a：114 頁，表 4-6］．その分だけ対植民地貿易が拡大していることになる．東アジア資本主義史論は，アジア間貿易論の主要 4 地域はアプリオリに設定されたもので実態がないと批判する．しかし先述のとおり，インドや東南アジアを含めることで 19 世紀以来の西洋経済とアジア経済の関係，およびそれを前提とするアジア内の関係の変化を通史的に描けるメリットもある．それを認めてもなお植民地経済史研究からみてこの地域設定への違和感を求めるなら，満洲を中国に含めたうえで日中間貿易を論じる点にある．外交上，満洲を植民地とみなすことには問題もあるが，これまでの植民地経済史研究は満洲地域を日本植民地（少なくとも日本帝国圏の一部）として論じてきた．その立場からすると，満洲を中国に含めて当時のアジア貿易を論じることは，一方で日本の植民地貿易を過小評価し，他方で中国の対アジア貿易を過大評価することになる．

しかし逆に言えば，中国経済の位置づけ方，特に，日本帝国経済と中国経済の結節点としての満洲経済研究は，アジア経済史と植民地経済史の架橋を考えるうえで，改めて注目される領域ともいえる．近年の中国経済史の側からは，満洲地域の日本帝国への編入が中国経済にどのような影響を与えたのかを問う研究も出てきている［木越義則 2012：第 5 章］．今後も，中国経済史，さらにはアジア経済史の観点から検討した「植民地」満洲経済研究の登場が期待されるのと同時に，これまで日本帝国（主義）との関連のなかで論じられてきた満洲経済史研究から中国経済史・アジア経済史へ応答する論点を提示することが必要である．たとえば，中国土着の流通圏と，日本が満洲への影響を強めていく過程の関係を問いながら，満洲経済を捉えようとする研究は，後述の商人ネットワーク論などと関連づけながらアジア経済史に接近する可能性をもつ［張暁紅

2017］．さらに満洲経済は，その他の植民地経済との関係も強いことから，満洲を媒介にして朝鮮・台湾などの植民地経済史研究の側からも，中国経済史やアジア経済史に接合するような試みも可能ではないだろうか．

(3) 商人ネットワーク論，大東亜共栄圏のアジア経済

ここまでアジア間貿易論に対する東アジア資本主義史論の批判の検討から論点を提示してきたが，それ以外の論点についても指摘しておきたい．関係史的接近によるアジア経済史として，もっともさかんな研究は，「アジア」という政治的枠組みの不在の代わりに，流通主体であるアジア商人（特に華僑）の活動に着目して「アジア」という枠組みを検出しようという試みである［古田和子2000］［籠谷直人2000］［石川亮太2016］．植民地経済史との関連でいえば，台湾商人の華僑としての属性と「植民地商人」としての属性に着目したような研究は，アジア経済史と植民地経済史の架橋に適合的なテーマであるといえる［河原林直人2003］［谷ヶ城秀吉2012］．他方で，日本帝国主義史研究のなかでは，商工会議所をはじめとする植民地に進出した日本人経済団体による商業・金融ネットワークに関する研究蓄積もあるが［波形昭一編著1997］［柳沢遊・木村健二編著2004］，これらをアジア経済史の文脈のなかで評価することも必要な課題の1つである．

また，アジア間貿易論も，東アジア資本主義史論も，戦時期（大東亜共栄圏期）の位置づけは弱い．東南アジアでは，日本の侵略によって対欧米一次産品輸出が遮断され，それが当該地域経済の「崩壊」を招いたとされているが［原朗2013a：111-115頁］，近年の研究では，中国も同様に，日本の侵略による対欧米一次産品輸出の遮断が，戦前期中国の市場圏の分断と成長構造の「崩壊」をもたらしたといわれている［木越義則2012：第6章］．だとすると，戦時期でもアジア間貿易論と東アジア資本主義史論（日本帝国主義の拡張）の描く「ストーリー」は，戦時期で結合することも十分可能なのではないだろうか．

おわりに

植民地経済史とアジア経済史を架橋するための論点提示が本章の課題であったが，「はじめに」で触れたように，その問題意識は「通史のないアジア経済史」を通史として構築するところにもある．歴史学全体の流れをみれば，すでに全体史への志向は否定され，そのなかで社会史や地域史，民衆史といった視

角が生まれてきたのであり，潮流に逆らった問題意識であろう．しかし，アジア経済史自体が若い学問であることを踏まえると，いったん通時的な歴史像を構築することも，学問の手順として不可欠な作業ではないだろうか．そのためには，戦後アジアの経済成長への連続という視角も含め，アジア経済史の「空白」となる 20 世紀前半の描き方が重要であり，アジア経済史の論理から植民地経済史研究に接近（ないし成果の再解釈を）することが必要になると思われる．

*1　資本・技術移転も論点だが，ここでは後述の論点との関係から貿易だけを挙げておく．
*2　日本を主たる地域として設定した時点で「日本経済史（経営史）」となり，アジア経済史にはならないという問題もある．この点は，水島司ほか編[2015]が，アジアを国・地域別に整理するという構成をとっているにもかかわらず（そのような地域別整理がアジア経済史の問題意識と距離があるというだけでなく），取り上げる地域のなかに「日本」が入っていないという点からもみてとれる．
*3　その他，綿業基軸体制や物産複合論も強調されるが，ここでは後述の論点とのかかわりで最終需要関連効果だけを挙げておく．
*4　こうした統計整備は，国際的な議論のための「共通言語」の整備ともいえ，生活水準論争などの比較史的接近によるアジア経済史の可能性を広げている面もある．
*5　ただし，地域的偏差は大きい．そのような特徴をもっとも示しているのは朝鮮である．一方で，平井健介[2017]のように，台湾糖を素材として「東アジア市場」の動きを捉えようとする研究も登場している．

〈付記〉本稿は，平成 27-30 年度科学研究費助成（若手研究（B））の交付を受けた研究課題（課題番号 15K17101）の成果の一部である．

コラム①

国民経済計算・数量経済史

須永徳武

　植民地研究に限らず，伝統的な経済史研究においても，経済学の分析フレームを用いて統計データを活用する研究方法は一般的に用いられてきた．しかし，1950 年代後半のアメリカで新古典派経済理論を分析フレームに数量的アプローチを重視する「新しい経済史」が登場する．他方で，国民経済計算の概念体系を軸にマクロ経済学の研究成果を援用し，長期的な視点から経済成長過程を分析する研究も進展した．これら数量経済史と呼ばれる研究視角と方法は，経済学の理論的成果を目的意識的に歴史分析に応用する点に特徴があり，従来の伝統的な経済史研究とは一線を画すものであった．

　国民経済計算の分析フレームを用いて経済成長や経済変化にアプローチした S. クズネッツは，「国民所得統計のような包括的な推計値は，経済成長の数量的プロセスの本質を観察し，分析するのに欠かせない」と述べる[クズネッツ 1977：3 頁]．こうしたクズネッツの研究方法は，日本の数量経済史研究にも

大きな影響を与えた．その最大の成果が，国民経済計算に準じて明治以降の各種統計を推計・加工した『長期経済統計』(全14巻)であろう［大川一司ほか編 1965-1988］．さらに，この方法を植民地経済統計に適用した『旧日本植民地経済統計』は，国民経済計算のプラットフォームに準拠した植民地統計研究の重要な成果であった［溝口敏行・梅村又次編 1988］．同時に，1人当たり生産量の持続的増大や経済構造変化に着目するクズネッツの近代経済成長理論をベースに，植民地の経済成長に着目する先駆的研究も進展した［篠原三代平・石川滋編 1972］［溝口敏行 1975］．

そうしたなかで数量経済史の研究視角から山本有造が進めた一連の日本植民地研究は特筆すべき成果と言ってよい．国民経済計算のフレームワークの下で，国民所得，資本形成，投資，生産指数，国際収支などに着目して，植民地経済のマクロ的把握と地域比較を進めた山本は，植民地経済史研究における数量経済史の可能性を強調する［山本有造 1992：294頁］．そして，台湾，朝鮮から満洲国，大東亜共栄圏へと研究対象を拡張することを通して，植民地帝国日本の全体像を定量的な姿として描き出した［山本有造 1992, 2003, 2011］．これら山本の研究は数量経済史の視角に基づく定量的な実証アプローチが中心であったが，同時に日本帝国主義史のコンテクストから進められた植民地研究との積極的対話も強く意識されていた．それまでの日本植民地研究の主流であった日本帝国主義史の研究視角との柔軟な対話可能性を内在した点が，山本の数量経済史研究の特質であり，日本植民地研究に対する大きな貢献でもあった．

また，金洛年を中心とする共同研究により植民地期朝鮮の国民経済計算推計も明らかにされた［金洛年編 2008］．数量経済史の視角から植民地期朝鮮の工業化や再生産構造を軸に研究を進めてきた金を中心に作成された推計は，国連の国民経済計算体系に準拠したもので，国際比較や戦後韓国統計との連結も可能である．本推計の基礎資料の大半は朝鮮総督府が作成した各種統計であるが，その推計手順や限界についても詳細な説明が加えられた．周知のように植民地期朝鮮における資本主義的発展の契機をめぐっては，「植民地近代」論争をはじめとして「民族主義」的見解と経済発展論との間に深い溝が存在する．国際標準に準拠した国民経済計算の推計や数量経済史の研究視角からの新たな「事実」の発見は，こうした対立構造に一石を投ずる可能性を期待させる．

台湾に関しても呉聡敏による国民経済計算体系に基づく推計が存在する［呉聡敏 1991］．呉推計は，1951年以降の国民所得統計の作成方法に準じて戦前期および戦後期の名目，実質 GDP を連続的に接合したものである［呉聡敏

1991：130 頁].戦後台湾の高度経済成長の要因は何か,日本統治あるいは米国援助の貢献はあるのか,そうした問題を解明するために,呉は戦前と戦後を時系列的に連続させた GDP 推計が有益であると指摘する[呉聡敏 1991：128 頁].これら以外にも台湾については消費者物価指数などの長期推計が存在する.

　こうした長期的かつ数量的な視点から植民地経済の成長過程を分析する研究と並んで,1950 年代後半に登場した「新しい経済史」の系譜に連なる研究も現れる.「新しい経済史」の代表的成果の 1 つに D. C. ノース＆ R. P. トーマス『西欧世界の勃興』があるが,そこでは「所有権の確立」や「制度変化」に着目して西欧経済の発展要因が分析された[ノース＆トーマス 1980].この研究視角は,その後,組織の経済学やゲーム理論を援用する比較歴史制度分析として新たな潮流を形成する.近年の日本経済史研究では,取引コスト,リスク配分,契約など組織の経済学やゲーム理論の分析概念を用いた研究が急速に進展しつつあるが,植民地経済を対象とする研究は必ずしも多くない.そうしたなか,植民地期台湾および朝鮮を対象として,情報化の進展が市場経済の発展に果たした役割を検討した李昌玟の研究は,その先駆的な成果と見ることができる[李昌玟 2015].李は R. コースの取引コスト概念を用いて,情報化の進展は,社会資本の不備な地域の高い取引コストを引き下げ,市場取引の効率性を高めることを通じて,市場経済の発展を促進すると説明する[李昌玟 2015：8 頁].また,朝鮮米の取引制度の分析に際しても,情報の非対称性とモニタリング,あるいはインセンティブとリスクシェアリングなどの概念を用いて,情報化の進展によるモニタリング能力の上昇が米穀取引制度および取引主体の変化の要因であった点を強調した.

　これまでの植民地経済史研究は日本帝国主義史の研究視角の下に,多くの歴史的事実を明らかにし,植民地経済に関する「基本認識」を形成してきた.これ自体は日本植民地研究における大きな成果である.しかし,帝国主義批判を強固な核とする研究視角が,植民地経済や社会に胚胎された多義性の検証に硬直的であったことも否定できない.数量経済史や新たな経済理論を導入した研究視角は,これまで形成されてきた植民地経済の「基本認識」に修正を迫る可能性を予見させる.異なる研究視角の間で,いかに柔軟な対話可能性の回路を拓いていくか,それが今後の課題となろう.

第5章
「国策」と企業経営

平 山　勉

はじめに

　本章の課題は，南満洲鉄道(満鉄)や台湾拓殖など，日本の植民地において中心的な位置を占めた「国策会社」や日系企業の経営史について，2000年以降の研究成果を中心に論点を提示することにある．

　まず，2000年までの研究史を簡単にまとめておこう．山本裕[2002]は，「国策」を軸に満洲の日系企業研究史を，①植民地―本国間の「相互浸透」が企業行動においてどのように作用したか，②「国策」と営利の関連性をめぐる問題，③植民地企業の相互関係，④植民地企業の「経験」が「戦後」の本国ないしは旧植民地にいかなる影響を及ぼしたか，の4点に分けて整理している．このうち，④については松本俊郎[2000]，峰毅[2009]などが出されており，中国東北の経済史が戦前から戦後を通して一貫して把握されている．ただ，経営史に焦点を当てる本章の立場からすれば，生産設備や技術の継承は看取されても，経営理念，経営管理の「刷新」は看過できず，その一貫性を承認することは難しい．

　一方，①～③の点は満洲に限定されるものではなく，本章でも踏襲されるべきものであろう．特に②について山本は，「国策」の要請と資本の不採算性を指摘してきた先行研究のなかでも，金子文夫[1991]が，満鉄が「国家」的側面である「国策」の実現を「営利」の実現を通じて追求したと結論したことを評価したうえで，インフラ，都市整備，産業育成機能も含めて，「国策」の持つ意味の再検討が必要としている．では，「国策」がどのように評価されてきたのかという点から本論をはじめよう．

1　「国策性」と「営利性」のその後

　「国策」を広義的に把握して「政治決定」までを含めた場合，台湾電力のよ

うなインフラ企業について，特に台湾工業化の契機と評価される日月潭発電所をめぐって，経営の健全化を牽引する「国策」の姿が提出されている．湊照宏[2011]は，日月潭発電所の建設再開のための外債発行を，一度は拒否したモルガン商会が引き受けたのは，日本政府による要求があったためとしたうえで，日本政府による為替低位安定化政策が台湾への重化学工業投資を誘発して，電力大口ユーザーを相次いで出現させる「投資の補完性効果」が生まれたと，台湾電力の経営の好転を説明する．

もっとも湊が示したような「国策」の優位性は，近年の研究動向では例外的なものとなろう．同じ日月潭発電所を分析した清水美里[2015]は，政党政治による弊害を指摘しており，内閣と台湾総督，そして，台湾電力の重役が同じ党派で占められている場合には事業再開へ動き出し，逆に前政権の関係者が残留した場合は停滞すると結論している．

東洋拓殖についても，河合和男・金早雪・羽鳥敬彦・松永達[2000]のように，「国策」に翻弄される姿が提示されてきた．これに対して黒瀬郁二[2003]は，東洋拓殖の資金構造と投資構造の段階的な把握を通じて，「国益」と「私益」の関係を統一的に理解しようとしたものの，残念ながら，それが達成されているとは言いがたい．

「国策」に対する評価はより低くなる傾向にあり，満鉄をめぐっては，加藤聖文[2006a]が，場当たり的で何の統一性のないものという辛辣な評価を下す．加藤は，個人と組織がそれぞれ勝手な「国策」を唱え，総論賛成，各論反対という足の引っ張り合いの結果，「国策」に関わった者は部分的な役割しか果たせていないとした．戦後日本の植民地研究に通底していたのが資本主義の矛盾，詰まるところ，「市場の失敗」の摘出だったとすれば，加藤が全面化したのは「政府の失敗」であり，「国策」への評価としては極限値とも言えよう．

しかし，日本の国内政治と外交を軸とした加藤の評価と比べて，植民地企業が対応した個々の局面については，「国策」と健全な経営が合理的に把握されている．山本裕[2003]は，満鉄商事部が分離・独立した日満商事が，関東軍主導の経済統制政策が一方的に貫かれて設立されたのではなく，関東軍の反対にあいながらも，商事部の営業政策が色濃く反映されたことを明らかにした．満洲は，帝国日本における経済統制の「揺籃の地」であり，それゆえに，「国策」による規定には幅と強弱が出るが，山本はこの規定のなかで日満商事自らの経

営の論理を抽出した．また，齊藤直[2010]も，台湾拓殖が社債発行の引受を担う日本興業銀行から業績や償還可能性を問題視され，一方で台湾総督府からは政府保証を無条件には得ることができない「板挟み」状態のなかでも，収益向上を追求する姿勢を貫いて社債発行を実現したことを示している．

　「国策」と対峙する個別企業の主体性の動因は，利益の追求・確保にある．満鉄商事部は満洲炭鉱との競合関係のなかで石炭販売での利益確保を図り，台湾拓殖もまた，湊照宏[2005c, 2006]，谷ヶ城秀吉[2007]が示したように，「国策」に従属しない主体的な利益追求を推進した．湊は，民間資金を「国策性事業」に投下して不採算性に直面した台湾拓殖が，林業斫伐（伐採）事業という「営利性事業」を獲得したことを明らかにし，また，谷ヶ城は華南における水道・電気などの公益事業でも台湾拓殖が営利性を重視していたと評価する．

　さらに満洲については，有力企業にとどまらずに，悉皆調査的なデータを活用して企業活動の解明も進んだ．鈴木邦夫編著[2007]では，政策の意図から乖離した企業活動が全面的に展開されていたことが浮き彫りとなった．同書の索引の充実ぶりは，まさに「国策」との統一的な理解をしがたい，多種多様な企業の存在を示してもいる．鈴木の成果は，企業経営を「国策」との対峙という構図そのものから解放したとも言えよう．

　このように，「国策」と対峙する企業経営において，その主体性と「努力」に焦点をあて，さらには，無法図な企業活動までを網羅的に把握するなど，「国策」の規定と効果を相対化する研究潮流が生まれるようになった．その一方で，柴田善雅[2015, 2017]は「国策」と企業経営の関係の再構築を精力的に進めている．

　柴田の研究のひとつの特徴は，法制度を積極的に分析枠組みに入れたことにあり，「国策」のなかでもっともブレにくい基盤として法制度を位置づけている．鈴木邦夫編著[2007]においても「法人税制と企業法制」を執筆した柴田は，東洋拓殖・台湾拓殖・満鉄などによる植民地での関係会社の新設や株式取得が，そもそも拓務省や植民地政府など許認可の枠内にあり，この点で監督官庁の意向が反映されるだけでなく，「公式帝国」における関係会社への投資は「経済政策の表明」とまで言い切る．これらの企業は，資金制約などから政策的要請を緩和しつつ，自らの権利の拡張を目指しており，また，法制度が十分に整っていない非公式の植民地では，リスクテイクをしながらの進出となるものの，

政府はそれによる損失発生を埋め合わせ，利益を補強する制度を盛り込んでいた．つまり，法制度との調和のなかで利益の追求・確保を果たそうとする植民地企業像を提示したのである．ここには，企業経営のインセンティブ付与が含まれていることにも留意が必要であろう．

果たして，法制度との調和が経営的な成功に帰結しているのか否かという点について，柴田は東洋拓殖・台湾拓殖・満鉄などの親会社（事業持株会社）とその関係会社を総体（企業集団）として定量的に測定する．そのために柴田は，関係会社の貸借対照表を徹底的に収集して連結総資産を推計しており，ここに柴田の研究のもうひとつの特徴がある．

柴田は関係会社の設立・分離・合併・解散などを正確に把握する「参入・退出アプローチ」を採用したうえで，出資率 50% 以上の関係会社を連結子会社として分析対象とする．この連結子会社と親会社の間で発生する出資・融資・土地建物譲渡などを細かに見て，資産と負債を相殺処理して「連結総資産」を算出した．親会社の資本金を 1 として，相殺処理された純粋な親会社と連結子会社の総資産がいくつになるか（総資産連単倍率）を推計したのである．要すれば，総資産連単倍率が大きくなるほど，事業持株会社としての機能が強いということになる．

柴田の推計によれば，東洋拓殖は，満洲事変まで朝鮮内に連結子会社がなく，満洲や山東省などへ投資するものの，これが低迷して総資産連単倍率は 1.033（1931.12 期）であった．しかし，事変後に満洲への投資事業が復活すると（1.118, 1936.12 期），日中戦争期には関係会社投資が強化されて（1.304, 1941.12 期），事業持株会社機能が急速に高まった．そして，この機能が維持されたままで敗戦前には 1.219（1944.12 期）となる．

台湾拓殖は，台湾内外に設立した多数の関係会社が期待を下回ることも少なくなかったものの，事業持株会社機能は出資・融資の資金支援に加えて役員派遣を通じて堅実に行われて，総資産連単倍率は 1.146（1941.3 期）となっていた．また，アジア太平洋戦争期には，直営事業の分社化や介入地の現地法人化を推進，特に，台湾化学工業と台湾海南産業の分社化で総資産連単倍率は 1.376（1945.3 期）まで上昇した．

このように，東洋拓殖・台湾拓殖ともに，総資産連単倍率は長期的に上昇傾向にあったことが明らかになり，柴田は本体事業の資産規模が増大するなかで

持株会社機能が強化されたと評価する．

　また，満鉄の場合，創業から第一次大戦が終結するまではわずか1.015 (1920.3期)にすぎなかったものが，1920年代には多数の会社に新規出資をして，または，大規模法人として分社化を進め，さらには，関係会社を中間持株会社化してより細やかな事業投資を任せるなどして，満洲事変直前には，1.039 (1931.3期)まで上昇した．事変後は1.135 (1937.3期)まで上昇するものの，満洲重工業への譲渡で1.080 (1938.3期)となり，さらに華北占領体制が固まると，華北交通と大同炭鉱への出資以外はほぼ消滅する．柴田はこれについて，「満鉄の関係会社群は格段に整理された縮小均衡状態になり，コアの運輸業を中心に再編され」たと評価する．そして，満洲重工業とは別枠で，再度の出資依頼で1.171 (1944.3期)まで上昇したことを明らかにした．

　台湾拓殖については，柴田と湊・谷ヶ城・齊藤直との間で評価が対立しており，湊照宏[2017]のように総資産連単倍率の適用への批判もある．台湾拓殖単体の個別事業や資金調達を分析する湊，谷ヶ城，齊藤が浮かび上がらせたのは，台湾拓殖のもつ繊細な経営合理性であった．その根底には，台湾拓殖の経営基盤の脆弱性と収益性の低さがある．つまり，資本金も小さく，制度的支援も不充分であるがために，合理的な経営を追求する以外に道がないのである．

　これに対して柴田は，台湾拓殖と連結子会社による全事業の実績として，連結総資産が安定的に「黒字」となっていることを示す．個別事業のなかには不安定なものがあったことや，大手製糖会社に比べて台湾拓殖の企業集団の規模が小さいことをふまえつつも，「連結決算分析は企業集団論研究の新たな方法論の提示」とする柴田は，法制度が独占的な事業の展開を支援するといった好作用もあり，台湾拓殖は最終的には確かな利益を挙げて，植民地支配を継続していたとの評価に至る．

　この対立は本章が提示する論点の第1である．湊，谷ヶ城，齊藤のミクロヒストリーとしての経営史研究には，さらなる実証分析の積み上げが期待されるところであり，柴田の研究には，法制度と経営実績の関係を定量的に検証する方法論が待たれよう．

2　誰のために，何のために利益を追求するのか？

　では，「国策」と対峙しながら，植民地企業が追求する利益とは，誰のため

の，何のための利益なのだろうか．

　齊藤直[2009]，平山勉[2009]は，台湾拓殖や満鉄のような「国策会社」が，株式会社として経営されること，すなわち，株式市場で株価が変化し，売却と購入(≒名義書換)を通じて流通することに利益追求の原点を見出している．従来の研究の主対象は，「国策会社」の経営陣や政府関係者と協力関係を維持する安定大株主であり，時に対立が生じても，最終的には表裏一体となって利益を共有する体制内的な存在であった．しかし，齊藤，平山は，この協力関係に含まれない不安定な民間株主に注目する．

　齊藤によれば，台湾拓殖では当初から個人株主の株式売却が盛んであり，1938年以降もその動きが加速した．40年になると個人株主の売却が落ち着く一方で，今度は法人株主の売却，とりわけ，台湾の中心的産業を担う製糖会社の売却が顕著となった．その結果，42年増資の準備委員会では，民間株主の引受拒否による株価低下→引受拒否の促進，という悪循環が危惧され，また，特別委員会でも，増資が収益性向上に結実するという確信を民間株主に与えることが重要とされ，既存の大株主に割当引受を期待できないと認識されていた．台湾拓殖は設立より低収益であり，国庫補助金によって6%配当を維持してきたことが株価を低迷させ，そのために民間株主の売却が進んで，増資による資金調達が難しくなる．だからこそ，収益向上を実現する経営が必要不可欠となるのであった．

　平山もまた，満鉄の1933年増資について，民間株主による売却に焦点をあてている．既存株主への割当株を含めて株式が全株主の手元に届くと，株式の名義書換の株数と件数が急増して，一斉に売却が始まった．以後，名義書換が継続するなか，満鉄の株価は下落傾向にあり，37年には額面割れに至った．このようななか，民間株主によって結成された満鉄株主会からは，株価回復と8%配当の厳守が要求された．平山は，満鉄改組は民間株主の要求に応じた合理的な経営，すなわち，利益を追求したものとして評価する．

　このように，植民地企業による利益追求は，株式の名義書換(≒売却と購入)と株価の低下という株式市場のメカニズムに起因することが明らかにされてきた．モノ言う安定大株主ではなく，株式の売却が，株価の低下と資金調達の困難を引き起こし，合理的な経営と利益の追求を要請する，という因果関係の連鎖を抽出しているのである．

株式市場のメカニズムによる合理的な経営と利益追求は，加藤聖文[2006a]が提示した「政府の失敗」に対応する「解」とも言えよう．一貫性のない「国策」のために生じる経営の空白を埋めるものとして，株式市場からの規律が見出されている．そして，株式市場のメカニズムは，株主の変動による新しい民間株主の存在も浮かび上がらせている．

　齊藤は，増資後の台湾拓殖において，法人株主が既存株を売却する一方で，資産家と小作関係者を含む個人株主が新規株を引き受けたことを指摘している．平山もまた，法人株主を含む大株主（5000株以上）が，増資による新規株を持ち続ける一方で，既存株を放出していたことに加えて，東京・大阪・愛知・神奈川・兵庫の5府県（都市）から残りの42府県（地方）へと株式が分散しながら，民間株主が倍増したことを明らかにした．

　同質的な変動は，社債市場においても見出すことができる．矢島桂[2012]は，1920年代の朝鮮鉄道の社債発行が，貸付金が固定化していた朝鮮銀行・朝鮮殖産銀行にとってその回収につながり，かつ，鉄道金融からの後退となった一方で，証券業者を通じた社債の売捌きによって「新たな植民地投資」が始まったとする．特に，山一證券の売捌き先を見れば，第5回社債（1928年）では，三菱銀行，三井信託など財閥系金融機関が主であったのが，第6回（1929年）では，財閥系金融機関への売捌きがゼロとなる一方で，地方金融機関が約半分を占め，「個人」などへの売捌きが増加していたのであった．

　平山勉[2012]は，このような変動によって，新たに誕生した株主がどのような経済主体であったのかを，訴訟史料に基づいて明らかにしている．それは，株式取引に不慣れな，経済力の弱い株主であった．通常，株式の名義書換は，譲渡人（旧株主）と譲受人（新株主）の連名による申請書が当該株式会社に提出されることで手続が進む．ただ，厳密にこの手続をふまえると，株式の売買が円滑に進まなくなるため，慣例として譲渡人のみ署名の入った「白紙委任状」を付けることが多い．しかし，戦前の株式取引では，白紙委任状が偽造・変造・盗難など所持人の任意に基づかない場合には，換言すれば，自己の意思に反して株券・白紙委任状の占有を失った場合には，善意無過失（ある株券の取得者が取得時に譲渡人が無権利者であることを知らないために過失がないという意味）の第三者であっても株券を取得することが認められず，元の株主に返還する義務があった．このため，この種の返還訴訟トラブルに巻き込まれると，株式取引に慣

れた者は当該の株券をあきらめるのだが，平山が明らかにしたのは，10-50 株ほどの満鉄株をあきらめることができずに，勝てる見込のない訴訟に固執する，経済力の弱い株主の存在であった．

　その後の 1940 年増資について平山勉[2010]は，改組によって急増した利益金を維持した満鉄は，経理統制令による配当統制下でも増配余地が大きいことが追い風となって，優良株として浮上することになった結果，民間株主による保有が安定したことを明らかにした．平山は，払込が苦痛であるために増資に消極的だった民間株主の「声」をふまえたうえで，公募が実施されず，持株 2 株に対して増資株 1 株が割り当てられた 1940 年増資では，8% 配当が維持されて，10 円ずつ 5 回の株金払込を実施した場合，3 回目で払込株金と配当金が等しくなり，4 回目からは配当金の方が払込金額を上回る，すなわち，配当金で払込株金を賄うことができることを改めて確認している．

　このように，植民地企業の株式会社としての特質を，民間株主の「動態」から把握する実証研究が積み重ねられてきた．齊藤，平山，矢島が浮かび上がらせているのは，財閥系企業や大資産家などが，植民地企業の株式や社債を先に手に入れるものの，それらの企業の資金調達が短期的に追加されると，相対的に経済力の弱い「個人」が引き受けるようになるということである．別言すれば，株式市場・社債市場に当初から参入した者だけでなく，後から参入する者が現れることで，植民地における「国策会社」や日系企業は資金調達を実現できたということでもある．

　では，日本植民地研究において，新しい株主・投資家はどのように評価されるべきであろうか．これが本章の提示する第 2 の論点である．これは，国家独占資本主義的な地主・資産家の設定では，近年の一次史料の公開・利用による実証研究が提示する論点に応じられないことを意味している．また，社会主義経済を支持する立場から，株式投資を全面的に否定して済む問題ではないことも自明であろう．植民地―本国間の「相互浸透」がここに集約されているのである．

3　ステークホルダーは，どこまで知ることができたのか？

　満鉄改組後の高利益体質と株主の安定を提示した平山に対して，林采成[2013]は鉄道部門に特化して，その労働生産性の点から経営が悪化していたこ

とを明らかにしている．

　林は，効率的な鉄道運営システムを構築して利潤率の長期的な上昇を実現した満鉄の高利益体質を，科学的管理法の導入・定着など生産性の面から裏付けている．しかし，1931年の満洲事変後，輸送量の増加率より従業員の増加率が高くなり，また，社線から国線へ熟練労働者を配置するなどした結果，社線の労働生産性(生産額/労働者数)が低下するようになった．さらには，鉄道部門ではほとんどの年で50%以下だった営業係数(費用/収益)が，40年の経理一元化によって80%近くに悪化したことを明らかにした．

　たしかに，1940年増資前後の満鉄において，鉄道部門の生産性低下と営業係数の悪化にもかかわらず，民間株主が安定したことは，経理統制による「追い風」の強さを示しているのかもしれない．しかし，この対立を考えるうえでは，民間株主や投資家などのステークホルダー(利害関係者)が持っていた情報に焦点を当てたい．谷ヶ城秀吉[2010]は，台湾拓殖の経営における，いわゆる情報の非対称性に関して興味深い事例を提示している．

　台湾拓殖は，唯一の収益向上策である社有地の貸付料の引き上げを思うように実施できず，1939年に社有地780町歩の評価額を45.5万円から85.8万円に引き上げ，これを同年度の投資益・事業益86.4万円に含む形で土地投資益40.5万円として計上した．この40.5万円が同年度の配当金45万円に充当された可能性が高く，この点を41年の会計検査によって指摘されている．この会計行動は，台湾拓殖の経営陣自らが，華南・南方事業による資本コストの増大が6%配当を維持しうる利益確保を困難にしたこと，評価益の付け替えおよび配当金への充当は，資本市場の信用を獲得するためになされた利益操作だったと回想している．

　谷ヶ城も「典型的な蛸配当」としているように，他の一般企業でも「蛸配当」は日常茶飯事であった．ゆえに，民間株主や投資家の多くには，「利益操作をしているかもしれない」という警戒はあったと思われる．ただ，問題は，利益操作の「内実」を，どこまで知ることができたのかという点にある．これが本章の提示する第3の論点である．

　ここでは，企業経営に影響を与える可能性のあるイベント(関係者の発言など)についての情報と，経営パフォーマンス(実績)の内実をめぐる情報を峻別する必要があろう．平山勉[2009]は，朝日新聞の満鉄報道の定量分析を通じて，前

者の情報にそれほどの格差がないことを想定している．これに対して，後者に関して林は，『統計年報』という「秘」扱い（満鉄のなかで最も低い機密度であるが）の内部統計をベースに分析しており（ちなみに，「物価」が個人では正確に把握しにくい情報であったことも確認しておきたい），また，谷ヶ城は近年になって公開された社内文書を使って会計行動を明らかにした．つまり，一次史料を収集して実証度を高めることで，今日の研究者が同時代のステークホルダーよりもはるかに正確な事実を把握している状況がある．この点をふまえて，ステークホルダーがどこまで知ることができ，どの情報に反応して行動を起こしたのかという冷静な視点から，植民地企業の経営史を構築する必要があるだろう．

おわりに

最後に，紙幅の関係で取り上げることのできなかった，植民地企業の相互関係に関わる研究を挙げておこう．

台湾に関しては，久保文克[2016]が台湾・大日本・明治・塩水港の4製糖会社による競争を分析している．久保は，コストよりも安定供給に力点を置かざるを得ない原料調達戦略が各社に共通しており，米糖相克の重層構造によって，結果的に「台湾農民への収奪を緩和させた可能性はきわめて高い」という植民地問題の根幹に関わる指摘をしている．また，満洲に関しては，満鉄と競合関係にあった満洲重工業について，柴田善雅[2017]のほかに，井口治夫[2012]，Okazaki[2015]が出されている．

以上，2000年以降の研究動向から，「国策」と企業経営について3つの論点を提示した．これらの論点を要請するのは，一次史料の公開・調査・利用などの進展・深化にある．また，満鉄や台湾拓殖などは敗戦後に閉鎖されており，今日において利害関係的な「衝突」がほぼ生じないために，経営史研究の新しい面が促進されやすかったこともあろう．この新しさの特徴のひとつは，不特定多数の経済主体の存在を包摂しながら，さらには，from belowの視点を入れることも試みて，「国策」と企業経営をめぐる最終的な意思決定の論脈を豊富化していることにある．これは，植民地支配の責任を伝統的な「体制」に帰すだけでなく，より一般的なレベルで再認識・再構築しようとするものである．日本の植民地問題について，尽きることのない「問いかけ」がここにも反映されている．

第6章
社会資本と「公共性」

清水美里

はじめに

　社会的間接資本いわゆる社会資本 social overhead capital が指し示すものは，鉄道・道路・港湾・航空・通信（郵便・電信）・動力（電力・ガス）・水道・水利（灌漑・排水）・公園・病院・学校・博物館など広範にわたる［宮本憲一1976］．そして，これらの整備は行政の土木事業の項目とも重なっている．類似の用語に，社会関係資本 social capital があるが，これは地域ネットワーク・信頼関係・社会規範などを指し示す言葉である．本章は主として社会的間接資本を社会資本として取り扱うが，植民地においてはそれら狭義の社会資本の整備・運営に際し，社会関係資本としての地域組織のあり方が重要な視点となってくる．とくに近年，植民地下の社会資本の整備・運用をめぐる議論は，公共性や生活水準，現地社会の慣行との衝突の問題と密接なかかわりを持つようになってきている．本章では社会資本を論じることで浮き彫りにされる植民地性について考えていきたい．

1　社会資本の認識論

　帝国が植民地に整備した社会資本の捉え方には主として収奪論・近代化論・「支配の道具」論（tools of empire「帝国の手先」とも訳される）といった3つの流れがある．

　まず同時代的には，社会資本の整備を介した植民地の収奪システムを批判した議論が存在していた．たとえば，ローザ・ルクセンブルクは鉄道借款など帝国主義による開発を国際的分業体制の確立や金融資本の観点から批判していた［ルクセンブルグ1934］．矢内原忠雄は1926年に発表した『植民及植民政策』においてルクセンブルクの著書から多くを参照している［矢内原忠雄1963］．世界的に収奪論は社会資本を含む植民地経済の捉え方の主流であり，これは戦後日

本の社会資本論のなかにも継承された[宮本憲一 1976]*1.

　浅田喬二は植民地研究の方法論として，土地支配，金融・財政支配と鉄道支配を帝国主義の基本施策の「三本柱」とみなし，体系的分析の必要性を論じた[浅田喬二 1975]．ただし，これは分析視角の提言であり，実際の植民地支配がこの3点を同時並立して行ったことを主張するものではない[岡部牧夫 2001：15頁]．浅田はまた軍事支配と社会資本の整備との緊密な関係性に留意している．これは植民地において軍事および治安維持の目的のために広く社会資本の整備がすすめられたことを指す[浅田喬二 1975].

　2つ目の近代化論については，台湾・韓国・日本などで提唱され，それぞれ微妙に異なった主張や背景を有する．まず1950年代の台湾では，日本帝国主義が整備した社会資本は収奪的であったが，中華民国の失地回復「大陸反攻」を果たすに必要な台湾の経済成長の礎となりうると主張する研究グループが登場する．たとえば，張宗漢は日本植民地支配を肯定するわけではなく，日本帝国主義が行った植民地工業化の動機と意図は植民地の経済的向上とは別のところにあったこと，戦時期の性急な軍需工業化は一時の隆盛をもたらしたに過ぎず，日本帝国主義の事情に左右されるものであったことを明らかにした一方で，「意図せざる結果」として残された「近代」を有効活用していくことを提唱した[張宗漢 2001]．張の研究が台湾で出版されたのは1980年であるが，その背景として新興工業経済地域NIEsの台頭があったことはまちがいない．以後，日本植民地期に整備された社会資本が現代台湾の経済成長の基礎となったとする研究潮流が登場する[林鐘雄 2002]．ここで台湾に特徴的なことは一貫した発展史観と連続性の強調である．すなわち漢族が台湾に入植を始めてから400年間，各時代に苦難はあるが経済的には発展し続けたという視角である．

　日本では同じく1980年代に入り，松本俊郎による『侵略と開発』が「問題提起の書」として注目を浴びた[松本俊郎 1988]．松本は植民地支配を「近代化」への阻止効果と促進効果の両面からバランス良く捉えるべきだと主張した．侵略と開発を併記した論述は画期的であり，かつ日本側の意図とは裏腹に「植民地化の波及効果を逆手にとって民族資本が台頭していたという事実はより一層，広範に拾うことができるであろう」と民族資本のしたたかさについても言及している[松本俊郎 1988：35-36頁]．ただし松本俊郎[1988]については，「近代化」への阻止効果と促進効果をバランス良く捉えるという「問題提起の受け止め方

は章によって濃淡があり」,「「近代化」の定義があまりに素朴すぎる」といった指摘がある[金子文夫 1990].

韓国では 1990 年代に「植民地近代化論」をめぐる論争が鮮明化した．庵逧由香の整理によれば，韓国における近代化論研究はすべて同じであるわけではないが，その主論者は「韓国の高度経済成長は植民地期社会経済構造の変化が背景となっており」それが「20 世紀資本主義の特徴であるとした」という[庵逧由香 2010]．並木は，韓国における近代化論研究では「民族主義的」な心情が垣間見られるとし，日本や米国の近代化論がややもすれば日本支配の「貢献」を指摘するのに対し，韓国における近代化論研究は「朝鮮人の主体的成長を重視している点に，重大な相違がある」と述べた[並木真人 1999]．近代化論批判の内容もまた多様であるが，一例として，近代化論は「市場万能論に埋没しているだけで，市場経済を制度的に設計し，運営する主体が国家という歴史的事実は見落とす」という鄭泰憲[2012]を挙げることができよう．近代化論の出現とその後の論争は，既存の研究枠組みに対する批判と新しい方法論や研究視角の模索を促す効果があったとされている[庵逧由香 2010].

このように台湾や韓国の近代化論はそれぞれの出発点に被支配民族のナショナリズムがあり，日本の近代化論においても民族資本の成長如何への関心があった．一方で，それぞれの近代化論の根拠や論点は研究対象や論者の背景によって異なるものである*2．近代化論を肯定する側も否定する側も近代化論か否かで評価づけをする傾向が一部あるが，建設的な議論を行うためにはそれぞれの論拠の差異に注意を払う必要がある．

近代化の有無から抜け出した文脈で社会資本を捉えたのは「支配の道具」論である．『帝国の手先』を著したヘッドリクは「技術」を帝国主義による「支配の道具 tools of empire」であるとみなした．社会資本が帝国主義支配を支えているという議論は先述の浅田の「支配の三本柱」論のように収奪論と同一視される形で以前から存在した．しかし，「支配の道具」論は人類の進化進歩と植民地支配が同じ道を歩いた歴史を描いた新しさがある．技術という地平で近代性と植民地性の共犯関係が明示されるに至ったのである[ヘッドリク 1989][加藤茂生 2003]．「支配の道具」は近代の矛盾を暴き出す手法の1つを植民地研究に提供した．

以上，植民地研究における社会資本の捉え方の変遷を見てきた．続いて，分

野別にいくつかの提言を紹介したうえで，それらを横断させた議論の可能性を提示していく．

2　横断的研究の可能性

　鉄道・通信・水道・電力といったインフラストラクチャーはウェスタン・インパクトによって東アジアにもたらされたが，インフラを整備するためには欧米の技術と資本に対峙せねばならないという課題があった．さらに日本の植民地あるいは植民地化の目論見の過程では，日本帝国主義が日本資本の進出を優遇し欧米資本を排除・駆逐していったことが言われてきた［細川嘉六1972］．だが，近年の研究では，現地社会のボトムアップの有無，民族資本との関係，欧米資本の誘致や新規進出など従来の駆逐論一辺倒とは異なる側面に焦点があてられている．

　まず通信網の整備については現地社会との関わりに焦点を当てた研究が出されている．李昌玟は台湾と朝鮮の軍用の転用から始まった電信の民間利用の進展を明らかにし「低開発地域の情報化過程とそれが促す市場経済の発展について」論じた［李昌玟2015］．満洲については白戸健一郎の研究がある．満洲電信電話株式会社は電信・電話・ラジオが一体化した特異な組織形態であった．その要因の1つとして国境を越えて流れてくる中国やソ連のラジオ放送に対抗可能な大規模ラジオ放送投資の必要を挙げる．そしてラジオ放送の財政的基盤を確保するために収入の見込める電信・電話事業と一体化した組織が選択されたという［白戸健一郎2016］．

　続いて，台湾の電力事業研究の論点をとりあげよう．北波道子と湊照宏は，台湾工業化の契機と位置づけられる日月潭水力発電所建設において，何が工事再開の決定打であったかを究明しようとした［清水美里2013］．というのも，発電所建設は1919年に着工したものの，工事は9年の停止期間を含む紆余曲折を辿り，1934年にようやく完成している．かつての研究では日月潭発電所建設は軍事的要因に過度に結び付けられていたが，北波と湊は，建設中に電力供給計画が度々変更されたことから，軍事的要因を否定するのみならず事業の計画性のなさを指摘した．そして，北波は「下からの発展」という台湾内部の電力需要の高まりを提示し，これが工事再開の鍵だとした［北波道子2003］．現地社会のボトムアップを根拠とした議論と言えよう．一方，湊はモルガン商会と

第6章　社会資本と「公共性」　57

いうアメリカ金融市場からの資本誘致とそれを引き寄せた日本政府の金本位制移行への決定，つまり台湾の現地事情とは遊離した条件が欧米資本を引き込み，約10年眠っていた日月潭水力発電所工事の再開をもたらしたのだと結論づけた[湊照宏2011]．このように，民族資本，日本資本，欧米資本の三つ巴の関係が新たな視点で論じられるに至っている．

　他方で，前近代から民族資本が関わりをもった社会資本の整備には，日本内地とは異なる現地社会の慣行(モラル・エコノミー)を想定した概念設定を必要とする領域がある．

　交通インフラの場合，道路では牛馬と自動車，港湾では帆船と汽船のように，前近代と近代の乗り物が混在する環境のなかでの整備・運用状況があった．台湾の水利などは植民地統治前から各地域の有力者(郷紳層)が権益を有し，その営業が「私 private」の領域に位置していた．総督府は私的な水利の営業権を買い上げるなどして，前近代の慣行に基づく運用システムの破壊や旧勢力たる郷紳層の弱体化を企図した[森田明1974][清水美里2015]．

　ほかに前近代と近代の併存状況としては，医療における漢方医と西洋医，教育における台湾の書房と公学校，朝鮮の書堂と普通学校があげられる．しかしこれらは単純な競合関係ではない．愼蒼健は制度的に漢方医が西洋医の下位に位置づけられる趨勢のなか，朝鮮人漢医学者が自ら「漢医学の科学化」を推進し漢医学と西洋医学を融合させた総合医療を目指したことを明らかにし[愼蒼健1999]，台湾の教育現場については陳培豊が，公学校に通う台湾人の動機の多様性を「同化の同床異夢」として多重の価値基準を被支配者層が内面化しさらに組み替えていく過程を論じた[陳培豊2001]．渡部学は，朝鮮の書堂が教育内容に厳しい規制をかけられたにもかかわらず，韓国併合から約10年間顕著に増加したことを実証した[渡部学1975]．

　もう1つ言及したいのが「植民地的開発」論である．脇村孝平は「開発原病」[*3]研究を下地に「植民地的開発」論を提唱し，社会資本の整備と経済成長の相関を分析した．脇村の「植民地的開発」は英領インドにおける飢饉とマラリアの関連，マラリアと鉄道敷設や灌漑用水などの開発事業との因果関係を明らかにした．そして，宗主国の利益追求のために行われる開発が植民地の現地社会の人びとの健康状態を悪化させる環境を創出したことから，たとえ経済成長が確認できる時期においても，生活水準の上昇を安易に認めることはできな

いと主張した[脇村孝平 2002]．同時に飢饉を深刻化させる要因として，植民地統治下の農業の商業化によりモラル・エコノミーが大きく変容し，かつての飢饉時の救済機能が脆弱化したことを指摘する[脇村孝平 2002：183-184 頁][スコット 1999]．

　脇村の「植民地的開発」論は社会資本の整備が植民地の社会状況にネガティブに反映された深刻な状況を明らかにした．近年はこのほかにも環境破壊に着目した植民地研究の成果が多くなされている[安冨歩・深尾葉子編 2009][上田信・水野祥子・藤原辰史 2015]．

3　社会資本の運用

　公共財となりうるはずの社会資本は植民地下ではその「公共」にいくつもの留保がつけられた．植民地本国とは異なる社会資本が整備される背景には，「植民地的開発」の産物が現地社会の格差や矛盾を生じさせるに至るメカニズムが存在する．本節では整備から運用の段階に着目し，「公共」をキーとして植民地下の社会資本の矛盾について考える．

　まず，植民地研究において「公共」とは非常に論争を呼び込みやすい言葉である．植民地と「公共性」の問題は「植民地近代」の問題と絡み，植民地に公共性はそもそも存在可能であったかに議論が及びがちである．発端は，並木真人が植民地朝鮮の人びとの主体性や自発性を描く試みとして「植民地公共性」を提唱したことであった．並木は植民地朝鮮の人びとのイメージが無力か無能なものとして見なされがちであるが，植民地の限定された空間であっても「政治」を見出すことができると問題提起をした[並木真人 2003]．しかし，趙景達は，並木のいう「植民地公共性」が生まれる場は総督府と都市の知識人のための空間でしかなく，ほかの朝鮮一般民衆のものではないと批判した[趙景達 2008]．

　駒込武も，並木の「植民地公共性」論が「国家に抗するパブリック public という側面」と「国家が統制する公式 official 領域への参入」を同列に論じ，不用意に議論を横滑りさせていると指摘した．植民地の人間にとって public と official は大きな違いがある．植民地下の official なものは公用語 official language たる日本語がそうであるように，被支配民族にとって使えないわけではないが，そもそもは自分たちの物ではないため使いにくいものである．一方の

publicは広く公衆に開かれたものでなければならないが，植民地において公論public opinionを主張することは厳しく制限され，被抑圧民族を単位とする民主主義的な公論形成は弾圧の対象であった．よって，必ずしも対立的概念でないはずのpublicとofficialは植民地的状況下では二項対立として浮かび上がる[駒込武2015：15-16頁][清水美里2017]．

他方で松本武祝は，植民地にも公共財の管理をめぐる公共空間が植民地的特質をもって存在したとした．そして，植民地朝鮮の農村社会においては，支配者との交渉方法が一揆のようなものから代表者をたてた談判へと転換していったことから，農村においても植民地当局を交渉のテーブルに引き出すために自らの政治文化を改編させていったことを論じた[松本武祝2015]．

では，植民地期に「公共」という語句は実際どのように使用されていただろうか．台湾総督府が発布した府令86号「団体ノ費用徴収及寄附金品募集ニ関スル規則」は，宗教や教育，慈善といったものから水利，土功，衛生まで「公共ノ利益」を目的として寄附金を募集する場合には総督府の許可を受けよと定めた．府令86号にある「公共ノ利益」という言葉は多分にpublicなものを想像させるが，その内容は植民地当局が台湾内の公共施設を選別し，「台湾人としての公共性を「収奪」しようとするもの」であったという．一方，台湾人は公共財の運営を通じてpublicな空間を作ろうとした痕跡がある．台南長老教中学校は，キリスト教の学校でありながら，宗教を越えて台湾人の学校にしていこうとする林茂生ら知識人のpublicなものへの追求がなされた空間であった．そして台湾人は「公立」より「私立」を望んだ．なぜなら，日本人に占められた官僚制支配において，台湾人は公立学校の管理運営の担い手にはなりえなかったからである．よってむしろ私立台南長老教中学校のほうが，さまざまな留保はつくものの台湾人にとって相対的により公共的な空間だったとみなすことができる[駒込武2015：225, 234-236頁]．

以上の論点を，筆者が研究してきた台湾水利の事例に当てはめて考えてみたい．

台湾では水利設備のことを埤圳(ヒシュウ)と呼ぶ．台湾総督府は1901年「台湾公共埤圳規則」を発布した．「公共埤圳規則」は，埤圳を前近代的な水利システムのなかにある「旧慣」を温存しつつ地方州庁の管理のもとに置くものであった[*4]．埤圳は郷紳層の私財であるものも多く存在したが，「公共埤圳規則」によって

「公」のものに転換させられた．問題は「公」への転換が台湾人にも開かれたpublicな性格のものへの変化だったのか，日本人による官僚制支配を制度的に裏付けるofficialな性格をもつものになったのかである．

植民地下の社会資本のなかで，鉄道や電力などは日本化に近いofficial化が浸透したと考えられる．しかし，前近代からシステムが存在した道路・港湾・水利・医療・教育の現場は大きな改編を強いられながらも，現地社会の慣行に即したモラル・エコノミー的な意味でのpublicな要素をある程度まで保持したのではないかと考えられる*5．また少なくとも，公共財のofficial化をはかろうとする植民地権力と，公共財のpublic化をはかろうとする被支配民族との間でせめぎ合いがあったのではないだろうか．

植民地権力は「法」と制度を用いて暴力を発動し，現地の慣行に基づく権利を剝奪したうえで抵抗を抑え込んでいった．この点は「支配の道具」を用いた収奪として捉えることが可能である．他方で1929-31年の嘉南大圳灌漑区域で起きた衝突では，欧米帰りの台湾人知識人を中心に，①『台湾新民報』の企画で嘉南大圳の理想的な運営方法について投稿を呼びかけ(新聞メディアの活用)，②東アジアで農民組合運動に携わった古屋貞雄弁護士を雇用し，③製糖会社の株主総会での経験を活かして戦略を練り，議案の提出や官庁への根回しによって植民地権力から妥協点を引き出す(自治組織内の交渉)など，近代の手法が運動の道具として使われた[清水美里 2016]．

植民地権力と被支配民族は公共財の運用をめぐり互いに攻撃をしかけ，交渉をし，時に敢えて無視した．そのなかには，知識人主導の運動ばかりではなく，日本人監視員の目を盗み自分の畑にこっそり子供を使って水を引いてくるという行為の連続など，支配者側の機能不全やシステム障害などのすきを突くような，暴力に耐性のある抵抗が行われたことも忘れてはならない．このように，社会資本の運用あるいは整備の段階においても，植民地権力と被支配民族住民との摩擦をpublic化とofficial化のせめぎ合いとして整理することで，新たなる植民地性の矛盾や植民地の「公共」なるものの特質を浮かび上がらせることができるのではないか．

4　土木建設業との関わり

最後に社会資本の整備の担い手である日本人土木請負業者の植民地経験や，

土木労働現場から映し出される社会の下層に位置する人びとの動きについて述べたい．軍隊や警察と同じく植民地統治の前線に立ち，現地社会に非常に近い存在である土木請負業者にとって，一攫千金の夢は生命の危険と隣り合わせであった．一方で，外地の日本人商工業者が総じてそうであったように，土木請負業者も政府から大口の仕事を請け負うため基本的に権力依存の体質が強い［土木工業協会・電力建設業協会編 1971］［大倉財閥研究会編 1982］［柳沢遊 1999］［清水美里 2015］［蔡龍保 2015］．植民地権力にも現地社会にも近い彼らの存在については今後まとまった研究がまたれる．そして，土木の労働現場には時に帝国の縮図のような権力構造が出現する．土木労働者と，労働現場にある娯楽施設の女性従業員は，帝国日本の各地から集まった人びとであった［広瀬貞三 2003, 2013］［藤永壯 2009］［加藤圭木 2011］．そこは植民地の支配民族と被支配民族，あるいは異なる被支配民族のコンタクトゾーンであり，今後の研究の進展に期待したい．

おわりに

社会資本を論ずる際は，「近代」や「開発」といった多義的な言葉がもつイデオロギー性に敏感である必要がある．しかし，だからこそモノを通じた歴史を見ていくことによって，植民地下の人びとの生活のいとなみ，地域組織の抗いとしたたかさ，現代まで続く植民地的な権力構造とその支配のメカニズムを明らかにする可能性を有している．留意しなければならないことは，支配と被支配の連環のなかで植民地の社会資本が整備され運用されていった事実であり，双方向の関係性のなかで社会資本を捉えていくという視点である．そういった作業の一つひとつが，植民地とは何か，植民地性とは何かという問いに答えを見出すことにつながると考える．

*1　宮本憲一［1976］の第 2 部第 5 章「植民地・後進国と「社会資本」」では，社会資本が民族資本の工業化に十分に寄与しなかったことなど，外部資本による社会資本の整備の問題性を指摘している．
*2　たとえば台湾ではハード面のインフラ投資が近代化論の根拠の 1 つである．しかし，韓国では朝鮮半島の分断情況と朝鮮戦争による戦災がハードの断絶を意味する．そして韓国ではマンパワーが近代化論の根拠の 1 つとして主張されたが，台湾では二・二八事件による台湾人知識人の喪失と国民党系外省人の大量流入というマンパワーの断絶が指摘されている．
*3　「開発原病」とは開発による環境や社会の変化が原因となって発生する疾病を指す．「開発原病」研究は森林伐採や灌漑用水の整備がマラリア蚊の生息地を拡大させ，マラリアの流行を生み出していくことを明らかにした［見市雅俊ほか編 2001］［顧雅文 2005］．
*4　後に公共埤圳は 1920 年以降，内地延長主義的な水利組合に統合され日本化していく．補足すると日本内地の水利慣行は工業化の潮流のなかでも比較的温存された．
*5　通信は符号・文字から音声，映像の伝達と新しい科学技術の登場が，古典的な表現方法を流

通させる効果を持ち，他の社会資本とは異なる特性がある．

コラム②
鉄道

林　采　成

　戦前の日本帝国は，一連の戦争過程を経て朝鮮，中国，東南アジアを植民地・半植民地化あるいは占領地化した．占領地の支配のため，膨大な鉄道ネットワークを構築し，それがまさに通信とともに帝国を政治軍事的に維持する強力な手段 tools of empire になった．それは同時に日本からの技術の取入れや本国との経済統合を通じて現地社会を大きく変えた．そのため，日本の植民地・占領地鉄道は，政治，軍事，物流，労働，会計といった歴史分野における主要な研究対象となっており，今日的には社会文化史の素材として新たに解釈されている．

　台湾鉄道は日清戦争の結果，台湾島が日本側によって領有された後，インフラ整備の一環として建設された．一部の路線が清国時代に建設されたが，その本格的な整備は台湾総督府鉄道部の下で行われた．そのゲージは日本と同じく 1067 mm であったため，日本からの鉄道技術をそのまま導入しても大きな問題はなかった[林采成 2015]．また，製糖会社による専用鉄道や一般営業を行う私設鉄道が敷設され，幹線網に連結された．

　朝鮮半島をめぐる日ロ両国の対立が戦争状態に至ると，工事中の京釜鉄道株式会社へ速成建設が命じられる一方，臨時軍用鉄道監部が京義鉄道の敷設に当たり，釜山・新義州間の朝鮮縦貫鉄道が完成された．これらの鉄道は日本の鉄道国有化にあわせて国有鉄道となり，総督府の設置に伴って朝鮮総督府鉄道局に改められた．その後，湖南線と京元線が開通し，京元線の延長路線として咸鏡線の敷設工事が実施されると，京城を中心とする朝鮮半島のＸ字鉄道網がその形を整えた．満洲では日本軍によって占領された中東鉄道南部線の一部が野戦鉄道提理部の安奉線とともに南満洲鉄道株式会社(1906 年設立)に譲渡された．その後，朝鮮国有鉄道と満鉄の狭軌区間は 1435 mm の国際標準ゲージへ改軌された．南樺太にも軍用鉄道(600 mm)が建設され，後に樺太庁の設置に伴って内地並みのゲージに改められた．

　それによって日本から朝鮮を経て満洲に至る鉄道帝国主義 railway imperialism が成立した．しかし，帝国の鉄道は大陸部の標準軌鉄道と島嶼部の狭軌鉄道に分かれており，当時の技術では車両をはじめ資材の国産化ができなかっ

表②-1　1944 年における日本帝国の植民地・占領地鉄道

	台湾国鉄	朝鮮国鉄	樺太国鉄	満　鉄	華北交通	華中鉄道
営業路線(km)	898.3	5,369	705.4	11,285	5,894	1,500
従事員数	19,563	102,612	6,199	389,576	175,617	22,821

（注）満鉄は満洲国国有鉄道と朝鮮国鉄の北鮮鉄道を含む．華中鉄道は資料上 1941 年．植民地にも私鉄経営があり，その営業路線と従事員数はそれぞれ台湾 532.3 km，3327 人(1941 年)，朝鮮 1226.5 km，9331 人(1941 年)．

ため，大陸部では日本内地とは異なる鉄道技術がアメリカから取り入れられた．

　南満と東蒙での日本の権益を増進するため，朝鮮国有鉄道が 1917 年に満鉄に委託経営され，1 つの会社によって大陸部の鉄道ネットワークが統合された．そうしたなかで，植民地開発が進められると，朝鮮の利害を反映する鉄道建設が要請され，委託経営が解除されたうえ，朝鮮総督府鉄道局による独自経営が再び可能になり，5 つの路線の敷設という朝鮮鉄道十二年計画が立案された．植民地鉄道のネットワークは官鉄のみに頼らず，私鉄敷設も行われ，政府補助金制度によって私鉄の脆弱な経営基盤が制度的に支えられた．なかでも，台湾の私鉄はアグリビジネスの流通経路としての性格が強く，本業によって支えられたため，政府補助は 2 社に限られた．

　満洲事変の勃発は鉄道帝国主義にとって大きな拡張の機会となった．日本，イギリス，ロシア，中国からなっていた中国東北部の多様な鉄道が満鉄によって委託経営されるべき満洲国国有鉄道として統合され，車両，レールの規格はもとより，建設，人事，保線，修繕などといった鉄道運営方式全般にわたる満鉄システムへの一元化が実現された[高橋泰隆 1995]．満鉄の拡張は満洲にとどまらず，羅津・新潟間の北鮮ルートの形成を理由に朝鮮咸鏡北道の鉄道が満鉄に委託経営された．このような日本帝国の鉄道ネットワークは外国鉄道に比べてもきわめて効率的に運営されており，その鉄道技術が東アジア周辺に広がったことを意味していた[Sawai 2017]．

　さらに，満鉄の満洲鉄道統合経験が生かされたのが，華北分離工作と関連して勃発した日中全面戦争においてであった．国民党の主導下で統合の動きは進展しつつも不完全であったが，借款鉄道の性格から規格や運営方式もさまざまであった華北の鉄道が満鉄北支事務局によって初めて統合された．満鉄改組のため，華北への事業範囲を拡張しようとした満鉄の思惑とは異なって華北交通の設立を見るにいたった[林采成 2016]．とはいえ，日本国鉄，朝鮮国鉄から

の支援もあったものの，主に満鉄から多くの社員や車両が投入された．これに対し，華中鉄道は日本国鉄からの支援によって設立されており，華南の占領鉄道は台湾国鉄の派遣要員によって運営されていた．アジア太平洋戦争の勃発後の南方鉄道は，日本側によって占領鉄道として運営されたが，その鉄道運営は中国の鉄道に比べて不安定なものであった．

太平洋戦争の勃発後船舶喪失を鉄道で補おうとする戦時陸運非常体制（1942年10月）が実施されると，大陸部の植民地・占領鉄道，すなわち朝鮮国鉄，満鉄，華北交通，華中鉄道は大陸鉄道輸送協議会の設置を見，大陸物資の朝鮮経由陸運転嫁輸送や交流物資輸送に当たった［林采成2005］．新しい占領地であった南方でも，中国華南・ベトナム・タイ・ビルマ・マラヤを陸路で繋ごうとし，その一環として泰緬鉄道などが建設されたものの，連合軍捕虜，「ロウムシャ」たる現地人，日本軍・軍属など多くの犠牲者を出した．帝国の島嶼部たる台湾国鉄でも島内の輸送経路が変わり，日本内地との海送距離が短い基隆への貨物集中が生じ，樺太の官鉄は南樺太の内地編入に伴い日本国鉄に統合された．

これらの植民地鉄道を運営するため，日本の鉄道技術が伝播された．そのために日本人の採用が重点的に行われた．ヒエラルキーのなかで上・中層部はもとより，下層部の現場まで学歴に応じて日本人が配置され，現地人の採用はそれを補助する下層部の労働力に限定された．日本人6-7割，現地人3-4割という民族別構成比が台湾，朝鮮，満鉄に適用された．この点は，低賃金の現地人を多く採用し，欧米人の割合がきわめて限られていた欧米系植民地鉄道とは「類型」を異にしている．日本の鉄道帝国主義はイギリスの自治主義と異なっていただけでなく，フランスの統合主義を超えて本国民の移住を前提とする「定住型統合主義」であったともいえよう．このようなマンパワーの構成は単に鉄道に限定される特徴ではなく，他の総督府部局や植民地企業でも見られることから，これらに関する学術的なアプローチは欧米植民地政策を相対化するための古くて新しい研究課題になるだろう．

もちろん，戦時下の日本人が入隊・応召などのため，相対的に少なくなり，それに代わって現地人の採用が増えたことも見逃せない．華北交通や華中鉄道などでは会社の創立時から，現地の中国人がマジョリティであったが，台湾国鉄，朝鮮国鉄，満鉄社線でもそうした傾向が強くなったため，日本人をヒエラルキーのなかで上層部と技術部門に対して集中的に配置することで，鉄道運営力を掌握したといえる．戦後史的に見て，植民地鉄道が帝国の崩壊に伴って現

地人へ渡される際，日本人を中心とする鉄道運営方式は現地人自らによる鉄道運営を遅延させる要因となり，とりわけ管理運営や技術部門の空白をもたらした．このような状況を打開するため，植民地鉄道は日本人技術者の留用やアメリカあるいはソ連からの援助，とくに台湾の場合，中国大陸からの技術者の渡来を得てそれぞれの地域において新しい国造りの物資的基盤としたのである．
この歴史プロセスへの考察は植民地期と解放後という2つの歴史的断面図に潜められている連続と断絶という研究課題をより明らかにする手掛かりにも繋がるだろう．

第7章
技術移転

李　海　訓

1　技術移転と技術移転論

　技術は，経済学において経済成長の一要素とされる．そのため，1970年代以降の国際経済，開発経済，後進国経済などの分野においては，技術移転，技術普及，技術導入といった用語がよくみられるようになった．
　本章の課題である技術移転が，国際経済論や技術論分野においてキーワードとして使用され始めた時期は，1960年代半ば以降であり［小林達也 1981］，以下の2つがその起源であるとされる．すなわち，①軍事・宇宙技術の民間技術への転用と，②後進国への経済・技術援助にかかわる議論である［小林達也 1981］［菰田文男 1987］．国際経済・開発経済分野で使用される技術移転は，後者を指しており，南北問題の解決策にかかわる議論，とりわけ後進国の経済発展にかかわる議論に登場する場合が多い．
　南北問題の解決戦略は，1950年代には資本援助が中心であったが，1960年代になると，貿易面での協力（特恵関税制度）も加わるようになった．国連は1960年代を「国連開発の10年」と位置付けたが，それによって南北格差問題が解決されたわけではなかった．そこで，1970年代を「第2次国連開発の10

年」と位置付け，技術移転を戦略の柱に付け加えた[斎藤優1979]．技術移転は，戦後の国際問題である南北問題を如何に解決するかという極めて積極的な流れのなかで，キーワードとして登場したのである．

　後進国の立場からすると，技術移転により国内では技術革新が行われることになる．技術革新は，プロセス・イノベーションとプロダクト・イノベーションにわけられる[斎藤優1979]．両者は，国内にすでに存在する産業・産品にかかわる技術であるか否かの違いがある．プロダクト・イノベーションとは新商品生産にかかわるもので，産業移植を通じて，後進国に存在しない商品を生産する技術を移転することである．近代的産業分野においてはこれがメインである．プロセス・イノベーションとは，生産工程にかかわるもので，生産性を引き上げることを目標とするものである．これは，後進国にすでに存在している産業の生産性を向上させるうえで重要であり，たとえば稲作農業の場合では，新しい技術による生産性の向上がみられた．ただし，稲作農業の生産性向上には，新しい品種，化学肥料などの近代的投入が大きな役割を果たした．つまり，生産性向上の過程においては，後進国に存在しなかった（メンデルの法則に基づく）近代的品種やその育成機関（農事試験場）なども移植されており，プロセス・イノベーションとプロダクト・イノベーションは，実際には密接な関連性を持つ．

　後進国には存在しない技術を先進国から移転する場合，移転された技術が後進国に定着することが重要であり，定着しないのであれば技術移転が成功したとはいえない．そのため，技術移転論分野においては，技術が先進国から後進国に移転する過程と，後進国国内で定着する過程を区別してきた．そして，それぞれを技術移転と技術伝播[斎藤優1979]，または基本移転，2次移転[小林達也1981]と呼んだ．さらに，技術移転の主なチャネルが多国籍企業であることに注目した菰田文男[1987]は，企業内移転と企業間移転に分類したが，前者が国際間移転を指し，後者が国内定着を意味する．本章では，国際間の移転を「1次移転」，国内定着を「2次移転」と呼ぶこととする．

　技術移転を「導入・定着・改良」の3つの段階にわけて把握しようとしたのは末廣昭である．「定着・改良」が本章でいう2次移転にかかわる部分である．「定着・改良」のなかでもとりわけ「改良」が重要であるとされるが，その場合「熟練」がキーワードとなってくる．「改良」部分まで視野に入れると，労

使関係，教育制度なども技術移転論の範囲内にはいる［末廣昭 2000］．つまり，技術移転論の対象範囲は広く，植民地研究・帝国日本研究の場合，戦後を対象とする技術移転論と同レベルの議論が展開できるかどうかが1つの課題になる．

2　戦後の用語「技術移転」を植民地研究・帝国日本研究に適用可能か

　周知のとおり，ここ 30 年間日本においては植民地研究・帝国日本研究がかなり蓄積されており，そのなかにも，「技術移転」に関する研究がみられる．タイトルに，技術移転の用語を使用した研究だけでも，満州研究では，撫順炭鉱における技術形成過程を検討した村串仁三郎［1981］，満鉄によって「移転」された鉄道技術が戦後中国に継承されたかどうかを検討した長見崇亮［2003, 2006］，台湾研究では，日本式漁法の台湾への「移転」を検討した林玉茹［2011］，台湾造船業における戦前・戦後の技術的連続性を検討した洪紹洋［2011］が挙げられる．戦後の新しい用語・考え方を植民地研究・帝国日本研究に導入したことは評価されてよい．

　しかし，問題なのは，これらの研究において，戦後の国際経済関係のなかで積極的な意味を持って登場した技術移転という用語を，植民地研究・帝国日本研究に適用可能か否かを検討する手続きを省略し，そのまま植民地研究・帝国日本研究に適用してしまったことである．この手続きを省略する方法は妥当ではない．以下，その理由を述べる．

　斎藤優［1979］によれば，技術移転が行われる場合には，先進国のプッシュ要因と後進国のプル要因があるとされる．技術移転は「国と国」間のプッシュ・プル要因によって実現されることになるが，ここでいう「国」とは，自主権を持つ国である．しかし，植民地と宗主国は「国と国」の関係ではない．さらに植民地では，「帝国主義的行動に対する抵抗運動は生まれても〔中略〕外国資本・技術を導入しようとする真のプル要因は生」じない［斎藤優 1979：676 頁］．つまり，安易に技術移転という用語を，植民地研究・帝国日本研究に適用するのは不適切なのである．ただし，「被進出国にプル要因がなくても〔中略〕進出国が力で市場を開放させ，資本を受け入れさせることはできる」［斎藤優 1979：676 頁］．要するに，進出国にプッシュ要因があるにしても，植民地側には疑似的なプル要因しかなく，植民地における「技術移転」は，本来の意味での技術移転とは異なるのである．

さらに，本章で指摘するように，帝国日本圏内においては「移転」された技術が内地事情により抑制されていた．本来の意味での技術移転の場合，自主権を持つ後進国においては移転された技術のフル活用を目指しており，せっかく移転された技術を抑制しようとはしない．これら相違点を鑑みると，植民地・帝国日本にかかわる研究に登場する「技術移転」という用語は，括弧付き用語でなければならない．この点，広く理解されるべきである．

以下の第3節では，これまでの「植民地・帝国日本の「技術移転」」研究における主流な方法論を紹介したうえで，それとは異なる，新たな方法論を提起する．第4節では，新たな方法論を用いることによってどのようなことがみえてくるのか，セメント産業と稲作農業を事例に検討したい．

3　時代軸方法の提起

技術移転は，時間を軸に考えるとまず1次移転が行われ，次に2次移転が行われる．こうした時間を軸に1次移転・2次移転を考える方法を時間軸方法と呼んでおこう．「植民地・帝国日本の「技術移転」」研究における時間軸方法は，図7-1に即していうと，「技術移転」の実態を時間軸に沿って戦前・戦後を貫通的に把握しようとする方法である．戦前・戦後のつながりのなかで，「技術移転」を議論する場合，戦前と戦後との分け目が1次移転・2次移転の分け目とピッタリ一致するのではなく，図7-1のような分け方になる．多くの産業における技術は「1次移転」にとどまるが，農業技術（近代的品種など）の場合では，戦前においても植民地農村に普及しており，台湾漁業の場合でも，日本人移民を通して「移転」した日本式漁法が台湾人漁民にも定着している［林玉茹 2011］ので，一部の技術は戦前に「2次移転」が完成されたことになるためである．

これまでの「植民地・帝国日本の「技術移転」」研究は，時間軸方法によるものが多かった．満州研究では，鉄鋼業研究の松本俊郎［2000］，オイルシェール事業研究の飯塚靖［2003］，鉄道業「技術移転」研究の長見崇亮［2003, 2006］，化学工業の新中国への継承を検討した峰毅［2009］などが挙げられ，朝鮮・韓国研究では，セメント産業を事例とする戦前・戦後の連続性を意識した朴淳遠［1993］，宣在源［1995］，台湾研究では，造船業研究の洪紹洋［2011］，セメント産業研究の湊照宏［2010a, 2010b］が，やはり戦前・戦後の連続性を意識した研究として挙げられる．

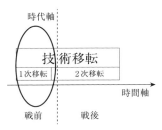

図7-1 「植民地・帝国日本の「技術移転」」研究の方法
出所：筆者作成．

　これらの時間軸方法研究では，「2次移転」の成否が重要視されており，そこでは，留用技術者の役割を評価する論説が多数みられる．こうした時間軸方法が多い背景として以下の2点を指摘できる．①帝国日本における工業の場合，技術者は日本人であり，高水準技術を現地人に習得させるようなことは非常に少なく，結果的に現地人は単純・筋肉労働に従事する場合が多かったこと［斎藤優1979：692頁］，そのためか，②研究者自身が被支配地域の戦前・戦後の連続性に関心があること，である．

　現在の日本における植民地研究分野においてはこうした時間軸方法が主流であるが，本章が提起したい方法は，時代軸に重点をおく方法である．時代軸方法は，特定の時代に焦点を当て，植民地への「技術移転」が同時代の域内（帝国日本圏内）経済にどのような影響を及ぼしたのかを把握しようとするものである．時間軸方法が「2次移転」の成否を重要視しているのに対し，時代軸方法は，同時代の帝国圏内経済関係に注目する．

　すなわち，一般的に技術移転は，1次移転のみの場合であっても移転先に生産力の増加をもたらす．植民地における「技術移転」も，現地に生産力増加をもたらしたが，それは帝国日本圏内の経済関係に如何なる影響を及ぼし，その実態はどのようなものだったのか．こうした論点を検討するのが時代軸方法の目的である．以下では，時代軸方法を用いて，セメント産業と稲作を事例に検討する．

4 帝国日本の「技術移転」がもたらしたもの
—— セメント産業[*1]と稲㠶を事例に

　セメント産業は装置産業なので，セメントを製造する技術を「移転」することは，設備の現地設置を伴う．セメント産業の技術は，セメントの製造工程である原料工程，焼成工程，仕上工程にかかわる技術だけでなく，原料の採掘，運輸関連(車両，道路整備など)，包装，販売にかかわる技術もその範疇に含まれる．そのうち，セメント製造技術(設備)のなかで特に重要なのが，原料粉末の焼成のための回転窯 rotary kiln と，原料とクリンカを粉砕する粉砕機であり，回転窯は，諸設備のなかで心臓部機械といわれる[高林二郎 1989]．また，セメントの製造技術を「移転」(産業移植)したことにより，セメントが無限に製造できるわけではなく，セメント製造能力は回転窯の生産能力に規定されており，その生産能力を超える量のセメントを製造するためには，回転窯の増設が必要となる．

　日本が植民地に「移転」した(設置した)のは回転窯である．最初にセメントを製造する技術が「移転」されたのは，1909年6月の関東州(大連)であった．満鉄の広軌改築工事などの需要があったのがきっかけであるが，小野田セメントが大連で操業を始めた時には，朝鮮，満州，中国も市場範囲に入れていた．しかし，実際には，朝鮮は日本や中国からセメントを輸入[*2]しており，大連からの供給はほとんどなかった．その後，朝鮮平壌にもセメント製造技術が「移転」され，1919年12月の操業開始となった．台湾の場合は，台湾総督府の勧誘により浅野セメントが技術を「移転」し，1917年7月から操業をはじめた．港湾，鉄道，水道などに加え，製糖会社の工場新設のための需要があった[*3]．近代化のシンボルであるセメントの製造技術(設備)は，1919年までに日本から関東州，台湾，朝鮮に「移転」(1次移転)された．

　いずれの地域においてもセメント需要は宗主国日本と関連のある需要がメインだったが，関東州(・満州)と朝鮮では，初期に設置された回転窯では供給不足であった．1920年から内地でセメント生産過剰が問題になっていた[永田四郎 1957][橋本寿朗 2004]にもかかわらず，植民地において現地需要を満たすために選択されたのは，内地からのセメント輸入ではなく，回転窯の増設だった．大連のセメント生産能力は3万トンから13万トン(1923年9月)，25万トン

(1928年5月)へと増加し，朝鮮のセメント生産能力は5万トンから15万トン(1924年9月)，45万トン(1928年12月)へと増加した(小野田セメント株式会社創立七十年史編纂委員会編『回顧七十年』1952年)．こうした選択は，セメント産業特性と関連する．セメントは，原料立地産業であり，重量に比べ製品が安価なため運送費が高く，さらに商品特性から長距離運送は望ましくないとされるためである(そのため，輸出入に不適切といわれるが，実際は不可能ではない)．

同時期，内地では設備過剰問題によりカルテル組織(セメント連合会)が結成された(1924年)．セメント連合会が結成されて以降，日本セメント業界においては生産が抑制されていたが，植民地もその対象内だった［永田四郎1957］［橋本寿朗2004］．つまり，植民地側の疑似的なプル要因によって，「移転」された技術はフルに活用されることはなく，抑制されていたのである．セメントを生産するために「移転」されたはずのセメント生産技術(設備)が「内地発矛盾」(設備過剰)により抑制されたことになる．

紙幅の関係で，詳細なデータは示せないが，各種統計資料によると[*4]，1920年代(1924-29年)における日本，朝鮮，台湾，満州[*5]のセメント需給は，次のとおりである．

帝国日本圏内のセメント生産量をみると，カルテル下においてもすべての地域で，おおよそ右肩上がりであり，そのうち内地の生産量が圧倒的に多く，全体の9割を占める．内地のセメント生産は過剰で，生産量の10-20%は輸出されている．これは，内地セメント産業の設備過剰と，海外への輸出が連合会の生産制限対象外であったことと関連する．その主な輸出先をみてみると，比較的に遠い中国・香港・東南アジアが全体輸出量の6割以上を占めており，距離的に近い満州，朝鮮は主な輸出先ではなかった．満州，朝鮮，台湾域内は，日本によってセメント製造技術が「移転」されたため，セメント自給率が高かった．

まず，台湾のセメント自給率は，1927年まで100%以上だった．1928年以降自給率の低下がみられたが，それでも30年までの自給率は70%以上だった．この間，日本，朝鮮，満州から純輸入を行っていた．朝鮮は，1930年まで自給率が100%以上(1928年は99%)であり，セメント貿易はほとんど対日本であり，かつ純輸出状況だった(1928年例外)．続いて満州については，『関東州貿易統計』によってセメント輸出を確認できるのは1928年以降のため検討でき

る期間は短いが，1928-30年まで満州のセメント自給率は100%以上だった．また，朝鮮に対しては純輸入であったが，日本，台湾に対しては純輸出だった．

　以上の1924-30年までの日本・朝鮮・満州・台湾の関係は次のように要約できる．日本が朝鮮，満州，台湾へセメント製造技術を「移転」したことにより，各地域の域内自給率が高くなり，日本にとって地理的に近い満州・朝鮮への輸出可能な規模は縮小された．それだけでなく，満州・朝鮮で生産されるセメントが日本に逆流するようになり，日本はその分内地市場を奪われた．また，満州・朝鮮のセメントは台湾にも輸出され，内地セメントの場合，輸出量の6割以上は中国，香港，東南アジアに輸出された．要するに，内地セメントは，台湾を含め，地理的に朝鮮・満州に比べはるかに遠い地域に輸出されたのである．内地産セメントを遠い地域に輸出することは，上記のセメント特性から考えると非効率的である．帝国日本セメント産業の「負の側面」といえるが，朝鮮・満州にセメント生産技術を「移転」したことがもたらした結果であった．

　次に，稲作についてみてみよう．1937年の日中戦争の勃発以降，米の需給が大きく変動するので，ここではそれ以前の時期を検討対象とする．

　渡辺兵力[1976]の農業技術論の枠組みによると，農業技術は，大きく無形的(知的)技術と有形的(物的)技術との2つに大別できる．さらに無形的技術には，労働様式と労働組織がある．労働様式には，稲作の場合，採種，種子貯蔵，種子予措，苗代地拵え，播種，本田整地，苗代管理，田植，中耕除草，追肥，灌排水，収穫，運搬，乾燥，脱穀調整など稲作栽培にかかわる技術だけでなく，肥料配合，堆・厩肥製造，役畜調教，動力機の調整なども含まれる[渡辺兵力1976]．また，労働組織とは，あるものの「生産に如何なる種類の労働単位(労働者の質的側面)がどれだけの量をどのように動員するかということ」[渡辺兵力1976：12頁]である．一方，有形的技術には，品種，農機具・農業機械，設備・施設などが含まれ[渡辺兵力1976]，これは「近代的投入」と同じ概念である．

　帝国日本圏内の稲作は，生産性(単収)向上のための技術(プロセス・イノベーション)がメインであったが，無形的技術よりも有形的技術(品種・肥料(・水利))に重点が置かれた．有形的技術は，同時にプロダクト・イノベーションでもある．日本は，台湾，朝鮮，満州，華北，いずれの地域においても農事試験場を設置し，技術改良を行う日本的農政を進めた[李海訓 2015]．

　品種は有形的技術のなかでも最も重要な技術であり，「一粒の種子自身のう

ちに既にその生産を決定する契機が含まれている．換言すれば，「種子」のもつ固有の生活性能が農業生産力を決定する基本的一要因である」［渡辺兵力 1976：54 頁］．植民地に「移転」された品種をみると，朝鮮，満州，華北では，純日本品種であったのに対し，台湾の場合，地理的環境の違いから，感光性・感温性が純日本種とは異なる蓬莱種（日本種×日本種，在来種×日本種の 200 余品種の総称）であった［李海訓 2015］．これらの近代的品種は植民地の末端の農村にまで普及したが，その過程には，警察権力がかかわっていた［川野重任 1941］［東畑精一・大川一司 1935］．品種は，植民地期において「2 次移転」が行われたことになるが，農事試験場の場合，技術員がほとんど日本人で，「1 次移転」にとどまった．

　台湾・朝鮮では，品種を中心とする有形的技術により農業生産性が向上され，1920 年代以降，米が増産された．これにより内地への輸入も増加し，内地の食料問題は解決できた．しかし，植民地米と内地米の競争が激しくなり，内地米価格が低落し，内地農業・農村経済は低迷することになった［速水佑次郎 1973］［崎浦誠治 1984］．警察権力まで使用して行った植民地への品種技術「移転」は，内地米事情に「負の事情」をもたらしたのである．こうした矛盾を解決するため，植民地では「技術の抑制」策ともいえる政策が実施された．

　1934 年以降，朝鮮では，産米増殖計画が中止され，台湾では，水利施設の新設改修中止，政策的に米の減反・転作が実施された［川野重任 1941］［東畑精一・大川一司 1935］．「移転」された品種をフルに活用できないようにすることは，稲作技術を抑制することを意味する．満州でも稲作技術が抑制された．1931 年以降の満州は，日本や朝鮮の米輸出先だった．しかし，1934-37 年まで満州稲作の生産量が急増したため，1935 年から日本からの米輸入を，1936 年からは朝鮮からの米輸入を急速に減らした．日本・朝鮮過剰米の輸出市場の規模が縮小したことになるが，満州の食料政策に深く関与していた日本農林省は，日本国内の米価暴落を恐れて満州での米生産を抑制した［大豆生田稔 1986］．

　それだけでなく，農事試験場の活動も抑制された．寺尾博（当時農林省農試種芸部長）は，1936 年に満鉄農事試験場を視察した際，満州での試験研究は必要ないとし，満州で「稲作試験圃を見るのは不愉快だ」とまで言っていた［小島清重郎 1944］．また，農林省農事試験場長の安藤広太郎（1938 年 7 月に華北産業科学研究所名誉所長に就任）は，華北産業科学研究所が 1936 年に外務省の文化事業

として始まる段階で,「日本の都合もあるので〔中略〕稲だけは手を付けないでほしい. 台湾, 朝鮮で稲の改良増産をして内地が難儀したので, それを繰返したくない」と発言した[山本潔1985]. 日本育種界のトップ2人が, 1936年に満州と華北での技術抑制にかかわる発言をしていることは, 従来進めてきた日本的農政を否定することにもなる. 農業発展のために設立されたはずの農事試験場の研究活動は, 内地の利益に反する場合, 抑制されていたのである.

まとめ

本章では, 極めて積極的な意味を持つ用語である技術移転を「植民地・帝国日本の「技術移転」」研究にどのように適用すべきかを議論し, また, これまでの「植民地・帝国日本の「技術移転」」研究とは異なる, 新たな方法論—時代軸方法を提起した. 時代軸方法は, 植民地における「技術移転」が, 帝国日本圏内の経済関係に如何なる影響を及ぼし, その実態はどのようなものだったのかを検討しようとする方法である.

本章において限られた時代と事例を対象として, 時代軸方法を用いて検討した結果, 帝国日本圏内における「技術移転」は2つの矛盾をもたらしたことが明らかになった. 第1に, 日本関連需要のため, 日本が植民地に技術を「移転」したことにより, 日本のセメント産業, 日本の農業・農村は逆に不利な立場に立たされた. 第2に, せっかく「移転」された技術も, 内地事情により帝国日本圏内では抑制されていた. 植民地側に真のプル要因がない状況下で, 宗主国関連の需要のため宗主国による「技術移転」が行われ, 宗主国側に矛盾が発生した場合は植民地において「技術の抑制」を行う.「技術の抑制」は, あるべき技術利用ではない. こうした2つの矛盾は, とりわけ稲作農業の場合に顕著に表れた. すなわち, 植民地側に真のプル要因がない状況下で, 宗主国による「技術移転」が行われ, それによって植民地では生産力の増加がみられた. しかし, 増産された米が植民地において消費されるのではなく, 内地に過剰に入ってきたため, 内地の農業・農村に「負の影響」を与え, そのため, 自主権のない植民地では,「移転」された技術が抑制された. この点, 本来の意味での技術移転とは異なる.

以上が本章の主な結論であるが, セメント産業と稲作農業が特殊事例だったかどうかを判断するためにも, 時代軸方法を用いた他産業の事例検討が必要と

なる．この点，今後の植民地・帝国日本研究の1つの課題となろう．

*1　本節と関連する兒玉州平[2011]，田島俊雄[2010, 2017]も参照されたい．
*2　便宜上，移出・移入も輸出・輸入と記す．以下，同様．
*3　小野田セメント株式会社創立七十年史編纂委員会編『回顧七十年』小野田セメント株式会社，1952年，浅野セメント株式会社『浅野セメント沿革史』浅野セメント株式会社，1940年，『朝鮮総督府統計年報』各年版．
*4　『日本外国貿易月表』12月号各年版，『朝鮮総督府統計年報』各年版，『台湾貿易年表』各年版，『関東州貿易統計』各年版，『北支那貿易年報』各年版，浅野セメント注3前掲書，小野田セメント注3前掲書，財団法人日本経営史研究所『小野田セメント百年史』小野田セメント株式会社，1981年，東北物資調節委員会研究組『東北経済小叢書 水泥』東北物資調節委員会，1947年．
*5　関東州で生産されるセメントの大部分が関東州・満州で消費されていたため，ここでは，関東州と満州を同一な枠で議論を進める．

第8章
大東亜共栄圏

安達宏昭

はじめに

　大東亜共栄圏とは，第二次世界大戦期に急速に浮上してきた概ね東アジアと東南アジアを範囲として，国家の枠組みを超えて経済的な自給を図ろうとする地域統合の考えで，戦時下，日本政府はその実現を目指して政策を展開した．その範囲は，日本が植民地とした地域をはるかに超え，また，その構想や政策は植民地支配とは異なった観点から分析するべきものであるが，アジアで勢力圏を拡大し続けた植民地帝国日本がたどり着いた地域構想・政策であるため，本書では取り上げることとした．したがって，本章では，枚挙にいとまがない個別の地域に関する研究を取り上げて概観するのではなく，圏域全体に関連する問題について，近年注目されている「構想」と「独立」問題を中心に紹介し，全体像としての大東亜共栄圏に関する研究の進展を整理したい．

　大東亜共栄圏を対象にした研究は，経済支配の実態や貿易・金融構造の解明など，1970年代から本格化した［小林英夫1975］［原朗1976］．その後，満洲や中国で行われた日本の支配が解明され［浅田喬二編1981］［浅田喬二・小林英夫編1986］，さらに大東亜共栄圏という圏域構想が成り立つのに不可欠であった東南アジア地域の日本占領期研究が，1980年代後半から1990年代にかけて進展

したことにより，その実態と全体像が明確になっていった［後藤乾一1989］［倉沢愛子1992］［疋田康行編著1995］［池端雪浦編1996］［倉沢愛子編1997］［明石陽至編2001］．こうした研究の蓄積をふまえて，圏域全体に関する構想や外交政策，数量経済史的分析，各地の相互連関性を分析する研究が進展しているのである．

1　大東亜共栄圏構想

(1)　構想の浮上と松岡外交

　大東亜共栄圏という言葉が，初めて公表されたのは，1940年8月1日に行われた外務大臣・松岡洋右の談話によってだった．そこで，松岡は，「当面の外交方針は大東亜共栄圏の確立を図ること」と述べ，その範囲を「広く蘭印，仏印等の南方諸地域を包含し，日満支三国はその一環である」と説明した（『東京朝日新聞』1940年8月2日）．このため，大東亜共栄圏の構想は，対米，対英，対ソなど松岡外交全体との関連のなかで，数多くの論考により議論されてきた．ここでは，この時期において，大東亜共栄圏の構想を検討の中心にすえている河西晃祐の研究を見ていこう［河西晃祐2012, 2016］．

　河西は1939年9月のヨーロッパでの第二次大戦開始以降の外務省内の動向を分析した．そして，1940年春以降のドイツの西方攻勢による6月のフランスの敗北という事態によって，外務省ではすでに「講和会議」の開催や戦後世界の構想を検討に入っており，松岡の外相就任以前の7月9日の段階で「東亜共栄圏」という用語が使用されていたこと，その用語が「欧州戦後」のドイツ・イタリアに対して，東南アジアに対する日本の政治的指導権を尊重させるためのものであることを明らかにした．

　そのうえで，松岡が外相着任後に，このように省内で使用されていた用語やドイツの「排除」の考えに着目して，自己のアイディアに援用した可能性を指摘している．すなわち大東亜共栄圏の公表翌日，ドイツのオット駐日大使と会談して，大東亜共栄圏を提示して，日本の勢力圏として認めさせようとしていたことから，「松岡の狙いが，欧州戦争に参加しないままの日本が，講和会議の開催前に，仏印と蘭印を自国の勢力圏に含めることへの事前承認をドイツから得ることにあった」とし，「当初の大東亜共栄圏構想とは，来るべき講和会議の際にドイツによる植民地再編の対象から東南アジア地域を除外させるためだけに発案された実体のない外交スローガンにすぎなかった」と評価している

［河西晃祐 2016：31 頁］．

　こうした日本側の意図は，勢力圏分割を盛り込んだ日独伊三国同盟条約によって実現した．では，その後の松岡の構想とは，どのようなものであったか．この点について，河西は同盟締結翌日に作成された「帝国外交方針要綱」と 10 月 4 日に作成された「対南方策試案」を使って解明を試みている．すなわち，松岡が想定していたのは，「夫々の共栄圏尊重」という考えで，その考えを基本として「日，独，伊，蘇，米及英六国間」の「平和条約」による世界秩序であったとしている．そして，その共栄圏とは排他的指導権を有する「勢力圏」にほかならないものであったがゆえに，南方に対しては，仏印および蘭印の宗主国の主権を破棄させなければならず，そのために独立運動を支援して「独立」させたうえで，あらためて日本の「保護国」とすることを考えていたとする．このため，松岡の構想当初から圏内の特定地域の「独立」が想定されていたが，「独立が掲げられていたとしても，それはあくまでも日本が「保護国化」する上での一段階に過ぎなかった以上，その目的が植民地支配からの「解放」にあったとみることは極めて困難である」との見解を示した［河西晃祐 2016：45 頁］．

　この河西による松岡の共栄圏構想と圏内における「独立」の捉え方の特徴は，そのもとになる「勢力圏」という考えが，19 世紀末からの国際的な「常識」として定着していたものとしている点にある．つまり，松岡は，大東亜共栄圏をそれまでの国際政治の枠組みのなかで構想していたというのである．今後，こうした松岡の共栄圏構想が正鵠を得るものかどうかが議論になるが，そうであるとすれば，その発想は，日米開戦前後の政府・大本営の構想とはやや異なるものであったといえよう．

(2) アジア・太平洋戦争開始後の構想

　開戦後の大東亜共栄圏構想の代表的な言説は，1942 年 2 月に政府が設置した大東亜建設審議会の答申に示されている．すなわち，5 月 4 日の総会において決定された「大東亜建設ニ関スル基礎要件」で，「一，大東亜建設ノ基本理念」として「皇国ノ指導又ハ統治ノ下圏内各国及各民族ヲシテ各々其ノ所ヲ得シメ道義ニ立脚スル新秩序ヲ確立スルヲ以テ要ト為ス」(『大東亜建設審議会関係史料 1』龍渓書舎，1995 年）というものである．

この「各々其ノ所ヲ得シメ」という表現には，日本人の身分秩序・労働秩序の観念を引きつぐ「分」の意識を内包しており［河原宏1979］，それが「皇国ノ指導又ハ統治ノ下」の国際秩序の理念として設定されるときには，日本を盟主として圏内の各国・各民族は「分」に応じて役割を果たすことが求められる．この場合は，波多野澄雄が指摘したとおり，欧米流の「民族自決主義」は許されず，日本に奉仕することによってのみ「独立」も保障されるものであった［波多野澄雄1996：58頁］．したがって，開戦後の構想では，「独立」や「自治」は日本の指導や統治の下で与えられるもので，不平等な階層観念を基礎とする日本特有な国際秩序構想になっていたことが指摘されているのである．

　これに対して，中野聡は「其ノ所」を階層的秩序観の表現としてのみ捉える解釈は足らない点があるとしている．この言葉は，明治天皇による「宸翰(しんかん)」に由来し，暮らしが成り立つため，生活を保障する意味を持っていたと指摘する［中野聡2012：102-103頁］．そのうえで，問題なのは，占領地の人々の民生の安定を公約していながら，それが実現困難であることを，日本の戦争指導部が知っていたことだとしている．ただ，大東亜建設審議会を分析した安達によれば，中野の指摘する「生活を保障」ということについても，日本を盟主とする階層的秩序の建設こそが，圏内諸民族の「福祉」をもたらすと，あくまでも日本的な価値観の下に置かれるものであったことに留意する必要があると述べている［安達宏昭2015］．いずれにしても，日本的な観念が中核となり，これまでの「勢力圏」や，ドイツの「生存権」とは異なる構想になったのである．

　経済圏の構想についても，階層秩序を基礎とするので，当然，日本が指導国として圏域全般の「計画交易」や「産業統制」を行うものであるとの指摘がなされてきた．しかし，そのことを前提としつつも，長期的な経済圏構築について構想は固まっていたわけではなく，曖昧なものであったことが，近年明らかにされてきた［安達宏昭2013］．

　曖昧となったのは，自給圏形成のための産業配置と全域の統制方法をめぐって，主に商工省と企画院に構想に差異が存在しており，それを一致させることができなかったためであった．商工省は圏内の産業再配置や再編成を「運営」する点を強く考慮し，日本国内に重要産業の多くを配置するとともに，「内地」統制会を全域における産業統制の中枢機関にしようと考えていたのに対し，企画院では「指導民族」である「大和民族」の人口増加や食糧自給を考慮し，

「内地」農業の維持を図るため，工業の大陸部への分散を織り込んだ「日満北支」という，より広域を「中核」とすることを考えていた．

このため大東亜建設審議会の答申での文言は，極めて曖昧なものとなった．15 年先の生産目標なども，極めて楽観的なものであった．結局，政府内では経済圏構想をまとめることができず，経済圏を「指導」する態勢について方針を一致させられなかった．当時，日本が経済自給圏を運営するための経済力を持っていなかったことが，その要因だと指摘されている．

2　「独立」問題と圏内運営

(1) アジア・太平洋戦争開戦前後の「独立」問題

東南アジアの植民地の「独立」は，占領直後の圏内を運営していくうえでも，重要な問題であった．この問題に対する日本の戦争指導部の対応は，「南方占領地行政実施要領」(1941 年 11 月 20 日，大本営政府連絡会議決定(『杉山メモ(上)』原書房，1967 年，526-528 頁))に書かれたように，独立を抑制するものであり，1943 年に戦局の悪化を受けて，諸民族の協力を引き出すために独立が本格的に導入されたと理解されてきた．しかし，開戦前から直後にかけても，ビルマやフィリピンに対して「独立」を付与する動きがあり，それは東条内閣や陸軍の統帥部であったことを明らかにしたのが，武島良成の研究である[武島良成 2003]．武島は，防衛省にある陸軍の幕僚たちの日誌を丹念に読み込むことで，東条内閣や陸軍の統帥部が，当初から「独立」の付与を唱えていたのに対して，それに強く抵抗し抑え込んだのが南方軍と海軍であったことを解明した．もっとも武島の研究においても，戦争指導部の「独立」に対する認識は民族自決的なものではなく，あくまでも日本の指導下に置かれるものであったとして，「独立」というように，真の意味の独立とは異なるために「　」を付している．

こうした「独立」にすら反対した南方軍らの陸軍幕僚の論理を詳細に追ったのが，中野聡の研究である[中野聡 2012]．中野は，開戦直前の 11 月に軍務課高級課員から南方軍参謀となった石井秋穂大佐の回想などや，彼が立案に関与した開戦前後のさまざまな政策文書，とりわけ南方占領政策を分析し，これらの幕僚たちが「日本の戦争目的を「帝国の自存自衛を全うする」こと，すなわち「資源の戦争」に徹しようとする態度で一貫していたこと」を「「資源の戦争」のリアリズム」と呼び[中野聡 2012：52-54 頁]，「解放」や「聖戦」といっ

た戦争目的の肥大化を避けようとしたことを明らかにした．すなわち，開戦後の東南アジアにおいて軍政施行という占領の形式にこだわり，それにより敵産を接収して「重要国防資源の急速獲得」を第一義とすることで，日本の戦争経済の維持を図ろうと考えていたのである．この観点から石井は，「独立」の付与が当然視されていたフィリピンについて軍政の施行を強く求めるとともに，「謀略」として独立運動支援工作が始まっていたビルマに関しても，作戦対象地になると，独立論の抑制に奔走し軍政実施に強くこだわったとしている．

野村佳正は，こうした「独立」への抑制は，戦争指導部の戦争目的の混乱に連動して，占領政策の性格を，戦略を重視した統帥部主導の「狭義軍政」とするか，より政略を重視した行政府主導の「広義軍政」とするか，明確化し得なかったことに起因していると主張している［野村佳正 2016］．すなわち，中央が混乱するなか，フィリピンでの「政略」優先がバターン作戦の失敗を招いたと南方軍は判断し，ビルマでの軍事作戦を優先し「独立工作」を否定していったという．

これに対して，中野は，南方軍にとっては作戦・兵站（へいたん）が重要であって，そのために南方全域の経済を統制することが不可欠な課題であり，それに支障を来しかねない「独立」に反対したのは，ある意味で当然だったとしている［中野聡 2012：230 頁］．一方で，ビルマ派遣軍司令官・飯田祥二郎のような現場の当事者たちと，東条首相をはじめとする戦争指導部が，「独立」の推進・肯定の立場をとったのは，派遣軍のような現場は被占領者，指導部は世界大戦のなかで「世界の視線」を意識せざるを得ず，いわばふたつの「他者」を強く意識せざるを得なかったからであると説明する［中野聡 2012：232-233 頁］．武島は，陸軍中枢が「独立」という形態を重視したのは，当初から「住民の懐柔は必要だと考えられていたからなのであろう」とし，この考えが一貫して有力な発想であったと説明する［武島良成 2003：189 頁］．いずれにしても，戦争指導部では，英米との戦争において，脱植民地化と民族自決の潮流を意識し利用することの有効性が認識されていたということであろう．

その後，1942 年後半から，大本営・政府の戦争指導部は，南方軍を従わせて，ビルマ「独立」，さらにフィリピン「独立」に向けて着々と政策調整を図っていったのである［武島良成 2003：180-185 頁］．

(2) 重光葵の「大東亜新政策」と「大東亜会議」

　1943年11月に東京に大東亜共栄圏の「独立」国の首脳を集めて開催された大東亜会議と，その場で採択された大東亜共同宣言は，戦況が悪化するなかで，日本が共栄圏内外に対して採った政策として，注目されてきた．この会議と宣言の形成過程，そしてビルマ・フィリピンへの「独立」付与の関係などについては，波多野澄雄によって，外相であった重光葵を中心に，詳細な実証研究がなされた［波多野澄雄1996］．波多野の研究により，汪兆銘の南京国民政府の「政治力強化」「自発的活動ノ促進」や治外法権撤廃の方針を定めた「対支新政策」の実現に尽力した重光が，43年4月に外相に就任すると，こうした政策を南方まで拡大する「大東亜新政策」を推進し，アジアの占領地の「独立・自治」の促進と戦後における日本軍の撤兵，大東亜各国が平等・互恵の立場で「大東亜国際機構」を創設する構想を主張していったことが明らかになった．詳述すれば，重光にとって大東亜会議は国際機構創設の第一歩であり，大東亜共同宣言にも圏内諸国の自主独立と平等を明らかにする文言を盛り込もうとしたが，階層秩序の維持や戦争遂行のための資源確保を優先する陸海軍などからの反対にあって，機構案は受け入れられず，宣言も妥協のうえに成立したものとなったことが解明されたのである．波多野は，重光のこうした戦時外交の要因について，「「脱植民地化」という国際的潮流への着目を見逃すことはできない」とし，「軍部と妥協しつつ得られた民族「独立」が表面的なもので，内実を伴わないもの」であっても「民族の独立という「思想原理」の普遍性」に基づく立場を明確にしておくことがあったとしている［波多野澄雄1996：277, 295-296頁］．そして，そのことは「連合国側が追求する国際秩序の理念——大西洋憲章に日本の戦争目的を「相対」させることによって，戦いの事由を消滅させるという，迂遠な「和平の基礎工作」の意図を秘めた「外交攻勢」でもあった」と評価している［波多野澄雄1996：185頁］．

　一方，これに対して武田知己は，「宣言策定過程における重光及び外務省と軍部との対立の側面を過度に強調することにも一定の留保が必要であろう」と指摘する［武田知己2013：275頁］．武田は，重光の対米開戦前の言動から「重光は，軍事力の行使が政治的な目的に沿った形で，いわば合目的的な軍事行使が行われるのであれば，それが政治目的を達成する上で有効であるという考えの持ち主であった」とし，それとの類似性が戦時外交にも見られるとする［武田

知己 2013：275 頁]．すなわち，日本の軍事的劣勢を自覚する重光は，勝利のために外交がそれを補うことが必要と考え，その方策の第一に「敵の戦争目的の破壊」を挙げており，外交を総力戦の「宣伝戦」の武器として認識していたと指摘し，大東亜共同宣言も「宣伝工作」の観点から理解している．そして，宣伝工作は「間接的な和平への意思を示す」ものであったとしつつも，宣伝としての宣言が曲がりなりにも実現したのは，戦局の不利を認識していたため「戦闘のモラルを高める必要に迫られた」からであり，またアジアの諸民族からの戦争協力を調達するために「アジアの解放」をより強調する必要もあったためで，「戦争目的の確定は，戦闘を辞める理由ではなく，戦闘をより効果的に継続する理由となった」と波多野とは異なる評価をしている［武田知己 2013：276-277 頁］．

　河西晃祐も，重光の「大東亜新政策」の宣伝工作としての側面を重視する．河西は，大東亜会議と大東亜共同宣言を理解するには，当事者の戦局認識との関わりから捉えることが必要だと述べ，大東亜会議の開催が決定された 10 月 2 日の大本営政府連絡会議直前に開かれた 9 月 30 日の御前会議での議論に注目する．その会議で「世界情勢判断」が示され「今後採ルヘキ戦争指導ノ大綱」が議題となったが，天皇の前ですらアメリカの圧倒的な攻勢に前途が見通せないという言辞が飛び出すなかで，重光が大東亜政策の宣伝により，日本の戦争目的が鮮明となって，これによって敵の戦争名目が失われて戦意を喪失し，蒋介石と英米との背反やインド民衆の独立機運を醸成し，敵に対する外交大攻勢になると述べていたことを大きく取り上げ，「日本が取り得る方策が極めて限られていたことは，当事者らが何よりも自覚していたことであった．だからこそ，重光は〔中略〕宣伝工作の重要性を訴えていたのであろう」と述べている［河西晃祐 2016：237-241 頁］．会議や宣言も，対敵宣伝の強化という重光の認識に沿って捉えるべきであることが示されているのである．

(3)　「抗う主体」への着目

　日本の指導下で「独立」が付与されたビルマ・フィリピンやタイなどが，「大東亜共栄圏」の「独立」の論理を逆用して，「日本に抗う主体」として「声」を挙げたことに着目したのが河西晃祐の研究である［河西晃祐 2011, 2012］．河西は，「独立」の虚構性を強調することで見落とされてきた側面であるアジ

アの対日協力者の「日本の思惑に抗う姿勢」を実証するとともに，東南アジアでの「独立」付与が朝鮮半島の独立・参政権付与の「声」につながるなど，言説空間における「抗う声」の共振作用を浮かび上がらせ，日本の「指導」や「大日本帝国」を揺るがしたことを強調する．

　中野は，「東南アジア占領に関係した日本人の「語り・回想」を通じて，日本帝国が東南アジア占領によって揺さぶられ，解体されていく契機」[中野聡 2012：26 頁]を克明に追うことで，河西が実証した内容を確認している．とりわけ，大東亜共同宣言に内実は伴わないものの「自主独立ヲ尊重」，「互恵」といった文言が入れられたことにより，「アジアの立ち上がる政治主体にとって利用可能な，日本に対する自己主張の根拠を与えたことに注目したい」[中野聡 2012：260 頁]とし，その後の各国首脳による「主体性」を獲得しようとする動向に関する研究を紹介しつつ，共栄圏の政治の方向性を次第に左右するようになっていったのは，「むしろ政治的主体として立ち上がり，走り出したアジアの「他者」たちであった」[中野聡 2012：263 頁]としている．

　1944 年 9 月に，小磯国昭首相が「東インド」に対して「将来その独立を認める」との声明を発表するが，日本の領土化が決まっていたインドネシアに「独立」を許容することになったことは，この時点において「独立」問題がすでに日本の思うようにはいかない状態になっていたことを意味していた．中野は，こうした状況について「日本がその帝国・占領地の版図内において民族独立の要求があったときに，これを許容することが原則（許容しないのは例外）となることを意味していた」[中野聡 2006：21 頁]と指摘する．敗戦直前の時期に，独立国タイでは，日本への非協力や反発が強まっており，日本軍は武力処理も検討したものの，行使した場合にはタイ国民の強い抵抗により事態が収拾できなくなる可能性を考慮して回避せざるを得なかった．河西は，この事態に注目し「日本は自らが打ち出していた「自主独立」の本当の意味を悟ることになった」[河西晃祐 2012：191 頁]と指摘している．

　こうした事例などから，日本が構想していた共栄圏における階層秩序は破綻をきたして，すでに敗戦以前に自壊していたといえる．もちろん日本の深刻な軍事的な劣勢を考慮しなければならないが，これらの研究が示したように，言説空間における「抵抗」や「自立」にも，さらに着目していく必要があろう．

おわりに

　大東亜共栄圏の研究について，構想と「独立」問題を中心に近年の議論を見てきたが，日本の「独立」付与の政策が，戦後の東南アジア各国の独立に直接つながらず，前提にもなっていないことは確認しておく必要がある．この点については，岡部牧夫が地域ごとに個別に検討し実証している［岡部牧夫1994］．倉沢愛子が指摘するように「戦前からの民族運動の積み重ねこそが戦後の独立をもたらす最大の原動力であった」のである［倉沢愛子2005：215頁］．

　では，なぜ戦時期の「独立」付与に対する分析が着目されているのか．中野は「語り・回想」を分析した結論として「開戦後に澎湃として語られた「日本を盟主とする」「大東亜共栄圏」のクリシェを通観してあらためて感じさせられるのは，それがいかに「他者」を想定しない独善に満ちていたかということである」とし，大東亜共栄圏を通して日本と日本人にとって「東南アジアの被占領者という「他者」の存在を通じて，帝国・日本のやり方が通用しないことを学習する機会」になったと述べている［中野聡2012：310頁］．一方，河西は，大東亜共栄圏とは，「植民地支配に抗い続けてきた東南アジアの政治主体」を含めた「脱植民地化という潮流そのものを継承することを迫られた構想」にほかならず，日本にとっては初めて脱植民地化と直面せざるを得なかった「闘争の場」であったとしている［河西晃祐2011：362頁，2012：258頁］．2人の分析を通して，「独立」付与をめぐる問題から見えてくることは，アジアのナショナリズムとどう向き合っていくのかという，近代日本が抱え続けてきた極めて重要な問題なのである．このため，日本とアジアの関係を考えるうえで，日本側の認識や政策の分析とともに，「対日協力者」の「抗う声」が注目されているのである．

　「はじめに」でも述べたように，大東亜共栄圏は，アジアで植民地・勢力圏を拡大し続けた帝国日本が逢着した政策構想であった．それゆえに，近代日本および日本・アジア関係の諸矛盾が，凝縮して顕在化した場であったのである．「独立」問題だけでなく，大東亜共栄圏全体を見通して分析するときには，このことに留意することが重要である．植民地研究とともに，今後も大東亜共栄圏についての研究を進める意義は大きいといえよう．

コラム③

内国植民地

大浜郁子

　近代日本における「内国植民地」とは，一般的に，北海道，樺太・千島列島，小笠原諸島，沖縄諸島を指す．一部を除き，幕末開国以前には幕藩制国家の領域には含まれていなかったが，1889年の大日本帝国憲法（明治憲法）の制定時までに，明治国家の領土に併合されていた地域と言い換えることができる（ただし，樺太はこの定義の例外である）．

　明治政府は，1869年に開拓使を設置して蝦夷島を「北海道」と命名し，75年にはロシアと樺太・千島交換条約を締結して，北の国境を画定した．翌76年に，小笠原諸島の日本統治を欧米列強に対して宣言し，同諸島を内務省の管轄とした．79年には，72年に琉球王国から藩に降格させていた（「廃琉置藩」）琉球藩を廃止して，沖縄県を設置した（「琉球処分」＝「廃藩置県」）［井上清・旗手勲 1962］．周知のとおり，明治憲法には，領土拡張や植民地領有に伴う国境の変更などの領土規定はなかった．1895年，日清戦争によって台湾を領有し，明治憲法の適用外の異法域として，台湾を初めて「外地」と規定し，以降，戦争によって獲得した新領土を外地として，日本帝国へ組み入れることとなった．明治国家にとっては，外地の領有と同時に，明治憲法制定以前にすでに領土編入していた地域を「内地」とみなす認識が定着していくということができよう．

　「内国」植民地と「外地」植民地を区別して定義することに対して，これらを区別することなく一連の「日本の植民地主義の拡張」として定義すべきという向きもある．しかし，この議論には，植民地に属する人々の自己認識の問題が欠落しているのではないだろうか．かつて，日本統治下の台湾においては，「一等国民は内地人，二等国民は琉球人，三等国民は台湾人」と言い表されていた．当時の植民地に住む人々の自己認識として，「内地」，「内国植民地」，「外地」の別が明確に表象されていたのである．

　日本の敗戦によって外地は消失したが，内地と内国植民地との間の自己認識の分断は今も残る．北海道・沖縄諸島・小笠原諸島などに住む人々は，本州・四国・九州とその周辺の島々を「内地」，「本土」と他称している［大江志乃夫 1992a］［石原俊 2007］．内国植民地の範疇に置かれた／置かれ続けている人々は，日本国籍を持つ日本人と自らを認識する一方で，自分たちは内地人，本土人とは考えていない．

　内国植民地と外地植民地を貫く視角として，各地域で行われた「旧慣」調査

と統治政策の形成に関する研究がある［大浜郁子 2017］．旧慣調査とは，内国・外地の別なく植民地を対象に，日本の統治以前の当該地域における土地制度・租税制度をはじめ，言語・風俗・習慣などの社会関係を調査することであった．その目的は，従来，旧制度や旧慣習などを調査したうえで取捨選択して，日本型近代法に組み込む過程や，日本型近代法をいかに当該地域へ適用させるか，という観点から理解されてきた．たとえば，「琉球処分」直後から，離島に至るまでの沖縄諸島全域の旧慣調査を行い，台湾領有直後に渡台して広範な旧慣調査を行った田代安定（1857-1928）や，『千嶋探験』・『南嶋探験』を著した笹森儀助（1845-1915）の調査範囲は，まさに当時の「国境」画定と連動している．

しかし，田代や笹森による旧慣調査が，日本の統治政策の形成にどのように影響を及ぼしたのか，という研究は，「内国植民地」と「外地」植民地との差異を明確化することができると考える．また，統治する側が，統治開始以前からの旧慣をいかに取捨選択して実際の政策に取り込んだのかを明らかにすることは，「内国植民地」と「外地」植民地の統治政策の類似点と相違点，さらには連関を明らかにすることにつながる．

一例をあげれば，田代は，沖縄・八重山諸島の開拓「植民」を，明治政府や高官らへ建議し，実際，明治期に石垣島へ四国からの農業移民が実施された．マラリア罹患地域への移住であったために廃村や移民の離散などが生じ，定着率は高くはなかったものの，田代の「旧慣」調査に基づく建議とその影響を受けた日本による沖縄統治政策から，沖縄においても植民が行われたことが明らかとなる．沖縄もまさに「植民」地であった．

上述のとおり，既存の研究では，主に旧慣調査から立法（法制度の移植・導入）へという過程が着目されてきた［石田眞 2003］．しかし，内国植民地沖縄と，初の外地植民地台湾における田代や笹森の調査からみてとれるように，各地域の多様な風俗・習慣・言語・文化に関する旧慣を広範かつ詳細に調査したうえで，取捨選択して，日本型の「同化」政策に反映させており［大浜郁子 2017］，後の「皇民化」政策にも連関する重要なファクターとしてとらえ直す必要がある．内国植民地としての北海道では，アイヌに対して旧慣（入墨や死者弔い儀礼など）を「陋習」として禁止し，同化政策を進めた［田村貞雄 1992］．内国植民地沖縄における旧慣調査の実態を考察することにより，日本による（内国・外地を含む）植民地統治政策の原型が明らかになり，「内国植民地」と「外地」植民地の統治を総体としてとらえるための前提となるであろう．

第9章
戦後東アジア経済

湊　照宏

はじめに

　1960年代以降に韓国・台湾・香港・シンガポールの経済成長が顕著となり，その成長が持続すると，1970年代末にはNICsと称されて注目を集めるようになった．その4地域のうち韓国・台湾がかつて日本の植民地であったことは，植民地経済史研究にも影響を与えていく．1980年代以降，溝口敏行・梅村又次編[1988]などの数量経済史の成果により，日本植民地であった朝鮮・台湾の経済成長が明らかにされると，戦後における韓国・台湾の経済成長との関係が意識されるようになった．たとえば，韓国(朝鮮南部)・台湾の戦前・戦後の経済成長について長期的に分析した松本俊郎[1989]によれば，両地域の共通点として，戦前よりも戦後のほうが成長の速度が速いこと，戦前は第一次産業の成長が中心であり，戦後は第二次・第三次産業に成長の軸が移ること，「国内総支出」の戦前水準への回復は1950年代であるが，1人当たり「国内総支出」では1960年代まで遅れることが指摘される．最後の点については，終戦直後の朝鮮南部・台湾にとって，非自然的な人口急増が大きなインパクトであった証左であり，日本帝国の崩壊や冷戦にともなう人口移動が，その後における両地域の社会経済に多大な影響を与えたことが容易に推測される．

　また，1990年代以降になると「アジア間貿易」論が盛んとなり，戦前におけるアジア域内交易(日本・中国・インド・東南アジア間の貿易)の量的増大や，それを支える華僑の通商ネットワークの存在に注目が促された[杉原薫1996a]．その後，戦前にみられた「アジア間貿易」が，戦争の混乱が収束した1950年代以降に，日本，NIEs(韓国，台湾，香港，シンガポール)，ASEAN4(フィリピン，インドネシア，タイ，マレーシア)の間で，対米国関係を密にしながら復活するという見解も提起されるようになった．杉原薫[2013]によれば，一次産品や軽工業品の対欧米輸出によって購買力を得たアジア諸国・地域が，近隣諸国・地域

から労働集約的工業品を輸入するという形で「アジア間貿易」が復活し,「環太平洋貿易圏」の重要な構成要素となったとされる.

　以上のような東アジア経済の戦前から戦後への展開過程に対する注目に関し,本章の課題は,かつて日本の植民地であった朝鮮・台湾・満洲を中心とした先行研究を整理することにより,植民地研究としての今後の課題を析出することにある. 第1節では,東アジア経済の戦前・戦後に関する主要な先行研究を紹介し,貿易構造を分析対象とする研究が多いなかで,冷戦体制下での韓国・台湾における農地改革や米国援助などに注意が促されていたことを確認する. そのうえで,第2節では韓国・台湾における農地改革と米国援助に関する論点を整理して植民地研究との接点を見いだす. 第3節では,旧植民地の戦前・戦後を検討する研究群として2000年代に目立ってきた産業史研究を整理し,東アジア経済の戦前・戦後に関する植民地研究としての課題を提示する.

1　東アジア経済の戦前と戦後

　日本植民地研究者による東アジア経済の戦前と戦後について全体的な歴史像を描いたものとして,小林英夫[1992]がある. 小林によれば,日本植民地・勢力圏を中心とする「東北アジア交易圏」が1930年代に中国の植民地化を推し進め,1940年代に入って英領植民地を中心とする「東南アジア域内交易圏」を包摂しようと試みたのが,いわゆる「大東亜共栄圏」構想であった. さらには,日本の敗戦による「大東亜共栄圏」の崩壊後,米国援助を軸としつつ日本・韓国・台湾などを含めた「東北アジア経済圏」が形成された一方で,英領マラヤを中心とする「東南アジア域内交易圏」が再生された. 1960年代に入ると日本が借款などを通じて「東北アジア経済圏」および「東南アジア域内交易圏」に対して影響力を強め,「東アジア経済圏」を形成し始めたとされる. その過程において,戦前の排他的な「東北アジア交易圏」の日本植民地で軍需工業化が進展したこと,その一方で,戦後の開放的な「東北アジア経済圏」では対米国市場向けの民需品輸出産業が育成されたこと,工業化の担い手には戦前と戦後に変化があること,その変化には農地改革が影響していること,など様々な論点を提起している.

　こうした大胆な歴史像に対し,貿易構造の変化に関する詳細な研究として西川博史[1995]がある. 西川の整理によれば,1950年代前半の日本の貿易構造を

戦前と比較すると，旧植民地・中国との貿易の比重が大きく低下した一方で，米国の比重の上昇が目立った．東南アジア・南アジアが日本にとって原料供給基地になり始めたが，輸出入ともに貿易相手国の拡散化が生じた．その結果，北米・中東(ドル圏)と豪州(ポンド圏)からの輸入に依存しつつ，アジア市場(ポンド圏)に輸出していく構造が形成され，日本はドル圏・ポンド圏・オープンアカウント圏それぞれで収支バランスを図る必要があり，戦前から戦後にかけて東アジアの貿易構造に大きな変化が生じていたことが明らかにされている．

さらに堀和生は，戦前においては日本帝国主義の膨張が東アジアの貿易構造に大きな影響を与えていたことを強調して「アジア間貿易」論を批判したうえで，戦前から戦後にかけて韓国・台湾の貿易構造に生じた変化として以下の点を指摘している[堀和生 2009]．韓国は輸出が極めて低い水準にまで落ち込み，急増する輸入によって入超幅が大きく拡大し，1950年代後半の輸入総額に対する援助輸入額の比率は，台湾が38％であったのに対して，韓国は81％にも達していた[堀和生 2009：310頁]．また，1950年代前半台湾における輸出の80％以上は砂糖・米を中心とする農産物・農産加工品であったが，1950年代半ばから繊維製品などの工業製品の輸出が増加し始めた[堀和生 2009：312頁]．両地域ともに，終戦後に高かった最終消費財の輸入比率が1950年代半ばに急速に低下し，機械などの資本財や，中間財，素材・原料の輸入の比重が上昇した．こうした趨勢は，当時以前における他のアジア諸国・地域には見られなかった現象で，両地域において軽工業の生産が増加した反映と理解される[堀和生 2009：354-355頁]．総じて，1950年代の大幅な入超を米国援助で補いつつ，台湾においては1950年代末に繊維製品を中心とする軽工業製品の輸出比率が急増し，同様に韓国でも1960年代初頭にその比率が急増しており，ここに日本から機械など資本財を輸入し，米国に軽工業製品を輸出するパターンで，後に NICs・アジア NIEs と称される高成長の萌芽を見いだしている[堀和生 2009]．

堀和生[2009]で注目すべき点は，貿易構造を分析の焦点として米国援助の影響の大きさを明らかにしつつ，韓国・台湾での農地改革や旧日本資産の払下げに留意している点である．また，西川博史[1995]が所収される長岡新吉・西川博史編著[1995]にも中国・韓国・台湾の農地改革や旧日本資産払下げに関する論考のほか，韓国・台湾の経済復興と米国援助との関係を考察する論考が所収されている．これらから，東アジア経済の戦前から戦後への展開過程を考察す

前から戦後への展開過程を考察するうえで，これらの事象を抜きにして論じることができないという合意が経済史学界にあったようにみえる．

以上のように，東アジア経済の戦前・戦後を対象とする研究では，貿易構造の変化を分析対象とする研究が多いなかで，冷戦体制下における農地改革や米国援助がもたらした影響に注意が促されていた．貿易構造の変化には産業構造の変化が反映されるものと考えれば，産業構造の主要を占めた第一次産業における農地改革や，第二次産業における米国援助の利用は，貿易構造の変化に大きな影響をもたらしていたはずであり，その意味で，上記の先行研究で促された注意は正当といえよう．

2　韓国・台湾の農地改革と米国援助をめぐる論点

日本の農地改革は，農林省の積極的な自作農創設方針と GHQ の占領政策の下で行われたが，旧植民地であった韓国と台湾においても新たな統治主体の下で農地改革は実施された．両地域ともに地主の小作地を政府が買収した後に農民に年賦で分配され，農民にとって地価償還の負担は重かったものの，植民地期に根付いていた地主制はほぼ解体された．増産所得の大部分が増産費用を負担しない地主に帰属する地主制が崩壊したことの意義は，増産誘因をもたなかった小作農が，零細であったとはいえ，自作農に上昇したことにまずは求められよう．日本においてはこの意義が大きく，品種改良や化学肥料の普及などの要因も加わって，誘因に従って増産した農民の所得は増加し，農村に工業製品市場を創出して工業生産の拡大に寄与したといわれる．台湾の場合も，自作農に上昇した旧小作農の負担は重かったものの，誘因に従った増産は農民の購買力を増加させ，工業に国内市場を準備したと評価される［谷浦孝雄編 1988：52頁］．しかし，韓国の場合は異なっていた．1950 年代を通じて国内不足量を上回る米国余剰穀物が援助輸入されたために農産物価格が低く抑えられた結果，1950 年代の農民は高い税負担と低農産物価格とに挟撃され，農村市場の拡大は期待できなかった［服部民夫編 1987：46-47 頁］．この状況は基本的には 1960年代以降においても同様であり，低賃金による国際競争力の維持と，輸出指向工業化戦略を選択する一因になったともいわれる［服部民夫編 1987：46-47 頁］．以上の農地改革がもたらした国内市場への影響に関する両地域の対照性は，1人当たりの経済指標では常に台湾が韓国（朝鮮南部）を上回っていたこと，産業

構造高度化のタイミングにおいても台湾が先行すること，などといった松本俊郎[1989]が指摘した韓国・台湾の相違点と整合的である．

　また，地主制崩壊の意義としては，農業部門に滞留する資本を工業部門に誘導する契機となったことにも求められる．財産が土地として保有される地主制は，地主の資本蓄積が工業投資に向かわず，小作料や零細小作農への貸付利子に依存する傾向が強いからである．こうした意義を有する農地改革の実施には，当然ながら地主からの抵抗を招く．しかし，敗戦国の旧植民地であった韓国・台湾の場合，旧宗主国所有財産を接収して公有化したことにより，小作農へ売却する土地資源を新たな統治主体に保有させ，かつ，地主への補償財源をも獲得させたことから，農地改革に対する地主からの抵抗を緩和し得る好条件があったと推測される．この点に関連して留意すべきは，両地域において農地改革と旧日本資産の処分とが連動しつつ[堀和生 2009：348 頁]，内資形成の契機となったことである．そこでは，土地資本を工業資本へ誘導するうえで，旧日本資産が利用されたことになる．旧日本資産については，韓国では基本的にすべて民間に払い下げられたが，台湾では民間への払下げは一部にとどまり，その過半が公営企業の資産となった[堀和生 2009：348 頁]．韓国の帰属事業体払下げでは，地主に発行された地価証券での納入を認めていたが，朝鮮戦争の混乱で地価証券を安価で手放さざるを得なかった地主がほとんどであり，都市商人らが買い集めた地価証券を使用して帰属事業体の払下げを受けた[服部民夫編 1987：47-48 頁][朴燮 2013：23 頁]．1954 年以降に本格化した帰属事業体の払下げのほか，後述する米国援助物資の入手などは，政府高官との人的関係の有無が重要な意味を持ったといわれており，これらの機会を利用して「財閥」と称される企業グループが 10 余り形成された[服部民夫編 1987：49 頁]．台湾では旧日本資産が業種別に統合されて公営企業化されており，地主に対する地価補償の 3 割が公営 4 企業(セメント，紙業，工礦，農林)の株券によって行われた．そのうち，工礦，農林の 2 社は多くの中小規模事業から構成されており，旧地主層は中小企業経営者へ比較的順調に転換できたといわれている[谷浦孝雄 1988：11 頁]．以上の論点から，農地改革や旧日本資産払下げ過程といった脱植民地化過程の研究からも，大企業中心の韓国，中小企業中心の台湾といった戦後工業化の担い手の相違に論究し得ることが分かるが，その過程の詳細については未解明の部分が多い．

さて，韓国・台湾の戦後経済を主要な分析対象とする研究においても，農地改革・旧日本資産払下げとともに，米国援助は重要な事象として位置づけられている．米国援助が両地域における貿易赤字や財政赤字の多くを補填したことは容易に想像できるが，本章において重要な論点は両地域の工業化との関連である．韓国の工業化は1962年からの5カ年計画を契機に始まったという一般的理解があるが，自作農を増加させた農地改革，旧日本資産払下げを契機とする「財閥」など内資の形成，米国援助物資を利用した1950年代後半のいわゆる「三白」(紡織・製糖・製粉)工業化などは，1960年代以降の工業化の前提となった[服部民夫編1987：4-7頁]．この「三白」工業については，「植民地期の工業化の経験を継承したという性格が強い」という評価もある[安秉直・金洛年1997]．また，台湾の工業化についても1950年代末の輸出振興への政策転換が注目されることが多いが，農民所得を増加させると同時に稀少資本の土地還流を防いだ農地改革，旧日本資産を接収して成立した公営企業と旧地主層への払下げは，1950年代における内需向けの穏やかな工業化を可能にした条件であり[谷浦孝雄編1988：11-13頁]，1950年代は植民地期以来の主導産業であった製糖業に加えて，米国援助物資を利用した紡織業の成長が目立った．

　米国援助と韓国の工業化との関係については，紡織などの消費財を中心とした軽工業の成長が注目される．米国余剰農産物を入手・加工すれば容易に利益をあげられたため，韓国では米国援助輸入物資を利用して，前述の「三白」工業が成長した[服部民夫編1987：49-50頁]．「三白」工業のうち紡織業は，1950年代における製造業付加価値生産額の15-18%に達し，当時最大の割合を占める製造業であった[服部民夫編1987：50頁]．1954-61年における製造業の付加価値生産額の構成変化をみると，食料・飲料・タバコが45-50%と高く，繊維・衣服が20-30%と続き，これらで65-70%に達していた[服部民夫編1987：52頁]．韓国経済の復興を支えてきた米国援助は1957年がピークであり，1958年以降は無償援助が減少して借款が増加し始めたため，韓国経済の成長にブレーキがかかる．国内市場を基盤として成長の契機をつかみかけていた消費財製造業であったが，国民の過半を占める農民の購買力は小さく，都市の失業者も多く，結局は国内市場の狭隘を原因として消費財製造業の成長は鈍化した[服部民夫編1987：52頁]．以上の米国援助を利用した工業化の限界は，前述した農地改革の意義をめぐる論点とも関連していることが分かる．

台湾政府は「経済建設四年計画」を作成し，多額の米国援助資金を投入しつつ，電力業と化学肥料産業の設備拡充を図った．このいわゆる第 1 次経済建設 4 カ年計画(1953-56 年)では，旧日本資産を接収して成立した公営企業の台湾電力公司と台湾肥料公司に多くの資源が配分された．低廉な電力で製造された化学肥料(石灰窒素)は甘蔗作地に投入され，外貨節約効果だけでなく，外貨獲得産業である製糖業の復興に寄与した［湊照宏 2011：217 頁］．また，本計画で紡織業も重要産業に指定され，綿糸・綿織物生産量は急増した［笹本武治編 1965：60 頁］．植民地期にはなかった紡織業が台湾に確立される契機となったのは，上海紡織資本の台湾移駐と米国援助による棉花輸入であり，優遇為替レート，委託加工制度(「代紡代織制度」)といった政策措置を通じて生産量を拡大していった［谷浦孝雄編 1988：164 頁］．台湾人資本も紡織業に続々と参入し，紡績企業は日本から紡績機械を輸入しながら生産量を急増させ，戻し税制度などを利用して 1950 年代半ばから対香港・米国輸出量を増加させていった．

　以上から，両地域における米国援助を利用した経済復興・成長過程が異なるものであったことは明らかである．そもそも，製糖業という外貨獲得産業を有し，中国大陸から紡織資本が移駐した台湾と，有力な輸出商品がなかったうえに国土が分断されて朝鮮戦争で設備が破壊された韓国とでは，工業化への初期条件において大きな差があった．韓国は極端に物資が不足していたために，特定の大企業が輸入消費財を低賃金で加工して国内市場に供給することによって資本が蓄積され，輸入代替が進む形で国内産業が育成されて，後の輸出振興の基盤を準備した［笠井信幸 1996：49 頁］．こうした韓国の資本蓄積は，農業部門に頼ることのない工業部門のみにおける資本蓄積であり，台湾の農業余剰を工業部門に振り分けた資本蓄積とは異なっていた［笠井信幸 1996：49 頁］．韓国と台湾の異なった産業構造高度化への軌跡は，貿易構造の変化を主要な分析対象とする東アジア経済史研究からは把握し難い論点でもあった．

3　植民地遺産の産業史

　前節でみた産業構造高度化への軌跡において，植民地期の産業設備はどのように機能したのであろうか．こうした論点を含んだ産業史研究が 2000 年代に入って多くの成果を生み出している．このなかで，旧植民地地域における戦前と戦後を通じた産業設備としての連続性に留意しつつも，需要面における断絶

性を指摘する研究は多い．台湾の電力業については，北波道子[2003]が設備としての連続性を認めつつも，戦時にアルミニウム精錬業に優先供給されていた電力が，戦後になると化学肥料製造用に優先供給されるように変化したことを明らかにしている．台湾のソーダ産業を分析した湊照宏[2005b]も，戦後復興期の同産業は紡織品染色用といった民需産業として展開しており，もっぱらアルミニウム精錬用の軍需産業として勃興した戦時期のそれとは断絶性があった点を指摘している．

さらに，植民地遺産の生産力的な限界を指摘する研究も多い．中華民国や満洲国に芽生えた化学工業と中華人民共和国で発展した化学工業との関連を検討した田島俊雄[2003]は，中華民国期に成長した中国系企業の設備に加えて旧日系企業の設備が戦後における増産に寄与した点を認めつつ，旧設備の限界を中華民国期から蓄積された技術で補った点も指摘している．台湾電力業についても，植民地期からの設備のみでは電力不足を解決できず，1950年代半ばから援助資金を利用して米国への発注による大型火力発電所の導入が進み，1960年代に「水主火従」から「火主水従」に転換した過程を北波道子[2003]が明らかにしている．台湾セメント業を分析した湊照宏[2010a]によれば，1950年代初頭で旧日本資産を利用した増産には限界が生じており，米国援助資金を利用した新式設備の導入が必要となっていた．

以上のような植民地遺産を含む産業史研究では，分析対象がハード面からソフト面へと移行し，連続・断絶に関する議論の実証水準も高くなりつつある．鞍山の製鉄所を事例にした松本俊郎[2000]はその先駆けといえる．同書は「満洲国期の東北鉄鋼業が戦後の社会主義中国へ継承・非継承された過程」を具体的に追い，終戦後においては，ソ連軍支配期における工場設備の大量撤去，1946年4月以降の国民党支配期における資源委員会に属する中国人技術者と「留用」された日本人技術者との協力による復旧過程が記されている．さらには，1948年10月以降の共産党支配期における，日本人技術者と国民党系中国人技術者に加え，中国各地から集められた若手中国人技術者の参加によるソ連技術を積極的に活用した本格的再建が明らかにされている．

ほかにも，満洲における植民地遺産については，化学工業を分析した峰毅[2009]があり，同書は田島俊雄[2003]が中国化学工業の源流の1つとして指摘した「満洲国」ルートを具体的に分析している．同書では大連化学廠によるア

ンモニア・ソーダ生産再開(1951年)のほか，吉林化工廠のソ連援助を利用した第1次5カ年計画での再建，撫順における日本人「留用」技術者の協力によるオイルシェール設備の復興などが明らかにされている．また，新中国における窒素肥料の主力となる重炭酸アンモニアや，炭酸ナトリウムと塩化アンモニウムの併産といった，中国人技術者が開発した新技術を利用した小型工場が地方に分散した過程が記されている．これらから，植民地遺産に含まれた日本の技術，中華民国以来の中国の技術，新しいソ連の技術，といった複数の要素が植民地遺産の稼働に作用していたことが分かる．

韓国における植民地遺産の産業史研究としては林采成[2005]による朝鮮国鉄・韓国鉄道の分析がある．その連続性については，①日本人に代わる朝鮮人の大量採用，②膨大な資本投下による鉄道ネットワークの整備，③鉄道システムの地域分権的運営，の3点を挙げている．その一方で，①3年間の米軍指導下での朝鮮人職員のマネジメント能力や高度技術の習得，②労働組合の設立，③米国からの経営資源調達，④大陸鉄道としての性格喪失，の4点を断絶性として指摘したうえで，戦後における「動力のディーゼル化」を強調する[林采成 2005：260-261頁]．つまり，韓国鉄道業に基づく分析からは戦前と戦後の断絶性は強く，1960年代の経済成長は1950年代の経済復興という歴史的経路の線上にあることを主張している[林采成 2005：370頁]．

台湾における植民地遺産のソフト面に関する研究としては湊照宏[2005a]による電力業の分析がある．その内容は，植民地期においては，中小規模変電所の維持運転・配電業務にかかわる台湾人技術者は存在していたが，発電所・大規模変電所の維持運転，給電司令業務はもっぱら日本人技術者によってなされていた．終戦後に日本人技術者が抜けた穴は，台湾に派遣された国民党系中国人技術者によって埋められた．彼らは，欧米への留学で得た電気工学の知識を活かして抗日戦争期には，中国大陸で電気事業の経営を経験していた．また，植民地期には各現業組織を中心に台湾人技術者が層として存在しており，この両者の相互補完関係により，日本人「留用」者からの技術継承が円滑に行われ，台湾電力業の復興が可能になった．ここから，植民地遺産の稼働には，日本人上級技術者が抜ける穴を埋めた国民党系中国人技術者と，植民地期から層として存在していた台湾人中下級技術者の協力が必要であったことがうかがえる．国民党系中国人技術者については，台湾造船業を分析した洪紹洋[2011]も，旧

日本資産の接収時には四川省巴県の資蜀鋼鉄廠と雲南省昆明の中央機器廠の技術者が中心であったこと，設立時台船公司の上級職員には交通大学・同済大学出身の留学経験者が多かったことに注目している．加えて，台船公司は米国援助資金を利用して米国・日本・西独に技術者を派遣し，先進国の造船技術の習得を図っていたという同書第2章の指摘も，植民地遺産である産業設備を稼働させ得る技術の重要性を示していよう．

　以上の先行研究には，植民地遺産である産業設備の接収は，資本供給の不足を軽減させる以上の意味を持ち，産業設備に付随する「留用」日本人技術者が，新しい技術（米国・ソ連の技術）を導入して定着させるうえで重要な役割を担ったことが示されている．この点については，「留用」日本人技術者が早期に帰国した資本主義諸国と，相対的に「留用」期間が長かった共産主義諸国との相違について今後さらに検討すべきであろう．また，先行研究からは，植民地期以来の現地技術者の存在を前提として，満洲・台湾の場合は中華民国期以来の中国人技術者が植民地遺産の稼働に果たした役割は少なくなかったことも分かる．この点については，中国における国共内戦の展開に留意すべきである．台湾電力業の復興に関与する国民党系中国人技術者に関しては，本来は中国東北部に派遣される予定であった者が少なくなかったようであり［湊照宏 2005a］，国共内戦の展開が国民党系中国人技術者の地勢的配置に影響し，その配置が各地域の経済復興の速度に影響した可能性がある．このほか，ソーダ産業に関する設計図が台湾から中国東北部に提供されたという事例から分かるように［峰毅 2009：136頁］，国民党支配地域においては同一産業設備に関する技術の情報が共有されていた可能性もある．こうした植民地遺産に関する技術情報が国共両政権の支配地域によって差があったのかどうか，あるいは国民党支配から共産党支配に変わっても技術情報は蓄積されたのかどうかといった問題も，今後検討されるべき論点であろう．

おわりに

　本章第1節で確認したように，東アジア経済の戦前から戦後にかけての展開過程を分析対象とする先行研究の多くは貿易構造の変化を論じるものであったが，その際には冷戦体制下における農地改革や米国援助の影響に注意が促されてきた．

第2節でみたように，韓国・台湾を分析対象とする先行研究においては，農地改革は台湾では国内市場を拡大して工業部門の成長を導いていたが，韓国では国内市場の拡大に寄与しなかったという対照性が指摘されている．とはいえ，地主制を崩壊させた農地改革は，農地に滞留していた資本を工業投資へ向かう経路を形成したという意味で，両地域に共通して工業化を準備した条件の1つとなったと理解され得る．そのうえで両地域は米国援助を利用しつつ，繊維製品輸出による経済成長の基盤を形成した．しかし，この貿易構造に現れる共通点に至るまでの軌跡は韓国・台湾で異なっており，本章で依拠した先行研究から，旧日本資産払下げをともなう農地改革や米国援助が作用して生じた相違点であったといえる．韓国・台湾の先行研究は，東アジア各国・地域の産業構造における第一次産業や第二次産業で生じた大きなインパクトが，東アジア全体の貿易構造の変化につながった事例を示しているのかもしれない．

　植民地研究として注目すべき点は，韓国・台湾における農地改革や旧日本資産の払下げにともなう内資の形成自体が，両地域における旧植民地的要素を薄める過程であったことである．この脱植民地化過程は，植民地研究の主要な検討対象としてあるべきだが，植民地研究者の関心は薄いといわざるを得ない．第3節でみたように，植民地遺産である産業設備を稼働させる技術の習得も脱植民地化過程として重要な論点であり，今後は松本武祝[2008]のような水利施設などを稼働させる水利組合や農会といった組織の戦前・戦後に関する研究も増えれば，植民地遺産に関する研究はさらに厚みを増していくであろう．

　また，米国援助の重要性など冷戦体制への注目が促されたにもかかわらず，松本俊郎[2000]や峰毅[2009]による中国東北部に関する研究はあるものの，共産主義圏に対するソ連援助に関する研究成果の蓄積は十分ではない．たとえば，朝鮮戦争勃発を契機とする米国の対韓国・台湾援助の強化は当然ながら先行研究の分析対象に入っているものの，人民解放軍の参戦は中国東北部の兵站基地化を不可避としたはずであるが，資料の制約からか，それに関する記述は先行研究にほとんど見受けられない．国共内戦や朝鮮戦争の影響を時系列に整理しつつ，資本主義諸国のみではなく，共産主義諸国におけるソ連からの援助も視野に入れた産業構造の変化や，それにともなう貿易構造の変化を明らかにしなければ，戦前から戦後にかけての東アジア経済を分析対象とする研究は完結しないであろう．

第Ⅱ部
植民地の社会と文化

第10章
ジェンダー・セクシュアリティ

金 富 子

はじめに

　東西冷戦の終結後，日本の植民地支配と侵略戦争に関わって日本軍「慰安婦」問題が世界的な解決課題として浮上した1990年代は，ジェンダー概念が日本社会に普及した時期と重なる．植民地研究でもジェンダーやセクシュアリティをテーマにした個別研究が進んだが，あまり注目されてこなかった．日本植民地研究会編［2008］でもほぼ言及はない．カナダ日系移民を研究する山田千香子は，従来の移民研究で「登場人物は男性であり，男性の生活が描かれ，男性によって解釈されたカナダ日系移民史」であり，女性を扱う場合は配偶者や被扶養者としてのアプローチが主だと述べた［山田千香子 2011：106-107頁］が，植民地に移民した日本人や，被支配諸民族（以下，植民地民衆）に関する植民地研究にも当てはまる．

　ただし日本人の場合，女性は男性移民の家族としてだけ渡航したわけではない．初期移民当初から世界各地に移動した「からゆきさん」（日本人売春女性）は，近代日本の移民現象を特徴づける［岡部牧夫 2002］が，人身売買の被害者だったことは見逃せない．帝国の膨張と日本軍・植民者の増加に伴い，近代日本の公娼制を含む家父長的な諸制度が植民地に持ちこまれ，当該社会に影響を与えた．これらは「慰安婦」制度，引揚時の性暴力の歴史的な背景になった．

　植民者／植民地民衆の植民地経験が違うように，男性／女性の経験も同じではない．男性に比べ女性に関する史資料は相対的に少ないが，特筆すべきはオーラル・ヒストリー（以下，口述史）が研究の発展に大きく寄与したことだ．

　本章では，ジェンダーを社会構築的性別概念，セクシュアリティを「性的」とされる事象と定義し，朝鮮を中心に台湾・満洲を含めて，まずジェンダーの視点から植民地の日本人社会と教育制度を，次にセクシュアリティの視点から植民地の公娼制，「慰安婦」徴集と植民地社会，日本人引揚女性への性暴力に

焦点をあてて，日本における特徴的な研究をとりあげたい．

1　植民地社会とジェンダー

(1) 植民地の日本人社会とジェンダー——「日本人としての特権」と近代家族

　日本人初期移民の例に漏れず，朝鮮でも単身男性が多数を占め，売春女性も多かった．韓国併合(1910年)時の在留日本人数は，男性約9万2000人／女性約7万8000人と男性過剰だった(軍人除く)．職業別(本業)では男性(約5万8000人)が商業27.4%，雑業21.3%，官吏＋公吏16.3%の順だったが，女性(約8500人)は「芸娼妓酌婦」48.2%(約4100人)だった(雑業17.9%，商業12.8%．『朝鮮総督府統計年報』1910年度版)．初期在朝日本人社会がいかに買春に依拠したかがわかる．その後，こうした不均衡は，女性の参入と家族形成により解消に向かった．1930年の職業構成は，女性が無業80.5%，商業(接客業含む)10.1%，男性は無業36.7%，公務自由業23.2%，工業13.1%と変化した[広瀬玲子 2014]．

　日本人女性は「家」制度に象徴される家父長的ジェンダー秩序のなかで無権利だったが，植民地では「日本人としての特権」を享受できる立場にいた．彼女たちは「特権」にどう対応したのか．

　「特権」を拒否した女性に，アナーキストとして知られ，朝鮮人アナーキスト朴烈とともに関東大震災後に無実の「大逆事件」で逮捕され23歳で獄死した金子文子(1903-26)がいた．山田昭次[1996]は，金子の反天皇制の思想と生涯の背景に，9歳で朝鮮に渡り朝鮮人がおかれた悲惨な状況に胸を痛め，三・一運動を目撃して感動を胸に刻んだ植民地経験があったことを明らかにした．

　しかし，その多くは「特権」を意識／無意識に享受した．広瀬玲子[2014]は，1世として植民地高官の夫人や主婦が行った官製の「愛国婦人会」の活動，2世として朝鮮一のエリート女学校である京城第一公立高等女学生16人の植民地経験の分析を通じて，植民地主義解体の可能性を考察した．広瀬は，後者の2世たちが朝鮮にいながら朝鮮人との接点がなく，あっても使用人ばかりで，朝鮮料理を食せず，にもかかわらず支配者としての自覚がなかったが，帝国崩壊後に日本に引き揚げ戦後を生きるなかで，内なる植民地主義を自覚・解体する次の5つのタイプがあるとした．①森崎和江に代表される「自己否定」のうちに「自己再生」を見いだすタイプ，②内面に葛藤を抱えて生きるタイプ，③日本と旧植民地の関係に関心を寄せるタイプ，④感性レベルで反省するタイプ，

⑤居心地の悪さを感じつつ、しかたなかったとするタイプだ。これらはどこまで普遍性をもつだろうか。

さて、満洲国への女性移民は、朝鮮に比べ明らかに国策として行われた。「大陸の花嫁」である。そもそも北部満洲には 19 世紀末から「からゆきさん」が多かったが、主に中国人が顧客だった［倉橋正直 2000］。日露戦争を機に関東州に公娼制が導入され、在留日本人の半数を芸娼妓が占めた［藤永壯 1998］。ところが、満洲国建国後に農業移民が本格的にはじまり、1934 年 9 月には第 1 次武装農業移民団の「大陸の花嫁」30 名が弥栄村に入植した。初渡航の「花嫁」だった。その後の「満洲ブーム」到来で「渡満」男性が増加し、1940 年代に満蒙開拓青少年義勇軍が主流になり、「花嫁」の需要も拡大した。

なぜ彼女たちは「大陸の花嫁」になったのか。古久保さくら［2003］は、これを「近代家族」論として読み解いた。この政策の推進者東宮鉄男（とうみやかねお）は自作の詩で夫の帰りを待つ妻を喧伝し、当時のマスメディア（『家の光』『主婦之友』）も「楽」な暮らしぶりや育児中心、夫婦仲のよさを宣伝した。農村の過重労働と「嫁」の重圧から逃れたい女性にとって、夫婦と子ども中心の家庭で妻母役割を担い、情愛に満ちて描かれた満洲農業移民家族像は魅力的にアピールした。まさに「近代家族」像である。しかし、現実は過重労働だった。

「大陸の花嫁」とは、マクロ的には中国東北侵略を背景にした「国策花嫁」だが、個人の動機には経済的要因（貧困からの脱出）、文化的要因（あこがれや好奇心）、家庭的要因（縁故関係）や社会的要因（愛国心や「女でもお国の役にたてる」）などが輻輳した［陳野守正 1992］［相庭和彦ほか 1996］。国家的な任務として生殖（＝民族の再生産）が求められ、出産ブームが起こった。皮肉にも、子だくさんは日本敗戦後の逃避行の困難に結びついた。

(2) 植民地教育とジェンダー──就学／不就学という教育経験

植民地の日本人社会で家族形成が進み 2 世が増えると、学校教育が重要になる。金富子（キムプジャ）は、民族・階級・ジェンダーの視点から朝鮮の植民地初等教育の構築過程を明らかにし［金富子 2005, 2011a］、台湾・朝鮮・満洲などの植民地教育への包括的な検討を試みた［金富子 2011b］。

まず、植民地では初等教育機関が民族別に異なる別学制で、名称・修業年限・就学政策・教育内容に差異があった。日本人児童はどこに居住しても、

「内地」と同じ「小学校」に就学した．しかし植民地児童はそうではなく，学校名称も異なった．台湾では漢民族に「公学校」，先住民に「蕃童教育所」の2系統があった．朝鮮では「普通学校」，「満洲国」では「国民学校」と呼ばれた．1938年に日本・朝鮮で「小学校」，1941年に日本・朝鮮・台湾で「国民学校」となった(満洲国では同名称)が，別学原則は続いた．

　第2に，宗主国日本と異なり，朝鮮・台湾では初等教育機関への授業料非徴収の義務教育制は施行されず(台湾は1943年に義務教育制実施)，授業料が徴収された(台湾の蕃童教育所を除く)．

　以上の民族別学制，義務教育不実施，民族別就学政策は何をもたらしたのか．義務教育制並みに男女「皆学」だった日本人児童に比べ，植民地児童には階層／ジェンダー間で就学格差が生じた．後者は高額授業料のため就学できる階層が限られ，貧困層は就学が困難だった．女子の場合は，学校教育に消極的・否定的なジェンダー規範が重なり，就学率はさらに低かった．公学校・普通学校とは，男性優位にジェンダー化された教育空間だったのである．

　それでも1930年代には，植民地児童の就学が急増した．台湾では公学校の就学率(1935年)が40%(男56.8%，女25.1%)を超え，朝鮮の普通学校(1936年)では25%(男40.0%，女11.4%)を超えた．共通するのは，女子の就学率が急増しても，男子よりも著しく低いことだった．日中全面戦争後の皇民化教育期に就学率は急増するが，植民地最末期でも台湾人3人に1人，朝鮮人2人に1人が「不就学」であった．とくに朝鮮人女性は「常態的な不就学」におかれた［金富子 2005, 2011b］．

　また朝鮮の場合，時期によって「植民地体制が必要とする人間像」に差異があり，皇民化教育期以前は植民地男性農民／良妻賢母の育成，皇民化教育期には植民地皇軍兵士／皇国女性がめざされた［金富子 2011a］．日本国家への忠誠心を植えつけた皇民化教育の影響により，勤労挺身隊に「志願」した朝鮮人少女もいた．山田昭次は，37人の口述史等をつかって，皇民化教育を受けた朝鮮人女子が「志願」や実利的理由により日本の軍需工場に行き勤労挺身隊として働いたものの，空腹や民族的な差別待遇，賃金不払いに苦しんだ実態を明らかにした［山田昭次 2005］．就学／不就学をめぐる植民地教育経験でも，民族・階級とともにジェンダーの差異は顕著だった．

2 植民地社会とセクシュアリティ

(1) 植民地公娼制と日本軍

　日本の植民地都市を特徴づけたのは，神社と遊廓だった[橋谷弘 2004]．日本から植民地に移植された公娼制の研究は，1990年代から日本や韓国，台湾で活発になった．共通するのは，植民地からの「慰安婦」大量徴集を可能にした歴史的前提として，植民地公娼制の実態を解明しようとしたことだ([藤永壮 2005a]など)．日本の公娼制，植民地公娼制，日本軍「慰安婦」制度は密接に関係しあうが，軍との関係や3者の異同が焦点になった．

　台湾の公娼制は，日清戦争後におきた抗日ゲリラとの台湾征服戦争のなかで，動員された日本軍の性欲解消の名目や性病蔓延防止策として要請された．1896年4月の民政移行後に多くの日本人売春女性が台湾に渡ると，6月に「貸座敷並娼妓取締規則」を制定し，台北での日本人遊廓の設置をみとめ，娼妓の性病検診を義務づけた．台北以外でも次々と公娼制が導入され，1906年に全島的に「貸座敷及娼妓取締規則標準」が成立した．娼妓の下限年齢は16歳以上(1906年以降)で日本より低い[藤永壮 2005b][張暁旻 2008]．

　朝鮮の公娼制を先駆的・体系的に研究したのは，宋連玉(ソンヨノク)である．まず，宋は「貸座敷娼妓取締規則」(1916年)とその特徴(娼妓の下限年齢の若さ，人身拘束の強さなど)，公娼(日本人・朝鮮人)や買春客(主に日本人)，紹介業者の実態を明らかにした[宋連玉 1994]．次に宋が向かったのは，その移植過程の研究である．朝鮮開港(1876年)により日本人居留地から始まった日本人向け売春業が，日清戦争の後に貸座敷(遊廓)は「特別料理店」に，娼妓は「芸妓」などに名を変えた．日露戦争で日本駐留部隊が大規模化すると，軍事的要衝地のソウルや平壌などで管理売春を公認し，性病検査の徹底化をはかる「軍事占領下公娼制」が進められ，朝鮮人女性も組み込まれた．初期から軍慰安所的遊廓が存在したことも指摘した[宋連玉 2010]．実態的に「慰安婦」制度と変わらない軍隊買春管理制度が導入されたのである．宋の研究の背景には，日本軍「慰安婦」制度が生まれたとされる「15年戦争」観は，日清・日露戦争による台湾・朝鮮への植民地支配の歴史(=「50年戦争」)を見落とすこと，さらに「慰安婦」が日本軍性奴隷であったように「公娼」は近代国家の性奴隷なので両者の線引きは難しいという問題意識がある[宋連玉 2000]．その場合，朝鮮軍各部隊がおかれた軍事都

市と遊廓との関係が問われるが，本格的な研究はこれからだ（[宋連玉・金栄編著 2010]など）．

　藤永壯は，公娼制が東アジアに移植・展開する過程から植民地からの「慰安婦」動員が可能になった諸要因を明らかにしようとした．とくに，日露戦争で戦場となった満洲では，戦時の日本軍による「買売春」管理を起点に，関東州に日本の公娼制の法的枠組みが移植され，満鉄沿線地域の日本人居留地域に拡散・確立した．1909年に日本人娼妓を「対外関係を考慮」し酌婦と言い換えたが，中国人を娼妓として管理する欺瞞策を行った．制度確立後の1910年代半ば，朝鮮から関東州に「売春婦」が送り込まれた．注目すべきは，日露戦時の日本軍が日本人や中国人に性病検査などの「売春婦」管理を行い，料金設定や切符制など運営に関与したことだ．軍人専用「売春宿」が出現した地域もあり，その発想と方法は日本軍「慰安婦」制度のプロトタイプと言うべきとした[藤永壯1998]．一方，朝鮮では1910年代の植民地公娼制の確立過程で，従来の朝鮮人接客業が「芸妓」「娼妓」「酌婦」という日本の基準で再編されたことで，朝鮮社会に性風俗管理や女性売買，性風俗意識の面での「日本化」が加速化され，満洲など朝鮮外に移動する現象がはじまった[藤永壯2004]．こうして日本の公娼制が東アジア各地（台湾，朝鮮，満洲，樺太，上海など中国本土）に広がった1920年代半ばに，植民地支配が生み出した風俗産業による詐欺的女性売買ルートが組織化・大規模化し，満洲事変後に朝鮮人女性の「慰安婦」動員を準備したのである[藤永壯2000, 2005a]．

　公娼制移植により朝鮮社会に出現した接客業は，1920年代に日本「内地」にも逆流した．炭坑地帯を中心とした北海道もその一つだ．西田秀子[2003]の研究を引き継いだ金優綺[2016]によれば，1930年代に道庁警察部は「朝鮮料理店」の組織化と朝鮮人接客女性の性病検査を通じて性管理に乗り出し，これを背景に1939年以降，北海道炭坑鉱業会は朝鮮人労働者の使役のため「朝鮮料理店」設置を求め，道庁は炭坑地帯への「朝鮮料理店」移設方針で呼応した．これを機に，1940-41年に道内に北炭など企業が「慰安所」を次々と開設した．

　日本の公娼制は，台湾には日清戦争，朝鮮，満洲など「帝国」全域には日露戦争による日本軍の常駐化をきっかけに，まず当該地の日本軍・日本人社会向けに移植され，日本の支配確立後は台湾人・朝鮮人・中国人も組み込んでいった．娼妓の年齢制限は台湾16歳以上，朝鮮・関東州17歳以上と日本「内地」

より1-2歳若いなど規制がゆるく，売春業者や若年女性を引き込む要因となった．日本人自治機関の財源にもなった点も重要だ．さらに，現地社会の性慣行に「日本式」を浸透させ，東アジアにまたがる女性売買ルートをつくったことが，次にみる「慰安婦」制度での植民地女性徴集の土台になった．

(2) 戦時性暴力と植民地主義

①朝鮮人「慰安婦」の徴集　日本軍「慰安婦」制度については，1990年代から韓国などアジア各国の被害女性の名乗り出をきっかけに，数多くの証言や公文書発掘などに基づく研究が飛躍的に進み，全体像がかなり解明された[吉見義明1995][林博史2015]．陸軍慰安所とは軍が設置した兵站付属施設であることも実証された[永井和2007]．「慰安婦」は慰安所で性行為を常態的に強制された性奴隷であるとともに，「慰安婦」制度の創設・管理・運営を行った日本軍の責任が明らかになった．しかし，「新しい歴史教科書をつくる会」発足(1997年)により歴史修正主義が本格的に登場して，「慰安婦は商行為」「強制連行はなかった」「慰安婦の証言は嘘」等の主張が日本社会を席巻した．攻撃のターゲットは，主に朝鮮人「慰安婦」とその証言だった．ここでは焦点となった彼女たちの証言，「慰安婦」徴集と朝鮮社会との関係性について，「挺身隊」にも注目しながら見てみよう．

韓国では「慰安婦」被害者の口述史は，1990年代初めから手探りで始まった．台湾[朱徳蘭2005]と異なり，徴集に関わった朝鮮総督府関連資料は未発掘だ(焼却の可能性が高い)．こうした資料的制約のなか，韓国の運動・研究団体により被害当事者への聞き書きが方法論を変えながら行われた．女性史研究者が集まった韓国挺身隊研究会(現・研究所，1990年7月結成)と韓国挺身隊問題対策協議会(同年11月)等は，1993年から2004年まで韓国在住者6冊，中国在住者2冊，合計8冊，総計102人の『証言集』を編集・刊行した．被害女性のほとんどは植民地下で貧困・没落家庭に生まれたが，植民地権力が残した公文書・統計類や民族紙・誌などにその記録は登場しない．大多数の女性が学校就学から疎外され文字資料を自ら残せないため，口述史は彼女たちの「記憶」を歴史資料化する第一義的な方法となった．『証言集』は，戦場の多様な性暴力だけでなく，その前史としての植民地下の家族・地域の日常，植民地解放後もつづく性被害ゆえの厳しい生活の実相が具体的に語られた貴重な口述資料だ[金富

子 2010］．その一部は，日本語に翻訳されている（［アクティブ・ミュージアム「女たちの戦争と平和資料館」編 2006-2010］など）．

尹　明　淑[2003]は，朝鮮人「慰安婦」の徴集形態に軍人や警察の拉致より就業詐欺や人身売買が多かったことから，その経済的・社会的要因に関して史資料や被害女性（上記証言集 3 冊 43 人と日本在住者）の証言を使って徴集の実態を体系的に明らかにした．尹によれば，「慰安婦」徴集の特徴は，①官憲の「介入」，②警察による「詐欺・強制」の事例，③民間人徴集業者による戦時体制下の民衆心理の利用，④日本軍の慰問団「応募」，⑤結果的に「慰安婦」徴集につながった女子挺身隊「志願」があった．とくに③に関して，当時の朝鮮社会では未婚女性の動員を表現した「処女供出」，女性動員を含む人的動員を指す「挺身隊」という言葉がうまれた．朝鮮民衆は，未婚女性の動員に強い不安感や反感をもち，「処女供出」や「挺身隊」は「徴用」と同義語だった．こうした記憶が解放後の韓国社会に生き残り，1990 年代に入っても「挺身隊」は「慰安婦」と同義語として認識された．両者の混同は，現在でも日本の歴史修正主義者から恰好の攻撃材料に使われるが，重要なのは植民地下の朝鮮民衆がそのように認識せざるをえないような徴集の実態があったことだ．

朝鮮社会に「挺身隊」という用語が広がったのは 1940 年代だが，それ以前はどうだったのか．藤永壮[2013]は，日中全面戦争後の数年間に朝鮮で流布した女性動員に関する「流言」を分析した．こうした流言は当局の取締りや処罰の対象になったため，公文書資料として残った．軍や戦地に関係する女性動員「流言」がはじめて出現したのは，1938 年 3 月初の朝鮮南部の慶尚北道だった．同年 3 月末には軍人との性的慰安に関する内容が加わり，次々と朝鮮各地へと広がった．「慰安婦」募集が本格化する時期に一致する．同年春～秋に広がった「流言」の特徴は，①動員対象は若年の未婚女性・寡婦に限定，②動員目的は軍「奉仕」で，炊事など将兵の世話，血液・体液の活用（輸血や燃料用），性的慰安，③既婚者は対象外なので未婚女性が結婚を急いでいること，④警察・区長・憲兵など権力機関が女性を調査あるいは動員した主体だったことだ．「流言」処罰者（1939 年）には，実際に「慰安婦」にされた朝鮮人女性もいた．彼女の場合，最前線の「慰安婦」が「軍人トトモニ戦争ニ参加」し「実ニ危険」と述べた発言は処罰されたが，南京の皇軍慰安所で 1 年半の間「一日 70 名位」を相手にして身体が衰弱したと陳述した部分は，処罰されなかった．当

局も事実と認めたからだ.

　言論が封殺され抵抗が許されない植民地朝鮮で 1938 年春～39 年頃に広がった朝鮮民衆の「流言」には，戦場への「軍人との性的関係」を含む女性動員や「慰安婦」の実態がある程度反映されたと推測しうる．1940 年前後に「挺身隊」という労働動員を示す用語が登場し，これらを背景に徐々に女性動員を示す用語として普及した．「挺身隊という名で慰安婦にされた」とは，植民地朝鮮での「慰安婦」徴集時に行われた「就業詐欺」の一形態＝誘拐であり，朝鮮民衆側からみた一定の実態の反映だった［金富子・板垣竜太 2015］．その徴集方法は，日本人「慰安婦」と大きく異なったのである．

② 日本人引揚女性への性暴力　1945 年 8 月，日本の敗戦により植民地帝国は崩壊した．中国東北や朝鮮半島から日本人が引き揚げるなかで，侵攻したソ連兵や現地住民による略奪，暴行，性暴力が頻発した．自治組織の日本人男性幹部がソ連兵と交渉して，女性を接待と称して差し出し，接待所をつくったりした．妊娠したり，性病に感染した女性たちがいた．古久保さくら［1999］は，こうした性暴力経験について戦後に誰が何を語り／誰がなぜ語らなかったかという非対称性を考察した．すなわち，被害者でない人々による「犠牲者像」の語りが，敗戦「国民」と女性全体を無力に客体化した記憶の共同体をつくる一方，被害女性にとっては，語る行為自体が無力に客体化された「犠牲者像」と齟齬をきたすため，語れなかったと分析した．

　猪股祐介［2013］は，開拓団の男性幹部がソ連兵らに女性を差し出したことを当事者の語りをもとに明らかにし，日本人男性による隠された性暴力も明らかにした．後者は「日本人＝被害者」表象に亀裂を入れる不都合な存在だ．また「開拓団により一箇所に集められ，将兵（ソ連兵・義勇軍）に対する性的な行為を強いられた女性」を「慰安婦」と捉えられる（267 頁）として，「慰安婦」概念の拡大を提唱した．

　この提唱に介入したのが山本めゆ［2015］である．山本は「開拓」という国策を背負った日本人女性を「慰安婦」に組み込む提唱は，「慰安婦」を戦時性暴力被害者という普遍主義に還元させ，「旧植民地・占領地の被害者や支援者が心血を注いできた運動への便乗あるいは領有」になりかねないと批判した（52頁）．そのうえで，植民地主義という変数を重視する場合，比較参照すべきはカワシマ・ワトキンズ［2013］とラフ＝オハーン［1999］だとした．前者は父が満

鉄職員であり11歳で敗戦を朝鮮半島で迎え京都に帰還するまでの日本人少女の「フィクション化された自伝」(原文英語)，後者はオランダ領東インドで生まれ日本軍「慰安婦」にされたオランダ人女性の「自伝」だ．前者は，1986年に米国で発表後に中学校の英語教材になったが，日本人少女が朝鮮人に強かんされたとの語りが問題視され，2006年頃から米国で拒否運動が広がった．韓国では2005年に「反戦・平和小説」として翻訳・紹介されたが，米国での論争が伝わると読まれ方が一変し，版元は発売を中止した．一方，日本では，こうした経緯を受けて2013年に翻訳・出版された．山本は，同書の特徴は「「反戦」を基底にしながらも植民地支配に関する認識が欠如」しており，日本側の反応も同様だとした［山本めゆ 2015：54, 53頁］．その上で植民地主義の彼我に基づき朝鮮人／オランダ人の元「慰安婦」の痛苦を序列化すべきでないように，「引揚女性」の性暴力経験も下位に置かれるべきではなく「序列化を慎重に回避していく構え」を提唱した［山本めゆ 2015：55頁］．

　一方，福岡県の引揚港近くに設置された二日市保養所は，性暴力を受けた日本人女性の人工妊娠中絶や性病治療を行った施設だ．この施設での旧京城帝国大学関係者の活動は，医師や看護婦の手記や証言により明らかにされ，最近テレビで放映された［NHK 2010］［NNN 2016］．坪田＝中西美貴［2013］は，この施設をめぐる被害当事者の「声の不在」を問題化し，人工中絶で生まれなかった子どもに関して，日本社会が「父が誰であれ，母が日本人であるならば，なぜそれが受け入れられなかったのか」(284-285頁)と自問した．異民族男性による性暴力の子を受け入れたムスリム共同体を例に出しながら，母の属性より父の属性に関心が払われ「敵の子」とされたことで，女性や子に沈黙を強いるだけでなく，中絶によって「性暴力を振るわれるような事態を引き起こした植民地統治時代についても，なかったこと」(288頁)にしてしまう，家父長的で帝国の記憶をかき消した戦後日本社会のあり方を問題提起した．

おわりに

　1990年代に現れた元「慰安婦」の証言は，研究を動機づけ，植民地公娼制を含むジェンダー・セクシュアリティに関する豊かな研究成果を生み出した．しかし2010年代には，これらの研究成果を否定する朴裕河［2014］が登場した．同書が日本軍の責任を軽視し，朝鮮人「慰安婦」について日本軍兵士とは「同

志的関係」「協力者」と述べたことに対して，多様性やエイジェンシーの点から評価する研究者（[上野千鶴子 2017]など）と，学問的手続きの杜撰さを厳しく指摘する研究者（[金富子・板垣竜太 2015][鄭栄桓 2016a]など）の間で論争になった．紙幅の関係でエイジェンシーに限って見てみよう．

　上野千鶴子[2017]は「女性史にとっては，「歴史に女性のエイジェンシーを回復する」は必須の課題」(250頁)などと述べ，同書を高く評価した．しかし，上野がエイジェンシーを「自発性」と同義語的に使って，協力や恋愛に限って強調するのは，一面的だ．たとえば，抵抗・非同調・サボタージュ，拒否，逃亡・脱出，自死をも含む多様性があったからだ．しかし，上野はこうした部分には無関心だ．最近，満洲引揚げ時の性暴力に関して，被害女性の語りによってソ連兵への性接待を強いられた岐阜県黒川村開拓団の事例が放映された[NHK 2017]．開拓団や肉親の生死がかかるなかで，女性が性接待を申し出たとして，この言動をエイジェンシーと呼んでいいのだろうか．上野が「「自発性」も，圧倒的な構造的暴力のもとで強制された」[上野千鶴子 2017：254頁]と言うなら，「自発性」という言葉を使う必要があるのか．それ自体が被害女性への暴力になるのではないか．

　帝国の支配のなかでジェンダー化された植民地／戦争経験を，歴史的な文脈のなかで個別具体的かつ慎重に考察する必要があるだろう．

第11章
労働

都留俊太郎

はじめに

　今日，長引く不況とともに，高度経済成長やアジアNIEsの経済発展もまた遠い過去の出来事と感じられるなかで，社会経済史の新たな描き方が模索されているように思われる．古典的テーマというべき労働もまた，あらためて見直され，再論されようとしている論点の1つである．本章では，1980年代後半以降に提起された主要な争点を概観することで，今後，労働史研究をさらに深

めていくための見取り図を提供する．

　植民地労働史の先行研究をふりかえると，1980 年代後半頃から今日の学界の議論と直截に連続するような成果が提出されていることに気付く．むろんそれ以前の成果もまた現在の研究の展開の前提として重要ではあるのだが，その間に断絶があることもまた否定できないだろう．帝国主義論から出発したかつての研究においては，日本帝国・日本資本による低廉な植民地労働力の搾取と，戦時期のいわゆる「強制連行」に代表される政治的動員に焦点が合わせられた．しかし，1980 年代後半以降，マルクス主義経済学の衰退，植民地研究全体の隆盛などを背景として，この 2 つのテーマへの関心の集中は解消され，労働史では新たな議論が展開されてきた．そうした近年の成果を，本章では労働者の熟練化，社会史・文化研究，労務管理，性労働の 4 つのテーマに分けて紹介する．

1　熟練化する労働者

　日本帝国の植民地における労働構造に対する基本的な理解として，統治者である日本人が技術者・熟練工を主に構成する一方で，非熟練工・自由労働者の大部分を被統治者が占めるという図式がある．たとえば，1975 年に刊行され帝国主義史研究の 1 つの到達点となっている小林英夫［1975：299 頁］では，「「物」も「人」も日本から送らなければ工業らしい工業が構築し得ない植民地で，工業構築をおこない利潤をあげるためには，日本からの機械と熟練労働力供給に植民地不熟練労働力を結合させることが必要だった」と論じられている．しかし，韓国の急速な経済成長の背景の 1 つを日本植民地期の朝鮮人労働者の技能形成に求める，C. モスコビッチ［1986］，G. サクソンハウス［1981］らアメリカの経済史研究者によって，こうした理解に対して 1980 年頃から疑問が呈された．そして，植民地的労働構造と朝鮮人労働者の熟練化の双方に目配りして実証的に分析を進めたのが，安秉直の研究［1988, 1990］であった．本節では，安の議論を中心に検討しよう．

　安秉直の所論は安秉直［1988］において本格的な展開をみた．安は論文の課題として，植民地朝鮮において「近代的労働者」といえる「工場労働者」の増加について，朝鮮人がどの程度の割合で寄与していたか，また「朝鮮人労働者は質的に成長しつつあったのか」という問いを設定し，朝鮮工業化の中心的な担

い手であった日本窒素肥料株式会社を主な事例として検討を行った．まず朝鮮人労働者が単純労働のみならず機械化が進んだ業務部署にも一定の比率で配置されていたこと，またその中でも雑用ばかりを担当していたわけではなく，技術と熟練を蓄積できる立場にあったことが指摘される．さらに，日窒の『工員数月報』をもとにした職役・職級に関する考察から，役付工員のほとんどを日本人が独占していたものの，上等工員と一等工員では朝鮮人工員との競合がみられ，二等工員以下の多くは朝鮮人工員により構成されていたことが明らかとなる．一連の検討を通じて，熟練工たる日本人と非熟練工たる朝鮮人という植民地特有の労働構造が維持されたのは事実であるが，朝鮮人労働者による熟練化が進展し，既存の労働構造が掘り崩されるような過程が進展していた，と結論づけられた．

　以上の安の議論は，内在的発展論の視角から帝国主義史研究の修正を試みるものであった．帝国主義史研究は植民地社会に巨大な影響を与える日本資本の展開をたどり，朝鮮人については日本帝国主義の抑圧と搾取の対象であったと位置づける．しかし，安に言わしめれば，この論じ方では朝鮮人の動態を帝国主義への抵抗運動史として限定的にとらえるという視野狭窄に陥ってしまうのであり，「韓国近代民族の形成過程を韓国近代史叙述の中心軸におく」必要があった［安秉直 1988：187 頁］．そして，運動史や従来の労働史研究では周縁的なテーマである熟練化を取り上げて，「朝鮮人労働者階級の成長」を論じることで，その軌跡を浮かび上がらせてみせたのであった．

　安秉直の画期的な成果以後，この分野で刊行された主な著作としては Park Soon-Won［1999］と宣在源［2006］があり，いずれも豊富な内部史料が残されている小野田セメント株式会社を事例として，より実証的に検討を進めている．第一次大戦期の工業化の衝撃のもとで労働市場が朝鮮半島全体で形成された後，当初は高技能で高賃金の日本人労働者と低技能で低賃金の朝鮮人労働者という民族別の二重構造が顕著に存在したが，格差は徐々に縮小していったと論じられている．その原因としては，朝鮮人労働者が学校教育や企業内の養成制度を通して人的資本を蓄積したことに加え，経営者が昇給と昇進の機会を民族に区別なく適用したことで，朝鮮人労働者が勤続年数を重ねやすい環境が作られたことが指摘されている．ただし，朝鮮人労働者が日本人労働者と同様に中間管理職にまで昇進させられることはなく，そこに圧倒的な障壁があったことも確

認されている．

　残された課題としては，学校教育とのかかわりの問題があるように思われる．安，Park，宣のいずれの研究においても，初等教育・実業教育の進展が労働者の熟練化を支えたと想定されているが，学校教育が植民地において特殊な意義を有したことに鑑みるならば，その熟練化との関係についてもより慎重な検討が必要である．教育史の分厚い研究成果と対話することで熟練化についてさらに踏み込んだ議論を展開できる可能性がある．なお，日本帝国の他の植民地における労働者の熟練化については，朝鮮史の成果ほどに集中的な検討はなされていない．しかし，1930年代以降に朝鮮と並行して工業化が進展したことに鑑みれば，満洲や台湾についても熟練化は検討に値するテーマであるといえる．

2　社会史・文化研究

　安秉直らの研究が工場労働者の増加や熟練化の進展を統計資料から単線的に跡づけてしまう傾向があるのに対し，社会史・文化研究は人々の生きた経験に迫ろうとするなかで，労働史を陰影に富んだ形で活写する．1990年代後半に登場した「植民地近代」論に連なるアプローチであり，規律化，消費文化，衛生，ジェンダーなどのテーマが重視されている．また，理論的にはM.フーコーの規律権力論に代表されるポスト構造主義に連なる視角が導入され，労働現場とその生活をめぐる巧妙な抑圧や力の問題に強い関心が注がれている．

　社会史的なアプローチから労働を論じた代表的な著作としては，冨山一郎[1990]が挙げられる．戦間期不況下のいわゆる「ソテツ地獄」のもとで沖縄から大阪への大量の人口流出が生じたが，同書は社会史的な観点から彼らが労働者として規律化される様相を描きだした．大阪労働市場に低賃金労働力として流入した沖縄出身者は当初から差別的状況に置かれた．彼らは境遇を改善しようとして勤勉な労働者たることを目指したが，勤勉さが「日本人」と「沖縄人」という対になった標識により判定されたことから，彼らは払拭すべき「沖縄人」らしさ，めざすべき「日本人」らしさという価値を内面化せざるをえない．この時，「沖縄人」という標識を構成する個々の生活の営み(たとえば，沖縄の言葉による語らい，歌，泡盛を飲むこと)はすべて，勤勉な労働者であり続けるための資格を問う，監視すべき対象に変貌する．「沖縄人」という標識が沖

縄出身の労働者を規律する役割を果たすことになる，と冨山は指摘する．沖縄出身の労働者が勤勉さ・優秀さを備えた「日本人」を目指す過程は熟練化の過程でもあったわけだが，冨山の筆致は安秉直のものとは大きく異なり，出口のなさゆえに悲愴感に満ちたものとなっている．

　労働者が生産活動に従事するための動機づけとして，その消費文化が重要であることは言うまでもないが，文化研究はこの消費の側面に巧みにアプローチしてきた．とくに朝鮮史における都市文化に関する一連の成果は，労働者の消費・生活の様相を躍動的に描き出しており興味深い［金振松 2005］．近年の成果のなかでもとりわけ重要かつ野心的な著作としては，消費者たる女性労働者の生の有様に肉薄しようと試みた徐智瑛［2016］がある．徐は，朝鮮における「モダンガール」の表象が日本のそれと比べて混成的であり，とくに性的に退廃的で堕落的なイメージが大衆メディアにより消費されたことを確認したうえで，イメージの検討にとどまらずに彼女らの行為性を描くことを目指す．「女性をイメージとして，象徴として，男性の欲望の隠喩として形象化することが家父長的な策略であったことを明らかにし，「欠乏」「不在」「浮遊する記号」としての女性を確認したとしてもその作業で終わりとするならば，それは彼女たちを歴史の中の他者として留まらせつづける消極的な試みにしかならない」［徐智瑛 2016：109 頁］という宣言は力強い．W. ベンヤミンの「散策者」という観点を発展させた「女性散策者（フラヌーズ）」概念に依拠しながら，女給・乳母・妓生・紡績職工・女学生らが都市・京城の喚起する欲望に翻弄されつつもそのような自身を冷徹にまなざし，自身の生存と欲望のために都市と交渉する姿があぶりだされる．G. スピヴァクの『サバルタンは語ることができるか？』という問いを引き受け，単一の語りに回収されきらない女性労働者・消費者の屈折した声を拾っていく徐の手法は，植民地研究全体で一考されるべきものがある．

3　労務管理と技術革新

　植民地における労働者の過酷な経験を論ずるにせよ，工場労働者の増加や熟練化を論ずるにせよ，その背景となる企業による労務管理のあり方を理解しないで議論することは難しい．また，労務管理はもとより労働史の重要なテーマの 1 つであるが，階級問題と民族問題が密接に絡み合い，労使対立が民族対立と往々にして重なる植民地では，特別な意味を有する．そうした理由から，日

本帝国の植民地に関する歴史研究でも労務管理については比較的早くから検討が行われてきたが，なかでも豊かな研究蓄積のあるテーマとして，満鉄経営下の撫順鉱山における労務管理制度がある．撫順炭鉱は日露戦争後の生産拡大を通じてアジア有数の採掘量を誇るにいたり，数万人に及ぶ中国人鉱夫が雇用されたが，満鉄はここで旧来の請負制度の撤廃と労働者に対する直接管理体制の構築を目指したとされる．ここでは木越義則[2009]による研究史の整理をもとに争点をふりかえるとともに，近年の成果についても検討したい．

　近代中国の炭鉱では労務管理にあたって請負制度が広く利用された．中国人経営の炭鉱だけでなく，イギリス帝国の支配下にあった大規模鉱山・開灤炭鉱(かいらん)にしてもそうであった．この請負制度は一般に「把頭制度」と呼ばれ，前近代的な性質をもつ雇用制度として理解される．「把頭(はとう)」と呼ばれた人夫頭・親方にあたる人物が使用者から労働を請け負い，地縁等の関係をもとに必要となる労働者を招集するとともに，その業務・生活面での世話・管理をも担った．賃金は把頭が一括して受け取り，口銭を差し引いたうえで労働者へ分配されたが，把頭はその過程で多くの中間搾取を行ったとされる．把頭制度は炭鉱のみならず，中国の鉱業，土建業，交通業等において広く見られた．

　それに対して，満鉄撫順鉱山の特徴は，何よりもこの把頭制度を改革して直接管理体制を目指したところにある．先行研究はこの直接管理制度がいかに進展したか(あるいは，進展しなかったか)という問いに答えることで，日本帝国主義や植民地経済の特質を明らかにしようとしたのであった．初期の研究としては，たとえば高綱博文[1986]が1910年代前半に採炭作業の核心的部分で技術革新が生じたことにともなって把頭制は早くも形骸化し，直轄制度を根幹とする直接的労務管理体制が形成されたとしている．加えて，高綱は特に1920年代半ばに中国ナショナリズムの隆盛への対策として指紋法を利用した労務管理が導入されたことをもって，管理体制が確立したとする．高綱は近代的な労務管理体制の成立が日本の帝国主義の政治的・軍事的暴力性に支えられていたことを重視している．一方，村串仁三郎[1981]は，直接的労務管理の成立の時期についてより慎重な態度をとっており，1920年代後半に採炭部門の機械化が本格的に進展するまで把頭制が堅持されたとする．そして，経営者側が「中国の労働事情を考慮しつつ，近代的な生産体制に遅れた労働力を把頭制を利用しつつうまく適合させていった」という理解を提示した[村串仁三郎1981：53頁]．

近年の研究としては，労務管理の制度のみならず内実にまで踏み込んだ木越義則[2009]と，監視社会に関する現代的な問題意識から出発して指紋法の導入について論じる高野麻子[2016]が重要である．木越は，採炭技術の発展と労働現場における命令系統の変遷を丹念にたどることで，1920年代まで把頭制度が形を変えつつも維持されていたことを明らかにしている．しかし，1930年代の採炭技術の革新は採掘現場を集約し，鉱夫の労働内容を単純化したことから，日本人組長による鉱夫への監視を容易にし，また労働配置への工夫を不要なものとした．ここにおいて把頭制度の役割が縮小され，直轄制度が実質的に成立した，と木越は結論づける．また，高野麻子[2016]は，撫順鉱山の労働者管理において指紋法が先進的に導入された経緯を明らかにしようと，英領インドから日本内地，そして満洲へと技術が移転する経緯をたどっている．生体技術認証の草分けである指紋法から統治の内実を考察しようとする高野の視点は新鮮である．そうした技術が労働現場で具体的にいかなる機能を果たしたか，今後さらに検討することで，従来とは異なる労務管理の像が見えてくるかもしれない．

　以上に紹介したように撫順炭鉱の労務管理についてはすでに豊富な研究蓄積があるが，残された課題として，技術決定論の問題を指摘しておく必要がある．従来の研究では，採炭技術の発展にともなって労務管理の制度が変容すると理解されてきた．直轄制度の展開の時期について論者によって見解が分かれたのは，技術の実質的な革新の有無について異なる理解がなされたからでもある．植民地の産業における労務管理という支配の空間が，労使あるいは民族間の二項対立的な権力関係のみならず，技術水準によって相当程度に規定されていたという事実は，植民地主義と科学技術とのからまり[ヘッドリク1989]を示唆するものとして興味深い．しかしながら，技術と労働者の関係は本当にこのような一方通行のものだったのだろうか．労働者の動態が逆に技術の内容を変容させることはなかったのか．両者の関係を相互に影響しあい，あるいは相互に創成するものとして分析する必要があるように思われる（撫順鉱山を取り上げたものではないが，こうした立場に近い成果として[Tsuru 2018]）．撫順鉱山の労務管理について長らく技術決定論的な理解がなされてきた背景には，各論者の問題関心の所在のほかに，史料的な制約もあるようである．いずれの研究も満鉄の公刊史料や社史を主に利用してきたが，それらの史料は技術革新の成果を声高に

強調する一方で,そこに至るまでの紆余曲折や労働者による技術利用の実態については言及するところが少ない.新史料の発掘をともなう労働―技術の連環に関する多角的な検討は,技術決定論に対して十分に対峙してこなかった植民地研究全体に資するものとなる.

4 性労働

　植民地統治下の女性史・ジェンダー史研究は近年,活況を呈している領域の1つであり(ただし,日本国内の学界では依然としてマイナーな領域である),労働に関わる成果も少なくない.かつて極度にジェンダー・ブラインドな研究が蓄積されていたことに鑑みれば,こうした状況は当然のものといえるが,近年,とりわけ豊穣な成果を生み出しているのが台湾における性労働史研究である.日本統治期台湾の公娼制度については1990年代から研究が進められてきたが,2000年代後半から制度史,私娼,朝鮮人女性の存在,等の重要トピックについて詳細な分析がなされたことで,研究水準は格段に引き上げられた.日本国内ではいまだ十分に摂取されていないそれらの成果について,本節では概観してみよう.

　まず,制度史的観点から買売春管理体制の成立過程を跡づけた研究として,張曉旻[2010]がある.日本が台湾統治の当初から管理体制の成立を喫緊の課題としており,総督府が位置した台北県の最初の法令(1896年)が買売春に関わる諸営業に対する取締りを目的としたものであったことに,張は着目する.そして,公娼制を中核とした植民地台湾の買売春管理体制が,軍人・軍夫・官僚・商人ら植民者により構成された在台内地人社会を性病から防衛することを目的として,構築されたことが明るみに出される.その帰結するところは,公娼制度の枠内で管理された娼妓の大多数が,内地人男性の買春の相手であった内地人女性により占められるとともに,台湾人の性労働者に対する規制は限定的なものにとどまるという事態であった.さらに,1920年代以降になると,台湾の買売春管理体制が内地人のみならず台湾人社会の買売春の一部をも管理対象としていくようになる,とする.

　張は以上の論点を分析するために,関連する法令の変遷を丁寧にたどるとともに,史料的制約が小さくないなかで数多の新聞記事を渉猟している.たとえば,統治初期に公娼制が導入された背景を明らかにするにあたっては,台湾の

みならず内地で発行された数多くの新聞に目を通している．その手堅い研究アプローチは性労働に限らず他のテーマの研究においても学ばれるべきものであり，また同領域におけるさらなる研究の展開の土台を作るものであった．

　張に続く性労働に関する研究としてはまず，1920年代以降の台湾における朝鮮人娼妓業の動向について論じた陳姃湲［2010］が重要である．張暁旻［2010］において論じられていたように，在台内地人男性は当初，内地人娼妓を主な相手として買春を行っていた．しかし，1930年代初頭に国際連盟東洋婦女売買調査団が日本をその1つの環とした人身売買を批判し，かつ内地の公娼制度への批判が高まるなかで，内地人娼妓の台湾渡航が困難となる．このニッチを利用して台湾の性労働市場に参入したのが，朝鮮人仲介者の紹介をもとに渡航してきた朝鮮人娼妓，そして台湾では朝鮮楼などと称された貸座敷を経営する朝鮮人の経営者であった，と陳は指摘する．陳の研究は，内地人・台湾人の二項対立的枠組みに還元されない植民地台湾の性労働の複雑な構図を明らかにするものであった．台湾史では植民地間の関係史に着目する研究は十分になされておらず，その意味でも陳の研究は貴重である．

　さらに台湾人私娼については，梁秋虹［2013］がM. フーコーの「統治性」に関する議論を参照しつつ，当初は統治の対象から排除されていた彼女らが，1920年代にいかにして統治の対象として包摂され，管理されていったかを明らかにしている．梁はこの転換の背景として，台湾島内の地方行政において，台湾人料理屋と私娼を統治の対象とすることに税制上の利益が見いだされはじめたこと，さらに警察が都市社会の下層に位置する台湾人を治安悪化の原因とみなし，とくに性産業がアウトローたちの資金源になることで彼らの温床として認識されはじめたこと，を指摘する．私娼に対する管理の手始めとして，1922年に台北では台湾人私娼が「酌婦」として登録されはじめた．また私娼の営業の場が「席貸業」として登記され，特にそれらを特定の地域へ集中させることで空間的な管理が目指された．そして，1920年代末に台北州警務部長に就任した内海忠司の主導のもとで，「酌婦」・「芸妓」の登録と空間指定が徹底されるに至ったことが，近年刊行された『内海忠司日記』［近藤正己・北村嘉恵・駒込武編2012］を手がかりとして明らかにされる．梁の研究は，これまで被統治者に対して粗暴にふるまう存在として単純化してとらえられてきた植民地台湾警察について，調査し，登録し，管理するというより巧妙な権力の動態を

第 11 章　労働　　119

描き出した点でも画期的であった．

　これらの研究は近年の台湾史研究の優れた成果であると同時に，グローバルな比較・関係史研究に開かれたものでもある．朝鮮人娼妓について論じた陳の研究が狭義の台湾史を乗り越える可能性を有していることはもちろんだが，梁の研究も統治性という普遍的な関心に貫かれており，たとえば日本史研究における私娼の管理に関する近年の成果［寺澤優 2014］との対話が可能であろう．日本の各植民地における性労働に関する研究，ひいては日本帝国外の諸地域の歴史研究からの積極的な応答が待たれている．

おわりに

　ここまで，今日の労働史の論点と課題を，4 つのテーマから考察してきた．いずれも植民地研究のメインストリームの問題関心を部分的に共有する一方で，さらにそれを革新する可能性を秘めているように思われる．目下のところ日本の植民地に関する歴史研究の潮流はおおまかに工業化論と植民地近代論に分けられ，たとえば熟練化に関する安秉直らの議論（第 1 節）は前者に，冨山や徐の研究（第 2 節）は後者と接続している．しかし，たとえば台湾史の成果から展望される性労働の比較関係史的な研究では，各植民地・各帝国ごとに分断された現状の研究枠組みを一新する議論が発展する可能性がある．また，撫順鉱山の労務管理に垣間見られる技術革新との関係は，技術と支配，そして自治，という現在的な課題を考察していくうえで，重要な素材を提供するものである．なお，本章では十分に取り上げられなかったが，元来，分厚い研究蓄積がある朝鮮人のいわゆる「強制連行」について，背景となった制度の展開を丁寧に洗い出す成果が近年提出されており［外村大 2012］，それを足がかりにした新たな議論の進捗が展望されている．労働史は社会経済史の最も古典的なテーマの 1 つであるが，いま将来が最も楽しみな分野となりつつある．

第 12 章
人の移動

細 谷 亨

はじめに

　本章の目的は，日本の帝国支配と帝国崩壊後の歴史のなかで人の移動をどのようにとらえることができるかを考えることである．その際，近年の日本近現代史研究の動向をふまえつつ論点の整理を行いたい．

　人の移動をめぐっては，戦前以来，農村労働力の特質を農家固有の性格に着目しつつ検討した野尻重雄 [1942] をはじめ膨大な研究蓄積がある．ただし，こうした人の移動を扱った研究においては，国内移動と国外移動の区別が明確になされてきた点に大きな特徴がみられる．国内移動とは，離村向都，出稼ぎ，就学，婚姻，夜逃げ，疎開など日本国内に限定された人の移動を指している．一方，国外移動は，ハワイ・南北アメリカなどの非勢力圏への海外移民と，朝鮮・満洲などの勢力圏への植民であり，日本列島の外への人の移動を指している．以上の研究は，農業史・農村史，都市史，教育史，文化史，移民史，植民地研究など様々な領域から取り組まれてきた．しかし，それぞれの領域は互いに接点を持ちながらも別個に進められる傾向が強かったため，有機的に結びつくことは困難であった．

　近年，こうした動向に大きな変化がみられるようになってきた．従来別個に進められてきた国内移動と国外移動，移民史研究と植民地研究が，「人の移動研究」というより広い視野から検討されるようになったのである．国内移動と国外移動が折り重なりながら人びとの生活の領域を形成していたことは近現代日本における人の移動のあり方を考えるうえで重要な点である．具体的なイメージとしては，近代沖縄社会の特質に集約的に表れている．近代において沖縄の人びとは就業・就職に際して，国内・植民地・非勢力圏の区別をすることなく，親族や知人，移民会社の斡旋に頼りながら移動を繰り返していた [蘭信三 2013a]．こうした傾向は，地域によって濃淡をもっていたとはいえ，これまで

移動先・移住先あるいは移民か出稼ぎかによって把握されがちだった近現代日本における人の移動のあり方を再考する手がかりとして認識される必要があるだろう．また近年は，日本国内から海外へ出ていく人の動きだけでなく，植民地から日本国内に入ってくる人びとの動向にも注目が集まっている［杉原達1998］．いわば，東アジアにおける双方向的な移動という日本帝国圏の人の移動の構造が明らかになってきたのである．

　人の移動をめぐっては，さらにもう1つ注目すべき動向がある．それは，人の移動を地域から問い直す動きが盛んにみられるようになったことである．たとえば，長野県飯田市は満洲移民を日本で最も多く送り出した地域として知られているが，近年，経済のグローバル化のなかで日系ブラジル人や中国帰国者などの日系人・外国人が急増している．飯田市では，満洲移民という過去の「苦い経験」(歴史)に学ぶことを通じて，現在の「多文化共生」という課題に取り組もうとしている．具体的には，自治体が設立した歴史研究所を拠点とした大学の研究者と地域の研究者による共同研究［飯田市歴史研究所編 2007］に加えて，2002年に組織された「満蒙開拓を語り継ぐ会」にみられるように，市民による移民体験者への聞き取り調査が進んでいる．こうした動きは，大学の研究者が一方的に歴史を解釈・評価するのではなく，市民や体験者も含めて地域単位で歴史を問い直すことを意味している．地域単位での新たな動きは，長野県に限らず，東京や沖縄など他の多くの地域でも確認できる［東京の満蒙開拓団を知る会 2012］［沖縄女性史を考える会編 2013］．以上の動向からは，地域や民衆にとって帝国支配とも関わる近現代における人の移動がいかなる意味をもっていたのか，史実の発掘を含めてその歴史像が問い直されたといえよう．

　本章では，こうした近年の動向をふまえたうえで，以下の2つの視点から人の移動をめぐる研究動向を整理したい．1つは，帝国支配を伴う近現代の日本では，日本国内と海外・植民地の双方向的な人の移動が盛んになった点とも関わって，「境界」をめぐる問題が重要になったことである．言い換えれば，人の移動から境界を問うという論点が浮上することになった．2つ目は，1945年の敗戦による帝国崩壊と人の還流をめぐる問題である．帝国崩壊は，これまでの植民地支配と人の移動の関係に大きな変化をもたらすことになったのであり，後述するように，それは近年，引揚史研究として取り組まれるようになった．以上の点を念頭においたうえで，日本の帝国支配と帝国崩壊後の歴史のなかで

人の移動をどのようにとらえることができるかを考えてみたい．

1　人の移動から「境界」を問う──日本近現代史研究との関わりで

　人の移動に関する研究を整理するうえで重要なことは，1990年代以降の日本近現代史研究の動向である．ここでは，近代国民国家の形成，戦争と植民地支配とも関わって，「日本人」や「境界」をめぐる問いが大きな焦点になった．2つの潮流が重要であろう．1つは，国民国家論である．国民国家論とは，国家や国民とは人為的に構築された仕掛けであり，そうした構造の虚偽性を歴史的に明らかにしようとする議論である．具体的には，近代以降，明確な境界をもつ国民国家が国民としての一体性を掲げ国民化を進めていく一方，国民の間に価値の序列にもとづく分割線を引き，経済的弱者を含むマイノリティを「他者」として差別・排除していく構造が明らかにされた［西川長夫1992］［歴史学研究会編1994］．こうした構図は，植民地領有＝帝国化を通じた異民族支配の過程で「他者」が生み出されていった事実とも密接に関わっている．90年代以降，帝国支配がもたらす境界と権力・暴力の問題は，沖縄史研究・民衆史研究からも研究成果が提示された［冨山一郎1990］．

　2つ目は，戦時動員体制論（総力戦体制論）である．ここでは現代化が大きな焦点になった．すなわち，戦争の形態が総力戦へと変化する第一次世界大戦以降になると，世界全体の動きとして，国家が「近代社会がその成立いらい抱え込んできた紛争や排除のモーメントに介入し」「意図せざる結果」として「機能主義的に組織されたシステム社会」が成立したことが強調された．「システム社会」においては，経済的格差の解消など平準化が起こった点が重要であり，総力戦を契機とした国家と社会の変容が問われるようになった［山之内靖ほか編1995］（議論の整理については高岡裕之［2012］を参照）．

　以上のことから，1990年代以降の日本近現代史研究では，近代以降に新たに設定された「境界」が重要なテーマになると同時に，平準化にみられるような境界の段階的変容にも注目が集まるようになったといえる．とはいえ，最近では，農業史研究の分野を中心に，戦時体制下においては平準化は必ずしも一方的に進行したわけではないことが強調されるようになった［伊藤淳史2015］．たとえば，戦時下の農村では，食糧増産が重要な政策課題になったことで生産農民の地位を高める政策が実施された．その結果，地主小作関係を含めた村落

構成員内部における階層間の平準化が進んだといわれる．しかしその一方で，同じ時期には，村落自治の担い手であるはずの住民の一部が満洲移民への動員を通じて村落構成員から排除されるという事態も起こっていた．さらに，在日朝鮮人や戦災疎開者など村落外部からの流入が起こったことも明らかにされており[安岡健一 2014]，こうした点は，村落社会の内部に差異が持ち込まれたことを意味している．つまり，総力戦を通じて平準化と差異化(「他者」の創出)が同時に進んだことが重要である．

なお，安岡健一[2014]によると，当初，低賃金農業労働力として流入した朝鮮人農民は戦時期になると，土地を借り入れて農業経営を行う小作農民にまで成長するが，土地の所有を通じた自作農化は困難であった．その背景には，「民族の給源」としての日本農村への植民地出身者の定着を危険視する日本帝国の政策が深く関わっていたという．「民族」の境界によって「自己」(村落構成員)とは明確に区別される「他者」として排除されたのが，日本農村に入ってきた朝鮮人農民であった．以上の事実から安岡は，日本農村は単に「日本の農村」ではなく，国内外での人の移動と不可分に結びついた「帝国日本の農村」だったと述べている．重要な指摘であろう．

こうした新たな視角からの研究は，国家・民族などの境界と同時に，戦時から戦後(帝国崩壊後)にかけての社会変動と人の移動の関係を問う視点を浮上させることになる．

2　帝国崩壊と人の還流——引揚史研究の論点

周知のとおり，戦前の日本は「大日本帝国」と呼ばれており，アジアや太平洋に多くの植民地・勢力圏を領有する帝国であった．しかし，敗戦によって日本はすべての植民地・勢力圏を失い，帝国は解体する．帝国の解体は，日本国内から海外への人の移動というこれまでの方向とは逆に，海外から日本国内への人の還流という形で展開することになった．いわゆる日本人の海外引揚である．

日本における海外引揚に関する研究(引揚史研究)は，米ソ冷戦終結後の 1990 年代以降に進んだ新たな研究領域である．加藤聖文によると，海外引揚に関する研究が遅れた背景には，冷戦構造に規定された戦後政治の展開が深く関わっていた[加藤聖文 2006b]．すなわち，引揚者および未帰還者問題は「反共」の材

料として左右両派の政争の具になったこと，引揚者への理解はそのまま保守政治の支持へと結びつくことになった．こうした状況のもとでは，冷静な学問的分析は極めて困難だったという．米ソ冷戦の終結が，海外引揚を本格的な学術研究の対象へと向かわせた重要な要因といっていいだろう．

引揚史研究には大きく分けると2つの領域がある．1つは海外引揚そのものを分析対象とする引揚研究であり，2つ目は，引揚者の動向や戦後社会との関係を取り扱う引揚者研究である．本章では，引揚研究については必要な限りで言及するにとどめ，近年，急速に研究が進んでいる引揚者研究を中心にその動向を整理してみたい．

引揚研究は，国際関係を視野に入れた政治史的なアプローチを中心に進められている．たとえば，中国本土・満洲からの日本人引揚げの実施過程を米中ソ3国の国際関係から検討した加藤聖文[2012]や，中国外交檔案を駆使して中国からの留用者・戦犯らの後期集団引揚を検討した大澤武司[2003]，ソ連側の史料を用いて日本民間人・捕虜の送還に関する米ソの対立と送還決定までの動きを検討した横手慎二[2009]などが発表されている．日本人引揚げは，日本側だけの問題ではなく，米中関係や米ソ対立など戦後の国際政治のなかで進展した出来事だったことをあらためて意識しておく必要があるだろう．

国内政治との関連については浅野豊美[2004]が挙げられる．ここでは，戦争の加害体験に対応する戦前の帝国内での「植民者」が，戦後日本社会において被害体験に対応する「引揚者」へと変貌し，それに対応した公的な記憶が生み出されるプロセスが明らかにされた．戦後の国内政治の過程において「引揚者」は，「文化国家」建設の担い手として意味づけられるようになったのであり，そのことは，国家的レベルで植民の記憶が忘却された事実に対応している．戦争の記憶と帝国の記憶の相互連関性を指摘した点で浅野の研究は重要である．

こうした引揚研究とは別に近年目覚ましい進展をみせているのが引揚者研究である．引揚者研究においては主に社会史・経済史的アプローチが中心になっている．なかでも近年，重要な論点になっているのが，引揚者の「包摂と排除」をめぐる問題である．蘭信三によると，引揚者をめぐる問題は，「単に人びとが新たな国境を越えて大量に動き，あるいは残ったというだけではなく，その人びとが戦後の当該社会にどのように包摂され，あるいは排除されていったのかという戦後社会における社会統合問題と関連」する[蘭信三 2013b]．言

い換えれば，帝国崩壊に伴って移動する様々なマイノリティとその社会統合問題が大きな焦点になったのである．それは日本帝国に限らず，ヨーロッパの植民地帝国にも共通する問題であり，2008 年には歴史学研究会現代史部会が「離散者が問う戦後世界像――その包摂と排除に見る植民地主義の継続」として取り上げた．ここでは，日本の満洲引揚者のほかに，フランスにおけるアルジェリア引揚者が検討されており，帝国崩壊がもたらした共時的な現象・社会変動としての人の還流（＝難民化）が歴史的事実として確認された［道場親信 2008］［小山田紀子 2008］．

　では，こうした難民化した引揚者に対して戦後日本社会はどのように向き合ったのだろうか．近年の実証研究からは，大きく分けて 2 つの立場があるように思われる．1 つは，農村社会への包摂の不十分さを強調する議論である．戦後日本は，外地からの人の還流によって過剰人口・食糧問題の深刻化に直面していた．戦後日本社会には引揚者を受け入れる余地は乏しかった．引揚者もまた，外地から無一物で帰ってきたため極度の貧困に陥っていた．そこで引揚者に対する社会政策として実施されたのが戦後開拓政策である．しかし，戦後開拓では，山林原野・高冷地など農業条件の劣悪な場所での営農を強いたことから，引揚者は極めて困難な生活を余儀なくされた．こうした事実をふまえると，戦後開拓は引揚者を再び難民化する政策にほかならず，国民からの排除を伴っていたという評価が下されることになる［道場親信 2002］．

　また，国民からの排除は，引揚者が「他者」として位置づけられたことを意味していた．引揚げは故郷への定着を意味せず，彼らは都市への流入や再入植を経て集団化することになる．集団化の過程で彼らが要求したのは，生活保護の適用など戦争犠牲の均質化であった［安岡健一 2014］．農村社会との関係については，農地改革において自作農創設が実現する一方で新規就農が抑制されたことから，引揚者の多くは親族などの既存農家に収容されたのち村外へ再び送出されることになった［青木健 2011］．こうした動きは，引揚者が戦後日本社会から排除されていく局面を表している．そのことは，地域において満洲移民にみられるような戦前の植民政策の責任問題が「タブー視」されていく過程とも結びついていたと考えられている［加藤聖文 2013］．

　引揚者と戦後日本社会の関係をめぐってはもう 1 つの立場がある．それは，引揚者は必ずしも一方的に排除されたわけではなく，諸制度や諸団体を通じて

包摂される局面もあったという評価である．敗戦直後に開始された引揚者援護行政の実態を検討した木村健二[2005]によれば，引揚者に対しては，物資配給，生業・開拓資金貸付，住宅供給など多岐にわたる援護が実施されたことが明らかにされている．

また，農村・村落の対応についても実証分析が進められている．戦後行政村の機能を分析した大石嘉一郎・西田美昭編著[1991]によれば，戦後改革期の行政村では，農地改革と食糧供出・配給が大きな課題になる一方で，深刻化する戦後困窮者問題への対応として社会福祉行政の拡充が進んだことが明らかにされた．具体的には生活困窮者としての引揚者に対する生活保護給付が重要である．

満洲移民を大量に送り出したことで知られている長野県下伊那郡泰阜村の事例分析では，行政村は生活保護給付のほかにも，戦後開拓による県外入植者への支援を積極的に行っていたことが明らかにされている[猪股祐介2007b]．こうした手厚い援護を実施した行政村はそれほど多くはなかったものの，かつて村を挙げて分村移民を送り出した事実を正面から受け止め，「送出者の責任」を自覚していた点は重要である．当該期における引揚者援護の経験は，このあと1970年代になると，中国残留孤児・残留婦人に対する積極的な帰国・定着自立支援へと結びついていく．

農村・集落の対応に関して最後に指摘しておきたいのは，満洲移民と郷里・農家の関係である．泰阜村と同じく分村移民を送り出した長野県諏訪郡富士見村の事例分析によると，移住者の少なくない部分が，移住に際して自家の農地を親戚などに貸与するケースが確認されている．そして，敗戦後，移民が引き揚げてくると農地の返還を受け，郷里の自作農に復帰することになった[細谷亨2014]．農地改革においては，海外移民は不在地主として農地買収の対象とされたが，一部の満洲移民については特例によって買収免除の判断が下されるなど村農地委員会は「比較的寛容な態度」で臨むことが多かったようである[福田勇助2016]．自作農として復帰できた背景には，そうした政策展開と地域内部での合意があったと考えられる．以上の事実からは，村や集落は引揚者を完全な他者として排除するのではなく，自己の一部として包摂する局面があったことがうかがえる．農村社会や地域という場において自己と他者の関係を考える際には，農家の存在形態に規定された共同体的諸関係の内実（集落のもつ小

農維持機能［大鎌邦雄 1994］）や行政村の機能を含めて検討する必要がある．政策展開，地域の実情，引揚者と行政村・集落・親族との関係を具体的に明らかにしていくことで，包摂と排除の２つの局面を内包した戦後日本社会の特質が浮かび上がってくるように思われる．

　戦後日本社会をめぐっては，近年，高度経済成長期に関する歴史研究が活発に進められている．岩田正美は，日本の高度経済成長期を前半と後半の２つに区分している．すなわち，前半は「貧困の時代」(1954-64 年)であり，後半は「豊かな時代」「貧しさを組み込んだ豊かさ」(1965-73 年)である［岩田正美 2012］．引揚者問題と関わって重要なのは，前半の時期では貧困・失業・スラムの深刻化が焦点になり，引揚者もまたそうした貧困層の一部に組み込まれていた点である．実際，同じ時期には，引揚者問題は低所得階層の生活問題の一部として社会福祉研究の分析対象になっている［三吉明 1959］．先述した包摂と排除は，こうした高度経済成長期において継続する引揚者の貧困といかなる関係にあったのかが問われなければならない．また，当該期は，新聞社が社説のなかで「今や戦後ではないのに，引揚者を特別扱いする必要はない」と述べたと言われるように，引揚者問題が忘却されていく過程とも重なっていた［角田房子 1967］．日本政府によって未帰還者・残留者の戦時死亡宣告が行われたのは1959 年のことであった．引揚者の貧困と戦後日本社会における引揚げの記憶の関係についても具体的に明らかにする必要があるだろう．

おわりに

　本章では，①帝国支配を背景とした人の移動と「境界」の関係，②帝国崩壊と人の還流の２つの視点から，近年の人の移動をめぐる研究動向を整理してきた．最後に内容をまとめたうえで，こうした研究領域から導き出されるいくつかの課題について言及してみたい．

　１つ目の視点は，近現代日本における境界と人の移動をどのように把握するかという問題である．移民史研究・植民地研究から「人の移動研究」への視点の変化が起こった．それは，国内移動か国外移動か，移民か植民かによって研究対象を区分するのではなく，トランスナショナルな性格を色濃く帯びる「人の移動とそれが創り出す結合関係」に着目することにほかならない［戸邉秀明 2008］．言い換えれば，植民地支配や帝国の膨張と密接に関わる人の移動を通

じて自己と他者の関係が問われるなど，様々な主体の間に生じる関係性が研究上の焦点になったのである．

また，こうした研究の過程では，帝国支配と人の移動の結節点として地域・村の存在が浮かび上がってきた．これは，植民地・海外移住地と緊密に結びついた「帝国農村」[安岡健一 2014]という視角に集約的に表れている．冒頭で述べたような近年における地域から移民の歴史を問い直す動きは，以上のような境界をめぐる歴史研究の方法と重ね合わせることでより理解が深まるのではないか．諸関係が結ばれる場としての地域の重要性である．

2つ目の視点は，帝国崩壊と人の還流である．戦前の植民地支配だけでなく，帝国崩壊後＝「戦後史」がこれまで以上に重視されるようになった．従来の移植民研究においては，植民地支配とも関わって日本人移民と戦争の関係が1つの焦点になってきた[移民研究会編 1997]．しかし，本章の整理からも明らかなように，近年は，帝国膨張・戦争と植民の関係だけでなく，帝国崩壊の過程で生み出された難民の存在や社会統合問題など人の還流が新たな研究領域として浮上した．最近では，日本帝国内外の諸地域を横断的に比較考察することで引揚研究と引揚者研究を架橋し，引揚げの歴史的特質を総合的に明らかにしようとする共同研究も登場した[今泉裕美子ほか編著 2016]．こうした研究はまだ緒についたばかりともいえるが，引揚者の動向を考える際には，国家の政策や国際関係だけでなく，「人びとが生活を営み，そのうえに諸関係を紡ぎ出す場としての地域」の視点が重要になってくることが強調されている．植民地支配や戦争の局面だけでなく，帝国崩壊後の人の還流を検証する際にも地域が重要なファクターとして認識されるようになった．

筆者は，人の還流という問題は，あらためてその要因となった総力戦や帝国支配を問い直すことにもつながると考えている．たとえば，よく知られているように，敗戦後の混乱のなか満洲引揚の過程では日本人約24万人が犠牲になった．このうちの約8万人が満洲移民であった．戦後日本社会においては，戦争犠牲者といえば，被爆者・沖縄戦・東京空襲犠牲者を指しており，満洲引揚犠牲者の存在は一般的にはよく知られていない[加藤聖文 2013]．そのことは，荒川章二が指摘するように，「満洲からの引揚げの犠牲という問題は，引揚げ政策一般の問題としてだけでなく，「満洲国」という日本帝国が総力戦段階で創り出した新たな植民地的境界の問題として検討する必要がある」ことを示し

ている[荒川章二 2014]．満洲国に多くの日本人が送り込まれた事実にあらためて注目する必要がある．総力戦と国策移民の関係をさらに深く検討することが求められている．なお，最近，政策史という視点にたった満洲移民の通史として加藤聖文[2017]が刊行された．本書は，これまで十分に解明されてこなかった軍部・省庁間の利害関係，中央と地方の関係，農学者・植民政策学者の関与など国策移民の複雑な性格を浮き彫りにした点で示唆に富んでいる．

また，荒川のいう「新たな植民地的境界」とも関わる満洲国の内実を明らかにするためには，日本人の経験だけでなく，中国人や朝鮮人など「植民された側」の経験も掘り起こしていく必要がある．近年の満洲移民史研究においては，これまで受動的な存在として描かれる傾向のあった現地社会や現地住民を，移民政策を規定する重要な存在として位置づけ直すなど，その主体性に着目した研究がみられるようになった[小都晶子 2008]．近年は吉林省檔案館編[2003]・黒龍江省檔案館編[2003]が刊行されるなど中国での史料公開が進んだことに加えて，中国現地での聞き取り調査も継続して取り組まれていることから，こうした視点からの研究は今後さらなる進展が期待される[寺林伸明ほか編 2014]．

最後に言及したいのは，人の還流と戦後日本社会の関係である．新たな領域としての引揚史研究のもつ重要な意義は，帝国崩壊という歴史過程と結びついた戦後日本社会像の解明につながるという点にある．とくに 1950 年代半ばから始まる高度経済成長期のあり方を再考する手がかりになるだろう．大門正克によると，1960・70 年代の夜間中学には，戦争や引揚げなどの影響で貧困に陥り，教育の機会を奪われた沖縄出身者や在日朝鮮人が多く学んでいた[大門正克 2011]．こうした事実は，これまで十分に問われてこなかった高度経済成長期の日本の貧困と帝国支配の痕跡を浮かび上がらせている．それは，引揚者研究において論点になっている包摂と排除のあり方とも合わせて具体的に検討しなければならないことを意味している．引揚げを含む戦争・植民地経験を，時代や人びとのくらし，戦後日本社会の変容過程のなかで問うことが求められている．

コラム④
観光

千住 一

観光という視点

日本植民地における観光をめぐる諸相が研究対象となったのは，池田浩士[1988]のような例外を除けば2000年以降のことだ[千住一 2012]．ここでは，観光という視点を導入することで日本植民地研究に果たし得る寄与を，脱地域／領域／時間という観点から整理する．

地域を越える

観光に関する知見は植民地ごとに蓄積される傾向が強く，特にその成果は台湾，朝鮮，満洲に集中する[千住一 2012]．しかし「鮮満」という言葉から想起されるように，当時の観光は植民地間の境界を跨いで実施されてもいた．たとえば米家泰作[2014]は，鮮満旅行記175点の内容を分析することで「鮮満ツーリズム」の推移や特徴，多様性などを整理する．

境界に囚われない移動という枠組みには，植民地から内地を訪れた人々も含まれよう．阿部純一郎[2014]は，統治以来継続的に行われた台湾原住民らを参加者とする内地観光事業を取り上げ，観光が統治の一手段として機能していたと指摘する．同様に千住一[2013]は，南洋群島において組織された内地観光団に着目し，南洋群島各地から集められた住民参加者が内地滞在中は日本社会に対して，居住地への帰還後は南洋群島社会に対して，それぞれ一定のインパクトを与えていたことを明らかにする．

ここに，内地と外地のあいだを，場合によっては植民地間を横断しつつ短期間で往復する統治者や被統治者の姿が看取されるとともに，日本植民地の地理的枠組みを越えた人流を把握し得る観光の特性が指摘できる．境界に拘束されない研究を志向し続けることで，帝国日本を支えたネットワークのひとつとして観光を定置させることが可能になろう．

領域を越える

観光は移動を伴うがゆえ，日本植民地研究の一大領域である鉄道との親和性が高く，たとえば曽山毅[2003]は，台湾総督府による官設鉄道と日系製糖企業による私設鉄道の相互性に着目しながら台湾における観光事業の展開を明ら

かにする．しかし曽山も指摘するように，鉄道は単にツーリストの移動を助長しただけでなく，事業者による情報発信もまた促進した．こうした関係は満洲においても看取され，荒山正彦[2008]は，南満洲鉄道株式会社が発行したリーフレットの内容を詳細に検討することで満洲観光のありように迫ろうとする．

また，『大連新聞』主催のメディアイベントが満洲の観光地誕生と関わったとする高媛[2012]のように，「見ること」を重視する観光とメディアを関連づける傾向は強い．教育機関が主催した修学旅行も観光と教育という近接領域の接合事例と言え，ここでは出発地としての台湾を取り上げた曽山毅[2013]と目的地としての満洲を取り上げた長志珠絵[2011]を紹介したい．

実際の移動や見学，体験を伴う観光は，近接領域との接点を多く持つ．それゆえ，各領域の関連する成果を観光という枠組みにおいて整理しなおそうとする営みが見て取れる．観光は，既存の諸領域を有機的に結びつける場としても機能していると言えよう．

時間を越える

旧植民地で看取される被統治時代の残滓とその位置づけに着目する知的態度は一般化した．有形無形を問わず特定地域の歴史を資源とする観光は，こうした状況と深く関わる．たとえば藤井和子[2014]は，韓国および台湾に残存する日本統治時代の建造物を取り上げ，地域住民や地域社会，観光産業の動向と関連づけながらそれらの現状を報告する．また張海燕[2016]は，今日の旅順を考察対象とし，中国政府および大連市による観光政策とそこでの歴史的建造物の位置づけについて，帝政ロシア時代からの連続性を踏まえつつ検討している．

植民地化／脱植民地化の過程には得てして戦闘がつきまとう．激戦とそれに伴う死は後に顕彰されるだけでなく，記念碑や慰霊碑は観光の文脈において一定の役割を果たす．日本植民地研究の範疇でもある一時的な日本の支配地域に事例を求めるならば，グアムに言及するカマチョ[2016]や，フィリピンに言及するチェン・チュア[2017]が挙げられよう．

観光を媒介とすることで，日本植民地は過去に繋ぎ止められた客体でなく，現在でも問いを発し続ける主体として立ち現れる．そこでは不可視の価値もがやりとりの対象となる．この点において，今日の満洲観光を記憶のありようから検討した高媛[2006]は示唆的である．

第13章
教育の制度と構造

古川宣子

はじめに

　近代日本は台湾，朝鮮，南樺太，関東州，南洋群島を植民地として支配し，教育政策を展開した．植民地に関する教育研究としては，こうした「公式」の植民地以外に，満洲(満洲国)，中国・東南アジア占領地，また北海道・沖縄における教育政策も視野に入れて考察することが，その特質解明という場合に必要であろう．

1　教育制度の形成と改変の力学

　本節では，台湾と朝鮮の制度形成と改変を軸に，それが帝国的な広がりとしてどのように一体化・重層化していったのか，その際どのような力学が働いたのかという問題関心から，論点のありかを考えたい．具体的には「教育令」の制定との関連で時系列的に考察する．枢密院会議で，教育は「統治ニ関スル一大要議」であって，「教育令等ハ即チ其ノ根本ノ制定」だとされ[久保義三 1979：24頁]，1919年第1次台湾教育令以降，台湾・朝鮮教育令は枢密院の審議を経ることになった．なお，その他の南樺太・関東州・南洋群島では「教育令」は制定されず，学校種別ごとに法令を制定する形をとった[駒込武 2002：404頁]．

(1) 台湾

　最初の植民地台湾で始まった教育政策の性格がどのようなものだったか．この問いは，日本語重視・教育勅語にのっとった教育など，日本の植民地教育の特色がどう歴史的に形成されたのかの解明のうえで特に重要である．この点に関連して駒込武[2002]は，当初10年間に形成された方針が，「他の植民地を含めて帝国日本の崩壊にいたるまで大枠においてその方向性を規定するものとな

った」(405頁)としており，注目される．山本和行[2015]は，領台前の伊沢修二の国家教育社結成(1890年)とその活動を軸として，台湾政策における教育勅語・義務教育の扱いを，教育内容の国家管理と(不)平等の観点から考察した．そこには，自由民権運動の挫折のなかで「教育の自由の制限」と国家主義教育の強化という歴史的な背景があったという見方を示したが，こうした内地の教育思想状況と植民地教育の方向づけの関連を追う視角は有効であろう．また，1898年台湾公学校令・同規則の制定について駒込武[2002]は，ここにおいて日本語を国語として教育内容の中核におき，教育勅語の大意にそった修身教育の実施が定められたとした(407頁)．ただし修業年限は6年であり，当時の内地の尋常小学校4年よりも長かった．初代学務部長の伊沢の教育構想が「6年」であり，これは「従来の平均的な修業年限が七，八年であったことから，せめて六年は必要と判断した」と指摘している[駒込武1996：44-45頁]．植民地化以前の教育の在り方が植民地政策を規定した例として興味深い．

　1915年台湾公立中学校をめぐっては，設立運動を展開した台湾人の要求は，内地同様の6年制だったにもかかわらず，本国政府の意向により1911年第1次朝鮮教育令の高等普通学校水準に合わせて4年制となった[駒込武1996]．駒込は，勅令として公立中学校官制を制定するにあたり，台湾総督府と本国政府の所轄官庁である内務省および法制局との折衝が必要で，それが「かつてない紛糾」をみせる一方，第1次朝鮮教育令制定の際は本国政府において「実質的な審議がなされた形跡は見られない」という対照的な状況から，この時が「帝国全体を視野に入れた教育方針の策定が，本国ではじめて本格的に論議される場となった」(145頁)と位置づけた．また，その際に本国政府が台湾教育令の制定を要求した背景について久保義三[1979]は，台湾人「自らの教育水準を高めるための学校設立に関する教育要求は，統治国たる天皇制国家権力に恐怖感と重大な決意を促し」，朝鮮教育令のように「学制の根本方針を闡明することの必要を認め」(295頁)たとした．

(2) 朝鮮

　日清戦争中に樹立された親日派政権の下で，近代的国家体制に向けた甲午改革が行われ，近代的な学校制度が導入された．小学校は尋常科3年・高等科2または3年で計5または6年，中学校は尋常科4年・高等科3年であり，その

ほか外国語学校・漢城師範学校などに関する法令が制定された．この改革が当時どの程度日本側の影響下にあったのか，またその後朝鮮社会でどれだけ定着・普及したのかなどの点が，研究上の論点になってきた．

　こうした点について韓国では，自国政府による教育改革の再評価が進んできている．金京美[2009]によれば，日本に依存した制度上の改革に過ぎないとの否定的な評価から，1980年代に入り李元浩[1983]・安基成[1984]など政府による教育近代化の努力を評価する研究が現れ始めたとされる．金希娟[1989]は，「甲午改革以後新しい法制を制定し教育立国の理想をなそうとした旧韓国政府の教育改革事業は，はたして実際に何の所期の成果もなく旧時代の姿を温存させていたのだろうか」と疑問を提出（1頁）し，従来の研究について植民地日本人官僚の文書に依拠しそれに対する史料批判もないまま，結局は当時の日本人たちの植民地史観に影響されていると批判した．同様に柳芳蘭[1995]は，公立小学校設立が1905年までに87校にのぼり，かつ全国各地に分布していたことを明らかにすることで，従来の「甲午改革不振説」の修正を迫っている．また，金京美[2009]がこの期の教育改革について本格的な検討を加えているが，特に伝統社会から引き継がれた儒教教育の持続的影響力という視角を導入している点が注目される．教育理念として儒教的価値が当時どのようにとらえられ位置づけられたのかなど，それまでの教育的伝統を踏まえた考察になっており，植民地期の分析においても十分重視されるべき観点であろう．

　次に，日本側の教育行政への介入と1906年制度改変についてであるが，直接的介入は，幣原坦の学政参与官就任（1905年2月）から始まったとされる．佐藤由美[2000]は，同年4月に作成された幣原の「韓国教育改良案」について，日本語普及の教育方針をとり，学制は簡易・実用を重視したと指摘した．小学校5・6年制を普通学校という4年制学校に改編し，初学年より日本語を必修とする内容があり，特に幣原が準備した草案が普通学校令の原案になったとした（42頁）．実際の制度改変は，統監政治が始まり1906年8月に各学校令が公布されて行われた．学校制度は，普通教育が普通学校4年・高等学校4（女子3）年，そして師範学校・外国語学校・実業学校で構成された．普通学校の骨格はほぼ幣原の案通りであり，日本語は1年生から週6時間導入されている．またこの制度では，中学校が設定されず「高等学校」が終結機関として普通学校に接続することで，8（女子7）年間の普通教育となった．これらに関連して駒込

武［1996］は，「甲午改革以後の近代化路線が統監政治期に修正」され，「近代のメルクマールの一つを，身分制原理に代わるメリトクラシー，学歴主義の原理と考えれば，植民地当局は保護国化を境として近代的な教育制度の普及を阻害する側にまわった」(104頁)とした．植民地教育政策の根本的な批判になり得るように思われ，今後の掘り下げが重要であろう．

「併合」約1年後の1911年に，第1次朝鮮教育令が公布された．学校制度は，普通教育・実業教育・専門教育で構成され，普通教育は，普通学校4年・高等普通学校4(女子3)年とされた．また，日本語が「国語」となり教授用語とされ，普通学校1年から教科目中最も多くの時間が割かれる一方で，朝鮮語は漢文と一括され「朝鮮語及漢文」として日本語科目の約半分の時間数となるという，植民地化に伴う転換があった．幣原案からの日本語重視の方針が，植民地化による全面的展開をみた．

広川淑子［1977］は，朝鮮植民地教育制度の起源については明確でないとしつつも，第1次朝鮮教育令は大枠として1906年の学制の延長上に制定されたとした(75頁)．この見方に立てば，1906年から始まる体制が第2次朝鮮教育令制定期まで継続することになる．なお，日本の植民地での教育令制定はこれが初めてであり，その後数度の全面改定が行われ，かつ在住日本人教育まで統合しつつ，植民地期末期まで続いた．

(3) **朝鮮・台湾における統合的側面**

まず台湾教育令と朝鮮についてみたい．1919年1月に第1次台湾教育令が公布され，公学校・(女子)高等普通学校，および実業・専門・師範教育で制度が構成された．この教育令は上沼八郎［1992, 1998］によれば，朝鮮における学校制度と「同一の原則」にたつという内務省側の意見に押し切られる形で成立したとされる．台湾の現実に即した教育令の制定を模索していた台湾総督府と本国政府との対立・摩擦があったが，帝国内ですでに成立していた第1次朝鮮教育令との「調整」が図られ，台湾教育令第1条の「台湾」を朝鮮に置き換えればほぼ同じ条文であると，両者の同質性を強調した．ただし公学校6年制はそのまま残り，また朝鮮教育令にはない「師範学校」規定が入っている．

また駒込武［1996］は，台湾教育令制定のための教育調査会審議のなかで，植民地学務官僚の隈本繁吉が台湾の現実から，「適当ナル教育」を与えることで

教育を支配の「安全弁」として利用する考え方を打ち出したことに注目した．これは辛亥革命の影響など，台湾支配が直面する問題への対応策を模索するなかでとられ，中学校の設立や公学校の増設策に反映されたとみる．同様に，第2次台湾教育令制定(1922年)についても三・一独立運動や原敬首相の内地延長主義など外部的要因を重視する従来の説に対して，1910年代の台湾情勢に対応しようとした政策のなかにその「伏線を見いだすことができるのではないか」と問題提起している(129頁)．従来，たとえば尹健次[1982]の研究について，「近代日本の植民地政策[中略]は，朝鮮民族にたいする政策を基軸とする」，「台湾をも含めたその後の植民地経営は，朝鮮での経験を移植していくものであった」としているなど，「朝鮮中心史観」とでもいうべき傾向があると批判した(23頁)．そして逆に1920年朝鮮教育令一部改正について，台湾を「基準」とし「歩調をそろえ」る形で，普通学校6年制が採用されたとした．朝鮮と台湾の政策における相互規定性や実際の教育動向についての掘り下げが必要であり，朝鮮を「主軸」とする見方に疑義が出されているといえよう．

　次に三・一独立運動を経て内地延長主義をうたう1922年第2次朝鮮教育令が制定されたことに関してであるが，第1に注目されるのが，内地と同一水準の学校制度の導入である．基幹となる普通教育で，高等普通学校が5年となり普通学校6年に接続し，師範学校・帝国大学予科・帝国大学などが導入された．ただし，高等学校の制度はなく，また4年制普通学校が「例外規定」として認められ，その後の1941年国民学校令でも残る点は，2年制簡易学校(1934年導入)とともに植民地性という点で看過できない問題である．第2に注目されるのが，教育理念などに関わる変更点である．第1条で朝鮮人に加えて在朝日本人教育をともに規定した．そして，旧第2・3条(「教育勅語」・「時勢と民度」条項)は取り下げられたが，そもそも第2条については，内地の学校令(勅令)などにはなかった教育の「目的規程に教育勅語に関する文言を明文化」したものであり，この条項を残せば，「朝鮮人ノ反感ヲ買ヒ却テ統治ニ不利ヲ来ス」と判断されたことが指摘されている[久保義三1979：19-23頁]．広川淑子[1977：83頁]はさらにこの点について，枢密院に提案された政府案で削除の提案があり，枢密院はそれを了承する形だったとした．そして新たに第2・3条として登場したのが，「国語常用」という日本語の使用状況を基準として，朝鮮人と日本人の教育・学校を区分する方法であり，従来通りの学校名称のまま民族による

別学体制を維持した．この「国語常用」か否かによる区別の現実的な意味については，民族名で区別することで差別政策が明示されることを避けつつ，日本語の浸透を促し言語による統合を進めるという政策がより展開可能となったという台湾についての見方［陳培豊 2001］があり，朝鮮もまた同様であろう．

　また，教育要求の受容と植民地政策の展開という観点で歴史教育については，普通学校 6 年制化のなかで 4 年制では行われなかった歴史教育が導入された点が注目される．磯田一雄［1993］は，第 1 次朝鮮教育令下では「歴史教育を通じての同化ではなく，朝鮮人民を歴史教育から疎外しようとする統監府時代の政策の発展であった」政策がとられたが，第 2 次朝鮮教育令では，「日本の植民地主義の歴史観に適合するような朝鮮史を教え，読ませる方向に転換を図った〔中略〕植民地史観を学ばせることにより，従順な植民地民衆が形成されることをもくろんだ」とした．そして，実際に出版された教科書の内容も，内地の国定教科書に「朝鮮事歴」を挿入したもので基調は同じだとした（118 頁）．朝鮮人の教育年限延長・歴史教育実施の要求を受容する形で，内実としては植民地教育の深化が意図される政策だったことが明らかにされつつある．

　最終期として，日中戦争の開始により 1938 年 3 月に朝鮮教育令が全面改定（第 3 次）され，普通教育において小学校令・中学校令・高等女学校令が朝鮮人教育にも適用された．これによって学校名称は日本人学校と同一化したが，別学体制は基本的に維持された．宮田節子［1985］は，1938 年朝鮮で志願兵制度が導入されたことが，朝鮮教育令の改正を迫ったとした．なおこの教育令で，朝鮮語は正規の科目から外され，随意科目化した．また 4 年制の小学校においても，皇民化教育を実施すべく「国史・地理」科目が導入されたことを磯田一雄［1993］が指摘している．そして 1941 年になると国民学校令が，戦時体制に即応し「皇国臣民を錬成する」目的で，朝鮮以外に台湾まで適用され，内地と同じ国民学校から帝国大学までの学校制度がこれらの領域で成立した．

2　教育構造

(1) 領域内構造

　朝鮮教育史の分野で，渡部学［1975］は植民地期の教育構造について「公立普通学校体制」という枠組みを提出した．これは，日本の教育政策が，公立普通学校を中心にその外側に私立普通学校，宗教・一般私立各種学校，私設学術講

習会(夜学), 書堂など「周辺副次的」諸施設を「多重多層同心円として周辺に配」し,「これを求心的に収束・統一するような体系」をとる一方, 朝鮮人の側は「周辺への遠心的力動」を働かせるなかに成立していたと把握するものである. この体制のなかで支配側は, 在来の諸教育機関の転換などを図り公立普通学校の中心化を進めるが, そのような「力学的構造は, 朝鮮人にとっては, 次第におのれ自身を失って, 忠実従順な下級実務勤労者たる半日本人化していくことを意味した」とし,「朝鮮人の側としてはむしろ中心部からより周辺部へ, 周辺部へと, 遠心的に力を働かせていくことを望んだ」と捉えた. 渡部の研究視角は, 戦後の朝鮮史研究の課題であった植民地停滞論や他律性史観の克服として学界で形成された「内在的発展論」を背景とするものである. そこでは歴史発展の原動力として国内の契機を重視し, 日本帝国主義の侵略の犯罪性を暴く作業とそれに対する民衆の抵抗として民族運動史の分野が主軸とされた.

渡部の「公立普通学校体制」という枠組みに関して古川宣子[1993]は, 教育政策で最も重視された初等教育を総体かつ構造的に把握している点で画期的であるが, 植民地学校への朝鮮人の対応に関しては「"支配と抵抗"という二分法的なものであり, 植民地期に朝鮮人側の学校就学要求の増大がみられ, それが普通学校に就学を希望するという形を取ったという事実を見落としている」(3頁)と批判した. 公立普通学校への就学要求や増設運動など, 植民地学校に向かう人々の不可視化の問題である.

こうした従来の枠組みに関わる批判は, アイヌ教育史研究においても同様にみられた. 小川正人[1997]は, 従来の研究が「「同化政策」による圧力とこれに対するアイヌ民族の自立・抵抗の行動」という枠組みにとらわれがちではなかったかと批判した. そのうえで,「アイヌ学校への就学率が「急上昇」したという現象の実相の解明を欠いたままであれば, それは平板な政策批判」(171頁)にならざるをえないとした. すなわち, 従来アイヌ民族の主体性の確認がいわゆる民族解放運動の部分に限定されがちであったことを批判し, 同化教育機関である学校に積極的に子供を通わせたアイヌにも民族としての主体性・自立の要素が見いだせるとして, 同化教育機関のなかでの「アイヌの主体性」という問題を提起した.

また台湾教育史において北村嘉恵[2008]は, 先住民教育政策を通史的に考察するに際して,「蕃童教育所の「普及」過程を政策者の意図の貫徹する過程と

第 13 章　教育の制度と構造　139

してのみ捉えてきた従来の研究を見直す」(17 頁)という，植民地教育機関の普及をどう見るかという点での問題意識を明らかにした．

　従来の「支配と抵抗」枠組みでは，植民地学校が「同化」を図る機関とのみ位置づけられる傾向があったために，被支配の側が普及を希望し推進する事象は「抵抗」と矛盾すると捉えられ研究対象として捨象されてきた．このことが研究史的に限界として意識され，植民地学校の普及や就学を望む動向の把握とその動きをどうとらえるかということが問題として提起される段階に入ったと言うべきであろう．

(2)　中心部に向かう人々

　以上の問題にかかわって，植民地台湾における「国語」教育を軸として，日本側の政策と台湾人（漢族）の対応を分析した陳培豊[2001]が注目される．陳は，
　　既成の「支配と抵抗」という図式からこぼれ落ちていく問題を捉え直す必要があろう．教育についていえば，単に支配者が「同化」主義に基づいて国語教育を押し付けたということだけではなく，文明的な教育の普及そのものを抑制したり，また，教育を普及しながら民族意識の台頭を抑制しようとしたこと，被支配者の側には，文明的な教育を受容しながら抵抗したり，抵抗しながら受容するという複雑な実相が存在していたはずである（19 頁）．
と問題を提起した．そして公学校や国語教育に対して「台湾人が積極的に受容した」として，その歴史的な背景・論理を明らかにすることを課題として設定した(100 頁)．「支配と抵抗」枠組みで捨象されてきた部分を正面に据え，支配政策に即して解明しようとした点が画期的である．陳の研究ではその他重要な問題が提起されており，以下いくつかの点に言及したい．

　まず，上記の考察に関わって，同化概念の再検討が提唱された．同化概念については駒込武[1996]が，分析概念として前提とするのではなくそれ自体を掘り下げるべきだとの問題提起をしている．これを発展させる方向で陳は，日本の同化政策には，「文明への同化」と「民族への同化」という二側面があり，その一方で差別と平等という背反するイデオロギー性を帯びていたと腑分けした．台湾人にとって同化教育は，それを拒否しない限り文明化が進むという「正比例」の関係があり，積極的に受容すればするほど「平等化」の時期が早

まりかつ対象が広がる側面があるとした．すなわち同化教育政策には，「差別統治撤廃＝植民地体制への抵抗」となる構造的陥穽が存在したとの指摘である．まさにこの点こそが，「台湾人の植民地統治への抵抗が必ずしも「同化」教育を拒否するものでなかった」理由とみた(82頁)．日本側の政策展開に即して台湾人が植民地教育を積極的に受容する論理と行動に光を当てている．

また，植民地学校受容の時期と程度に関して陳は，台湾植民地化の「当初から」，治安の確立した地域においては「意外にも台湾住民が迅速，かつ好意的に受容し〔中略〕それは階層を超えた普遍的な現象であったと考えられる」(105頁)とした．上沼八郎や呉文星，駒込武などの先行研究では，こうした「積極的受容態度」は「上層階層に限られたもの」としてきたとしたうえでの，新たな見方である．なお，朝鮮についても，普通学校の普及・定着に関する研究が蓄積されてきている．関連する，古川宣子[1993]・呉成哲[2000]・金富子[2005]，そして板垣竜太[2008]らの研究について，筆者は『朝鮮史研究入門』で叙述したので参照されたい[朝鮮史研究会編2011：277-278頁]．

また，日台両方に見られる植民地支配「肯定論」に関して陳培豊[2001：10頁]は，日本における「新しい歴史教科書をつくる会」などの問題が，従来の研究において「被統治者側への視線」が著しく欠如していたことに起因するとの見解を示した．つまり，研究上，台湾人を歴史主体としてみる視点が著しく欠如してきたことが，「公学校に対して台湾人は〔中略〕貪婪ともいえるほど積極的に受容してきた」(31頁)姿が捉えられなかったことにつながったとした．植民地学校への就学要求や設立運動のメカニズム解明がブラックボックスとして残され，人々の教育要求の在り方が解明されない研究状況が，日本・台湾における「支配肯定」論という倒錯した認識の存在根拠となっている点を研究の出発点として問題にしている点は示唆されるところが大きい．

(3) 帝国内構造

以上は主に初等教育に関するものだが，高等教育の領域で朝鮮人女子留学生の動向を考察した朴宣美[2005]は，帝国日本規模で形成された「教育ピラミッド」における頂点「メトロポリス東京」への留学として朝鮮人女性の高等教育を描き出した．朝鮮半島を超え帝国日本のまさに「中心部」に向かい，留学終了後また植民地農村などで教員として働くなどの動きを「知の回遊」とした．

女子留学数は数的にはごく少数であっても，イデオロギー的影響力は多大であった領域を考察対象とした意味は大きく，朝鮮人女性エリートの植民地認識・価値観に迫る植民地近代「主体」分析となった．

次に政策の構造的矛盾という視点をみたい．本章で多々言及している駒込武[1996]は，多民族帝国日本が実施した植民地教育政策を文化統合として総体的に考察した．日本の植民地支配においては，天皇制に由来する「血族ナショナリズム」によって，国家統合上は植民地が「排除」される一方で，日本語教育という「言語ナショナリズム」による文化統合が植民地を「包摂」する体制をとったとした．前者を基調として，後者の「弥縫措置」が図られたのであり，その政策はあらかじめ形骸化が運命づけられており，文化統合の創出機能は不十分なものであったと結論づけた．なおこの「形骸化」については陳が，「被支配者の側からすれば，形骸化しつつも多くの痕跡を残していること」こそが重要だとした(15頁)．「被支配民族の主体性」に関わる指摘であろう．

植民地政策やそれによって構築されたシステム・構造の矛盾への視点として共通するのが樋浦郷子[2013]である．樋浦は，天皇崇敬教育のために神社参拝が中心に据えられたが，神社参拝における内実は，身体規律だけを強制するとともに，「理を超えた問答無用の「神秘」」の側面の強調となって，「空虚な循環が起こりながら崩壊に至る」(258-259頁)と結論づけた．また山下達也[2011]は，朝鮮の初等学校教員が植民地教育の「担い手」としてのみ把握されてきたとして批判し，「差異や矛盾を内包する集団として，むしろ植民地教育システムを内側から綻ばせる存在としての側面」(5頁)を有しており，「停滞をもたらすことさえあった，「不安要素」としての側面からも位置づけ得る」(315頁)とした．

また中・高等教育に関して，駒込武[2015]は英国長老教会宣教師が1885年に台南で設立した中学校をめぐって，台湾・英国・内地・朝鮮・中国におけるそれぞれの関連事象を通史的かつ横断的に照らし出し，その歴史的意味を帝国主義体制下における文明の秩序，被支配人の主体，日本の人種主義，公共圏など，幅広い観点から掘り下げた．議論されるべき論点は多岐にわたるが，ここでは中等教育構造に関する言及に注目したい．特に第2次台湾教育令下において，台南長老教中学が上級学校進学資格を付与される指定校化を目指して，林茂生などを設立者として1927年「財団法人」を立ち上げ寄付金募集運動を展

開したことを，台湾人の自治的空間(公共圏)の構築だったとした．これは，1920年代に「私立学校を卒業しても上級学校に進学できない体制」(192頁)が形成されたなかでの台湾人の模索であった．

同じく中等教育における学校制度定着の様相に関する朝鮮の分析として，金京美[2010]が注目される．金は，第2次朝鮮教育令による朝鮮と内地学制の同一化によって，中学校と同レベルになった5年制の官公立高等普通学校と中等普通教育を行う私立各種学校との間で「位階を伴う差別が本格化」したとした．1910年代は両者の格差が相対的に小さかったとすれば，20年代以降は，「高等普通学校の学力競争はより優位にある学校の学歴を獲得するための競争としてより一層深刻化」(47-48頁)したとし，「指定学校制度」による「教育機関の位階の細分化」などをその背景として説明した．

おわりに

戦後における朝鮮史研究の出発に際して，最も重要な課題とされたのは，戦前の「植民地停滞論」や「他律性史観」の克服であった．こうした植民地史観が現在どれだけ克服されたかという問題に関連して，磯田一雄[1993：133頁]は，

> 植民地教育は内地の教育と連動しており，皇民化教育がもっとも成果をあげたのはいうまでもなく内地であった．一九八二年に日本史教科書の記述をめぐって「教科書問題」が国際化して以来すでに一〇年になるが[中略]多くの問題が未解決のまま残されている．皇民化教育の影響の清算は，まさにこれからの課題なのである．

とした．天皇制教育が最も成果をあげたのが日本人教育であり，それが戦後の日本で様々な問題を引き起こしているという指摘は，植民地教育研究に求められている課題と役割が，当該地域の歴史事象の解明とともに，日本人の歴史認識の歪みの是正に貢献するという現実的要請があることを改めて意識させる．

コラム⑤

スポーツ

小野容照

はじめに

　東京ドームの 21 ゲート付近に野球殿堂博物館がある．日本で唯一の野球専門博物館だが，その書庫には日本のスポーツ全般に関わる新聞，雑誌，書籍などが 5 万冊以上所蔵されている．秩父宮記念スポーツ図書館とともに，日本スポーツ史を研究するうえでは欠かせない博物館である．

　しかし野球殿堂博物館は，戦前の日本が植民地帝国だったことを示す空間でもある．それを象徴するのが，1959 年から現在までに野球殿堂入りした人たちのレリーフが掲げられている殿堂ホールである．たとえば，初年度に殿堂入りした，早稲田大学野球部部長で「学生野球の父」として知られる安部磯雄は，1912 年に朝鮮人の野球チーム，YMCA 野球団を日本で初めて招いた人物である．YMCA 野球団は朝鮮人による最初期の野球チームで，2002 年に韓国で公開された映画「YMCA 野球団」(邦題は「爆裂野球団！」)のモチーフとなった．また，1978 年に殿堂入りした大阪タイガース(現・阪神タイガース)の初期の主力打者だった松木謙治郎は，大連で社会人野球の大連実業の選手として活躍した後，1936 年にタイガースに入団した．その 2 年後には植民地期に朝鮮人で唯一プロ野球選手となった朴賢明がタイガース入りしたが，松木の回顧録には朴との思い出が綴られている [小野容照 2017]．

　そして殿堂ホールの中央には，初代の黒獅子旗が展示されている．これは社会人野球の都市対抗野球大会の優勝旗で，戦前は，朝鮮，満洲，台湾でも予選が行われていた．戦前最後の都市対抗野球大会は朝鮮の全京城が優勝したため，この黒獅子旗は朝鮮で終戦を迎え，戦後になって日本に戻ってきたものである．

1　帝国日本のスポーツ大会

　野球に限らず，戦前の日本のスポーツ大会は植民地で予選が開催されたり，あるいは植民地の人々が日本の大会に参加したり，日本人が植民地の大会に参加したりすることが多く，実際は帝国日本のスポーツ大会として機能していた．ただ，戦後の日本スポーツ史研究では，植民地帝国の過去は忘却されてきた．たとえば，日本における野球の伝来を解明した『日本野球創世記』の著者で，2009 年に野球殿堂入りした野球史研究者の君島一郎は，1940 年から終戦ま

で朝鮮銀行の副総裁を務め，戦後は友邦協会の会長にもなった人物でもある．しかし，君島は朝鮮半島の野球については書き残していない．

　全国中等学校野球大会（夏の甲子園）や，総合スポーツ大会である明治神宮競技大会についてはある程度の研究はあるが，戦前日本の各種のスポーツ大会が植民地まで拡大していく経緯や，予選の実態についてはいまだ研究蓄積に乏しい．しかし，朝鮮，満洲，台湾でも予選が行われたスポーツ大会は，日本の植民地支配を横断的に捉えるのにうってつけの素材である．映画「KANO」でも知られる台湾の嘉義農林学校は1932年の全国中等学校野球大会で準優勝したが，このチームは日本人，漢人，原住民で構成されていたため，その活躍は台湾で民族融和政策の成功例として認識された［林勝龍2012］．一方，1925年からはじまった朝鮮神宮競技大会は明治神宮競技大会の予選として位置づけられると同時に，朝鮮神宮の奉賛という目的もあり，いわば宗教政策の一環でもあった［金誠2017］．

　全国中等学校野球大会は朝鮮でも内鮮融和に利用されたが，同じ「融和」でも朝鮮と台湾ではどう異なるのか，明治神宮競技大会の台湾，満洲の予選はどのような意図で実施されたのか，それぞれの予選の政策との関わりや実態を比較することにより，日本の植民地支配を横断的に捉えることができるだろう．また，朝鮮神宮競技大会には朝鮮在住日本人だけでなく朝鮮人も参加したが，スポーツ大会の現地住民への影響もあわせて検討すれば，植民地の社会史，文化史研究にも新たな光を与えられるだろう．

　なお，孫基禎が1936年のベルリンオリンピックのマラソンで金メダルを獲得し，その後に『東亜日報』紙が孫の胸の日の丸をぬりつぶした写真を掲載する日章旗抹消事件が発生したことはよく知られている．近年はオリンピックや極東大会といった国際大会と植民地の関係についての研究が進展している［高嶋航2012］［金誠2017］．残念ながら冬季オリンピックについては不明な点が多いが，これらの研究が進めば，植民地とスポーツの関係をより広く世界史的文脈に位置づけて立体的に描けるようになるだろう．

2　各種スポーツの論点

　これまでやや野球に偏って述べてきたので，その他のスポーツの論点についてごく簡単に触れておこう．朝鮮で重要なのは，サッカーである．1920年代中頃までは野球が中心だったが，次第にサッカーが朝鮮人の間で流行する．ベルリンオリンピックの日本代表にも朝鮮人選手が選出されているが，朝鮮人の

サッカーの実力は高く，ナショナリズムとの結びつきも深かったため，官憲側史料にも朝鮮人選手の動向が記されている［坂上康博・金虎君 2013］．スポーツとナショナリズムの関係性を分析する際，サッカーは欠かせない．ただ，サッカーは朝鮮在住日本人の間ではそれほど流行せず，台湾人も朝鮮人ほどはサッカーを好んではいなかった．植民地のサッカーの比較から，朝鮮人，台湾人，日本人の民族性に迫ることもできるだろう．

テニスは，野球やサッカーとは異なり，女性との関わりが深く，朝鮮では女子テニス大会が開催された．植民地の女性スポーツという点で重要である．また，民族混合のダブルスは，野球と同様に内鮮融和と結びつけられることがあった［西尾達雄 2005］［南宮昤皓 2000］．融和政策との関連で，野球とテニスがどう役割分担をしていたのか考察するのも興味深い．

相撲に関する研究もある．サッカーやテニスと異なり日本の伝統文化にもとづく相撲は，次第に「国技」として認識されるようになり，満洲事変以降，満洲，朝鮮，台湾で頻繁に巡業した［胎中千鶴 2010］．その観衆の多くは現地在住の日本人だが，朝鮮人と台湾人の相撲の受容を比較することも重要であろう．朝鮮にはシルム（朝鮮相撲）があり，これは朝鮮神宮競技大会の種目にもなっている．それだけ朝鮮人にシルムが親しまれていたということであり，同じ植民地でも，朝鮮と台湾での相撲の受け止め方は大きく違ったはずである．

おわりに

以上のように植民地のスポーツは，種目ごとに多様な論点があり，朝鮮，台湾，満洲の各地で性格が異なる．その一方で，日本内地と植民地を包括したスポーツ大会があり，支配政策とも結びついていたため，分析次第では日本の植民地支配を横断的に捉えるのに大きく貢献し得る分野である．では，どのような史料があるのだろうか．最後にこの点について述べておこう．

植民地で刊行された新聞にはスポーツ欄がある場合が多い．また，大阪朝日新聞社や大阪毎日新聞社が各種スポーツ大会を後援することも多かったため，これらの外地版はスポーツ新聞として利用可能だ．『運動界』，『野球界』，『アサヒ・スポーツ』といった戦前日本のスポーツ雑誌にも植民地の情報が豊富に含まれているほか，朝日新聞社が毎年刊行していた『運動年鑑』には，各種競技の結果が植民地を含めて幅広く載っている．これらの雑誌は，先述した野球殿堂博物館や秩父宮記念スポーツ図書館に揃っている．

植民地のスポーツは研究蓄積が少ない分野であり，こうした新聞，雑誌を丹

念に追うだけでも，多くの史実が明らかになるだろう．植民地研究のなかでスポーツはマイナーだが，可能性に満ちた分野だといえよう．

第 14 章
医療・公衆衛生

鈴木哲造

はじめに

　学問としての「医学史」が欧米で誕生したのは，19 世紀から 20 世紀にかけてのことであった．そして，この医学史とは質的に異なる「新しい医学史」が欧米で生まれたのが 1980 年代のことであり，90 年代に日本を含む世界の各地に拡散した．かつての医学史と「新しい医学史」の差異は，前者が医学部内部の学問であったのに対し，後者は，医学の外から人文・社会科学の研究者らが，政治・経済・社会・文化等との連関から医学・医療・疾病を捉えようとしたことである．これにより，分野の異なる研究者が共存し，ダイナミックな論争が交わされる空間が世界各地に作られた［鈴木晃仁 2002, 2014］．

　東アジアで「新しい医学史」が最も早く進展したのは台湾であった．台湾の「新しい医学史」は，英語圏の医療社会史で用いられるポスト・コロニアルな視点を取り込んで活性化するとともに，学際的な広がりもみせている［飯島渉 2015］．その最近の成果として，中央研究院や陽明大学等に所属する歴史学・人類学・社会学等の研究者が取り組んだ学際的な共同研究の成果である劉士永・王文基編［2017］がある．植民地主義・資本主義・グローバリズムの影響によって医療・公衆衛生に関わる概念・知識・制度が東アジア各国間で密接に連関し，相互補完関係にあるという視座に基づいて編まれた同書は，多様なテーマを取り扱う学生向けの「テキスト」である．対象の期間も 14 世紀から現代までと幅広い．こうした試みからみても，台湾の「新しい医学史」は，扱う事象の幅広さ，学際性，人材育成という点において世界的に先進的な位置にあることがわかる．

他方，日本では，日本史・東洋史・西洋史の伝統的な垣根を越えた研究交流の必要性を唱える飯島渉を中心とする研究会が 2000 年 8 月に組織された．若手研究者を主体とするこの研究会(The Asian Society for the Social History of Medicine)で研鑽を積んだメンバーは，永島剛ほか編[2017]を刊行するとともに，東アジア各地で医療社会史研究を志す大学院生が英語で報告する Young Scholar Forum for Medical History in Asia にも参画して地域横断的な観点から「新しい医学史」の構築を試みている．

　このように，学際性と国際性を帯びる東アジアの「新しい医学史」は，後進の育成を伴いながら活性化している．この過程において，いかなる課題が設定され，いかなる議論が展開されたのか．これらの整理は，多様な背景を持つ研究者が参与し，国際的規模で拡大しつつある東アジアの医療・公衆衛生史の研究領域において，議論の前提を共有し，相互討論をより建設的に行うために必要な作業である．そこで本章は，「新しい医学史」の波が東アジア地域に押し寄せた 1990 年代から現在までの東アジアにおける医療・公衆衛生史に関する研究を振り返る．分析対象とする研究の成果は，19 世紀後半から 20 世紀前半の時期を扱ったものを中心に取りあげる．この時期は，日本の植民地支配と東アジアにおける近代西洋医学の本格的受容が同時に進み，東アジアの医療・公衆衛生の特徴が「日本」を介在して形成された．この作業を通して東アジアの医療・公衆衛生史に関する今後の課題を抽出し，その展望を示したい．

1　歴史研究における医療・公衆衛生という視角

　世界史的観点からみれば，19 世紀後半から 20 世紀中葉は，欧米や日本等の国家が自国の勢力拡大のために鎬を削った帝国主義の時代であった．他方，医学史的観点からみれば，細菌学の勃興に伴う近代西洋医学の優位性が確立された時代であった．それゆえ，近代西洋医学は，「帝国のツール tools of empire」として，帝国の拡張にしたがい，その統治地域で実践された．言い換えれば，19 世紀以降に興隆した近代西洋医学は，それ自身が「近代性」だけではなく「帝国主義」あるいは「植民地主義」の性質を具えており，帝国の拡張や植民地の支配と密接に関係していたのである[李尚仁 2004]．同時に，近代における医療・衛生事業の展開は，国家が積極的に介入した領域の 1 つであった．わけても個人の身体に関わる領域である衛生事業の確立は，社会の組織化や「身体

の規律化」をもたらし，統治機構の再編契機ともなった．医療・衛生の「制度化」——医療・衛生事業への国家による積極的関与と行政化——は，欧米諸国や日本だけでなく，帝国主義の展開を通して植民地にも適用され，その社会に大きな影響を及ぼした［飯島渉 2000］．

だが，問題は，医療・衛生の「制度化」が「植民地化」と同時並行的に進み，なおかつ「植民地化」が「近代化」であったことである［飯島渉 1998］．范燕秋は，台湾総督府の推し進めた近代的な医療・衛生政策が「ある面では台湾人の人心を収攬する働きを具有し，近代文明の価値を生み出したが，最終的には日本人植民者の環境を創造し，台湾を日本帝国の体系に組み入れ，日本帝国の国際的競争力を高めようとしたもの」であり，台湾統治の方法が「近代化と植民地化の複雑な二つの側面の弁証法的関係」にある，と論じている［范燕秋 1998］．ここに「近代化」と「植民地化」の両義性をどのように考えるべきか，という問題が投げかけられたのである．

医療・衛生事業の展開は，感染症の抑圧および医療の普及等による死亡率の低下や平均余命の上昇といった「近代化」の肯定的側面を強く帯びているが，ここには 2 つの問題がある．第 1 に，「近代化」(=「文明化」)が伴う「価値の序列」の問題である．衛生的で清潔な温帯の「ヨーロッパ」と，非衛生的で熱帯の「アジア・アフリカ」という対照のなかで，熱帯に位置する植民地社会は，「病気の巣窟」として，忌避すべき対象，もしくは「文明」(近代の医学や公衆衛生)によって治癒すべき対象とされたのであり，「衛生」という近代的な規範のもとで「劣性」の刻印を押されたのである．第 2 に，医学と公衆衛生が，植民地支配における「権力関係」の本質的要素として機能した問題である．すなわち，医学や公衆衛生は，当初，統治者の健康を守る手段として確立されたが，「身体」の管理・監視を通して，被統治者の「社会管理」を進めていく装置として機能していくことにもなったのである［脇村孝平 1997］．

さらに，医療と公衆衛生の歴史研究は，医療・衛生の「制度化」によりもたらされた「近代化」の裏面に隠された意識や機能を問題視するにとどまらず，近代批判の先鋭化した領域になっていく．その分析枠組みとなっているのが「開発原病 develop-genic disease」および「帝国医療 imperial medicine」と，植民地近代論 colonial modernity である．

「開発原病」とは，農業開発が自然環境を破壊し，その副産物として病気の

異常発生をみる現象に注目し，近代西洋を起源とする，経済開発→生活水準の向上→健康増進というバラ色公式に対して疑問を投げかける見方である．ヨーロッパ諸国による植民地化が進み，人間社会と自然社会のバランスが破壊された結果として，病気の異常発生が促された．文明の進歩とは，同時に病気の増加の歴史でもあった．その病気に対してひときわ光り輝いていたのが「帝国医療＝近代西洋医学」であった．被統治者にとって帝国医療は，病気に対する特効薬として効用があったため，受け容れ消化してしまう．それゆえ，病気対策は，植民地支配の重要な一環であり，目に見える政治権力の行使以上に重要な権力装置であった．開発原病と帝国医療の関係を，自ら火を放ったうえでおもむろに水をかける「マッチ・ポンプ」にすぎず，病気に苦しむ「原住民」(被統治者)とそれを助ける「救世主」(統治者)との欺瞞的な構図として捉えることで，植民地の医療と公衆衛生をめぐる歴史研究は，近代批判の急先鋒に立つのである[見市雅俊 2001]．

　植民地近代論とは，植民地における経済政策や社会政策の展開のなかで，ある種の領域では近代化が促進されたとする植民地近代化論 modernization in colony への批判として，近代社会のもたらした桎梏を宗主国・植民地の位相のなかに位置づける視角である．それと同時に，脱植民地化の過程において近代性が選びとられた，あるいは選ばざるを得なかった意味を意識することで，戦後への継承と断絶の問題を射程に入れる視角でもある[歴史学研究会編集委員会 2007]．日本における植民地近代論の議論を牽引してきたのは，朝鮮史研究であり[並木真人 2003]，医療・公衆衛生領域における成果としては，松本武祝[1999, 2007]がある．

　植民地近代論は，「近代性」と「植民地性」の並存状態を認識したうえで，両者の多様な関連性や相互作用に着目する．医学領域における植民地近代論に関連して，范燕秋は，「近代西洋医学が植民者と被植民者に近代経験をもたらしたのは重要である．だが，植民地医学は，本国の医学とは異なる．移植の過程と自然・社会的な要因により，植民地医学は，地方性と混成性を具えているのである」と論じている[范燕秋 2010]．つまり，植民地近代論の主眼は，植民地の医学体系やその関連法制が具える「近代性」の多様性，混成性，特殊性に注目し，当該社会が経験した近代の実相に迫ることにある．また，駒込武が「近代への欲望が広く共有されることと，実際に近代的な諸制度や技術が普及

することは，もちろん同じではない．「植民地的近代」に関わって重要なことは，西洋近代文明の構成要素とされたものの中で実際に普及したものと，普及が抑止されたものとの間に大きな不均衡が存在したことである．このアンバランスこそが「植民地的近代」を特徴づけるものとなる」と指摘しているように[駒込武 2003]，植民地近代論が植民地に導入された制度や技術の不均衡の解明を目的とする以上，国内や他の植民地との間の比較が方法論として重要性を持っている．

いずれにせよ，医療・衛生事業の展開は，科学としての「近代性」を伴って実施され，かつ人々の身体に直接かかわるがゆえに，当該社会における「近代」の多様な経験や諸相——植民地近代性——を掘り起こすことのできる有用な領域であるといえよう．

2　医療・公衆衛生史をめぐる論点——日本統治下の台湾を中心として

日本統治期台湾の医療・公衆衛生史の中核となる事柄は，感染症である．台湾においては，ペスト，コレラ，腸チフス，赤痢，痘瘡等の急性感染症や結核，ハンセン病，性病等の慢性感染症に加えて，熱帯地方特有のマラリア等の地方病が流行した．台湾総督府の感染症対策の重点は，1910年代を通じて，急性感染症から慢性感染症および地方病へと移っていく．この大きな流れにあわせて，これまで台湾に「瘴癘の地」の名を冠させた二大感染症であるペストとマラリアを中心に，流行のメカニズムと実態，総督府の防疫対策とそれによる社会構造の変容について検討が進められてきた[范燕秋 1994][飯島渉 2005]．マラリアに関しては，その流行要因となった悪環境が静態的に存在したものではなく，植民地期の開発によって作られ，悪化した，という「開発原病」に関わる論点[顧雅文 2005]や，台湾において蓄積されたノウハウが八重山地域のマラリア対策に応用されていく帝国内の「知」の還流という論点[飯島渉 2005]が示されている．

台湾における感染症に焦点をあわせた研究の広がりの可能性として，第1に，ペストやマラリア以外の感染症への着目がある．ハンセン病については研究の蓄積があるが[芹澤良子 2007]，その他の感染症史研究は手薄である．なかでも腸チフスは，戦前期を通じて継続的に流行しただけではなく，総督府が予防措置として，積極的に衛生思想普及キャンペーンを張った感染症の1つである．

そのため，衛生展覧会や学校教育を通じて検討されてきた近代的な衛生思想の社会的普及という論点を深める好材料となろう[范燕秋 2008][呂明純 2002].

　第2に，感染症を含む医学領域における学術史である．新たな研究領域としての学術と植民地との関係史が提唱されて久しい．植民地は，調査・研究の新天地を学者や専門家に提供する一方で，その学術調査・研究は，植民地政策の策定と推進の重要な参考となった．地理学，地質学，動物学，植物学，人類学，言語学，医学等の学術の発展と近代植民地主義の展開は，相互補完的な関係にあった[呉文星 2004a]．医学・衛生学領域における学術史については，台湾総督府の研究機関であった中央研究所の展開した医学・衛生学研究を分析した研究[頼郁雯 1999]や，台湾が東京帝国大学との学問的対立関係にあった北里柴三郎派の研究者の新天地となり，北里派の影響のもとで，新たな研究課題や治療方法が生み出されていったことを，台湾医学発展の特色の1つとして指摘する研究[Liu 2009]がある．

　ただ，台湾に活路を求めた北里派の研究者は，医学領域のなかの衛生学という一領域に過ぎない．近代西洋医学は，専門領域の細分化を伴って発展した．少なくとも小児科の領域では東京帝国大学の影響下にあった[鈴木哲造 2014a]．したがって，台湾の医学領域における学術史の理解を深めるためには，基礎医学系(解剖・生理・生化・病理・薬理・衛生・寄生虫等)と臨床医学系(内科・外科・眼科・産科・小児科・精神科・皮膚科・耳鼻咽喉科等)の各専門領域で研究・診療に従事した医学者・医師の系譜と実践を総合的に検討する必要がある．そして，この医学者・医師の学術的実践と成果が植民地政策にどのように活かされたのか，帝国日本の「知」としてどのように帝国内あるいは世界に還元されていったのか，あるいは1945年以降にどのように「連続」していくのか[塚原東吾 2009]，ということが論点となろう．

　第3に，感染症の流行と都市形成との関係史である．台湾の都市形成史については，都市計画[黄武達 2000]や上下水道の整備[呂哲奇 2004]等の研究の蓄積がある．台湾総督府は，感染症の予防・防疫に際して，住民への強制力の発動を伴う強い権限を有していた．その最たるものが「台湾ペスト病毒汚染物処分規則」(1908年2月律令第2号)である．この規則を根拠法として台湾総督は，ペスト病毒に汚染されている家屋や物件を強制的に取り壊し，焼却することができた．感染症の流行は，都市の景観をも変えていくのである．さらに，感染症

の撲滅を主な目的として整備されていく貯水池，上下水道，市街，病院等を包含する近代的な都市形成過程において，「理知的」で「清潔」な救済者たる日本人と，「無知」で「不潔」な被救済者たる漢族系台湾人や原住民という二項対立的な模式のもとで，帝国日本の「文明国」としての自己認識が強化され，植民地支配の正当化を助長したことにも注目すべきである［鈴木哲造 2017］．台湾における感染症の流行が都市形成にどのような影響を与えたのかという論点は，物理的側面と意識的側面の2つのアプローチから深めていくことができよう．

　日本統治期の台湾史研究にとって，「医師」は，特別な意義を内包する分析対象である．それは，医師が台湾人の社会的リーダー階層の中核的存在として立ち現れたからである．台湾人の社会的リーダー階層の研究のなかで最も代表的な論著は，呉文星［2008］である．この呉文星の研究成果を基礎として，日本本国に留学した台湾人医師の動静を分析した研究［卞鳳奎 2011］や，「専門職 profession」の視角から専門職化と植民地化の相互作用および台湾人医師の集団アイデンティティの形成を論じた研究［Lo 2002］等が発表され，医師に関わる研究成果は，豊富である．

　「医師」を分析対象にした研究が豊富なのは，もう1つ理由がある．それは，近代医療体系の特有の現象として，医師が合法的かつ排他的に医業を独占し，医療体系において中心的役割を果たしていたことである．帝国日本でも例外ではない．これによって，看護婦は，主治医の指示がなければ，患者に対して治療器機を使用したり，薬剤の投与を行ったりすることができなかった．産婆は，妊婦・産婦・胎児・生児に対して，外科手術，産科器機の使用，薬品の投与が禁止され，薬剤師は，医師の処方箋に依らなければ薬品の調剤業務を行うことができなかった．医師は，医療の支配的な地位にあったがゆえに，医療政策を議論する場合には，分析対象として取りあげる意義が大きい．

　しかし，薬剤師，看護婦，産婆は，近代的な医療体系を機能させるうえで必要な専門職であり，分析対象としての重要性は，決して医師に引けを取るものではない．日本統治下台湾における医師，薬剤師，看護婦，産婆等の医療従事者の特色を捉える際に有効な方法論は，国内法制やその運用との比較である．それは，台湾総督府が先行する国内の法制を，統治政策的な判断に基づき，取捨選択的に台湾に導入したからである．

たとえば，台湾の医師に関わる法制上の特色の1つとして，1943年に戦時体制の強化のため，全島の医師を網羅する「台湾医師会」が組織されるまで，法定医師会が存在しなかったことがあげられる．台湾総督府は，国内において行政に対する広範な建議権を持ち，強力な圧力団体と化して政策形成に影響を与えていた医師会と，台湾人医師が第一次世界大戦後の世界的なデモクラシーの潮流に刺激され，活発化した政治運動の中核となっていたことに対して警戒していた．台湾に法定医師会を設置することは，総督府にとって，完全な行政主導で行ってきた医療・衛生政策の策定並びに実施への障害になるのみならず，台湾人医師が多数派となる医師会そのものが政治運動の牙城に変質してしまう危険性への懸念もあった．総督府は，こうした統治政策的な観点から，法定医師会を設置しなかった．さらにいえば，総督府は，法定薬剤師会も組織させず，かつ薬剤師の育成を行わなかったので，国内で医師と薬剤師間の大問題となっていた医薬分業問題も台湾では出現しなかった［鈴木哲造2014b］．このことは，国内と台湾との間の制度の不均衡と近代経験の相違，すなわち植民地近代性を端的に示す事柄であろう．

　ただ，総督府は，薬剤師を育成しなかったが，薬種商や売薬業者の営業を広範に認めていた．漢方医薬は，総督府の抑圧を受けるも，漢薬種商を通じて，広く台湾社会に流通しており，民間の漢方医薬に対する信頼が失われることはなかった［劉士永2008］．このことを踏まえれば，医師，薬剤師，看護婦，産婆等の医療従事者にとどまらず，薬種商や売薬業者に加えて，製薬業者［劉碧蓉2009］や「タンキー」(童乩)といった「民俗医療」［王貞月2011］を含めた医薬体系が総体としてどのように有機的に結びついていたのか，という新たな課題が浮かび上がろう．

おわりに

　これまでみてきたように，医療・公衆衛生という視角は，「近代」とは何かを問う作業において効果的な機能を果たしてきた．医療・衛生の「制度化」を植民地に適用した場合，問題となるのは，同時に進行する「近代化」と「植民地化」の両義性をどう問うべきか，ということであった．

　医療・公衆衛生事業の展開は，死亡率の低下と平均余命の上昇をもたらす，という「近代化」の肯定的な側面を帯びていた．しかし，その裏側においては，

近代科学に裏打ちされた医療・公衆衛生という規範が「文明＝清潔」との対照において，「不潔」に対する差別的な眼差しを生み出し，「文明」をもって改良すべき対象と措定することにより，植民地支配を正当化する論理として作用していた．医療・衛生の歴史研究は，こうした近代化の裏側に隠された作用を問題視するにとどまらず，医療・衛生が具える「近代」そのものの批判を展開していく．その分析枠組みとなったのが統治者と被統治者との間の欺瞞的関係性を明らかにする「開発原病」および「帝国医療」と，近代経験の多様性や近代的事物の普及上の不均衡に注目する植民地近代論であった．

　かかる「近代」を捉える視角や分析枠組みは，東アジアにおける医療・公衆衛生史の議論を進めるうえでの基盤になっているといえよう．日本統治下台湾の医療・公衆衛生史研究もまたこの基盤を共有している．そのことは，「開発原病」現象としてマラリアの流行を捉えることで「近代批判」を展開する研究や，法定医師会の有無に関わる国内と台湾との間の制度的不均衡と近代経験の相違に着目する研究が進んでいることに顕著に示されている．

　台湾を訪れた医学者や医師がどのような学閥的・学問的な系譜に属していたのか，台湾で取り組まれた医学・衛生学の学術研究の成果が帝国日本の「知」としてどのように帝国内あるいは世界に還元されていったのか，といった論点は，東アジアの医療・公衆衛生史全体に関わる課題である．東アジアの医療・公衆衛生史は，共通の視角や分析枠組みのもとで，成果を積み上げ，議論を重ねていくことと，東アジアの医療・公衆衛生全体に関わる共通課題を検討していくことにより，学問的な深まりの進展が期待されよう．

コラム⑥

医学と生命

末永恵子

はじめに ── 占領地における医学

　人間の身体に直接介入する医学は，人間の生命に対して恩恵と危害の両面をあわせ持つ．本コラムは，戦時期の占領地・植民地(以下，占領地と略す)の人々の生命を対象にした医学の実践を，暴力と恩恵の視点から描くことを目的とする．戦時において医学は，細菌兵器開発の技術としても，支配地域を円滑にす

るための宣撫の道具としても使われた．そのような医学と占領地における生命について考える．

なぜ 731 部隊は満洲にあったのか

ハルビンにあった 731 部隊（関東軍防疫給水部）には，北京・南京・広州・シンガポールに姉妹部隊が 4 つあり，それらを統轄していたのが東京の陸軍軍医学校防疫研究室であった［常石敬一 2016］．つまり，細菌戦兵器開発・製造の現場は，占領地にあった．

ソ連によるハバロフスク軍事裁判の被告となった 731 部隊の軍医少将川島清は，1949 年 12 月 25 日の尋問で満洲に細菌戦部隊が設置された理由を問われると，生きた人間を実験材料として使用できた点を挙げている（『公判記録――七三一細菌戦部隊』不二出版，1982 年）．動物実験を介さず，直接人体で細菌感染実験ができれば，医学者の望む結果が短時間に出せることになる．

また，占領地の軍の病院では，軍医や衛生兵の研修・教育のために，捕虜を使って生体解剖や手術の手技の訓練が行われていた［吉開那津子 1993］．軍関係者に限らず，占領地では大学の研究者も，俘虜の身体を使用して研究を行った．たとえば，健康な俘虜に肉腫細胞を注射し，死刑執行後に解剖して肉腫の形成を確認した実験や，俘虜殺害直後に採取したと思われる新鮮な脳組織について記録した研究が，著名な学会誌に掲載されている［末永恵子 2005］．

占領地に細菌戦の開発・製造部隊ができた理由のひとつは，内地ではできない人体実験ができる場所と見られていたからである．それは，医学者が倫理基準を内と外で使い分けることで成り立つ見解である．すなわち，特定の人命の価値は実験動物並みでしかなく，したがってその尊厳は無視しうるという了解が医学者たちにあったことになる．

生殺与奪の権を握る軍

では，いかにして占領地では，非倫理的人体実験が可能になったのか．満洲を例に挙げると，ここでは支配の障害となる抗日武装勢力を一掃するため，日満軍による討伐が各地で実施された．そして，討伐の部隊長は，逮捕者をその場で殺害する権限を公的に付与されていた［吉田裕 1986］．さらに，関東軍憲兵隊，特務機関，保安局も摘発した容疑者を，裁判無しに秘密裡に 731 部隊に人体実験の材料として供給していた．強制的に 731 部隊に送られた被害者は，少なくとも 3000 人以上と推定されている［松村高夫 2017］．

このように，住民の生殺与奪の権は，現場の討伐部隊や憲兵隊によって握られていた．医学者は，どうせ殺される生命なら医学研究に有効利用すべきと考え，軍による暴力的占領地支配に便乗することで，人体実験を行い得たのである．この「成果」により，細菌兵器が開発された．そして，その実戦使用の結果，厖大な無辜の生命を奪い，地域社会に筆舌に尽くしがたいトラウマを残した［関成和 2000］［聶莉莉 2006］［上田信 2009］．

恩恵としての医学

疾病の予防や治療を行う恩恵の医学は，占領地において占領者による無料診療という形で実施された．「聖戦」や「大東亜建設」といったスローガンと恩恵の医学とは，親和性があった．先進的な日本の近代医学は，宣撫の効果を期待されていたと言える．

日中戦争の拡大によって，大量の難民が生まれ，伝染病も蔓延するといった危機に直面し，軍の対応だけでは処理不能な状況が生まれた．そこで，注目されたのが，医療支援であった．医療支援団体のなかで同仁会は，日中戦争以前に北京，済南，漢口，青島に医院を開設し，居留民の診療や中国人貧困者の無料診療を行っていた．政府は，これを再編し全国の大学医学部，医科大学から医師・看護婦・事務職員を大学職員のまま同仁会職員として大規模動員した．同仁会は，軍とは一線を画す医療支援団体を装っていたが，実際は占領軍の宣伝部嘱託として軍の指揮下に入り，難民の診療や防疫を担った［末永恵子 2011］．

宣撫医療の実態

同仁会の診療所における中国人の全受診者数が 1940 年の 1 年間で 100 万人を超えていることから，診療所はおおむね盛況だった．その意味では占領地の住民の民心を捉え，支配を円滑にすすめるための宣撫工作の役割を果たしていたと言える．

ただし，保定診療班を例にその実態の一端を見ると，診療班は，診療以外にも従来軍医が行ってきた「慰安婦」の性病検査を任されていた．また水質検査や住民の伝染病検査・隔離などを行っている．これらの医療行為は，生命を守る行為ではあるが，しかし，性病検査は，「慰安婦」の生命より性病による兵力の損耗のほうが懸念された故であり，防疫は，住民からの軍への感染阻止に活動の主眼が置かれた．占領地では，生命の優先順位の上位にあるのは軍であ

った［末永恵子2011］．

おわりに——生命の不平等

　細菌戦兵器製造・攻撃と宣撫医療は，どちらも近代医学の先進国日本がアジアの占領地で行った行為である．前者は，敵対者の生命を暴力的に排除すること，後者は，占領下の住民の生命に恩恵を施して占領政策を有利に進めた．両者は，一見相反する行為であるが，軍の支配と暴力を補完・強化する点では共通していた．

　では，植民地を喪失した戦後日本で，医学は生命の不平等や序列化に抵抗する視点を持ち得たのか．戦前と戦後の連続性の認識のなかで，戦後の医療現場や人体実験の実態，優生思想・公害・薬害問題への医学の対応を歴史的に検証することは，重要な課題である．

第15章
宗教と信仰

青野正明

はじめに

　植民地の宗教・信仰に関する研究では，その研究の前提として，日本「内地」の国家神道体制が植民地各地域にどのように移植されたのかを，法的・行政的な観点により俯瞰しながら整理することが課題として残っているだろう．つまり，当該地域における関係法令および行政の所管部署と，本国政府におけるそれらとの距離感(共通点・相違点)を明示する作業が必要だということである．

　たとえば，台湾と朝鮮には総督府という植民地政府が設置されたが，「内地」とは法域が異なり，内地法を適用させたり独自の法令を施行したりしたため，前記の距離感を示すのに工夫を要する．一方，満洲国は「内地」に倣った法制度であったといわれるが，関係法令や行政の所管部署に対する具体的な分析自

体が課題のように見受けられる．

　前記の距離感を明示する作業は，まず植民地各地域の国家神道体制を横断的に把握することを可能にする．さらに，現地の在来宗教・信仰やその地に渡った「内地」宗教の研究など，各地域の宗教・信仰に関する研究を縦方向に深化させることも可能となるだろう．

　また，国家神道体制が移植された様態の究明は，植民地の信仰現象において，支配と被支配という両者が複雑に絡み合った関係を明らかにすることに直結する．なぜなら，朝鮮では宗教概念として「宗教」（団体・結社という組織をもつ）や「信仰」（団体・結社をもたない）が形成されていく過程は植民地支配と深く関わっていた．つまり，法令や行政という他者が描く像により規定・影響されながら，信仰現象の主体者たちは「宗教」「信仰」という自画像を描いていったからである．

　以上をふまえて，本章では3つの論点を示して今後の研究の一助とする．まず第1節で，植民地に国家神道体制が移植されたことについて，朝鮮を対象とした国家神道体制の形成として紹介しよう．これを前提にして，次の第2節では，植民地期が近代という時代と重なったことが，「宗教」としての自画像にどのように影響したのかについて，農村社会の変動という状況で朝鮮の「宗教」運動が見せた対応を紹介する．

　そして第3節では，1930年代における帝国日本の領土拡大と国体論の嵐が，朝鮮の国家神道体制下でどのように作用したのかを整理してみる．この整理により，非宗教とされた神社神道および「類似宗教」の両者が，それぞれの自画像をナショナリズム（前者は多民族帝国主義的，後者は民族主義的）を強く帯びたものへと描き直したことが明示されるだろう．

　以上のように，各節で紹介・整理する論点は植民地朝鮮を対象としたものである．今後は，それらの内容が他の植民地地域とどのような共通点・相違点があるのかについて，研究を進めていかなければならないと考える．本章はそのための手がかりとなる作業としたい．

1　国家神道体制の形成

(1) 宗教的な法的秩序

本章では国家神道を，戦前において神社行政の所管下で非宗教とされた神社

神道とし，国家神道体制を，このような神社神道を通じて天皇制ナショナリズムを国民に教化しようとする戦前の社会体制と定義する．そうならば，神社が国民教化を担ったという点において，この国家神道体制は濃淡の差はあっても，「内地」のみならず植民地の各地域でも共通していたといえる．さらに朝鮮では，数多くの神社が建てられただけでなく，この体制の下で生み出された「類似宗教」概念を「内地」に逆輸出したと考えられるため，朝鮮での国家神道体制は他の地域においても参考になるはずである．

　韓国併合から5年後の1915年に，朝鮮では公認される神社を規定・管理する法令が神社寺院規則(総督府令第82号)として，また公認される宗教を規定・管理する法令が布教規則(総督府令第83号)として制定された．後者の第1条は「本令ニ於テ宗教ト称スルハ神道，仏道及基督教ヲ謂フ」で(「神道」は教派神道)，公認宗教が法令で規定されたのである．

　これらの法令の規定にもとづいて，植民地朝鮮に公認神社および公認宗教からなる宗教的な法的秩序が形成されたわけである．このことは，朝鮮人や日本人移住者がすでに作っていた多数の宗教的な共同体を法的秩序の内と外に再配置することを意味したため，それらの共同体の排除と包摂の実態が大きな論点となってくる．

　そもそも植民地化に至る過程において，政治活動取締りを主目的に宗教的共同体に対して治安法が適用されていた．それは宗教的な法的秩序の構築後において，その外側にある宗教的共同体，つまり非公認団体等にも朝鮮総督府の統治権が及んでいたことを意味する．そうならば，排除の実態を知るうえで宗教的な法的秩序の外側だけでなく，それと内側との間の境界を探ることも重要だろう．なぜならその境界において，宗教的な法的秩序から排除されることにより，逆にその秩序への包摂を強いられる宗教的共同体を見いだすことができると考えるためである．その宗教的な法的秩序の外側で境界近くに存在し，秩序内への包摂を強いられた宗教的共同体は，後に説明する「類似宗教」である［青野正明 2016］．

(2) 国家神道体制の具体像

　それから，植民地朝鮮における宗教的な存在に対して，朝鮮総督府がどのような行政上の分類をしていたのかについても説明しておく．第3節では神社神

道が国体論に接近することに注目するため，ここではそれを実施した政策（心田開発運動）が始動する 1936 年 1 月現在の総督府における所管部署，および補足説明をカッコ内に書いておく．わかる範囲で列挙すると，神社・神祠・無願神祠（内務局地方課，1925 年に学務局宗教課から移管），公認宗教（学務局社会課），非公認宗教（警務局保安課），「迷信」（警務局衛生課），「儒道」（学務局社会課，教化団体として）である．

　このような行政上の分類は，神社行政，宗教行政，治安・衛生警察がもたらした統治の枠組みであることがわかる．すなわち，教派神道・仏教・キリスト教という公認宗教と，「類似宗教」と秘密結社という非公認宗教，それらを超越した非宗教の神社神道，巫俗などの「迷信」，および儒教関係の教化団体という 5 者による体制である．この体制により，神社神道を通じた天皇制ナショナリズムの国民への教化が推進されたため，この体制を朝鮮における国家神道体制の具体像と見なすことができるだろう［青野正明 2015］．

(3)「類似宗教」概念

　宗教行政が所管する公認宗教の境界線の外側，つまり公認宗教を規定したことで形成される法的秩序の境界線の外側にある非公認団体は，結社が許されて宗教的結社となる団体と，許されない秘密結社という 2 つの範疇に分けられていた．この法的秩序の境界線との距離を基準にするなら，より近くに位置して宗教的結社となる非公認団体を〈懐柔〉，遠く離れた秘密結社を〈取締り〉とみなす枠組みで捉えることが可能である．前述した布教規則の第 15 条が〈懐柔〉に位置する非公認団体を規定していて，「朝鮮総督ハ必要アル場合ニ於テハ宗教類似ノ団体ト認ムルモノニ本令ヲ準用スルコトアルヘシ」という条文である．

　この「宗教類似ノ団体」（略語は「類似宗教」）という用語は，従来の学説で「内地」で 1919 年に生まれたとしてきた「類似宗教」概念の先駆的な使用といえ（1915 年），しかも条文に明記されている．細かく見ていくと，「宗教類似ノ団体」が位置している境界の外側（宗教行政の所管外の団体）が前提としてあり，その外側の団体を対象にして，その中から〈懐柔〉の対象として「宗教類似ノ団体」と認める範疇を設けていることがわかる．すなわち〈懐柔〉の対象としての「類似宗教」は，法的秩序のなかでは非公認団体でありながらも公認団体との境界近くに位置していることがわかるのである．

第15章 宗教と信仰　161

　一方，非公認団体の2つの範疇のもう1つは，結社が許されない〈取締り〉に位置した秘密結社である．そもそも植民地ゆえに非公認宗教団体自体が，治安重視の厳しい取締り環境に置かれていた．ましてや，秘密結社は保安法第1条の解散対象となりより厳しい取締りを受けたため，布教活動のためには結社として存在を許されること，つまり「類似宗教」に認められることが大きな課題であった．なお，三・一独立運動（1919年）以前の「類似宗教」団体は天道教（チョンドギョ）や侍天教（シチョンギョ）など数団体だけであったが，三・一運動後は懐柔策のため六十余団体に増加した．また，布教規則で規定された「類似宗教」概念の事例が先駆的であったということは，後にこの概念が「内地」に逆輸出された可能性を示している［青野正明 2015］．

2　農村社会の変動と宗教運動

(1) 農民を取り巻く信仰現象と宗教概念

　国家神道体制下の「宗教」という概念は，公認団体・非公認団体や「類似宗教」（宗教的結社）という分類からもわかるように，団体・結社による組織化を土台にして形成され始める．その後，信仰現象の主体者たちが団体・結社を土台にして自画像を描いていくうえで，三・一運動を経た1920年代における農村社会の変動が与える影響は大きかった．次はこれについて説明してみよう．

　1920年代以降の「村落共同体」の解体状況にともない，農村では村落における契（ケー）（土着の相互扶助組織）の組合化が進行していく．北部畑作地帯は「村落共同体」の共同性が比較的弱いため，商品経済化が進んでいる地域のなかで新興勢力（おそらく新興地主）が地方行政を利用しながら新たに「自治」組織を作ろうとした事例が見られる．このような北部地方に基盤を築いたのはプロテスタントや，東学の後身で三・一運動後に再建に乗りだした天道教（新派）であった．北部地方の農村における天道教の基盤は朝鮮農民社の農民運動によるもので，村落の人々に信仰現象が生じていたと考えられる［青野正明 2001］．

(2) 信仰現象における2つの要素

　朝鮮の信仰現象には大きく巫俗と終末思想という2つの要素があるだろう．周知のように朝鮮の土着文化の基層部分には民間信仰の巫俗的要素が濃厚である．二重構造モデルではないが，このような土着文化の特質を知るには外来文

化との間における二重性を見据え，両者の接点を見る視点が必要となる．つまり，外部からの異文化の流入に対しては，その地に特有の〈抗体〉が作られるので，その〈抗体〉を調べることでその地の土着文化の特質を明らかにすることが可能となるのである［青野正明 2013］．

　キリスト教神学において，プロテスタント信仰と，民間信仰の巫俗的要素および終末思想の要素との合致点を指摘し，それによりプロテスタントの土着化を説く研究が多い．たとえば後者の終末思想に関してなら，キリスト教プロテスタントの土着化を促進させ，イスラエルを自らの状況に類比させる信仰を生みだし，三・一運動の原動力の一端にもなった要素として認められている．

　また，プロテスタントは天道教とともに三・一運動を組織的に担ったが，その際の弾圧により両者はともに組織的な打撃を被っている．その後，この時期に多く叢生される東学系の傍系団体は，教義に『鄭鑑録』的な色彩が強まり千年王国主義的性格を多分にもつことになったという．『鄭鑑録』は朝鮮時代の予言書で，その予言は，李氏の王朝が亡んだのちに真人の鄭氏（新王）が出現して鶏龍山に新王朝を建設するというものであった．

　一方のプロテスタントは三・一運動後に民衆を引き付ける魅力を失い，多くの青年たちは新たに登場した共産主義運動に参加していったといわれている．プロテスタント土着化における巫俗的要素および終末思想の要素は，その神秘主義的信仰のなかに変容した姿を見いだせる．神秘主義的信仰とは，絶望しきった民衆がカタルシスを求めて教会に入って来ることにより，広汎に蘇りだした巫俗的な祈福信仰である．それは，戦後叢生して悪魔祓いや血分けをおこなうキリスト教系新宗教の下地となり，そこに朝鮮半島へのキリストの再臨を信じる終末思想も加わっていく［青野正明 2001］．

　以上からもわかるように，この時期の朝鮮におけるプロテスタントに対する〈抗体〉として，巫俗的要素および終末思想の要素をあげることができる．つまり，これら 2 つの要素が朝鮮の信仰現象における大きな特徴であり，このような土壌のうえで，天道教の朝鮮農民社は農民運動を展開していったのである［青野正明 2013］．

(3) 農村社会における天道教の「地上天国」

　次は，1930 年前後の時期に北部畑作地帯で基盤を固めていった天道教（新派）

の農民運動に関して，「村落自治」掌握に注目しながら簡単に解説しよう．

　天道教による農民運動は朝鮮農民社が担った．朝鮮農民社は1925年に創立され，1930年以降は天道教青年党の直接指導下に置かれて運営された．『天道教青年党小史』には「党運動の大綱」という項目のなかで，「後天開闢——すなわち地上天国建設運動を直接の目標とする天道教青年党は，目的を現実的に到達させるために〔中略〕」と述べられている（以下，朝鮮語史料の日本語訳は青野）．この「地上天国建設運動」という目標を具体的な運動論として提示したのが，朝鮮農民社の機関誌『農民』に掲載された金活山「郷村自営論」（『農民』2-7,1931年）である．

　この「郷村自営論」は，契の発想にもとづいて1920年代に急増して他の地域でも多く実施されていた「共同耕作」を参考にし，それを足場に「集団農場」化を目指す点に特徴があった．この「集団農場」化を実現するなかで，朝鮮農民社はいくつかの村の「村落自治」を掌握していったことを確認できる．つまり天道教青年党にとって，その終末思想を具現化した「地上天国」を農村社会に建設することが農民運動の目標であったのである［青野正明 2001］．

(4) 「共同耕作」に見る農民の心性

　次は「共同耕作」に加わっていった農民たちの心性を，前記『農民』誌に掲載された報告記事を参考にして紹介しよう．ここでは詳細は省略するが，朝鮮農民社は近代的農民運動を展開するうえで，巫俗のような「迷信」を打破しながら，村落で合理性を追求して「集団農場」化を実現しようとした．つまり，信仰現象の巫俗的要素は合理主義により切り捨てていた．一方で，終末思想の要素は民心を引き寄せて新しい「村落自治」にカリスマ性を纏わせるために用いられたといえる．

　平安南道徳川郡徳川面に組織された山陽里農民社は，疲弊状態を脱するために1933年の春に「共同耕作」を始めた．「共同耕作」地は「三日耕」のトウモロコシ畑である．その経済的な期待感もあって，山陽里では30戸余りのすべての農家が入社し，1933年の一夏の間に「農民社自主村になった」という．朝鮮農民社が山陽里の「村落自治」を掌握したわけである．

　ここで記事に載せられた農民たちの問答から，その場の信仰現象を読み取ってみよう．社員の農民は非社員の農民に対して，「今や農民社が大通運なのに，

共同耕作がうまくいかないはずがあろうか」と話している．これは終末思想の要素であり，朝鮮農民社の「大通運」(大きく開けた運)を確信して「共同耕作」に参加していることがわかる．それと同時に，社員の農民は話し相手が遅れて入社することに対しても，「共同耕作」の定款にもとづいて合理性を貫き，「いっしょに働きさえすれば」とか，「みなでいっしょに生きてみようじゃないか」と，禁欲的労働も勧めている［青野正明2001］．

　従来の宗教理解に固執するなら，天道教の教義による信仰にもとづき朝鮮農民社の活動に加わったか否かを議論するのだが，それでは実態が見えてこない．この事例でも，農村での経済生活の合理化を貫くこと＝「共同耕作」の「集団農場」化で，「地上天国」建設を目指していた．そこで注目されるのが，農村社会を再建するという近代的な合理性と，土着文化に根ざした終末思想という非合理性との併存である．

　合理性の側面は，いうまでもなく「共同耕作」の「集団農場」化という経済生活の合理化であった．一方の非合理性の側面をみると，農民たちにとっては天道教すなわち朝鮮農民社が「大通運」である．つまり従来の「村落自治」に代わって，新たに朝鮮農民社の時代が到来すると受けとめられていたと考えられる．

　両側面を合わせるなら，天道教が「集団農場」化により「村落自治」の掌握を目指し，その場を「地上天国」と見なしたとき，それは農民たちにも共鳴する終末思想の要素として，新しい時代の到来と映ったのではないかということである．そして，天道教自身も「地上天国」建設を目指す団体，つまり農村社会で独自な自治確立を目指す民族主義的な「宗教」として自画像を描いていることが確認できる［青野正明2013］．

　朝鮮以外の地域においても，宗教運動を近代的な合理性と土着文化に根ざした非合理性の両側面から分析すると，それを担う団体が描いていった自画像が見えてくるのではないだろうか．

3　国家神道体制下の神社神道と「類似宗教」

(1) 天照大神の性格変化

　植民地朝鮮の神社において，朝鮮神宮(祭神は天照大神(あまてらすおおみかみ)と明治天皇)の鎮座の年である1925年頃までは，天照大神奉斎を介して，現地日本人の国民意識が形

成されていったといえる．これを国民教化の観点からみれば，この時点の総督
府当局は，日鮮同祖論(日本と朝鮮は同祖同根だとする言説)にもとづき，天照大
神奉斎を介して単一民族主義的な日本人の国民意識を形成しようとしていた．
そして，朝鮮神宮での天照大神奉斎はそれを決定づけるものであったと考えら
れる．

　その後 1930 年代に入ると，神社非宗教論の枠を保ちながらも神社の宗教性
を強調する言説が「内地」より朝鮮に流入した．この言説は神社神道において，
天照大神に対する一神教的な信仰を生み出す内容のもので，その信仰に導くた
めに天皇への一体化が主張されていく．まだ推論であるが，私はキリスト教に
おける絶対神とキリストとの関係が，この言説における天照大神と天皇との関
係のモデルになっていると考えている．なぜなら，神社神道の信仰力により植
民地朝鮮に新たなナショナリズム(国民主義)を生みだそうとしていたのではな
いかと考えられるからである．こうして天照大神は性格を変化させていく．

　確かに満洲事変(1931 年)後のこの時期は，満洲国を建国した日本が国際連盟
を脱退し，国際的に孤立する国際情勢のなかで，帝国内における国民統合のた
めに民族的な同質性が求められていた．それは神社神道における「東亜民族」
論(東アジア諸民族が神社神道により日本人中心の「東亜民族」になるという内容)とい
う言説となり，植民地朝鮮にも登場している．すなわち国民教化を担う神社神
道の役割が強化されてくる．それとともに，この国民教化は，従来の単一民族
主義的ナショナリズムに加えて，新たに帝国日本における多民族帝国主義的な
ナショナリズムも生み出していくわけである［青野正明 2015］．

(2) 国家神道の論理

　天照大神の性格変化から，天照大神奉斎を中心に据えていく神社神道は，日
本人と朝鮮人の国民意識形成に関わりながら自ら変容し，天皇制イデオロギー
と結びついていくことが予想できる．それは，「内地」での国体明徴声明(1935
年)を受けて，1936 年 1 月に朝鮮で本格的に始動した心田開発運動という，神
社参拝強要を生み出した総督府の宗教政策で現実化する．そして，その政策に
おいて植民地朝鮮で国家神道の論理が確立することになる．

　この心田開発運動という政策のイデオロギーは，前述した神社の宗教性を強
調する言説の影響を受けたもので，その内容は祖先が神となって天照大神に

「帰一」するという論理であった．すなわち，朝鮮人がその始祖神を通じて天照大神へと「帰一」することを説く論理である．この論理を生み出すために，国魂大神（くにたまのおおかみ）という朝鮮の始祖神を創作し，京城神社や龍頭山神社等（計8つの国幣小社）に天照大神と一緒に合祀させている．

しかしながら，「内地」と朝鮮の神々は同じ帝国内であるといっても，同じ「帝国の神祇」として扱われるわけではなかった．朝鮮の神々は国魂大神となり，天照大神に「帰一」することで「帝国の神祇」となり得たのである．これをナショナリズムの観点から説明するなら，朝鮮人は天照大神への「帰一」の仕方が直線的である日本人とは異なっていた．朝鮮の神々が国魂大神になるという前提があり，朝鮮人はその始祖神である国魂大神を経ることにより天照大神に「帰一」するという論理となる．

ここにおいて，総督府は「東亜民族」論を取り入れ，帝国内の多民族を前提としたナショナリズムを認めたうえで，同時に日本人中心の単一民族主義にもとづき序列化も図っていることがわかる．つまり，総督府は天照大神を基準に日本人と朝鮮人の序列を設定して国民統合を図ろうとしていたのである．それゆえ，私はこのような国家神道を「帝国神道」と呼んでいる．このような国家神道の論理が確立された後，朝鮮では天照大神を祀った神社への参拝が強要されるのであった［青野正明 2015］．

(3)「類似宗教」への弾圧

朝鮮で心田開発運動以降の「類似宗教」がどのような扱いを受けたのかについて簡単にまとめよう．朝鮮総督府の調査資料『朝鮮の類似宗教』(1935年)は，朝鮮の「類似宗教」に顕著な終末思想の存在を見いだして警鐘を打ち鳴らしたものである．また，心田開発運動は国体明徴声明（同年の8月と10月）を受けて公認神社を中心に据え，神社参拝を強要し，さらに，法的秩序外の境界近くにいた「類似宗教」と無願神祠（非公認の神社施設），在来の村祭り（神社への編入を企図）の配置換えを推し進めていった．よって，『朝鮮の類似宗教』の発表や心田開発運動を契機に，警察当局は「類似宗教」に対して，国体および植民地支配に反抗する終末思想を危険視する認識で臨むことになる［青野正明 2015］．

ところで，終末思想は『鄭鑑録』予言の影響が大きかった．前述したように，この予言は鶏龍山に新王朝を建設するというものであったため，終末思想の要

素も認められる三・一運動以後において，鶏龍山には日本の統治の後に新王朝を建設するという終末思想の色濃い団体が多く集まってきていた［青野正明2001］．ここからは日本に対抗する民族主義的ナショナリズムが見いだせる．

　心田開発運動で，警察当局はこのような終末思想を危険視することになったわけである．そのため，三・一運動後にはいわゆる文化統治下で〈懐柔〉化方針が取られて，「類似宗教」に認められた団体が六十余まで増えたが，心田開発運動以降はこの方針が後退するとともに，秘密結社のみならず，「類似宗教」に対しても厳しい取締り・弾圧がなされた．こうして，心田開発運動以降の時期において，「類似宗教」に対する取締り方法が，「秘密布教」の発見へと重点が移っていく．その取締りの根拠は政治活動取締りに用いられる保安法第7条違反で，適用対象が団体の終末思想に関わる布教手段＝「秘密布教」であった．

　終末思想に関わる布教手段を対象とする取締り強化は，「類似宗教」に対して新たな排除を生むことになる．たとえば，「予言」の内容・行為が保安法第7条に抵触するとして検挙され，そして解散に追い込まれ（保安法第1条の適用），総督府に協力していた真宗大谷派への「改宗」まで迫られる団体もいくつか見られた．たとえば，金剛大道（クムガンデド）は1935年の時点で，「類似宗教」のなかでは天道教と普天教に次いで3番目に信者数が多かった．この金剛大道は2度の受難を乗り越えた後（満洲移民強要と高野山金剛峯寺での懐柔），1941年には保安法第7条違反事件を捏造されて教主や幹部信徒の大量検挙，そして幹部信徒の拷問死，信徒村からの強制退去，教団施設の解体等，徹底的な弾圧を受けたのであった［青野正明2001］．

おわりに

　ここでは今後の研究課題を，各節で述べた論点に合わせて順にあげて本章を締めくくろう．まずは前提となる総論として，植民地の各地域における国家神道体制を解明するために，当該地域における関係法令および行政の所管部署と，本国政府におけるそれらとの距離感（共通点・相違点）を明示する作業が重要である（はじめに）．

　それから，各地域において公認神社および公認宗教からなる宗教的な法的秩序の形成を確認し，その法的秩序が作り出す境界線を基準に，従前より存在する宗教的な共同体の排除と包摂の実態を解明することが求められる．朝鮮や

「内地」に見られた「類似宗教」概念の有無や，ない場合はそれに代替する概念の存在確認も必要であろう(第1節)．

そして，植民地期が近代という時代と重なるため，各団体(公認・非公認ともに)が描いた「宗教」としての自画像の解明も課題となる．その解明は例示したように，近代的な合理性と土着文化に根ざした非合理性の両側面を分析することで可能となろう(第2節)．

最後に，1930年代における領土拡大や国体論の嵐が，各地域の国家神道体制下でどのように作用したのか，つまり国体論がどのように導入され，何が起こり何が弾圧されたのかについて究明することを課題としてあげる．同時に，朝鮮で生み出された国家神道の論理と，各地域で様々に展開する天照大神奉斎との関係の解明も重要な課題となろう(第3節)．

第16章
住居・都市・領域

青井哲人

はじめに——本章の焦点

本章では建築学の立場から，植民地社会の物的環境としての〈住居〉〈都市〉および〈領域〉の歴史研究について，今後十年ほどの研究を牽引すると考えられる論点を示す．研究例の提示は筆者のフィールドである台湾に限定するが，論点自体は他のフィールドにも適用可能と考える．

あらかじめ本章の焦点を3つ示そう．いずれも植民地研究に限らず日本の建築史・都市史研究の潮流と通底する．

①住居と生活世界に関する「建築学的民族誌」の豊富化
②都市空間変容にかかる「政治過程史」的な研究
③都市の存立構造の変化を問う「領域史」的な研究

ここではこうした課題が焦点化するに至る背景を概括的に示しておきたい．建築学諸分野で1970ないし80年代から90年代までに行われてきた日本植民地の建築・都市研究は，乱暴にいえば建築家・営繕官僚や都市計画官僚などの

職能的エリートをとりあげ，建築なら「様式史」や「技術史」，都市なら「都市計画史」の研究を「西洋化」や「近代化」を評価基準として積み上げてきた経緯がある．近代建築史はまずは官庁・文教・金融関係などの記念的建造物の歴史的意義を評価し，文化財保存の政策実践に接続することを社会的責務としてきたし，都市計画史は都市計画の専門家が行政や学知の歴史的基盤を検証する作業として進められた．こうした動機の基本的な部分は日本と台湾とで共通していた（韓国は事情が違うが）．良くも悪くも植民地主義に対する価値判断を宙吊りにした膨大な調査研究が今日の研究基盤をつくってきたといってよく，90年代にポストコロニアリズム的な思潮を反映した植民地主義批判の論調が現れた際にも，とりわけ被支配社会の具体的な変容に迫る方法や知見をほとんど持たない以上，観念的な議論を出られなかった．

それゆえ，「上からの」建築史・都市計画史に対置できるだけの，植民地社会の生活世界についての（復原的な）建築学的民族誌ともいうべき調査研究の積み上げが求められるのは当然であろう（①）．また，そうした作業に乗り出せばただちに，「支配」の下での「近代化」という漠然たるイメージに対抗的な，被支配社会の粘り強い持続力が浮き彫りになる．それは一方では植民地以前の復原的な歴史研究への意識を先鋭化させ，また他方では植民地期の変化の探求を具体化させることになる．こうした視角から「日本植民地」が問い直される．

次の水準として，植民地都市の編成を推し進めるうえでの集合的な意志形成の問題がある．道路敷設，市場建設，寺廟改築，産業開発などの事業では，行政当局，内地・本島人資本家，漢人地主，一般商店主や労働者，あるいは出身地別漢人集団の対立など複雑な社会的諸関係の下で，空間編成の根拠となる何らかの公共性の水準が（内地とは異なる機制で）どう構築されるかという，広義の政治過程が重要になるからである（②）．ある意味では，都市社会の民族誌を政治過程史的な枠組みに乗せる作業ともいえ，空間をめぐる多様なアクター間の関係構築の場として「日本植民地」が再検討されるわけである．

さらに，生活世界の厚みや持続性，都市改造の政治過程の力学といった水準より上位で働く，植民地産業化の趨勢がある．都市史研究が，一般に都市的集積の内的構成をもっぱら問題にしてきたのに対して，ここでは都市の存立構造それ自体が問いに付される．地形・地質，気象，資源，生産・流通インフラ，資本の活動と労働者の移動といった要素を包括的に視野に入れることになるが，

これは植民地的空間編成を問うために有効な〈領域〉的な枠組みをどう設定するかという問いを立ち上げずにはおかない(③).こうした問題意識の背景には,一方で近年の激甚災害の頻発や社会変動への研究者の危機意識があり,また他方では産業遺産や文化的景観への文化財保護行政の拡張がある.この流れは,社会史や政治史などとの従来の連携をこえて,地理学,経済産業史,林学,造園学など,多くの分野の研究者との連携を要請する.

以下,これら3つの論点について研究事例を紹介しながら順に述べていきたい.

1 住居
――民衆的生活世界の建築学的民族誌から日本植民地像を捉え直す

(1) 日本植民地建築史の状況

日本植民地を対象とする建築史研究は,上述のとおり植民地権力が遺した歴史的建造物の保存政策にかかわる膨大なドキュメンテーションを積み上げている.その象徴的成果に,東アジア近代建築調査を総括した汪坦・藤森照信[1996]や,初めての包括的な植民地建築史である西澤泰彦[2008]がある.台湾では李乾朗[1980, 2003],傅朝卿[1999],黄俊銘らによる多数の報告書や啓蒙書があるが,ヨーロッパ歴史様式の導入や日本・台湾の伝統様式との折衷などの様式史,西洋式煉瓦造から鉄筋コンクリートに至る技術史,耐震基準などの制度史,設計組織・請負会社などの生産組織史,設計者の伝記的研究などが中心であった.この方向は,近年の台湾では「日式宿舎」(官舎),駐在所,武徳殿,学校の奉安殿,神社や内地仏教寺院,あるいは産業化遺産(土木構造物等)へとその範囲を拡げている.

一方で1990年代末頃から,無名の民衆的世界の歴史に迫る建築学的民族誌と名付けうるような若い研究者の仕事が少しずつだが現れている.まず先駆的な事例をあげよう.1935年の台湾大地震後の家屋の変容に着眼した陳正哲[1999]は,たとえば元来は日干し煉瓦の壁と伝統工法の木軸で構成されていた台湾漢人の伝統的な家屋に,日本のいわゆる「木造在来工法」(耐震的に改良された一般的木構造技術)が持ち込まれる経緯を示している.あるいは台湾都市の街屋(町屋)に特徴的な亭仔脚(英領海峡植民地に由来し,台湾巡撫の劉銘伝が台北の一部に実施した後,台湾総督府の家屋制限によって台湾全土の市街地一般に普及した連

続歩廊)が耐震上の弱点であったため，この部分に鉄筋コンクリート造が普及する事実も明らかにされている．

ほかにも，半官半民の都市開発企業としての台湾土地建物会社による台北の日本人向け町屋建設に着眼した陳正哲［2004］，台湾漢人の在来市場の公設市場への再編を追う砂川晴彦［2018］，原住民家屋の改良政策とその実態に迫った呉イクエ・大場修［2011, 2012］などがあげられる．これらは文献資料だけでなく地道なフィールドワークから民衆的な生活世界の変容に迫っており，その連続と断絶の実像から日本の植民地支配の意義を問い直している．こうした研究が引き続き豊富化され，従来の記念建造物の歴史と複層化されることで，日本植民地建築史の理解は格段に立体化されてくるだろう．以下では，こうした動向に連なる筆者の研究実践を紹介してみたい．

(2) 建築学的民族誌とその射程

住居と生活様式を類型的に把握するひとつの視座として「床座／椅子座」の区別がある．日本の伝統的家屋では，広い床上に障子や襖を走らせて空間を緩やかに分節し，人は床上に直接座ったり横たわったりする．つまり「床座」であり，いわゆる銘々膳の高さは4寸程度，近代の卓袱台でも1尺強にすぎないし，寝台は不要である．これが「椅子座」に移行するのが庶民住宅の洋風化(近代化)とされるが，実際の変化は緩慢で，床座が今も根強く残ることはいうまでもない．他方，漢人は古代に床座から「椅子座」に移行している．住宅はすべて土間床で，厚い壁で房間(部屋)に区切られるのは台湾漢人の故郷である福建・広東両省も同様だ．椅子と食卓を用い，寝室の眠床(寝台)も就寝面が2尺程度と高い．

ところが台湾の漢人家屋では，房間の後半部に床を張ることがきわめて一般的に行われるようになった．手前の土間と奥の床上の間に障子と欄間を入れ，元来は漢人住居にない天井を張ることもある．床上は板敷もしくは畳敷で，布団を収納する押入をつくりつけ，床下は物置とする．こうした揚床のことをホーロー語(台湾語・閩南語)で「総舗 chóngpho」という．台湾総督府が1931年に刊行した『台湾語大辞典』にこの語が掲載され，注目すべきことに「新語」の印が付けられている．同辞典は多数の「本島人」の協力者を得て編纂されたが，1898・1907年版にはこの語はない．筆者らはこの「総舗」に着目した研

究を 2006 年に着手し［青井哲人・陳正哲・角南総一郎・張亭菲 2008］，台湾本島と澎湖群島で多数の総舗を調べたが，聞き取りによるかぎり最も早いものは 1920 年前後である．おそらく 20 年代に急速に普及し，31 年の辞書に採録されたとみられる．しかしこの現象は何を意味するのだろうか．

　①**家族社会の変容**　夫婦と幼児が一緒に寝られる程度の眠床（1 坪大）と比べると，総舗は 4 畳半から 6 畳大が普通で，そこに 4-7 人が同時に寝られた．植民地支配がもたらした衛生状態の改善などにより乳幼児死亡率が低下し，家族の人員数が増えたことが，総舗普及の直接的な理由とみてよい．しかし，聞き取りでは明らかなこの事実を，統計的に裏付けるのは容易ではなく，漢人の家族制度と植民地行政上の世帯概念との相互比較を要求する．

　②**文化変容**　総舗を台湾漢人文化の「日本化」とみてよいか，という問題である．総舗の床面は一般に 2 尺程度であり，日本の揚床よりも漢人の眠床（寝台）に通じることから，総舗は日本的な揚床のイメージに媒介されはしたものの，基本的には「眠床の拡張」（漢人文化の変容）と理解すべきである．実際，床下の構造を観察すると数種の類型に分けられるが，初期的形態はすべて漢人の伝統的な家屋や眠床の構造技法の後継と解釈できる．

　③**社会階層と文化意識**　押し拡げられた就寝面に，敷居・鴨居・畳・押入などを付加したのは，総じて植民地支配の恩恵を受けて成長した中上流層で，低所得層の総舗はたんに床が張られるだけであり，漢人的教養を基盤とする保守的な上流層では総舗の形態や意匠に漢人的なものが表出する．聞き取りによれば，総舗は都市で流行して田舎にもたらされた．要するに総舗は植民地支配が生み出した階級差の文化的表現でもある．

　④**生産・技術**　植民地期台湾を対象とする物質文化研究に角南総一郎［2005a, 2005b］があるが，たとえば台湾のどんな田舎町にも畳屋が開業し，戦後も畳屋が長く営業を続けたのは，官吏や商人など日本人の需要だけでなく，植民地後期における総舗の急速な普及による漢人の需要増大ゆえだろう．他方で，台湾中南部の貧困層では竹製の総舗がみられるが，1930 年代まで同地域では家屋も竹造が卓越的だったこと，屋敷・集落や農地がかつては竹藪で囲繞されていたが植民地後期に平野部で一掃されること［殷可馨 2005］，雨季には中山間地域の竹が多量に伐られて川に流され平野部で竹市が開かれたことなど，植民地期の多様な民衆世界の実像と関連していく［青井哲人 2014］．

⑤波及の範囲　総舗は戦後にも受け継がれ［Wolf 1968］［郭中端・堀込憲二 1980］［白佐立 2017］，現在も靴を玄関で脱ぐ習慣や近年の和室流行の間接的な素地となった可能性がある．また，筆者らの調査によれば，山間部や東部の原住民集落の家屋にも総舗の影響は広く観察され，終戦直後の石垣島への台湾漢人の農業移民とともに総舗は海を渡っている．

こうした研究対象が，先に紹介したいくつかの研究群の場合と異なるのは，それが植民地政策の直接的結果ではないという点だが，政策とは別の次元で生じた生活実践と家屋の変容は，植民地支配の文化的インパクトの大きさと質を別の角度から雄弁に物語る．この種の研究主題は，まだまだ未開拓のまま残されているのではないか．

2　都市——都市形態学から政治過程史へ

(1) 建築学からの植民地都市研究の展開

建築学分野からの日本植民地都市へのアプローチは，建築史ではなく，都市計画分野の研究者による「都市計画史」研究として先鞭が付けられた．台湾や朝鮮などの植民地には，まず明治期の素朴な都市改造の政策である市区改正事業が 1900 年代に持ち込まれ，ついで 1919 年制定の近代的な都市計画法の体系が内地より遅れて 1930 年代の戦時体制化を前に導入されている．その経緯と内容は，植民地全般では越沢明，台湾については黄武達［1998］，五島寧［2012］らの研究や資料集成によって包括的に明らかにされてきた．

対して都市史研究は，1990 年代以降に方法的・組織的な基盤が確立してきた新しい分野であり，今日の学会組織や研究状況を牽引してきたのは，社会史（吉田伸之ら）と建築史（伊藤毅ら）の共同関係である．都市計画の検証・顕彰ではなく，都市現象の歴史的解明が目的であり，社会史と建築史の共同の形そのものである「社会＝空間構造論」という方法的枠組みを持つ．ただし，この方法による本格的な都市史研究は日本植民地都市の研究にはいまだ十分に展開されているとはいいがたい．

(2) 都市形態学から政治過程史へ

たとえば青井哲人［2005］は，植民地に営まれた神社に着目し，その類型に応じた支持集団および管理体系（社会構造）と，社殿建築・境内環境・市街地の複

合体(空間構造)とを照らし合わせる作業によって，日本型植民都市を特徴づけるひとつの原理としての祭政一致的な空間編成を示した．これは「社会＝空間構造論」的な植民地都市史研究の一例であると同時に，その視角から，神社境内や公園が営まれる山林環境の都市史的重要性を指摘している．しかし，この研究は祭典の検討を通じて朝鮮人や台湾人住民の参加を都市空間のなかに読み込む側面こそあったが，基本的には統治権力と日本人住民の視点から植民都市を見たにとどまる．また，青井哲人[2006]が台湾漢人の都市形成と市区改正の関係に視点を移して行った研究では，いわゆる都市組織 urban tissue（土地・建物の配列構造）の動態をその裂傷と自己修復の過程として説明したもので，実際の都市民衆と行政の関係性には迫っていない．それでも，これらは都市計画行政技術の視点とは異なる都市研究の方向性を，施設配置や都市組織をみる都市形態学的な方法の導入により提示しようとしたものであった．

この間，日本の都市史研究では，高橋康夫，陣内秀信，鈴木博之，伊藤毅，伊藤裕久，中川理，高村雅彦ほかの研究者が牽引して若い研究者も多数育った．また都市計画史研究においても従来の研究傾向への若い世代の反省的な展開があり，これら両者が交差して研究の関心や方法もかなり変化してきた．

こうした状況下で生まれつつある研究成果としては，台湾漢人の伝統的な市場が総督府の衛生政策・都市政策によって段階的に整序されて植民地中期に街区一体型の施設へと変貌を遂げる過程に迫った前掲の砂川晴彦[2018]や，遊郭のような社会的周縁に着目した曽偉彰[2005]，三文字昌也[2018]などがあるが，わけても嘉義県の北港を対象とした伊藤裕久・吉野菜月[2014]は，寺廟・市場・街屋に着眼して台湾の伝統都市の植民地的な再編成の実像を立体的に描き出しており，今後積み上げられるべき都市史研究の範型といえる．これら研究群は，関東大震災後のいわゆる帝都復興を驚異的な解像度で復原した田中傑[2006]（都市計画史）や，近世・近代移行期の東京に多角的な社会史的アプローチで迫る松山恵[2014]（都市史）といった近年の研究動向に相応する研究が，植民地都市の研究にも現れつつあることを示している．ウェブ公開の進む総督府公文類纂に加え，諸種地図資料のウェブ閲覧システムの整備（中央研究院地理資訊科学研究専題中心「台湾百年歴史地図」），復刻集成本の刊行[黄武達編 2006][辻原万規彦・青井哲人編 2018]，地籍図・土地台帳等の活用の一般化など，研究環境の変化も大きい．

ところで，近代都市史には「政治過程史」と呼ばれる方法があるが，その建築学的応用（空間論的な結晶化）の里程標として，明治から昭和戦前期までの京都の都市政策を辿った中川理［2015］がある．同書では，京都府知事と京都市長，府・市の専門官僚，議会，実業界，市民などの利害が絡み合う政治力学のダイナミクスが，空間の改変を焦点として集合的な意志を形成していく過程が主題とされる．都市計画史研究が「上から」に偏した従来の方法を批判的に再構築していこうとすれば政治過程史に到達するのは必然であり，他方で多様な都市現象の歴史を目指す都市史研究も近代を対象とする以上は政治過程のダイナミクスを方法に組み込まざるをえない．本節後半に紹介してきた研究群は多かれ少なかれそこに接近しているとみてよい．植民地では前掲の伊藤裕久・吉野菜月［2014］のほかに，彰化を対象に市区改正の実態解明を一歩進めて寺廟整理運動の都市史的意義を示唆した青井哲人・張亭菲［2013］があるが，漢人社会の核である寺廟の再建・拡張や処分，都市施設や新都市の建設における漢人地主の土地提供，街屋建設における漢人地主の組合結成など，研究の待たれる課題は多い．おそらく内地諸都市とはかなり様相の異なる，植民地的な空間編成とその政治過程とが浮かびあがってくるだろう．

3　領域——植民地産業化と都市の存立構造そのものの変化を問う

(1) 領域史研究の勃興

都市史研究の新たな展開として，陣内秀信・伊藤毅らによって牽引されている領域史研究がある．紙幅の制約があり研究動向をつぶさに紹介するのは難しいが，社会史・建築史の研究者を中心的な母体とする「都市史研究会」を発展的に解消して 2013 年に設立された「都市史学会」がその英語名称を「Society of Urban and Territorial History」としていることと，日本建築学会の会誌『建築雑誌』2015 年 5 月号で松田法子らが「都市史から領域史へ」と題する特集を組んだことを紹介しておこう［松田法子ほか 2015］．

「領域史」の日本植民地研究への導入は不可欠である．日本植民地支配の本質は産業開発にあり，植民地全土の産業的再編成のために，海岸線・河川・山林などの国土が改変され，都市や集落が改造・新設または置き去りにされていったと考えられるからである．その意味では，従来の建築史や都市史はその研究分野のディシプリンに沿って研究課題を設定していたにすぎず，都市などの

人間環境の存立自体が問われていなかったし，植民地支配の大きな論理を問うための空間領域的なまとまりをどう設定するかという問題を蔑ろにしてきた．

(2) 都市存立の不安定性，産業化の空間編成

筆者の場合，台湾の都市史研究を進める過程で，大水害の頻発を背景とする都市の不安定性に注目せざるをえなくなり，そこから大河川流域をひとつの「領域」的なまとまりとし，そのなかでの都市諸類型の布置と相互関係を復原しながら，それが植民地の産業開発の論理によってどのように再編成されていくかを追う研究プロジェクトに着手した[*1]．対象は台湾西部平原の中央を流れる濁水渓(歴史的に変動が激しいが，東螺渓・西螺渓・虎尾渓・苯港渓などの支流を含む総称)の流域である．

この領域は台湾の他地域と同様に元来はオーストロネシア語族の原住民居住地域であったが，17世紀後半にはじまる漢人の入植が18世紀に本格化し，18世紀末から19世紀を通じて様々な都市が勃興した．A類型＝行政都市(彰化県城)，B類型＝対岸貿易港(鹿港，苯港・新港)，C類型＝中継河港都市―域内集散地(東螺，西螺など)，D類型＝谷口河港都市―山地資源集散地(林圯埔)といった立地や機能の異なる都市群である．①山地―平原―海峡の地理的関係性，②漢人の農業開拓の進展，③原住民集落との関係，④A～Dの諸都市の布置といったものが，この領域の19世紀までの編成の主要素であったといえようか．

このうちC類型の都市は10年に1回程度の頻度で河川氾濫に遭い，都市によっては壊滅的な被害を受けたが，これに泉州・漳州勢のいわゆる分類械闘が重なって都市社会は分裂と移動，消滅と再生を続けていた．有力商人の拠点であるB類型の都市は伝統的煉瓦造街屋の富裕な景観を誇ったが，C類型の都市群では有力商人の下に集う商人や労働者たちは柱から屋根や建具までがすべて竹でつくられた，ほとんどバラックのような軽い町屋に住み，流れても焼かれても安価かつ迅速に再建を繰り返した[青井哲人 2014]．

植民地支配はこの流域に新たな編成を求める．糖業開発を軸とする農地の計画的な再編と，台湾人(本島人)資本および日本の企業資本による工場建設であり，高雄・基隆といった近代港湾につながる縦貫鉄道線と毛細血管状の軽便鉄道からなるネットワークの構築である．総督府は1910年代に西螺渓だけを残

して河川を止める治水事業を実施し，広大な旧河川敷を「新生地(浮覆地)」として農地化し，日本人や客家の農業移民を導入して甘蔗増産をはかるが，これにともなって農村集落が点在する地域に製糖各社の拠点たる糖業都市が出現する一方で，B群やC群の一部はその水運という存立根拠を失って衰退していった．

こうしたダイナミックな都市群の歴史像は，個別都市の社会＝空間だけを見ていたときには思いもよらなかったものである．

(3) 都市への意志，産業化への意志

上に述べたC類型の代表例に東螺街がある．その歴史を追うと，東螺渓の氾濫と械闘を背景に19世紀初期にまず漳州勢が駆逐され，分散して帰農したとみられるが，残った泉州勢は直後に都市を移転して北斗街を建てた．筆者らの調査研究によれば，排除された漳州勢の一派は，拠点であった小集落が1898・99両年の水害に遭ったのを契機に都市建設に乗り出し，1901年前後に田中の建街に至る．田中街は，19世紀初期に東螺街を追われてから約百年後に彼らが構えるに至った自らの都市であったが，その経緯は彼らが日本植民地期に入っても18-19世紀の都市への意志を継承していたことを物語る．同時に，田中建街が縦貫鉄道の停車場開設地をねらった点では彼らが植民地という新しい状況を活用したこともうかがわせる．彼らの「都市への意志」に，私たち植民地研究に携わる者も意識的であらねばならないことを痛烈に感じざるをえない．こうして領域史を通じて浮き彫りになる漢人移民社会の意志が，産業化を求める政策と資本のもうひとつの意志と交差し，日本植民地としての20世紀前半の台湾社会の実像はより厚みをもって理解されてくるのではないか．

植民地産業化に伴う空間編成の問題をめぐっては，最近の建築学では基隆・高雄の港湾都市編成をその政策的意志と実態の両面から解明した簡佑丞[2018]や，阿里山の林業開発が平地の漢人世界と山間の原住民世界を結合していく歴史過程を追った陳穎禎[2017]などの成果を生みつつある．今後の研究の方向性のひとつはここにあるだろう．

むすびに

本章では建築学分野からの今後の研究を牽引するだろう3つの論点を研究事

例とともに提示してきた．最後に示唆したように，これら研究の進展は，互いに相補的に研究水準を押し上げるように働くだろう．ただし現時点では，「日本植民地」の概括的な規定や歴史的パースペクティブを建築学分野から提起していくには研究の活性化と蓄積がまだまだ必要といわざるをえない．なお本章では時期区分の問題，植民地と日本国内，あるいは西欧諸国やその植民地との平行性の問題などにはふれられなかった．大きなフレームワークによる比較研究も，ここに例示してきたような実証的な研究実践と平行して，つねに意識しておかねばならない重要課題である（[布野修司 2005][布野修司，ヒメネス・ベルデホ・ホアン・ラモン 2013]ほか）．

*1　高村雅彦・辻原万規彦・恩田重直・陳穎禎らとともに 2016 年に科学研究費研究課題として着手．本プロジェクトの年次報告として，青井・辻原・恩田ほか「植民地産業化に伴う台湾濁水渓流域の変化と都市形成 1〜4」，「19 世紀台湾彰化県における永靖の建街に関する研究 1〜3」，「台湾彰化県二水郷市街地の形成・変容に関する研究 1〜3」（日本建築学会大会学術講演梗概集 2016-2017）を発表している．

第 17 章
東アジアの近代文学と日本語小説

波田野節子

はじめに

　西洋の衝撃は文学にもおよんだ．東アジアで最初に近代化をとげた日本は言葉を通して西洋と出会い近代文学を生み，そして日本に植民支配された台湾と朝鮮は，宗主国の言葉である日本語を通して西洋文学と出会い近代文学を生み出すことになる．

　植民統治末期の台湾と朝鮮に大量に現れた日本語小説については主に 1990 年代から研究が始まっている．だが統治初期から終焉の後までを視野に入れて長いスパンで植民地の文学と日本語との関係を扱う研究はまだない．そのような研究をめざしつつ，その一環として本章では朝鮮と台湾の最初の日本語小説を考察する．具体的には，朝鮮近代文学の父と称される李光洙（1892-1950？）が代表作『無情』の 8 年前に書いた「愛か」(1909) と，台湾文学史で最初の近代

小説とされている謝春木(1902-69)の「彼女は何処へ」(1922)という2つの日本語小説を通して，東アジアの近代文学の萌芽の様相を言語を視野に入れて考察する．第1節では日本が西洋文学と出会う黎明期を3人の作家を通して駆け足で概観し，第2節と第3節で，2つの日本語小説が書かれた経緯を当時の言語状況とあわせて考察する．そして最後に今後の課題を述べたい．

1　日本——「植民地的」な文学

　陸軍士官学校の受験に3回続けて失敗した17歳の二葉亭四迷(1864-1909)が，将来の日本にとって脅威となるであろうロシアに備えるためにロシア語を学ぼうと考え，東京外国語学校の露語科に入学したのは明治14(1881)年のことだった．そこでは物理，数学からロシア文学史まですべての科目を，ロシア人教師がロシアの学校の教科書を使ってロシア語で教えるという徹底的なダイレクトメソッドの教育が行われており，やがて彼は教師の朗読するロシア小説に心酔して近代文学に目を開く．中村光夫は『二葉亭四迷伝』で二葉亭が東京外国語学校で受けた教育を紹介しながら，これを「植民地的な性格」の教育と呼んでいる[中村光夫1958]．だがそれは，自分の国がつい最近まで台湾や朝鮮で行っていた教育を指してのことではない．戦後「異邦人」論争をひき起こした仏文学者中村にとって「植民地の教育」とは，アルベール・カミュがアルジェリアで受けたような本国式教育のことだった*1．アジアへのこの見事なまでの無関心は，明治以降の日本の文学者たちの西洋志向を凝縮して露呈する．明治の日本は自ら西洋文化に同化されることを望んで近代化の道を突き進んだ．日本は植民地にならなかったが，日本の近代文学はこうした意味で「植民地的」であったといえるだろう．

　二葉亭が外国語学校に入学した年，お雇い外国人教師からダイレクトに英語で講義を受けていた東京大学文学部の学生坪内逍遙(1859-1935)は，学期末試験に「ハムレットにおける王妃ガートルードの性格を批評せよ」という問題を出された．性格を道義的に論じた答案を出して低い評点しかもらえなかったことから，彼は西洋と東洋の文学の違いに気づき，西洋文学理論の研究とシェークスピアの翻訳へと進むことになる．坪内の著書『小説神髄』を持ってその自宅を訪ねた二葉亭が，彼の勧めで『浮雲』を刊行したのは明治20(1887)年，坪内は28歳，二葉亭は23歳だった．立身出世から落ちこぼれるマージナルな青年

を造形する一方で，二葉亭は「あひゞき」「めぐりあひ」などの翻訳を通して日本語の文学的な領域を押しひろげていく．

　ダイレクトメソッドの最たるものは現地留学である．典医の家に生まれて幼少よりドイツ語を学んだ森鷗外は，東京帝国大学医学部を卒業して陸軍に奉職し，明治17(1884)年，22歳で陸軍衛生制度と衛生学研究のためドイツに留学を命ぜられた．彼はそこで西洋文学に出会い，4年後に帰朝したときは軍医兼文学者になっていた．佐藤春夫は，鷗外の洋行こそを「近代日本文学の紀元」と考えたいと書いている［佐藤春夫1956］．明治23(1890)年，鷗外は異国の文化との出会いのなかで芽生えた自我の初々しさを描いた「舞姫」を発表し，彼もまた創作とともに翻訳を行った．

　西洋の言葉を通して近代文学と出会った彼らの課題は，文学的な情感を読者に伝えられる文体の創出であった．この明治20年代，明治初期にあった大新聞(おおしんぶん)の漢文調と小新聞(こしんぶん)の戯作調という書き言葉の二層状態は中新聞の出現によって解消しつつあり，『国民之友』の徳富蘇峰の漢文訓読体が流行し，速記術の発明は裁判記録や演説から講談まで活字化して文体に大変革を起こしていた．こうした言語状況のなかで彼らと彼らにつづく作家たちは「言文一致」といわれる新しい文体への試行錯誤をつづける［小森陽一2000］［清水賢一郎2000］．その間に日本は台湾と朝鮮を植民地にして帝国になり，やがてそれらの植民地にも近代文学が生まれることになる．

2　朝鮮——ハングル表記への道

(1) 李光洙の「愛か」

　明治38(1905)年に13歳の李光洙が天道教留学生として来日したとき，朝鮮はまだ植民地ではなかった．学費の問題で一時帰国した彼は大韓帝国の官費生となり，1907年秋に明治学院普通学部3年生に編入する．そして卒業までの2年半のあいだにキリスト教を知り，文学を耽読し，ついに創作を始めた．卒業を前に仲間たちと出したガリ版刷りの回覧雑誌『新韓自由鍾』に，彼は日本語でこう書いている．「噫！ 悲惨とも幸福とも云ふべき，忘れ能はざる白金のライフ」(「君は何処に」)［波田野節子2013：139頁］．

　木村鷹太郎翻訳のバイロン詩から受けた衝撃は，祖国の独立の危機と重なって彼の創作の起爆力となった．ある留学生が『新韓自由鍾』に安重根の処刑当

日に書いた激越な文章は当時の彼らの雰囲気を伝えているが，李光洙もまた伊藤博文射殺事件のショックに突き動かされるがごとく，事件の3週間後に日本語小説「愛か」を脱稿し，その1週間後に朝鮮語の詩「獄中豪傑」を完成させた．これが彼の最初の小説と詩である．後輩「操」が自分を避けるようになったことから彼の愛を疑い，ついに自殺しようとする中学生「文吉」を描いた学園小説「愛か」と，牢獄に閉じこめられた虎に向かって奴隷になるくらいなら檻に体当たりして死ねと叫ぶ，おそらくは安重根を念頭においた「獄中豪傑」とでは，書かれた言語の違いほどに隔たりがあるように見える．だが，この2つの作品にあふれるのは同質の切迫感である．

　1909年12月に学校誌『白金学報』に掲載された「愛か」は同性間の愛を描いたものだが，同じ年に『スバル』に発表されて発禁になった鷗外の「ヰタ・セクスアリス」を見れば，学校の先輩と後輩のあいだのこの程度の付き合い方はさして異常ではない．むしろ注目すべきは朝鮮の少年が日本の少年を愛するという異民族間の愛を描いていることだ．「操」のモデルは，4年生の春に明治学院に編入してきた山崎俊夫という実在の人物である．李光洙を自宅に呼んで家族に紹介するような敬虔なキリスト教徒で，当時のアジア人差別の風潮のなかでは例外的な人物だったが，信仰から離れるとともに李光洙とも距離を置くようになった．学内の朝鮮人留学生差別に同調した可能性が高い［波田野節子2017b］．李光洙が「愛か」のなかでそれに触れなかったのは，民族的自尊心もさることながら，友人の離反を民族差別のせいにすることで自分自身の心に壁を作りたくなかったからだろう．自分を避けるようになった友人に悲しみを伝えるという，きわめて個人的な理由で李光洙は日本語小説「愛か」を書いた．中学時代の彼が日本語で書いた小説はこれ1編のみであり，このあとも20年以上書いていない．

　「愛か」の2カ月後，李光洙は朝鮮語の短編「無情」を発表する（『大韓興学報』1910年2,3月）．夫に愛されずに自殺する主人公の悲しみ，裏切られる口惜しさ，身籠った子が男かどうかの不安など，朝鮮語で表現されたことのない内面の情動を描くにさいし，日本語で「愛か」を書いた経験は大きな助けになったはずだ．朝鮮の詩人・評論家林和は，朝鮮語の言文一致が創造される過程で明治文学の文章が朝鮮に移植され，日本語教育とあいまってその生成に深刻な影響を与えたことを指摘している［林和1993：379頁］．

(2) 言語状況

　それでは李光洙を取り巻いていた当時の言語状況を見よう．周知のように朝鮮では15世紀に世宗大王によりハングルが創製されたあと，漢字に固執する両班（ヤンバン）とハングルを用いる女性や庶民層とのあいだに文字による社会の二層化が生じた．1894年の甲午改革で高宗がハングルを「国文」と位置づけ，公文書をハングルで書くよう明文化すると，この二層化は，知識人は国漢文，庶民はハングル文という表記の二層化へと変わった．国漢文とは意味機能をもつ単語を漢字，文法機能をもつその他の部分を国字すなわちハングルで表記したもので，日本語の漢字仮名交じり文のようなものである．1896年に純ハングルの『独立新聞』が創刊されるが，その2年後には「男新聞」と呼ばれる国漢文の『皇城新聞』と「女新聞」と呼ばれる純ハングルの『帝国新聞』が現れ，1904年に純ハングルで創刊された『大韓毎日申報』は翌年には国漢文版を出さねばならなかった．明治初期の日本にあった「大新聞」と「小新聞」に似た二層状態が開化期の韓国にもあったわけである．

　『大韓毎日申報』を強制買収した総督府の機関紙『毎日申報』は1912年に2つの版を統一し，国漢文と純ハングル文，漢文まで同居させる大胆な紙面づくりを行った．武断統治期を通して唯一の朝鮮語新聞だった同紙は，庶民購読者を惹きつけるために尾崎紅葉の『金色夜叉』や黒岩涙香の『巌窟王』などの翻案を純ハングル文で次々に連載し，それらは大いに人気を博した．「翻訳と翻案の時代」とも呼ばれるこの時期が『無情』の新しい文体が受け入れられる素地を準備したといえる．

　一方，知識人の媒体である雑誌はつねに国漢文か漢文で表記された．李光洙は中学4年生のときに「国文と漢文の過渡時代」（『太極学報』1908年5月）という論説を書き，国民の精髄たる国語を他国の文字である漢字で表したことが今日の大韓帝国の惨状を引き起こした一因であるから漢文を全廃してハングルを専用せよと主張した．当時の李光洙はまだ創作活動を始めていないから，この論説は周囲の影響によるものであろうが，ハングルで書こうという主張を国漢文で書かねばならなかったことに当時の文章事情が表れている．ハングルだけでは意味伝達に不足で，漢字の意味機能を必要としたのだ．

　そのあと創作を始めた彼は1910年7月に『皇城新聞』に発表した論説「今日我韓用文について」でずっと具体的な意見を述べている．すなわち，現時点

において純ハングル文で書くことは現実的な困難が多いうえに「新知識の輸入を阻害」するから取りあえず国漢文で書こうと主張しながら，「窮余の一策」として「ハングルで書けないものだけを漢字で書いた国漢文」を書くことを訴えたのである．文明知識の吸収のための和製漢語の必要性を認め，その一方で漢字語は最小限にとどめて固有語を使おうという主張である．

当時の国漢文には漢文を文章単位で取りこんだ「漢文文章体」，句節の単位で取りこんだ「漢文句節体」，単語の単位で取りこんだ「漢文単語体」の3つの類型があり，その外側に「国文化の程度がさらに進んだ」『少年』誌の国漢文があったと，ある研究者は分析している［イム・サンソク 2008］．『少年』は，ハングル文の創出に尽力した崔南善が 1908 年に創刊した雑誌である．李光洙がこの雑誌に連載した西洋映画の翻訳「幼い犠牲」(『少年』1910 年 2-5 月)は，まさに「ハングルで書けないものだけを漢字にした国漢文」という主張の実践であった．このあとも彼は故郷で教師をつづけながら『アンクルトムズ・ケビン』の日本語訳 2 冊をもとにした『黒坊の悲しみ』(1913)の刊行など，翻訳を通して文章表現創出の努力を続けていく［波田野節子 2014］．

(3) ハングル小説『無情』

1916 年末，早稲田大学の学生だった李光洙は『毎日申報』に論説を発表して人気を博し，新年小説の連載を依頼された．新聞社の目的は彼の儒教批判の論説に熱狂する若い知識人たちを購読者にすることであり，そのために紙面には『無情』は「教育ある青年」のために国漢文で書かれるという予告が出されていた．にもかかわらず 1917 年 1 月 1 日に連載が始まった『無情』がハングル小説であったことは韓国文学史の 1 つの謎であり，論争になっている[*2]．だが重要なのは，ハングル表記の『無情』を読者が問題なく読んで感動したという事実である．このときすでに李光洙は漢字に頼らずに読むことができる文体を完成させていたのだ．

庶民の文字ハングルで表記された知識人の小説『無情』は，庶民層と知識人層の両方から読まれて共感された．2 つの層の人々が同じ作品を読んでともに感動するのは朝鮮の歴史で初めてのことであり，「近代民族語文学の真の成功」であったと金栄敏は評している［金栄敏 2005：168 頁］．21 世紀に入り，北朝鮮のみならず韓国でもハングルは漢字をほぼ完全に駆逐するにいたった．ハング

ル小説『無情』の成功はその第一歩だったのである.

3　台湾——多様な言語

(1)　謝春木の「彼女は何処へ」

　台湾が日本の植民地になったのは朝鮮より 15 年早いが，近代的な文学が現れるのは 1920 年代である．これには閩南・客家のほかに多くの原住民がいて言語が多様であったという事情が関係している．謝春木が生まれる 4 年前の 1898 年には台湾人の学校である公学校の制度が敷かれ，日本語教育システムは着々と整備されていた．伝統的な書房で学んだあと公学校に通った彼は，『無情』が発表された年である 1917 年に台湾総督府国語学校に合格する［何義麟 1993］．国語学校は 1919 年に台北師範学校に変わる．これは朝鮮で三・一運動，中国で五・四運動が起きた年である．第二次世界大戦が終わり，世界的に植民地の独立が叫ばれる風潮のなか，日本語教育を受けた新しい世代は「血液の相異でされる差別待遇」［謝春木 1931b］を拒否し，日本の植民統治に反抗するようになっていた．このころ台湾には日本人経営の新聞しかなく，1920 年に留学生たちは台湾人による最初の雑誌『台湾青年』を東京で創刊する．台湾で禁書だったこの雑誌を師範学校の生徒たちは各部屋に配布し，ひそかに輪読していたという［謝春木 1931a］.

　師範学校時代の謝春木は日本に反抗心を燃やしながらも，日本語を通して文学作品を耽読したらしい．1921 年春に首席で卒業し，総督府の奨学金で東京高等師範学校に留学すると，その翌年に日本語で「彼女は何処へ——悩める若き姉妹へ」を発表する．寮で雑誌を回し読みしている後輩たちを思いながら，彼はこの小説を書いたのだろう．旧式の結婚制度に悩む台湾の若者のために書かれた啓蒙小説「彼女は何処へ」は，『台湾青年』から改称した『台湾』に 1922 年 7 月から 10 月まで，追風というペンネームで連載された.

　簡単にあらすじを紹介する．東京留学生の清風と媒酌婚約した女学生桂花は，婚約者の帰省を心待ちにしているが，清風にはすでに留学生の恋人がいた．清風からの手紙で事実を知って衝撃のために倒れた桂花は，伝統的な媒酌制度が自分の悲劇の原因であることに気づき，改革を決意して東京に留学する．4 カ月後，桂花の婚約破棄のスキャンダルとそれに堂々と反論する清風の手紙が載った新聞記事が母親から送られてくるが，「もっと大きな問題」に心を占めら

れている彼女にとって，清風とのことはすでに「小事」に過ぎなかった，というストーリーである．

結婚話に父親が登場しない不自然さや，女性の言葉や行動の表現に未熟さが見られるほか，母親の理解が良すぎたり桂花の心の整理が早すぎるなどの啓蒙小説らしい問題もあるが，心理や情景の描写のレベルはかなり高い．だがこの小説の最大の欠点は，絶望から這い上がる桂花の内面が描かれていないことである．作者にとって重要だったのは桂花の恋愛を描くことではなく，東京に来て「大きな問題」に目を開いた彼女の成長ぶりを描くことだったように見える．謝春木は東京に来るとすぐに留学生団体や台湾文化協会のメンバーとして活動していた．彼の心は植民地台湾のために何をなすべきかという，桂花と同じ「大きな問題」によって占められていたのだろう［波田野節子 2017a］．

謝春木は 1924 年の『台湾』4 月号に，台湾で最初の詩とされる日本語詩「詩の真似する」を発表し，まもなく文学から離れてしまった．翌 5 月号に載った「出さなかつた手紙」という日本語小説の作者「SB 生」は，様々な点から見て「春木」だと推定されるが，これが彼の最後の文学作品である．主人公 S が出入りする「あたらしい女」姉妹の家には父親の影がない．その妹から結婚話の相談を受けた S は彼女にほのかな想いを抱きラブレターを書くが投函せず，のちにこの想いを「恋の遊戯」だったと結論づける．それは，貧しい親のために娼妓になった女性が自殺しようとして阻止されたことを嘲笑する新聞記事を読んだ衝撃からだった[*3]．S は「残酷が固定して制度になると悲しい出来事までもさまで人の心を動かさなくなる」と日記に書きつけ，恋愛のような「贅沢な遊戯」はやめると宣言する．この結末は，このあとジャーナリストとして社会運動と抗日の道を歩んだ謝春木の姿を予告する．社会に存在する不正義の前で恋愛や創作が「贅沢な遊戯」にしか見えなくなったとき，文学を捨てて社会運動の道を選んだのである．彼は『台湾民報』の編集人となり，台湾で労働争議が激しくなると台北支局に転勤して社会運動を行う．1932 年に大陸にわたった彼はやがて重慶で抗日運動に従事し，戦後は大陸を祖国となして日中友好のために日本語を使った．

(2) 言語状況

謝春木が文学から離れたことには，彼を取り巻いていた言語状況もかかわっ

ている．そもそも故郷の後輩たちのための啓蒙小説「彼女は何処へ」を彼はなぜ日本語で書かねばならなかったのか．母語で書くことができなかったからである．日本語で「愛か」を書いた李光洙がつづいて朝鮮語で「無情」を書くことができたのは，母語を書写するハングルがあったからだ．ところが謝春木の母語である閩南語は書写文字を持たなかった．謝春木と後輩たちは学校にいれば日本語で話して日本語で書き，学外なら閩南語で話してその内容を漢文か日本語に直して書いていたと思われる．

　『台湾青年』(のち『台湾』)には日文欄と漢文欄があったが，留学生たちには日本語の方が楽だったらしく，量的にも内容的にも日文欄に力点が置かれていた．しかし宗主国の言語に頼るこのような態度に対して反省と批判が起きる．「彼女は何処へ」が掲載された1922年，陳瑞明の「日用文鼓吹論」を皮切りに，蔡培火，黄朝琴，黄呈聡らがつぎつぎに言語改革を主張する論説を『台湾』に発表し，中国白話文への合流機運が高まった．それは言語運動を越えて日本の国語教育に対抗する反植民地運動の色彩を帯びていた[陳培豊 2012：102頁]．

　翌1923年4月には『台湾』誌の漢文欄が独立して「簡易的漢文」を標榜する『台湾民報』となり，留学先の北京にいながら新旧文学論争をまき起こした中国白話文の旗手張我軍が帰国して入社する．『台湾民報』は創立2年で発行部数1万部に到達し，1927年に台湾に本拠地を移し，1932年にはついに日刊新聞となる．

　一方，漢文欄がなくなった『台湾』は関東大震災による一時休載のあと，1924年4月に本格的な日文専用誌として復刊するが，5月号をもって断り書きもないまま終刊してしまった．謝春木はこの最終号に「硝子越しに見た南朝鮮」という紀行文と，先述した短編「出さなかつた手紙」を発表し文学活動を終えた．こうしてみると謝春木の日本語創作は『台湾』と運命をともにしたことになる．のちの軌跡が示すように彼は大陸を祖国とみなすいわゆる「祖国派」だった．中国白話文運動の気運を損なうことを恐れ，日文専用誌となった『台湾』を自ら消滅させた可能性は十分にある．4月に朝鮮を訪れてその抗日精神に刺激されたことも，この決定を後押ししたかもしれない．

　それにしても李光洙が「愛か」のあとに朝鮮語で「無情」を書いたように，謝春木も中国白話文創作に転換できなかったのかという疑問が浮かぶ．しかし，ふだん話している言葉をそのままハングルで書くことができた李光洙と違って，

謝春木は北京の言葉からして学ぶ必要があった．日本語創作をやめることは彼にとって文学との別れを意味したのである．だが社会の不正義と戦うことを優先した謝春木は文学に執着しなかったのだろう．

謝春木の日本語創作が終わったあと言語改革運動は頼和の白話小説を生みだし，つづく1930年代には郷土文学論争が起きて台湾白話文の創出をめざす試行錯誤が行われた．しかし制度的な裏付けを持ちえない植民地での言語改革には限界があった．その間も日本語教育は新しい世代に浸透していき，1933年には東京留学生たちにより日本語文学雑誌『フォルモサ』が創刊される．翌年台湾に大規模な文学団体が誕生して本格的な文学雑誌も発行されたが，日中戦争が始まる1937年には漢文欄が禁止され，新文学運動も言語改革も凍結した．そして1940年代には日本語による皇民文学が猛威をふるうことになる．

おわりに

本章では朝鮮の李光洙と台湾の謝春木が書いた最初の日本語小説を足がかりにして，帝国と植民地における近代文学の萌芽期の様相を，とくに言語状況を視野に入れて見てきた．最後に植民地時代の文学研究における今後の課題について考えてみたい．

作家にならなかった謝春木の「彼女は何処へ」は，現在では台湾新文学建設に先鞭をつけた最初の近代小説という評価を受けている［彭瑞金 2005］［陳芳明 2015］．逆に李光洙の「愛か」は韓国文学史で評価の対象にされていない．「愛か」だけではない．植民地末期に李光洙をはじめとする多くの作家たちが書いた日本語作品が同じ処遇を受けている．その多くが翻訳され研究されて文学史にも組み込まれている台湾とは対照的である．ここにはハングルを持っていた韓国と，書写文字を持たなかった台湾の違いが表れているように思う．

閩南・客家・原住民族のほか光復後の外省人という複雑な族群と言語をかかえた台湾は多様性を受け入れなければ国家自体が成立しないし，文学史にも属人主義と属地主義をとる必要がある．先述したように1930年代の台湾では閩南語の書写の試みも行われたが，制度の裏付けと時間がないまま挫折した．植民統治が終わったあとは国民政府による過酷な中国語政策が行われ，書写文の課題は現在も解決していない．一方，韓国ではハングルが民族意識と結びつき，植民地時代の文壇においてさえ朝鮮語で書かれたもの以外は朝鮮文学と認めな

いという考えが支配的であった［金哲2017］．それが現在の日本語小説への拒否感につながっている．また先述したように，ハングルの漢字からの離脱は21世紀に入ってほぼ完成した感があるが，ここには韓国語に定着してしまった漢字語はハングルで書いても不自然でなくなるというハングルがもつ特質のほかに［イ・ヨンスク2009：49頁］，漢字への拒否感が働いているように思われる．

　こうした現在の状況まで踏まえて植民地期をふり返ると，その時代だけ見ていては気づかなかった方向性のようなものが見えてくる．今後は植民地時代の文学を長いスパンで研究することが必要である．林和は，東洋の近代文学は日本を通して西洋から移植され環境に応じて発展したという「移植文学論」を唱えたが，言語は環境のなかでも大きな部分を占める［林和2001：288-290頁］．人工的に成分を変えられた土壌がすぐに原状回復できないように，日本語教育を受けた世代は台湾でも韓国でも，植民地から解放されたあと，身体に刻まれた言葉のために苦しまねばならなかった［金哲2015］．それぞれの地域に残るそうした痕跡まで視野に入れて，一つ一つ解きほぐしていく研究が今後の課題となろう．

　つぎに，同じように西洋から移植されながらも，帝国と植民地の文学には決定的な違いがある．それは帝国の支配が生み出す差別を，する側の文学とされる側の文学という違いである．植民地の人間は，帝国の人間から構造的に差別される．差別する側へとまわった友人への愛に苦しんだ李光洙は安重根事件の衝撃のなかで「愛か」を書き，「彼女は何処へ」を書いた謝春木は「血液の相異でされる差別待遇」という不正義と戦うために文学を捨てた．明治の作家たちは西欧の植民地になることへの強迫観念に怯え，そのために彼らの西欧文化への同化願望はいっそう強まった．しかし帝国の住民になった彼らの目に植民地の人々の心は映らなかった．中村光夫が『異邦人』の主人公ムルソーに射殺されるアルジェリア人の心を意識に上らせなかったのは，彼が帝国の住民だったからだ．差別する側はつねに無意識であり，逆に植民地の文学には差別に抵抗し糾弾しながらも無意識のうちにその構造を受けいれた痕跡がある．そしてトラウマが残るのである．

　帝国が崩壊して時間がたち，あらたな記憶がつぎつぎと作り出されていくなか，植民地文学研究の今後の課題は，文学テキストを実証的に検証してそこにひそむ無意識を摘出することであろう．それが現在までつづくトラウマを癒す

ことにつながるはずである（本研究は JSPS 科研費 16K02605 の助成を受けている）．

*1　中村は『二葉亭四迷伝』を 1936 年に『文學界』に 3 回連載し，戦後，『展望』と『群像』に連載して 1957 年に完成させた．その間にアルベール・カミュの『異邦人』を翻訳し，広津和郎とのあいだで「異邦人」論争を起こしている．1970 年に中村は『二葉亭四迷伝』を連載したころを回想しながら，『浮雲』の文三と『異邦人』のムルソーを比較している（中村光夫『今はむかし』中公文庫，1981，139-140 頁）．

*2　金栄敏は，『無情』が国漢文で書かれてから李光洙自身の意志でハングルに変更されたと推論した［金栄敏 1997, 2005］．波田野は，時間的に見て表記変更をできるのは新聞社の現場の人間であるとして，当時『毎日申報』の社員だった中村健太郎という人物が表記を変更したと推論した［波田野節子 2015］．それに対し金栄敏は最近の論文で，変更したのはやはり李光洙自身であると反論している［金栄敏 2017］．

*3　謝春木は漢文の論説「我解的人格主義」（『台湾』4-3）でも家族のために娼妓になった女性の例を挙げている．

コラム⑦

映画

高　媛

　1990 年代以降，戦前の満洲，朝鮮，台湾で製作された映画フィルムの相次ぐ発見と，『日本映画論言説大系　全 30 巻』（ゆまに書房，2003-2006 年），『映画公社旧蔵戦時統制下映画資料集　全 34 巻』（ゆまに書房，2014-2016 年）といった史料の復刻に拍車がかけられ，植民地映画史分野の研究は急速に進展した．宗主国／植民地という非対称な権力関係に制約されながら，帝国内の映画活動はいかなる形で展開されていったのか．ここでは近年の植民地映画史研究で示唆的な視点を 4 つ提示する．

　第 1 の視点は，研究対象を個々の地域の内部で起こった孤立した事項としてではなく，帝国と植民地とのあいだ，もしくは植民地間の映画活動を，同時代の歴史状況のなかで互いに連動する出来事として把握するアプローチである．たとえば，戦時下の映画政策の研究分野に先鞭をつけた加藤厚子は，著書のなかで，日本国内の映画統制のみならず，中国大陸や南方，台湾，朝鮮における映画工作の展開にも包括的に言及し，帝国全体の動向を俯瞰する視座を戦時期映画史研究に導入した［加藤厚子 2003］．さらに，川崎賢子［2006］は植民地や占領地にある映画拠点同士の連携や対立にまで議論の射程を延ばし，戦時下に形成された映画の製作および配給のネットワークを究明する．これらの視点からは，「国民国家論および一国文化のパースペクティヴ」［川崎賢子 2006］に収斂されない，より重層的で立体的な帝国像を浮き彫りにすることができる．

　もし第 1 の視点が帝国全体を見渡す「巨視的視点」とするならば，第 2 の

視点は国境にまたがる映画人の生きざまや異民族映画人同士の相互作用といった歴史的細部に光をあてる「微視的視点」といえる．たとえば，内海愛子・村井吉敬[1987]は，朝鮮半島出身で許泳，日夏英太郎，フユンという3つの名をもち，朝鮮，日本，インドネシアを流転する一映画人の軌跡を丹念に跡付けている．三澤真美恵[2010]は日中戦争下の上海と重慶で活躍した2人の台湾出身の映画人の足跡をたどりながら，宗主国日本と祖国中国とのはざまを揺れ動く植民地映画人の身体に刻み込まれた「近代」への憧れと苦悩を，映画をめぐる政治的・社会的構造とともに明らかにする．ほかに，池川玲子[2011]はジェンダーの観点と映像分析の手法を用いて，満洲映画協会(以下「満映」)のプロパガンダ映画「開拓の花嫁」を生み出した「共栄圏唯一の女性監督」坂根田鶴子の人生を描き出す．一方，任ダハム[2014]は植民地期朝鮮の映画の都・京城という都市空間に着目し，そこに参集する日朝映画人の「競合・交流」の複雑な様相を考察する．晏妮[2010]は日中戦争下の中国占領地で交わされた日中映画人の「交渉」の多義性に注意しつつ，「交戦する政治的空間を横切って生成した日中映画の相関する場面」を読み解く．映画人の越境体験および相互交渉を注視するこれらの研究は，「抑圧／抵抗」，「親日／抗日」といった二項対立の歴史叙述を相対化し，「正史」からふるい落とされたさまざまな歴史的リアリティを掬い上げる貴重な作業ともいえよう．

　第3の視点は，映画受容の多義性や上映過程の政治性に注目する視点である．植民地や占領地によって，日本の支配力の浸透具合や，日本映画資本と土着および欧米映画資本との競合関係，観客層の民族構成や趣味嗜好などの事情がそれぞれ異なるため，映画製作や表象分析の側面だけでなく，映画の受容過程に生じる矛盾や衝突，上映過程にともなう民族的，地域的，言語的諸要素への考察は不可欠となる．たとえば，鷺谷花[2007]と晏妮[2010]は1939年に上海で公開され，日中双方で成功を収めた「木蘭従軍」を題材に，同一映画が複数の異なる文脈に読み替えられる政治的力学を分析する．また，映画館の分布状態や日本映画の進出について，満洲の事例に言及する晏妮[2015]や劉文兵[2016]と，戦時下中国華北地方の事例を取り上げる張新民[2015]の研究が挙げられる．一方，映画館が整備されていない満洲国農村部での巡回映写活動をめぐり，王楽[2017]は映写活動の現場での実践と反省が映画政策と映画製作の両方に与えた影響について検討する．さらに，三澤真美恵[2010]は上映空間における弁士の役割に注目し，植民地期台湾に輸入された上海映画や日本映画はいずれも，台湾語弁士の解説によって「〈我々〉の映画」として受容され

ていくという「臨場的土着化」の過程を看取する.

　第4の視点は，戦前と戦後を連続するものとしてとらえ，植民地期とポスト植民地期を往還する視点である．たとえば，邱淑婷[2007]は戦後に活発化した香港映画と日本映画の交流史のルーツを，戦時中に日本が満洲国と上海で設立した2つの国策映画会社——満映と中華電影に遡らせる．また，満洲映画が戦後の日中両国に与えた影響について，赤上裕幸[2013]は戦後日本の教育映画分野に受け継がれた「満洲」人脈を明らかにし，龐濤[2014]は満映で映画の手ほどきを受けた中国人監督の戦後の作品を通して，「国策」と「娯楽」を融合した満映時代の創作方法が，新中国の映画にも生かされたことを検証する．さらに，李英載[2013]は植民地期に朝鮮人エリートが発表した日本語の原作シナリオと，それをもとに完成された戦後の韓国語映画を比較分析することで，「植民地的近代性の延長線上で作られたポスト植民地国家の生成のナラティヴ」にメスを入れる．これらの研究は，戦前と戦後の間を取り結ぶ，継承，反復，共謀といった多様な関係性を浮かび上がらせる有効な視座を提供している．

　上記4つの視点に通底している問題意識は，「近代」という魅惑的な時間と，植民地という不均衡な権力空間を共有したさまざまな主体の間に，複雑に織りなされる「重なり合う経験」としての映画，という側面にスポットライトをあてていることである．支配／被支配といった二分法では割り切れない，映画の持つ歴史的意味の多義性と流動性をえぐり出そうとするこうした取り組みは，植民地映画史研究の分野のみならず，帝国文化史の研究全般にとっても示唆に富むものと思われる．

コラム⑧

芸能・歌謡

三ツ井　崇

　植民地と大衆文化を論じる研究は，分野ごとに個別研究の蓄積も増加しつつある．芸能・歌謡という問題もまたそうであるが，同時に文学，言語，メディア，都市論，ツーリズムなどの領域とも結合しうる，広がりを持った領域でもある．以下では，それらを網羅的に扱うことはできないが，芸能・歌謡といった観点が，日本植民地研究のなかでどのような論点を提示しうるのか，考えてみたい．

伝統と近代，文化接触・変容

山口修[1993]は，ミクロネシア(おもにパラオ，ヤップ)の歌謡に注目し，歌詞の言語や，旋律・リズムのレベルに至るまで，在来のものと日本的なるものとの間で接触と変容の様相を呈したことを示した．

田村志津枝[1993]は，植民地台湾の大衆芸能のあり方を歌仔戯，布袋戯(人形劇)などの伝統芸能と，日本や中国大陸からの映画，新劇といった近代芸能とに二分して論じる．文化接触と変容の観点から重要な指摘は，伝統芸能が都市化や大陸との交流を経て変容するさまである．都市における劇場での上演や演劇内容の変化といった問題がそれにあたる．また，同時期に中国大陸や日本から新劇が入り定着していく過程について論じた点も重要である．

李宛儒[2008]は植民地台湾における新劇の発展について，台湾の新劇人で新劇運動を担った張維賢の日本留学とその影響について論じ，文化接触の具体相を示した．石婉舜[2013]は，歌仔戯が地方社会での「小芝居」から，1920年代以降，「大演劇」に変貌した過程を論じる．また，歌仔戯団が新劇や新歌劇なども演じたが，石はこれらの新旧芸能を「台湾語通俗演劇」として統合的にとらえ，台湾語通俗演劇が，演者と観衆との間で感情共同体を形成し，植民地下における「民族文化の主体性」を保存・成長させる作用を提供したと指摘する．植民地期朝鮮において，林慶花[2005]が民謡「アリラン」が，1926年の映画「アリラン」のヒットを契機に，民衆社会の卑俗な歌謡からナショナル・アイデンティティを表象する「民族の歌」として改変されていく過程を論じている点にも注目したい．いずれの場合も，劇場やレコードなどの都市インフラの存在が背景として存在したことは重要である．

さて，伝統が近代において発見されるものであることが指摘されて久しいが，増尾伸一郎[2010]が植民地支配というコンテクストのなかで，孫晋泰，金素雲の2人が朝鮮民俗に対する関心のもと，朝鮮古歌謡を収集・翻訳したことを明らかにした．

植民地権力の及び方

植民地期の芸能・歌謡を論じる研究の多くが，植民地権力による統制と利用を視野に入れている．とくに皇民化政策のそれは，芸能・歌謡分野に限らず，共通の論点として存在する．

民族文化の創出・拡大と当局による統制は表裏一体であった．田村志津枝

[1993]は皇民化政策期に伝統芸能と新劇のいずれもが統制を受けたことを明らかにしている．朝鮮の場合，朴燦鎬[2018]が近代の朝鮮歌謡史を概説的に描いたうえで，戦時期に歌謡曲が動員されていく過程を明らかにした．演劇については，李宛儒[2007]が，台湾総督府が「青年劇」，「皇民化劇」によって社会強化を図っていく過程について扱う．陳培豊[2012]は，台湾で展開された郷土文学／台湾白話文運動のなかで伝統的な民間芸能・歌謡を識字の道具として利用する一方で，台湾総督府がそれらを「国語(日本語)」普及の道具として利用したことを指摘し，芸能・歌謡が持つ両義性を提示した．

さて，日本の芸能・歌謡コンテンツが植民地に進出していく過程もまた重要な視角である．戦時歌謡の場合，日本のそれが植民地に広がっていった点が挙げられる．このほか，徐禎完[2010]が，日本の能が「国家芸能」としての価値を付与され，植民地で上演されることでその威信を獲得していく過程を論じる．宗主国の伝統芸能が近代国家の威信を獲得する過程で植民地を媒介にしたことを指摘する興味深い研究である．

帝国日本は対外宣伝のために植民地文化人を動員した．朴祥美[2017]は，日本が，東洋の伝統と民俗を主題とした舞踊家崔承喜の舞踊を西洋に紹介することを通して，「帝国日本の文化的包容力」を西洋に誇示しようとしたことを指摘する．1930年代の植民地文化ブームのなかで発見された植民地の芸能・歌謡が「帝国日本」の原理を支えたことを指摘する貴重な研究である．

さらに，吉本興業[2017]は，1930年代から芸能人を満洲，北支・中支，上海・南京方面へと慰問団として派遣した事例について紹介している．当時，芸能に携わった他の興行会社の場合についても事例の発掘が求められる．

「帝国」規模の広がり

ここで，芸能・歌謡が「帝国」内で境界を越えて動く過程についても触れておく必要があろう．歌謡の領域では，貴志俊彦[2013]が，台湾・朝鮮・満洲といった東アジア規模における流行歌の伝播と音楽人の往来に注目し，流行歌の同時代性と地域的な特性の両面を描く．このような「帝国」内の広がりの背景として，近代的音声メディアとしてのラジオの広がり，日本資本のレコード会社の進出に支えられたレコードという新メディアの導入，そして帝国の共通語としての日本語の存在が挙げられる．歌謡の場合，日本の歌謡だけでなく，植民地各地域の歌謡を素材とした日本語翻案物の出現もまた注目すべき要素である．林慶花[2005]は，1930年代以降，「内地」で「アリラン」を題材にし

た歌謡が広がっていくさまを指摘する.

　帝国規模での広がりを動態的に示す事例が,芸能の興行である.朴燦鎬[1987]は朝鮮人歌手や楽団の「内地」興行の事実を発掘する.そして,高祐二[2018]は,吉本興業[2017]ではほとんど言及されていない吉本興業と朝鮮人との関わりに焦点を当て,朝鮮人の芸能人が吉本興業の舞台に出て「内地」で演じるというケースと,吉本興業が朝鮮・大陸に進出するケースとの二方面のベクトルを明らかにする.

第18章
日本在留朝鮮・台湾出身者

宮本正明

はじめに

　本章は,日本在留の朝鮮出身者・台湾出身者をめぐり,主に1945年の日本敗戦以降の時期を検討対象とする近年(主に2010年前後以降.朝鮮出身者に関するそれ以前の研究については小林知子[2011]を参照)の研究動向の整理を試みるものである(本文中では,基本的に出身地域にもとづき(「国籍」の相違を問わず),朝鮮出身者(または在日朝鮮人)・台湾出身者という表現を用いる.台湾の場合,漢民族系のほかに複数の原住民(先住民)が居住するが,ここでは漢民族系を中心に台湾出身者とする).

　日本が朝鮮・台湾を植民地統治のもとに置いて以降,日本本国に渡航し在留する,日本「臣民」としての朝鮮・台湾出身者の存在が始まった.もとより朝鮮出身者と台湾出身者の間では,日本への編入形式や人口規模をはじめ,1945年以後の歩みを見ても,日本在留者に対する日本政府の処遇や外国人登録制度での位置づけ,「本国政府」による措置,「本国」・故郷—日本間の移動のありかた,運動面における前提条件など,様々な相違がある.同時に,両者はともに,戦前期の統治システムの"遺制"をも組み込んだ日本政府による管理体制の改編,「二つの朝鮮」「二つの中国」の成立やその前後での流血の惨事を伴う内部衝突,日本政府・「本国」政府による外交政策・出入国管理法制などに直

面してきている．両者の存在や両者をめぐる諸問題に向きあううえでは，日本統治期のみならず，その終焉後の入りくんだ歴史的経緯をふまえる必要がある．

　朝鮮出身者に関する日本敗戦以降の調査・研究は，在日朝鮮人自身により，戦前期の形成過程や敗戦後の処遇・生活状態などを中心に早くからなされてきた．その調査・研究は，朝鮮半島をめぐる国際情勢や日本での制度格差・差別意識などのもとで常に緊張や衝突を強いられるなか，同時代的課題としての性格を帯びていた［小林知子 2013］．日本人側においては，警察・検察・公安調査庁による「治安」的観点からの調査が先行したが，その後，独自の歴史的背景を持つ定住者としての人権問題や朝鮮支配責任の追及などの側面から，市民・研究者による調査・研究の成果が蓄積されてきた．日本敗戦以降の時期に関する研究の場合，日本占領期の GHQ/SCAP・日本政府による諸対策や，日本と大韓民国（韓国）両政府の国交交渉（日韓会談）における在日朝鮮人関係の議論の内容について全般的な解明が進められてきた．また，朝鮮出身者の動向に関しては在日団体の諸活動を中心に検討が進められ，団体サイドの原史料にもとづく運動史叙述の道が開かれる［朴慶植 1989］とともに，朝鮮半島の政治情勢や東アジアの冷戦深化との連関のなかでその主張・運動を把握する必要性が強調されてきた（小林知子の一連の成果［小林知子 1996］など）．

　一方，台湾出身の日本在留者に関する個別研究の進展は近年のことに属し，朝鮮出身者のそれとは様相を異にする．その大きな背景のひとつには，「台湾」自体のとらえかたの変容がある．研究面では，対象時期の日本敗戦前後を問わず，「華僑研究」という枠組みのもと，主に地域単位の華僑社会研究という形で進行してきた．台湾出身者の活動は多くの場合，在日華僑団体の一員としてのそれであり，台湾出身者の置かれた複雑な状況や台湾出身者の固有の動きそのものが論じられることは必ずしも一般的でなかった［岡野翔太 2016b］．1990年代以降の台湾での民主化の動きと「台湾人」としての自己認識の高まりを受けて，台湾を個別の存在ととらえる姿勢が日本在留者に関する研究にも及んできた．後述するように，冷戦体制下での帰属意識をめぐる特殊性や，在日華僑団体での役割の独自性を改めて打ち出す成果が諸方面から提出されている．

　本章では，GHQ/SCAP・日本政府・「本国」政府による対策・措置よりも，当事者・当事者団体の主張・諸活動・意識に関わる調査・研究のほうに重点を置き，日本─郷里・「本国」間の移動と当事者団体の動向という2点にしぼっ

てまとめていく．朝鮮・台湾出身者の間には，すでに触れたように，日本敗戦以降の経過の前提条件や研究蓄積の進度に相違があるが，両者の対比も部分的に織り込みつつ，はなはだ不充分ながらも整理につとめたい．

1　日本—郷里・「本国」間の移動

　日本敗戦以後の移動という面では，占領期にはGHQ/SCAP・日本政府による措置のもとで日本から送り出される一方で，その公式ルートを除いて日本と郷里との往来が非合法化された．講和条約以降も，日本政府と「二つの朝鮮」「二つの中国」との間で，外交レベルでの国交樹立・承認をめぐる交渉や変転(1951-65年の日韓会談，1972年の中華人民共和国の承認・中華民国との断交)があり，日本在留者の移動には大きな制限が課せられた．

　朝鮮出身者の場合，敗戦直後の日本から南部朝鮮への移動については従来から一定の研究蓄積が見られるが，近年では「本国」・故郷との関係で，南部朝鮮に戻って以降の当事者の定着過程のありかたや，非正規ルートによる日本への再渡航・新規渡航(「密航」)を追究する成果が目を引く．

　前者は，韓国での，アジア・太平洋戦争期の戦時動員被害に関する真相究明活動や日本敗戦後の南部朝鮮への「帰還」研究から派生した成果と言える．鄭恵瓊[2006]などでは，戦時動員経験を持つ韓国在住者を対象とした聞き取り調査にもとづき，日本から南部朝鮮に帰った後の厳しい生活状況が提示される．龍田光司編[2016]は，戦時労働動員で福島県の炭鉱地帯に配置された当事者やその遺族を韓国の現地にたずね歩いた日本人の一市民による，10年以上の調査活動の記録である．当事者および遺族に直接向き合うなかで現地の人々の表情・姿勢を臨場感あふれる筆致で伝えるのみならず，朝鮮「解放」以降の苦難にもその叙述が及ぶ．また，戦時動員開始以前からの日本在留者に焦点を据え，日本敗戦直後に一家で南部朝鮮へ戻った後の道のりをたどった貴重な事例研究がある[李淵植2004]．

　後者の場合，済州島を中心とした研究が目立つ．済州島は，戦前期から日本との往来が頻繁に見られるとともに，日本敗戦後も「済州四・三事件(1948年)」などに伴い数多くの渡日者を出した地域である．「四・三事件」との関連では，近年まで沈黙を強いられてきた当事者からの証言により，渡日に至る凄惨な実態もまた明らかにされつつある．伊地知紀子・村上尚子[2008]は，済州

島をめぐる当時の全体状況(戦時末期の日本統治の影響, 日本敗戦前後の家族離散, その後の左右勢力の対立激化など)との連関のなかで証言内容を位置づけるとともに, 「四・三事件」に伴う渡日者のなかでその経験が朝鮮戦争期の反戦運動への参加に接続されていく面のあることも指摘している. 最近では非正規渡航に対する関心が日本占領期以降の時期にまで及んでおり, 1980年代までを射程に入れつつ, 韓国から日本への「密入国」や「密入国」者の収容・強制送還を主題とした論集として権赫泰ほか編[2017]がある.

　台湾出身者の場合, 敗戦直後の日本から台湾への移動については, 巫靚[2015]により日本への再渡航(「不法入国」)を含めて基礎データの整理がなされており, 台湾での受け入れ姿勢についても何義麟[2013]で言及がある. ちなみに, 日本残留に至った背景としては, 日本での食糧加配の享受, 日本人妻・日本生まれの子どもの存在, 持ち帰り財産の制限, 台湾でのインフレ・高失業率, 中華民国政府による台湾出身者の排除などが挙げられている[黄嘉琪 2008]. 朝鮮出身者と共通する部分が多いが, 台湾出身者独自の要因もまた含まれる. 1950年代に入ると日本から中華人民共和国への「集団帰国(1953-58年)」が開始されるが, 渡航者の8割を台湾出身者で占めたこと, 社会主義や国家建設への期待を抱く人々や進学希望者・生活困窮者が渡航したこと, 渡航後は文化大革命などで悲境に陥ったことが指摘されている[王雪萍 2009][許瓊丰 2009a][陳來幸 2016]. これらの点には, 大多数が韓国の領域に郷里を持つ日本在留者が朝鮮民主主義人民共和国へと渡った「帰国事業(1959-84年)」と通底する面が見られる.

　日本と「二つの朝鮮」「二つの中国」との間の移動は正規・非正規を問わず完全に途絶していたわけではない. 朝鮮出身者に関しては, 朝鮮半島との連環という観点の必要性は「国境をまたぐ生活圏」[梶村秀樹 1993b]という形ですでに示唆されているが, 今日では実証研究として具現化しつつある. そしてこうした移動は, 冷戦体制下での国家権力とのせめぎあいを伴うものであった(その点で鶴園裕基[2016]の指摘——中華民国政府が旅券・国籍を介し移動に制約を課すことにより日本在留の台湾出身者に対し統制力の行使を図ったものの, 裁判闘争などを通じた日本在留者による持続的な働きかけが統制の無効化をもたらしていく——は注目される. ただし, その担い手となったのは戦前来の日本在留者でなく, 対日講和条約以降に新たに渡日した留学生である).

2 当事者団体を中心とした動向

　在日朝鮮人団体は，朝鮮における建国活動との連動と，日本における生活・権利擁護という「二重の課題」を担っていた[梶村秀樹1993a]．日本敗戦直後に成立した在日本朝鮮人連盟(朝連)については，その全体像に迫る研究として鄭栄桓[2013]が出された．特に鄭栄桓[2013]は，地方支部の動向が朝連中央に与えた影響，朝連とは立場を異にする在日メディアの主張，南部朝鮮の政治勢力との連動，日本共産党との葛藤など，複雑に錯綜する様々な要素を注意深く整理しながら，朝連中央の活動と認識・論理の推移を内在的に描き出した．あわせてGHQ/SCAP・日本政府の措置や朝鮮の政治情勢との対応関係にも改めて実証分析を加えており，運動史という一領域にとどまらない意義を持つ．

　朝連の活動は多岐にわたるが，そのなかには日本の朝鮮統治に直接関わる動きも含まれる．敗戦直後の朝鮮人団体の叢生から朝連の創立・活動に至る過程では，日本本国で日本統治や戦争への協力活動をおこなった有力な「親日派」が参入を図るものの朝連から指弾・排除されていく．塚﨑昌之[2010]は「親日派」が参入を図った主観的な論理およびその排除が是認された要因を，鄭栄桓[2016b]は朝連による「対日協力者」調査の試みについて日本在留者の将来的な「国際的地位」をも見据えたものであったことを，それぞれ指摘する．関東大震災との関連では，鄭永寿による一連の成果が，震災以降も当時の経験がトラウマとして生存者を持続的に苛んだこと，以後の地震や空襲・敗戦などにあたり日朝の双方で関東大震災が想起されたことに着目するとともに，朝連による真相究明・責任追及の動きを明らかにしている([鄭永寿2017]など)．戦時労働動員についても，日本敗戦直後より在日朝鮮人側から真相究明・責任追及の声が挙がっており，それ以降も様々な抑圧に直面するたびに断続的に表出している．これらの断片的な議論を丹念に収集し，「植民地支配責任論」を先取りした一連の問題提起として紡いでいく成果として板垣竜太[2014, 2018]がある．

　このほか，在日朝鮮人団体による生活・権利擁護の個別の諸活動についての具体的な検討が，生活保護を求める取り組み(金耿昊の一連の成果[金耿昊2010]など)や教育・文化活動などの領域にも及んでいる．教育は朝鮮学校を中心に早くから検討対象とされてきた分野だが，朝鮮学校の歴史を概括的にまとめた直近の成果として呉永鎬[2017]がある．最近では占領期の朝鮮学校の状況・閉

鎖・再建などに関して地方行政文書をも新たに活用した，地域単位での分析が豊富になっている．なお，朝鮮学校をめぐっては日本の公的支援と教育内容の自主性との関係を二者択一的に考えがちであるが，鄭祐宗[2010]では，朝連側が学校運営にあたり日本政府による教育費負担と教育内容の独自性の保障とを一体のものとして求めた歴史的意義を改めて強調することにより，そのとらえかた自体を相対化する視点を提示している．

こうした在日朝鮮人側の動きに対し GHQ/SCAP・日本政府との衝突も数多く起こるが，官憲側の報告書で取りあげられる個別の「事件」や「騒擾事件」に関する検討もあいついでいる．すでに「阪神教育闘争(1948年)」や「一一・二七闘争(「第二神戸事件」1950年)」に関する先駆的成果が知られているが，近年では「〔朝鮮民主主義人民共和国〕国旗掲揚事件(1948年)」[孫文奎 2005]，「巣鴨事件(「第一次北鮮スパイ事件」1950年)」([川口祥子 2017]など)，「多奈川町事件(1952年)」[伊地知紀子 2015]，「吹田・枚方事件(1952年)」[脇田憲一 2004][西村秀樹 2004]などが挙げられる．その多くで警察・検察・公安調査庁による報告が見られるが，官憲資料の記述に対し，当事者団体による刊行紙誌，当事者への聞き取り，著者自身の経験，関係者の手記などを通じてその内容を検証し，改めて復元・再構成していく段階を迎えたと言える．これらの「事件」のほとんどは朝鮮戦争の時期に属しており，当該期を対象とした全般的な解明が望まれる．

再検証が必要とされるのは，日本共産党との関係についても同様である．井上學の一連の研究は，日本共産党の原史料や関係者の証言などにもとづき占領期の日本共産党における「朝鮮問題」を改めて検討するものだが，井上學[2013, 2016]では占領初期の日本人の活動家・大衆の動きのなかに朝鮮人側と対等に共闘するにたる主体的力量の興起を見出している．ただ，日本共産党と在日朝鮮人運動との関係に対する評価は依然として難題である．この問題は，戦前期の両者の関係ともあわせて，充分に議論の深まりを得られない現状にある．

名のついた「事件」に至らないまでも，大きな衝突に発展しうる契機が日本在留生活のそこかしこにあることが宋恵媛[2016]によって具体的に提起されている．宋恵媛[2016]自体は，宋連玉の一連の研究([宋連玉 2009]など)をさらに展開する形で，朝鮮人女性が日本に生きるうえで種々に抱え込まされる固有の問題を鮮明な形で浮き彫りにし，在日女性という側面から朝鮮出身者の歩みを総体的にとらえかえそうとする貴重な成果である．そしてそこには，占領軍・日

本政府・在日米軍はもとより，在日男性・在日団体もまた女性の自由な言動を封じ込める面があり，それらに対する在日女性の抗いもまた目立たないながらも確実に存在していることを明示した．

　台湾出身者の場合，日本敗戦後，中国大陸出身者と台湾出身者でそれぞれ結成された団体や留学生組織が統合を果たし，在日華僑社会が再編された（[許淑真 1983] [渋谷玲奈 2006] [何義麟 2013] など）．「祖国」の勝利による「解放」の高揚感のなかで台湾出身者が「脱日本化」と中国大陸出身者との「融合」に向かったことを陳來幸[2011]は「稀有の現象」と位置づける．台湾出身者の新たな参入により，在日華僑の約半数は台湾出身者で占められるとともに，華僑団体の主導層も中国大陸出身者から台湾出身者に移るという「構造変化」を伴うものであり，1970年代までその体制が維持されたという（[陳來幸 2011] など）．近年の諸研究などを通じてうち出されるのは，言論・文化・経済活動や中華人民共和国との関係づくりにおける，台湾出身者の存在感の大きさである．

　日本占領期の台湾出身者にとって大きな影響力を持った「事件」は，「渋谷事件(1946年)」および台湾での「二・二八事件(1947年)」である．楊子震[2012]，何義麟[2015a]は，これらの事態を受けての中国大陸・台湾世論の反響，在日華僑メディアの報道や日本在留者の対応を通じて，日本在留者と「本国」との連動関係を提示する．

　占領期にとどまらず，対日講和条約以降の時期もあわせ，中華民国政府による日本在留者・在日華僑団体への措置・対策に関する研究や，在日華僑メディアそのものを分析対象とする研究の蓄積が急速に進んでいる．何義麟[2015a, 2015b]，鶴園裕基[2016]などをはじめとして，主に在日華僑の発行紙誌や中華民国の外交文書などにもとづき，「二つの中国」をめぐる在日華僑・華僑団体の政治的な主張や，日本での在留資格をめぐる働きかけを取りあげ，その展開過程を明らかにする成果が多い．在日華僑社会では，「二・二八事件」が台湾出身者の反発を招いたことから，中華民国・中華人民共和国・台湾独立の支持へと政治姿勢が分かれ，内部対立・団体の分裂・主導権争いや帰属意識の錯綜をもたらしたこと，戦前期から日本に在留する台湾出身者において社会主義・反アメリカ・反帝国主義に傾倒する「左傾化」が多分に見られ，中華人民共和国との連動の主要な担い手となることが，何義麟[2013]，陳來幸[2016]，岡野翔太[2016a]などにより明らかにされている．陳來幸[2016]は，朝鮮戦争期にお

いて台湾出身者が日本共産党との関係を持っていたこと，朝鮮出身者との連携が見られたことを指摘する．日本共産党との具体的な関係はやはり，先に触れた朝鮮出身者の場合と同様，さらなる追究を要する課題である．

　占領期の生活・教育面に関わる在日華僑団体の動きについては許淑真［1983］，陳來幸［2010］によって全般的な流れが把握可能である．台湾出身者の存在に着目する陳來幸［2010］では，神戸の「闇市」をめぐる台湾出身者・朝鮮出身者・日本人との関係が対立から協同へと向かった事例に歴史的意義を見出している．経済活動の面では，台湾出身者が多数を占める地域（神戸など）を中心に，商業・貿易（台湾・中国大陸）方面における台湾出身者の役割を改めて析出する研究が見られる［許瓊丰 2009a, 2009b］．ただ，華僑学校を台湾出身者との関係で考える場合には台湾出身者の子どもにとって「北京語」が母語とは言えないこと［岡野翔太 2017］，在日華僑メディアにおける関心の比重は政治問題にあって生活関連事項は限定的であること［何義麟 2015c］など，検討にあたって留意を要する点も少なくない．他方，戦前期から台湾出身者の在留地であった八重山地域は以前から事例研究としてしばしば取りあげられてきたが，松田良孝［2004］は特定の家族に焦点を当て，戦前期から数世代にわたる在留生活や意識の変遷（学校教育や国籍問題などともあわせて）を通時的に鳥瞰できる成果としてある．

結びにかえて

　東アジアの冷戦体制に伴う様々な事態が幾重にも折り重なり，その影響にさらされ直撃を受けるなか，日本の朝鮮・台湾出身者は安定的な在留・生活の保障を欠き，自由往来・国籍選択などに関わる自己決定権が制約され続けてきた．近年の朝鮮・台湾出身者に関する諸調査・研究の多くは，東アジアにおける冷戦構造が当事者にもたらす深刻な問題を改めて浮き彫りにするものであり，しばしば真相究明・責任追及のための実践活動によって牽引されてきた．これらの事態は，変化した面を含みつつも今なお現在進行形であるだけに，当事者による証言自体が憚られたり，当事者をめぐる経験や史実のとらえかたで様々な見解が交錯する状況も続いている．当事者のなかには，「たくましさ」「したたかさ」をもって生き抜く人々がいる一方，貧困・差別・虐待などのなかで絶望的な歩みを余儀なくされる人々もいる．個々の当事者の主体性の尊重と当事者の多様な歩みを生み出す構造上の問題の追究とを接合して論じることは決して

容易ではない．それゆえに，事実関係の解明・整理や，当事者の体験・意識の記録化を地道に積み重ねるとともに，その内容を絶えず検証・確認していく作業が依然として重要な作業であることに変わりはない．それは，特定の国籍・民族的ルーツを持つ人々に対する排斥・敵意が助長されるなか，歴史的文脈をふまえない主張が繰り返される現状に対し，その反証となる研究上の基盤を引き続き強固なものにしていく意味でも必要不可欠である．それはまた，現在進行形の事態に対する取り組みや実践活動にあたり，その時々に直面する課題に対し，歴史的前提をふまえて複眼的に見る視野を提示することにもつながっていく．

第Ⅲ部
視角と方法

第 19 章
帝国主義研究の現在的意義

兒玉州平

はじめに

　近年，帝国主義研究の再評価を目的とした研究書の刊行が進んでいる．その1つの流れは，今日のグローバリゼーションを批判的に捉えるツールとして，帝国主義論の現代的意義を強調するものである．太田仁樹[2016]が説明するように，すでに1980年代から1990年代にかけて非主流派マルクス主義者，たとえばカウツキー，パルヴスらの思想を掘り起こしながら，ホブソン・レーニンの帝国主義論を現代社会へ接合しようとする流れがあった．田中良明[1989]は，パルヴスの所論を取り上げ，19世紀末の「帝国主義段階への移行」は，レーニン[1956]の言う「資本主義の最後の段階」とはいえず，むしろ資本主義社会は，その後1980年代まで続き得るほど強靱なものであったことを強調している．田中らの論考は，マルクスやレーニンの議論の射程を，20世紀全体にまで広げることを目指すものであったといえる．こうした流れを受け継ぎ，2000年代に入って，たとえば延近充[2015]は，現代社会が「露骨な資本主義＝市場原理と競争万能主義」に支配され，「文字どおりの地球大のグローバリゼーション」が「資本主義特有の歪み」を生じさせていると述べた(7頁)．資本主義の過度な発展が帝国主義を生み出すという理論の妥当性が現代にいたっても失われていないことが，今日まで繰り返し主張されているのである．

　また，日本経済史研究において1980年代まで強い影響力を持った宇野弘蔵による三段階論，いわゆる宇野理論——原理論(資本主義の純化)の時代と，段階論(第一次世界大戦期)・現状分析論の時代とを分離することによって，マルクス経済学と現実社会との接合を図る——を肯定的・批判的に継承してきた研究者によっても[*1]，宇野理論の拡張によって21世紀の世界経済を理解しようとする試みがある．たとえばリーマン・ショックを宇野の資本過剰説の立場から分析し，あるいは新興国中国・インドの台頭を，宇野の段階論の射程からとら

え直す一連の論考を収めた櫻井毅ほか編著[2010]に加え，三段階論に，さらに第四段階としての「コンシューマリズム段階」[アルブリトン1995]，「グローバル資本主義」の時代[SGCIME編2003]を措定する論考がある．

1 歴史学における帝国主義研究の再評価

　ホブソン・レーニンによる帝国主義論に強い影響をうけ，多くの研究を蓄積させた歴史学界においても，帝国主義研究を再評価する動きがある．栗田禎子は，「皮肉なことに，1990年代以降の世界には，ソ連・東欧「社会主義圏」崩壊，いわゆる「冷戦」体制終焉によって国際政治の構造に大きな変化が生じるなかで，帝国主義という概念がむしろあらためてアクチュアルな意味をもつような状況が生じ始めたということができる．社会主義圏崩壊と冷戦終結により，以後の世界には文字どおり資本の論理による地球統一（＝グローバリゼーション）ともいうべき状態が生まれた」ことを指摘した[栗田禎子2017a：95-96頁]．その主張は，先に述べた学説史的再評価に通ずるものがある．栗田は，現代の世界資本主義体制における新たな搾取構造の誕生が，プレビッシュ・フランクの「従属理論」(収奪の〈中枢―衛星〉構造)や，それを発展的に継承しながらウォーラーステインが中心となって展開した世界システム論の登場を促したと捉える．このほかギャラハー・ロビンソンの「自由貿易帝国主義」論を巡って「帝国主義概念の射程を時間的にも空間的にも拡大する方向性を示した」と積極的に評価したことに示されるように，栗田は帝国主義論の範疇を現代に拡張することの重要性を述べた[栗田禎子2017a：98頁，2017b]．

　しかし，こと日本の帝国主義研究を検討するうえでは，帝国主義研究の進展[*2]が，そのものとして帝国主義研究の見直しを迫ったことに，やはり留意しなければならない[*3]．この過程で，帝国主義研究は，それが拠って立った日本資本主義の「諸段階」が「諸段階」たりえるかという点において見直されるに至り，その対象となったのは，産業革命研究であり，在来産業研究であり，または（金融資本あるいは独占資本としての）財閥研究であった．端的に述べれば，実証研究によって明らかにされた事実と，帝国主義論が要求する諸段階の定義との間に埋めがたい乖離が生まれたのである．この結果，2002年に東京大学出版会から刊行された『日本経済史3　両大戦間期』が，帝国主義段階であっても「資本輸出の必然性を説明しうるというような理論的な基盤に立っていな

い」という立場を明確にしたことは特筆に値する[石井寛治ほか編 2002：x 頁]．

　この乖離がもたらしたのは，理論と実証の分離だけではない．歴史学内部に存する各分野の共存関係もまた，解消された．今日よくいわれる研究の細分化や，大きな物語の喪失がこれに当たる．政治史・外交史・経済史の関係を例にとって，この点に触れておく．日本帝国主義研究の１つの基礎となった，山田盛太郎[1977]の強い影響を受けたいわゆる講座派は，日露戦後を帝国主義形成期としてとらえた．この視角は日本政治史における記念碑的業績である宮地正人[1973]と共鳴するものであった．外交史の立場から日清・日露戦期を検討した井口和起[1998, 2000]もまた，レーニンの指標を多分に意識したものとなっていた．日露戦後を帝国主義形成期とみなすことについて，経済史のみならず政治史・外交史分野が相互に補完し合っていたのである．

　しかし，膨大な資料群へのアクセスが可能となった1990年代に入ると，政治史は政治過程史の分野で，外交史は国際関係(国際秩序)史の分野で次々と主要な業績が発表されるようになった．政治・外交上の事項は，政治勢力間ないし国家間の均衡によって説明がなされるようになったのである．この結果として，たとえば帝国主義論のなかで，資本輸出の中心に位置づけられた対中借款ですら，国際関係史の立場から説明されるようになった[三谷太一郎 2009][久保田裕次 2016]．経済史内部においても，財閥研究の性格が大きく転換していた．その関心は，戦後の企業集団(企業グループ)との統治面での連続断絶に移り，独占資本・金融資本としての分析は後景に退いた側面があったのである[橘川武郎 1996][岡崎哲二 1993][下谷政弘 1993][宮島英昭 2004]．ここにおいて，経済・政治・外交をそれぞれ一体のものとして理解する帝国主義論は，急激に参照されることがなくなった．

　こうした経緯を踏まえ，われわれが今日，念頭におくべきは，日本帝国主義研究の「果実」の学術上の貢献であって，その「根」の部分に再び立ち戻ることにはないだろう．はじめに述べたように，ホブソンやレーニン，あるいは，それを肯定的・否定的に受け継いだ先哲の帝国主義論の定義をいかように解釈し直したとしても，それに沿って実証を組み立てることに，現在的意義があるとは思えない．学説史的な研究の進展も，その意味では意義があっても，すでにそのベクトルは現代に向いているのであって，すぐさま歴史研究に役立つものではない．理論・実証両面において「根」を再び掘り下げるに十分な参照点

をわれわれはすでに失っているのである．もとより，日本が帝国主義段階に至ったのが日露戦後なのか，第一次世界大戦期なのか，といったことを明らかにすることが，今日における研究上の貢献にはならないだろう．

2　日本における植民地研究の展開

さて，帝国主義が，あくまで歴史の一時点において世界的に展開されたものとしながら，帝国主義研究に再評価を与えた研究として木畑洋一[2012]がある．木畑は，まず江口朴郎がいち早く帝国主義世界体制を見出したことに高い評価を与える*4．しかし，帝国主義論あるいは帝国論を現代の前段階を把握する手法としては是認するが，「歴史的な規定を帯びている帝国概念，帝国主義概念を現在の世界に適用することには，強い疑念を抱かざるをえない」と述べる[木畑洋一 2012：48頁]．木畑の指摘を手掛かりに，次のことを考えてみたい．それは，帝国主義論が戦後，日本の植民地進出を正確に説明しうる理論として受容された歴史的背景である．前史という意味においては，日本の植民地進出を経済地理学の観点から捉えようという動きもあった．川西正鑑の一連の著作，たとえば川西正鑑[1939]がそれにあたる．それにもかかわらず帝国主義論が強い影響をもった背景には敗戦が色濃く影を落としているだろう．実際，敗戦直後，日本植民地研究の嚆矢とされる井上晴丸・宇佐美誠次郎[1951]が発表され，「植民地を含めた日本資本主義の〔中略〕全構造の全般的危機」の分析をその目的に掲げた．全般的危機の存在が，独占資本主義から国家独占資本主義への移行を促し，その結果，帝国主義的植民地侵略が拡大し，危機をさらに拡大させると説明したのである．経済的危機と日本の自滅的な侵略，これを1つに結び付ける理論として帝国主義論の有効性が主張され，有効性が認められたからこそ長島修[2002]が説明するように日本の歴史学界に受容されたのである．この主張は，当然のこととして，2つの潮流を生み出す．1つは本国における危機そのものの検討であり（以下，第1の潮流），もう1つは侵略の実態の検討であった（以下，第2の潮流）．特に本章の課題でもある植民地研究と密接に関連するのは第2の潮流であり，その研究史のサーベイについては，柳沢遊・岡部牧夫[2001]，岡部牧夫[2008]に譲る．当初，2つは一体のものとして展開されたが，すでに述べたように，第1の潮流の理論的枠組みが見直され，さらに2つの潮流の紐帯であったファシズム論の後退もあって，相互の関係を一義的に理解す

ることを難しくした［武田晴人 2017：249-250 頁］．

　近年，石井寛治は，すでに発表した自らの研究をもととしながら，再度，2つの研究潮流を統合すべく，石井寛治［2012］を発表した．石井は，帝国主義研究が顧みられなくなった要因として，①「経済史分析と政治史分析をつなぐ思考と実証の回路が十分に練られていなかったこと」，②「帝国主義的世界体制」に対する考察が不十分であったこと，③「満州事変に始まる戦争に対して，それら「私的独占資本」がどのような態度をとったのか」に関する分析が不十分であることを挙げた［石井寛治 2012：4-7 頁］．石井が掲げた 3 つの問題点は，特に日本資本主義をめぐる研究状況の変化と合致しているように思われる．

　石井は，資本主義の発展と植民地支配を接合する存在として，「日本型ブルジョワジー」を措定する．近世以来の商人は条約という「権力的対応」に支えられつつ，日本商人が外国商人の国内侵入を阻止し，開港のショックを克服した．明治以降も資金を蓄積した彼らこそ，明治期の産業革命を推進し，資本主義の担い手となる「日本型ブルジョワジー」となった．しかし，「日本型ブルジョワジー」は権力的対応によってその地位を獲得したがために，彼らにとって，経済価値は政治価値に従属するものであった．「帝国主義的世界体制」のなかにあっても，政治価値の優位性は揺るがない，「日本型ブルジョワジー」は，やがて「軍部と政府の時代錯誤の幻想に立脚した非合理的路線」に追随していくこととなると石井は結論づけた．ただし，石井がヴェーバーが使用した「政治的資本主義」という抽象的概念を援用せざるを得なかったことは，厳格な帝国主義論の定義のなかに立って，日本資本主義と対外的侵略とを接続することの限界を感じざるを得ない．この限界は，研究上の隘路によるものである．それは，第 1 の潮流による帝国主義研究が，国家独占資本主義論を意識せざるを得ないために，その分析単位が日本本国全体になることに起因する．石井の示した観点は，第 1 の潮流のもとで行われた地方，あるいは中小財閥（企業）研究に通ずる部分がある．地方財閥，あるいは中小財閥の経営にあたった企業家の経営は，創業者の「企業家精神」――この用語は多分にヒルシュマイア［1965］の影響を受けていたが――に強く規定され，その内実は，中川敬一郎［1981］のいう「国事意識」，あるいは藤田貞一郎［1966］のいう「国益思想」に象徴されるように，企業家個人の利害よりも，「国益志向」を持つものであったとされた［作道洋太郎 1998］．たとえば大倉財閥を詳細に検討した，大倉財閥研

究会編[1982]も，大倉の中国進出が，この「企業家精神」に基づくものであったことを強調したのである．

ただし，前節で述べた研究の変化の第1の要因が，帝国主義研究内部から生まれた，実証と理論の乖離であったとすれば，第2の要因は，帝国主義研究から生まれた実証研究が，1990年代以降に興隆した新たな研究手法と共鳴したことにあった．新たな研究手法は端的に述べれば，19世紀以降の世界史を，マクロ的には，旧外交から新外交への転換を前提とした複数の帝国をプレイヤーとする国際秩序の観点からとらえ，中間的には地域をつなぐネットワークを析出し，ミクロ的には国家の内部を細かく地方に分割して詳細に研究するものである．このことで歴史研究においては国境概念が希薄化した．たとえば東アジアにおいては，上海や香港を東アジアにおける流通・金融センターとみなす古田和子[2000]，久末亮一[2012]や，そこに華僑・華人が介在して東アジア諸国間ネットワークが構築されるとする濱下武志[2013]など一連の研究が影響力を増したことは，そのあらわれといえる．籠谷直人[2000]はこの中間的視点に日本を位置づけた研究である．その一方で，帝国主義研究のメインストリームの1つであった産業革命や，工業化(にともなう資本蓄積)は，鈴木恒夫ほか[2009]や中村尚史[2010]によって地方を単位として捉え直された．二重構造の象徴的存在と捉えられた在来産業も，自生的な経済発展段階と接合されることによって強固に残存した[大石嘉一郎1959]のではなく，小農経営を前提とする日本特有の「在来的経済発展」のあらわれと考えられるようになったのである[谷本雅之2015]．この流れのなかで帝国主義研究は帝国研究へと姿を変えた．石井寛治[2012]は，日本帝国主義研究の研究内部から生まれた理論と実証の乖離に対する統合の試みではあっても，実証が共鳴する新たな研究手法までを一貫して説明しうる新たな帝国主義論とはなっていないといえよう．

3 帝国主義研究の現在的意義

(1) 2つの潮流による帝国主義研究の「果実」

では，帝国主義研究という視点は，すでに今日的意義を失ったのだろうか．すべての事象を，1つの「根」に結びつけるという意味での帝国主義研究は，研究の多様化が著しい今日では，不可能に近い．ただし，帝国主義研究がそもそも意図した本国の経済構造の時系列的な変化が，日本の対外侵略といかなる

関係にあるのかを解明するという視点は，現代的意義を失っていないし，しかも，十分に明らかにされたとはいいがたい．その意味では，今われわれが重視すべきなのは，2つの潮流によって行われてきた日本帝国主義研究の間にあって，両者を結びつける紐帯を対象とした実証的(抽象的ではない)研究を，帝国主義研究の「果実」として受け継ぎ，深化させていくことであろう．

　第1の潮流の系譜にある研究としては，金子文夫[1991]が貴重な研究であるし，坂本雅子[2003]，春日豊[2010]の財閥研究もまた，植民地を含めた日本資本主義の拡大を描き出す．また松尾純広[1985]は，主要産業であった石炭を題材に，独占資本と目されたカルテルの施策に植民地炭の与えた影響を鋭く考察している．

　第2の潮流の系譜にある研究としては，岡部牧夫編[2008]のように南満洲鉄道株式会社をはじめとする国策会社に関する実証研究があり，植民地における日本人社会に焦点を当てた波形昭一編著[1997]や柳沢遊[1999]も貴重な貢献である．柳沢遊[1999]はまた，方法論を異にする塚瀬進[2004]の登場を喚起した．柳沢は，さらに植民地都市史という新たな研究分野を創出している[柳沢遊ほか編著2013]．また，第1・第2双方から行われた研究に移民研究がある．移民研究が近年のディアスポラ研究と接合されたように，これらの研究は新たな研究の興隆によっても色あせない点に特色がある．これらの研究を注意深く読むと，日本と植民地との関係は，本国—植民地という単純な関係にあるのではないことが判明する．

　たとえば，本国における一地方と，植民地における一地方がダイレクトに結びつく地域間関係(先駆的業績としては「日本海湖水化」を論じた芳井研一[2000]がある)，企業がシェア拡大を狙って進出することによって築かれる企業間・企業内関係(たとえば工場・支社の設立によって築かれる企業内関係)，細谷亨[2015]が指摘する，満洲移民のように，分村という形で村同士の関係，さらには三谷博[1997]が注目したように，高等教育機関への進学という特定の目的を持った人の移動という個人を紐帯とする関係もまた存在する．これらは何が上位で，何が下位か見定めることが不可能なほど重層的な関係であり，そこに国家が介在することによって，関係は錯綜化する．この関係によって，本国—植民地の関係は不可逆的になり，結果としてさらなる侵略を呼ぶ．井上晴丸・宇佐美誠次郎[1951]の表現に立ち戻れば，国際関係の悪化を通じて危機は拡大するの

である．

(2) 重層的／錯綜的な関係史への展望

最後に，(1)項の実践として，満洲事変以後の満洲国を事例に，帝国主義研究の成果をもととした，重層的／錯綜的な関係史への展望を得たい．日満関係に関する古典的研究となっている原朗[1972]によって，日満関係へ関東軍や一部の官僚が強力な影響力を発揮したことは通説となっている．日本政府もまた対「満洲国」政策に積極的に関与したことは，近年の政治史研究によっても，次々に明らかにされている．しかし，日満関係を規定したのは，日本政府や関東軍だけではない．満洲事変後，1933年8月15日より18日まで大連で日満実業懇談会(のち日満実業協会)が開催された．ヤング[2001：101-106頁]は，その特徴に「東京を中心とした財閥支配」を挙げた．ただし，その実態は日本(および朝鮮)と在満商工会議所の連合会であった．懇談会に際して日本国内の各商工会議所が個別に質問事項を準備し[日本商工会議所1933]，実際の懇談会の席上では，さらに多くの商工会議所代表が質問を行ったという点である．商工会議所の立地する地域の利害は，直接拡張する帝国圏＝満洲国へ訴求し，直接関係を取り結ぶことを求めたのである．この点は先の柳沢遊[1999]との関係でさらに論を深め得るだろう．

満洲国に強い利害関係を有したのは，地域の経済利害を代表する商工会議所だけではない．1920年代から日本国内で激しい競争を繰り広げた企業もまた，経営戦略の一環として対満進出を行った．桑原哲也[1990]が紡績企業の対満進出を国際経営の観点から説明し得たように，狭隘化する市場のなかでは，次の市場を国内に求めるか，関東州・満洲国に求めるか企業戦略のもとでは同列である場合もあった．

ただし，帝国主義研究が重視してきた，国家という単位もまた無視することはできない．たとえば先に挙げた日満実業懇談会の席上の要望の相当部分は，国策会社である満鉄に向けられた．この点は岡部牧夫編[2008]の成果と接続できる．重層的／錯綜的な関係のもとでは，浅野豊美[2008]が論じたように，本国―植民地間の法体系の整備が必要とされる．地域・企業がそれぞれの思惑によってダイレクトな地域間関係を取り結ぶからこそ，国家が姿をあらわし，法体系を整備することで，本国―植民地関係に，主―従関係を明確に位置づけよ

うとする．しかし，重層的かつ錯綜的な本国—植民地関係を法律によって整理することは容易ではない．結局の法整備は現状を弥縫するに過ぎず，関係をさらに錯綜したものとする．こうした上に，日本帝国の不可逆性は構築される．帝国主義研究の「果実」のなかから重層化／錯綜化した地域間のダイレクトな関係をいかに描くか，この点にこそ現代的意義がある．

*1 なお，宇野理論を含む現代資本主義・国家独占資本主義研究に関しては長島修[2002]が詳しい．宇野自身が，やや平易な表現によって自身の理論を説明したものもある[宇野弘蔵 2008, 2016]．また宇野理論の日本史への応用については大内力[1962]を参照のこと．
*2 日本における帝国主義研究や，帝国主義体制の成立期をめぐる論争については岡部牧夫[2008]，長岡新吉・石坂昭雄編著[1983]，宮島英昭[2002]を参照のこと．
*3 従前の「諸段階」を巡る研究史上の議論については武田晴人[1987]．
*4 なお，長岡新吉は，江口に先立って猪俣津南雄が，1928年にはすでに帝国主義＝「「世界的規模の帝国主義」または「帝国主義世界」」論を呈示していたとする[長岡新吉 1978]．

コラム⑨

日本史と植民地研究

吉井文美

　本コラムで期待されているのは，日本史研究の流れのなかに昨今の植民地研究がどのように位置づけられるのかとか，植民地研究の成果を踏まえたとき日本史研究のあるべき姿とはどのようなものなのか，について述べることかもしれない．しかし，さまざまな考え方で構成される日本史研究のもとで，その最大公約数について明確に述べるのは困難である．ゆえに本コラムでは，日ごろ日本の対中政策に関心を寄せている者の目に，日本植民地研究がどのように見えるのかについて，卑見を記すにとどめる．なお，植民地研究に従事している日本史研究者たちが主体となって，日本史や植民地研究のあり方を議論しているものは別にあるので，併せて参照して頂きたい[*1]．

　ここで筆者が注目するのは，植民地研究の射程とその意味についてである．辞書の項目や植民地に関する書籍の多くでは，植民地研究が公式の植民地だけでなく，いわゆる非公式の植民地も対象としていることで概ね共通している．しかし，非公式の植民地がどの範囲まで入るのかについては，さまざまな像が示されている．

　まずは，日本史研究で参照されることの多い，『国史大辞典』(吉川弘文館，1986年)における植民地の解説(浅田喬二)を見てみよう．そこでは「他民族の居住している国土を軍事的，政治的に支配して自国の領土とした土地」という

定義が記され，日本の主要な植民地だった場所として，「台湾・朝鮮・「満洲」（中国東北地区）・中国・東南アジアの各地」が挙げられている．「満洲」以下の地域を取りあげる理由については，満洲事変以後の満洲や，盧溝橋事件以降の中国，太平洋戦争開戦以降の東南アジアが日本軍の軍事占領地域となり，日本人が実質的な最高行政権力者となったことが記述されている．

ここでの定義には南樺太や南洋諸島が含まれていないが，その時代的な背景については，たとえば金子文夫編［1993］に収録された，「樺太・千島」(塚本孝)や「南洋群島」(今泉裕美子)から分かる．同論文は，『岩波講座近代日本と植民地』シリーズの主旨に合わせて植民地の意味を広くとりながら，朝鮮，台湾，満洲，中国(関内)，東南アジア，南洋群島，樺太・千島の7地域に関する研究史を紹介している*2．

なお，先述した『国史大辞典』の刊行と同じころに，日本植民地研究会が発足している．同会は設立当初，「各植民地，占領地間の研究交流を促進し，若手研究者の新鮮な問題意識をふまえ，新たな植民地像を作り」あげることを，目標に掲げていた［日本植民地研究会編 2008：249頁］．ここで「各植民地，占領地」がどこを指すのかについて具体的な記述はないが，植民地のみならず占領地も挙げている点から，比較的広い射程を想定していることが窺える．

その後，同会が2008年に刊行した日本植民地研究会編［2008］では，個別の地域として，朝鮮・台湾・樺太・南洋群島・満洲の5地域に関する研究状況が説明されるにとどまった．これらの地域を取りあげた理由について，「満州全域を植民地と定義すべきか否かに関しては，議論の余地もあろうが，実態から判断すれば，南洋群島も含めて植民地研究の担当領域として設定することは，あながち唐突とはいえまい」(4頁)と書かれている．植民地研究の対象地域に議論の余地があることを示唆しつつも，同書がこの5地域を設定した背景については述べられていない．

最近刊行された辞書の例として，『アジア・太平洋戦争辞典』(吉川弘文館，2015年)における植民地の項目を見てみよう．同書では，「ラテン語のコロニアに起源をもつ植民地は，居住地を離れた移住社会の建設を意味していたが，近代以降になると，帝国主義国家が他国領土を政治的，あるいは経済的に支配する地域を指すことが多い」としたうえで，「近代日本は，日清戦争によって台湾を清から割譲，日露戦争によって南樺太をロシアから割譲，関東州を租借，やがて朝鮮も保護国から併合の形で植民地とし，第一次世界大戦によって南洋群島を委任統治し，満洲事変によって満洲国を樹立し傀儡政権によって植民地

統治した」(近藤正己)などと書かれている．このように近代日本の植民地の範囲をめぐっては，時代や書き手によって異なる像が示されている．

　ここまでの議論を筆者が関心を寄せる中国について整理すると，満洲はどこまでが日本の植民地と見なされるのか，そして日本の中国占領地は日本の植民地なのか，という問題が浮上する．これらの地域については，植民地と見なすことによって，むしろ見えにくくなってしまう面もあるのではないだろうか．

　たとえば，租借地である関東州は「支那における特殊な外国行政地域」の1つである．中国の外国行政地域には，類似の性格を持つものにはほかに租界もあり，租界の一形態として満鉄附属地や北京公使館区域が存在する．租借地には「最初から極めて濃厚に列国の政治的乃至軍事的目的が含まれ」ていたが，「租借は領土の割譲に非ず」と見なすのが，少なくとも1930年代末の時点では通説となっていた [植田捷雄 1939：18-19頁]．すなわち，中国に何種類か存在していた外国行政地域のなかで，関東州を植民地とすることは，必ずしも自明とは言えない．

　また，1941年末まで日中両国が宣戦布告を行わなかったために，日中戦争期に拡大していった中国における事実上の占領地に対して，日本は正規の軍政を敷くことができなかった．占領地統治があくまで事実上のものとして進展していたことは，当時の日本に複雑な問題をもたらしていた．また，日本の「傀儡政権」とされることが多かった中国の占領地政権についても，その主体的な側面に注目した実証的な研究が進展している(近年の研究動向をまとめたものに，小笠原強[2017])．

　他方で，これらのグレーゾーンをあえて植民地と見なすことによって，見えてくる面もあるのだろう．政治・外交・経済・社会など，さまざまな分野にわたる研究交流と多面的な研究の進展が今後も期待される．

　先述したように，日本植民地研究会はその設立に際して，「各植民地，占領地間の研究交流」の促進を目標に掲げていた．このことを踏まえれば，研究対象を特定せずに，さまざまな領域を専門とする人々が議論を交わす場たることに，植民地研究の意義は見出されるべきなのかもしれない．同時に，植民地や占領地などの言葉で括りきれない，帝国日本が持つ複雑さについても，今後さらに追究していく必要があるだろう．

*1　一例として，1999年度日本史研究会大会第4分科会「帝国日本の支配秩序——十五年戦争期を中心に」での報告や議論がある．その概要は，『日本史研究』452号(2000年)に掲載されている．
*2　近年檜山幸夫氏は，同シリーズにおける植民地の定義について，その時代的背景を説

明しながら，占領地軍政支配も「植民地」支配と同じ範疇に組み入れて論じたことで，かえって「植民地」の概念を曖昧化させる結果を招いたと批判している［檜山幸夫 2015］．

コラム⑩
アーカイブズ

加藤聖文

　植民地研究に限らず歴史研究においては，アーカイブズがなければ研究は成り立たない．歴史学では「史料（歴史資料）」といわれるアーカイブズは，過去において政府機関・民間企業・労働組合といった組織や個人によって記録として作成され保管されてきたものである．政府機関で作成された記録（公文書）は，一定の年月が経過すると文書館（公文書館）へ移管されて市民に公開されるが，企業でも部外者に公開しているか否かは別として文書館のような組織を設けているところもある．また，個人が保管していた記録（私文書）の場合は，組織と違って自動的にどこかの機関に集積されるのではないが，図書館や研究機関，または文書館が受け入れているケースもある．

　なお，アーカイブズ Archives とは一定の時間が経過して歴史的価値を帯びた記録を意味する一方，それらを管理する文書館のような施設を意味する場合もある．日本ではアーカイブズの適当な訳語がないため，これらが混同して議論されがちであることに加えて，デジタル・アーカイブのような本来のアーカイブズの定義からかけ離れた造語も濫用されている．本コラムでは煩雑さを避けるため，物理的なアーカイブズは歴史記録，それを保管する施設は文書館として使い分けることにする．

　さて，日本では近年になって文書管理が社会的にも関心を集めるようになって，公文書管理法（2009年）に基づいて中央官庁が作成した文書をコントロールする仕組みや国立公文書館を国際的レベルにまで引き上げ文書管理専門員（アーキビスト）を配置することが議論されるようになった．地方でも内実はともかく文書館を設置した自治体が少しずつではあるものの増加傾向にある．また，国立大学の法人化以降，大学でも文書館を設置するケースが増えているが，こちらは広報的な役割も担っている．

　このような傾向は，歴史研究にとって好ましいことである．また，インターネットを通じて所蔵資料を検索することが容易になったことも重なって，20世紀に比べると研究環境は格段に進歩したといえよう．歴史記録の名称からは

植民地関係と類推することは難しく，実際に現物を確認してみないとわからないという難点はあるものの，それでも植民地研究において国や地方自治体，そして企業や大学が所蔵する歴史記録が自由に，かつ効率的に利用できればそれだけ新しい研究の可能性も広がる．

　意外と知られていないが，地方自治体の文書館・博物館・図書館で戦前の植民地に関わる歴史記録が所蔵されていることも少なくない．大日本帝国は内地と外地が経済的・社会的に結びついているが，現在の感覚では想像できない地域との繋がりもあった．たとえば山口県や九州各県と外地との繋がりの深さは有名だが，それ以外にも瀬戸内の漁民が朝鮮半島沖で漁場を持っていた，秋田の商人が樺太で事業を広げていた，岡山の塩田業者が台湾でも塩田開発をしていた，そのほかにも田舎の農家の次男が植民地官庁の下級官吏をやっていたといった話はいくらでもある．当時は内地のどこの地域も外地と何らかの繋がりがあったわけで，当然，それに関連する公文書や私文書といった歴史記録が残されていて，現地調査をすると思わぬ発見をすることもある．

　ただし，問題なのは都道府県レベルの文書館や博物館・図書館ではなく，市町村レベルの小さな資料館に所蔵されている場合，人手不足のために未整理のままで目録のような検索手段もないため，所在そのものが知られていないケースも多い．また，公共機関だけではない民間の団体組織でも未整理のままとなっていたり，過去は図書室などの施設で一般にも開かれていたが，予算削減で開店休業状態になったり，敷地が売却されて移転したりなど近年はその環境の変化が激しい．

　社会の変化は予想以上に急速であって，これからの研究者は単に歴史記録を使うだけではなく，それらの保存にも関心を持つべきであろう．

　では，日本から目を転じて海外についてはどのようになっているのであろうか．1990年代は植民地研究が質量ともに大きく展開した時代だったといえるが，それは現地での歴史記録の公開が進んだことが最大の要因である．とりわけ，韓国や台湾で大きな進展があったことが特筆すべき点で，これらは民主化運動と密接な関係がある．

　政府の記録をきちんと管理して国民に公開するのは，政治の民主化にとって不可欠な要素である．韓国や台湾では1990年代に政治の民主化が一気に進んだ．そうした流れのなかで公文書管理制度が法的に整備され，公文書館の拡充と国民への公開が図られた．その恩恵を受けて現在の国家に引き継がれた日本時代の歴史記録も整理とデジタル化が進み，外国人でも自由に使えるように

なった．

　韓国の公文書館である国家記録院が所蔵する朝鮮総督府文書，台湾国史館台湾文献館の台湾総督府文書や台湾拓殖株式会社文書，同じく台湾の公文書館にあたる国家発展委員会檔案管理局が所蔵する総督府交通局など現業機関からの引継文書などはよく知られており，しかもデジタル化が進んでいるので随分使い勝手が良くなった．

　また，韓国や台湾ほど民主化は進んでいないが，中国やベトナム，ロシアでも所蔵機関にアクセスすることは冷戦時代に比べると格段に容易になった．もっともアクセスはできても歴史記録を実際に調査できるまでには多くの障害を乗り越えなければならないという問題はある．とくに中国の場合は，その時々の日中関係に大きく影響されるため，簡単に成果を挙げることが難しいのが現実である．

　世界のすべての国，さらには国際赤十字委員会や国際連合といった国際機関も含めて文書館という組織は必ず存在する．各国の文書館は独自の利用規則が定められているので，事前に閲覧手続きが必要なところもあるが，原則として公開機関であるため，外国人であっても利用することは可能である．また，アーキビストが必ずいて，彼らが歴史記録へのナビゲータとして手助けをしてくれるので，大変便利である．

　これらの国々の文書館には，日本の植民地に関係する歴史記録が所蔵されているケースも多々ある．たとえば，植民地や占領地にあった在外公館から本国へ宛てた報告書から第二次世界大戦で接収した日系企業文書にいたるまでさまざまである．また，中国ではキリスト教関係団体が活発に活動していたことから，スウェーデンなどには日中戦争期に中国の宣教師などから送られてきた現地の報告書が多く残されており，日本軍占領地の実態を窺い知ることができる．

　このほか，満洲国と外交関係があった国の場合，在満公使館と本国外務省とのあいだの公電や満洲国政府からの外交文書，貿易関係の文書などが残されている場合がある．満洲国とのあいだでは，ドイツやイタリアだけではなく枢軸国陣営にあったハンガリーやフィンランド，中立国であったスウェーデンやスペインなどが外交関係を結んでおり，これらの国々の文書館を調査すれば意外な歴史記録を見つけ出すことができる．

　このように，海外でもまだまだ探せば何某かの発見がある．今の時代は，調査を行うための資金さえあればあとは根気と熱意で何とかなるのであって，研究環境は比較にならないほど恵まれているといえる．これからの研究者は是非

218　第Ⅲ部　視角と方法

とも東京周辺に閉じこもらずに地方や海外に出かけて新しい研究の可能性を切り開いてほしいものである.

第20章
「間-帝国史 trans-imperial history」論

水　谷　　智

序論　英語圏における「帝国史」の展開と「間-帝国史」

　この論集において筆者に与えられた役割は「帝国史」について論じることであるが,本章では,筆者が現在その確立に向けて取り組んでいる「間-帝国史 trans-imperial history」という研究分野を紹介するかたちで「帝国史」について考察してみたい[*1].

　そのために,まず「帝国史」とは何かについて触れておく必要があろう.「帝国史」を定義づけるのは難しいが,イギリス帝国の社会や文化を専門とする筆者がこれまで関わってきた英語圏の研究動向においては,「新しい帝国史 New Imperial History」と呼ばれる新潮流の存在を無視できない.そしてこの潮流において決定的に重要なのは,ポストコロニアル批評——それ自体は歴史研究ではなく文学研究から始まった——の影響である.その影響は多岐に渡るが[Bush 2010],ここでは2つ挙げておきたい.1つは,帝国をめぐる従来の歴史学的叙述の「西洋中心主義」への挑戦であり,本国が植民地に一方的に影響を及ぼしたかのように描く歴史像に抗して,相互的な関係性を重視するオールタナティヴを提示しようとしている.この点に関しては,「本国と植民地のそれぞれの社会は互いの不可分の影響関係のもとで形成された」というフレデリック・クーパーとアン・ストーラーによる議論が頻繁に参照されてきた[Cooper and Stoler 1997].2つ目は,従来の帝国史の政治・経済の偏重に反発し,文化的領域の重要性を強調する傾向である.「新しい帝国史」に従事する研究者の多くは,国家運営や資本主義の直接の担い手ではない人々の歴史的主体性や意味合いをむしろ問いかける.たとえば,非国家主体としての宣教師は帝国

的相互関係にどのような役割を果たしたのか．あるいは，本国と植民地にまたがって存在する女性・子供・貧困者といった周辺化された人々の存在が，人種・ジェンダー・階級が複雑に絡み合った帝国的な社会秩序・境界にいかなる意味をもったのか．

次節で示されるとおり，筆者の提唱する間-帝国史は，相互関係性や非国家主体を重要視する点では「新しい帝国史」とも重なる部分がある．ただし，後者がそれらを特定の1つの帝国的空間に関して論じるのに対して，前者は「帝国史」を「一帝国史」(「イギリス帝国史」「日本帝国史」等)の枠組から解放し，より世界史的な視座からそれらの問いを追求することに大きな違いがある．

「新しい帝国史」との違いを説明したところで，ここでさらに間-帝国史といわゆる「比較帝国史」との違いを強調しておきたい．複数の帝国を同時に論じようとすることで，間-帝国史は不可避的に〈比較〉と密接に関わることになる．しかし，比較研究が間-帝国史の志向するところではない．比較は歴史学の有効な分析手法となりうるが，比較には研究者が陥りがちな罠も存在する．たとえば，安易な比較は各帝国やその植民地主義の紋切り型のイメージを再生産してしまいかねないだけなく，「A国による支配はB国によるものよりもCであった」(Cには「寛容」，「過酷」などの形容語がはいる)といった危険な価値判断とも容易に結びついてしまう．間-帝国史的アプローチは帝国史における比較研究の可能性を否定するものではないが，よりクリティカルな視点から諸帝国の植民地主義を研究すべく，比較そのものを歴史研究の対象とする方向を選択する．比較は，植民政策の策定と改革，自国の植民地統治の正当化，あるいは反植民地的抵抗のインスピレーションとして，「帝国史」の歴史主体となった過去の人々によってすでに実践されていた．この事実に着目しつつ，間-帝国史研究は，現在の研究者のための分析ツールとしての比較の使用をひとまず保留し，まず比較および比較を動機づけるポリティクス——本章ではそれを〈比較のポリティクス〉と呼ぶ——を歴史化することで，帝国間の同時代的な関係性を新たな角度から描き出すことを目指す．

従来的な比較研究を超えて「帝国史」を刷新するこうした試みはまだ始まって間もない．本章は，新分野の導入に向けたステップの1つであるが，あくまで「試論」であり，完成された史学論や歴史観を示すものではない．前半では，「間-帝国史」を定義づけながらその理論・方法ついて論じ，後半では可能な研

究領域を輪郭化し，実証研究のための枠組を提供することを試みる．

1 「間-帝国史」とは

(1) "trans-imperial" としての「間-帝国」

筆者は「間-帝国」を英語の "trans-imperial" の訳語として使っているが，なぜ "trans-" という接頭辞なのか．とりわけ，もう1つの有力候補である "inter-" との区別を明確にすることは，"trans-imperial" としての「間-帝国」の射程と特徴を浮かび上がらせるのに役立つだろう．

「あいだ」を表す接頭辞 "inter-" を冠する "inter-imperial history" は，複数の帝国の「あいだ」の空間における関係性や事象に関する歴史研究と定義できる．一方，「横切って」「越えて」「別の状態へ」を意味する "trans-" には，過渡性 transience，すなわち現在の状態から別の状態への変化という時間的要素が含意されている．それゆえ，"trans-imperial history" としての間-帝国史は，「あいだ」における相互作用のみならず，そうした相互作用を媒介にして帝国とそれを構成する人々がいかに変容していくかに着目する歴史学である．そこでは，すでに確立されたものとしてではなく，互いの影響関係のなかで絶えず変化していくものとしてそれぞれの帝国が位置づけられ，それらがいかに生成し，変化し，そして途絶えていくのかが問われる．鍵になるのは，所与の帝国が「何であるか」よりもむしろ「何になろうとしているか」である．アン・ストーラーとキャロル・マクグラナハンの言葉を借りれば，研究の対象とされるのは「帝国 empire」というよりは「帝国形成 imperial formations」である［Stoler and McGranahan 2007］．

(2) 国家的／非国家的主体

相互関係のみならずそれによってもたらされる各帝国内部の変化に着眼することは，必然的に誰を歴史の主体として捉えるかという問題とも関わってくる．既存の境界を前提とする "inter-imperial history" が帝国国家を動かす政治家や官僚による帝国間交渉を主題化するとすれば，"trans-imperial history" としての間-帝国史においては，非国家主体も歴史の舞台に登場することになる．"inter-imperial" な枠組からは漏れてしまう宣教師，ジャーナリスト，学者，医者，法律家，実業家，作家，芸術家，労働者，学生といった人々のなかにも

他帝国における植民地主義に何らかの形で関わった人々が多く存在した．かれらは他帝国との関わりのなかで自身も変化しながら，帝国の変容にも関係した．帝国国家の政策や公定イデオロギーに必ずしも回収されないかれらの思想や行動は，さまざまな緊張関係を生みだした．"trans-imperial history"としての間−帝国史にとっては，そうした緊張とそれが帝国の生成・変容・終焉に及ぼした影響が重要なテーマとなる．

ただし，非国家主体の歴史的役割を重視するからといって"trans-imperial history"としての間−帝国史が国家主体のそれを軽視するわけではない．被支配者へむき出しの暴力を行使しえた植民地国家への批判的分析を欠いた帝国史は空虚なものとならざるをえない．重要なのは帝国の「あいだ」における政治家や官僚の行為がそれぞれの帝国にもたらした変化である．ダニエル・ブルッケンハウスは英・仏間の帝国的協力に関する自身の研究において"inter-imperial"を分析概念として用いなかった理由として，それが「あいだ」を構成する2つの帝国を「内部に閉じられた実体」としてあつかうことにつながるからと述べている．かわりに"trans-imperial"がより適切なのは，「これらの帝国のそれぞれの内的構造はそうした交渉をつうじて頻繁に変容した」からであると述べている[Brückenhaus 2015: p.171]．官僚たちは"inter-imperial history"が示唆するように単に確立された帝国同士の「あいだ」で利害を調整したというよりは，相互作用の主体として帝国の形成とそれにともなう変容に深く関与したとみることができる．

(3) 〈比較のポリティクス〉

間−帝国史研究は比較を重視するが，上述したようにそれは「比較帝国史」を志向するものではない．現在の研究者が歴史研究の手段として比較を採用するかわりに，植民地主義をめぐって歴史的過去になされた比較を分析の対象とするのである．ただし，間−帝国史アプローチの目的は，過去に生み出された比較知を集積・分類してデータベース化し参照可能な事典あるいはコーパスのようなものを作りだすことではない．また，言説分析は重要であるが，それ自体が目的ではない．文脈から抜き出して抽象化したうえで比較言説を論じてしまうことは，比較言説の影響力を過大評価し，他の要因を軽視することにつながりかねない．比較を論じるにあたっての間−帝国史研究の役割は，それが帝

国形成に意味を帯びた特定のモーメントを同定し,それを歴史的文脈のなかに厳密に位置づけることである.なぜある文脈において比較知の生産と循環がより活発化したのか.なぜある種の事象がより頻繁に,そしてより濃密に比較の対象とされたのか.間-帝国的な視座が歴史としての帝国形成の理解に役立つためには,こうした問いが常に発せられなければならない.

ただしこのことは,結果的に影響力をもたずに終わった比較言説を研究対象から除外することを意味するわけではない.比較言説を歴史的に理解するためには,その循環のみならず,非循環も極めて重要な論点となる.とりわけ,帝国の被支配者にとっての比較の意味を考える際にそれが明白となる.かれらの比較言説が支配者のものと比べて循環の度合いが低かったとすれば,考えられる理由のひとつは監視と検閲による植民地的な抑圧あるいは隠蔽の影響である.たとえば,戦間期の植民地朝鮮では,他帝国の植民地における独立思想・運動に関する新聞・雑誌記事やその他の刊行物は,朝鮮における独立に向けた運動の可能性を暗に示唆する「危険」な比較として植民地警察による検閲の対象となった[Mizutani 2015].帝国が植民地主義という非対称な関係で成り立っている以上,比較知の生産と伝播がいびつなものであったとしても不思議ではない.

究極的には,最も重要なのは,そもそもなぜ所与の比較知が生成されたのか,そのポリティクスを明らかにすることである.論じられるべきは行為としての比較であり,単にその対象ではない.比較行為とその結果生成される比較知は慎重に区別される必要がある.たとえ「科学的」な構えをとっていても(次節参照),歴史的過去に実践された植民地主義の「比較研究」は,単に客観的事実の描写を行ったわけではなかった.比較知を行為論の観点から捉えなおすことは,比較実践に暗黙のうちに含まれる政治的判断の構造を明るみに出すために必要不可欠である.アン・ストーラーが主張するように,帝国史に従事する者が比較を歴史化するというとき,より厳密にはそれは「比較のポリティクスを歴史化する」ことにほかならない[Stoler 2001: p. 862](強調は原文のまま).

2 間-帝国的関係性の諸形態と研究領域

前節の理論・方法論的議論を踏まえ,本節では実際に間-帝国史的アプローチから帝国史研究をおこなうにあたって具体的にどのような事象や主題が研究対象として見いだしうるのか,帝国間の関係性を便宜的に「協力」「対立」「抵

抗」の 3 つのタイプに分類しながら論じていく．

(1) 協力

比較行為のひとつの目的は先例から学ぶことであり，経験に乏しい，あるいは問題に直面し改革が求められる状態がそれを誘発したと考えられる．間-帝国史研究においては，イギリス，フランス，オランダの事例を中心に展開してきた従来の帝国研究ではどちらかというと非主流として見なされてきた国々の植民地主義が研究対象として極めて重要になってくるのはそのためである．ドイツ，ベルギー，イタリア，日本，アメリカ合衆国，スペイン，ポルトガル，ロシア等は，19 世紀末から始まる帝国主義競争での「遅れ」に自覚的であり，それゆえ先行する他帝国の経験から学ぼうという比較への意思がより強かったと考えられる．このような「出遅れた」植民地帝国による比較知をつうじた帝国形成は間-帝国史的視座からの帝国研究のひとつの重要な対象領域となる．それらが参照した「主流」の国々のなかでも，異民族統治の歴史の長さと獲得した海外領土の広大さにおいて他を圧倒したイギリスが重要な位置を占めたことは想像に難くない．たとえば，本国の制度や文化の植民地への移植を最小限にとどめつつ，現地社会の既存の社会構造をあえて温存して利用する統治手法——19 世紀後半に生まれ 20 世紀に入って「間接統治」論として定式化された——が，植民地支配の模範的なあり方として広く「学び」の対象となった．

ただし，比較を用いたのは「出遅れた」帝国だけではなかった．植民地獲得競争において先行する国々にとってもそれは帝国形成の一要素だった．たとえば，イギリスに次ぐ植民地帝国と見なされるフランスの統治関係者のなかには，「協同主義」を打ち出したジュール・アルマンのように，フランス帝国を象徴するはずの「同化主義」に行き詰まりを覚え，間接統治的なイギリス植民地主義のあり方を採り入れることを主張する統治関係者があらわれた［水谷智 2009：6-9 頁］．そしてイギリスもまた，比較対象として受動的に存在するだけでなく，自らも比較の実践主体であった．たとえば 19 世紀における植民地インドの土地政策は，しばしば先行事例としてのアイルランドを参照しつつ議論され［Cook 1993］．また，エジプトでは反植民地主義的ナショナリズムが台頭したインド統治を「教訓」とする〈比較のポリティクス〉が実践された［水谷智 2009：14-15 頁］．イギリスは，比較に関して自給自足的であっただけであり，それを

必要としたこと自体は他の帝国とかわらなかった．こうした英・仏の事例は，比較的長い歴史を有し豊富な経験を持つ植民地帝国にあっても，ある方針や政策が失敗と見なされるときには，オールタナティヴを求めて比較が要請されえたことを示している．

こうした比較のあり方は帝国間の協力的関係と密接に連動していたが，アフリカ分割以降に世界の植民地的分割の動きがいよいよ加速すると，先行／後進の区別に関係なく，諸帝国はしばしば相互に協力しながら統治を行うようになっていった．協力関係はさまざまなかたちをとったと考えられるが，第一次大戦後の委任統治制度や上海でみられた共同租界，そしてニューヘブリディーズ諸島，カメルーン，インドシナ等でみられた共同統治も間-帝国史研究にとって重要なテーマとなりうる．

植民地保有国同士の協力体制の確立のなかで，比較はどのような役割を果たしたのか．たとえば，フランス，ベルギー，オランダのイニシャティブで1884年に設立された「国際植民地研究所 Institut Colonial International」は間-帝国的な協力を象徴するものであったが，そこでは想定されるリスクを回避しつつ植民地統治を効率的に実践するための科学的なアプローチとして比較知の重要性が強調され，「比較研究」の制度化とその間-帝国的発展に重要な役割を果たした［Lindner 2015］．比較知が間-帝国的な協力体制下で越境的に循環していくなかで，何が共通の「問題」として論じられたのか．反植民地主義運動，教育，宗教，熱帯医療，混血問題，分離独立等，これまで帝国研究が追究してきたテーマの多くが，間-帝国的史的な視点から新たに検討されうると考えられる．

(2) 対立

間-帝国的関係性は，すべて協力に収斂していったわけではない．それ以前のものと異なり，近代の帝国には「国民国家」体制と不可分であるという特徴があった．植民地帝国は「国民」を土台にしており，たとえ「自由」や「平等」を掲げて被支配者を帝国に統合したとしても最終的には常に「国民」から区別するという構造的矛盾を抱えていた［山室信一 2011］．この構造的特質は，間-帝国史にとっても重要である．確かに，間-帝国的な協力体制においては「ヨーロッパ人」「白人」あるいは「文明人」として被支配者の上に立つという

意識が帝国のあいだで共有された．しかし，支配者間で越境的に共有されるこうした汎-帝国主義的な優越感が「国民」意識を相対化したわけではなく，各国は「イギリス人」「フランス人」「日本人」といった国民的アイデンティティを保持し，その歴史的独自性と他帝国に対する優位性を自国民と植民地の臣民に訴え続けた．間-帝国的協力がナショナルな違いを乗り越えた超-帝国的な体制の構築に向かうことはなく，国際連盟の委任統治制度も結局は既存の帝国間の差異を認めつつ，それぞれに領土を再分配する仕掛けに過ぎなかった．この文脈では，〈比較のポリティクス〉は，他帝国を批判することで自帝国の植民地主義の正当性を主張するイデオロギー性を帯びたものであった．

こうした構造化された帝国間の緊張は，20世紀に入って帝国主義競争が世界大戦に発展するようになると，次第に表面化していった．たとえば，英・独の両帝国は，次第に悪化する関係性において，「現地人種」の扱いをめぐって互いの植民地主義を批判し合った[Twomey 2011]．英・仏との対立を深めていったドイツは第一次大戦における敗戦によって海外領土を喪失していくが，ポーランドなどの周辺諸国の侵略に乗り出すにあたってそれを新たな植民地主義と捉えた．ヒトラー政権は，英・仏の植民地主義を批判しつつ，同時にアフリカにおけるイタリアの植民地支配をファシズム的な植民地主義のモデルとする〈比較のポリティクス〉を実践した[Bernhard 2015]．一方，日本は第一次大戦後，東アジアにおける帝国的覇権をめぐって次第にイギリスと対立し始めるが，欧米の植民地主義を人種差別的と非難しつつ，アジアの解放を自帝国の世界史的役割と位置づける汎アジア主義者の〈比較のポリティクス〉が徐々に影響力を増していった[松浦正孝2010]．そして，植民地主義をめぐる伊・独・日の〈比較のポリティクス〉は，第二次大戦における「枢軸国」として間-帝国的協力関係に向かうなかで相互に影響を与えながら共鳴し，特に英・米・仏との違いを全面に押し出していくことになる[Hedinger 2017]．

(3) 抵抗

比較行為の主体として忘れてはならないのは，各帝国の被支配者である．特にエリート層のなかから，自らが置かれた植民地的状況において帝国支配に抗して自治や独立をもとめるなかで，その外側にインスピレーションやモデルを求める人々が現れた．間-帝国史研究が問うのは，越境的な相互影響関係が，

帝国の枠をこえて形成されたのかどうか，だとすればそれはどのようなかたちをとったのか，である．たとえば，戦間期の植民地朝鮮では，詩人ラビンドラナート・タゴールや独立運動指導者モーハンダース・ガンディーといった抵抗的インド人の思想や運動が自治や独立を志向する朝鮮人知識人のあいだに影響力をもった[Mizutani 2015]．こうした事例は，支配者だけでなく，被支配者もまた先例から学ぶ〈比較のポリティクス〉の実践者であった可能性を示唆している．

ただし，被支配者同士の共鳴だけが反植民地主義における〈比較のポリティクス〉のベクトルではなかった．支配国同士の関係性が協力と対立のあいだで揺れ動くなかで，被支配者のなかには，間–帝国的対立を抵抗の梃子とすべく自帝国と敵対する他帝国の支配者側と結ぶことを選択する者もいた．たとえばインド人の反英活動家の多くが，第一次大戦前後からイギリスと緊張関係にあるドイツの知識人や工作員と接点を持った．ドイツ政府は，敵対するイギリス帝国をその内部から揺さぶるために，植民地インドの独立運動家——かれらの多くがヨーロッパ，北米，日本などの海外で活動した——を後方支援したのである[Manjapra 2013]．そもそも，長年海外領土をめぐって争っていた英・仏が協力するようになった一要因として，ドイツが両帝国における反植民地主義とつながっているのではという懸念があった[Brückenhaus 2015]．また，海外で反英活動を展開するインド人のなかには，アジアの連帯を掲げてイギリス植民地主義からのインドの解放を謳う日本の汎アジア主義者を共闘のパートナーとして見いだす者も現れた．たとえば，インドから日本に亡命した独立運動家のラース・ビハリ・ボースは，日本だけが白人中心主義にもとづく植民地支配からアジアを解放できる，という汎アジア主義の広告塔の役割を引き受けた．さらに彼は日本人汎アジア主義者による「親日派」朝鮮人とのネットワーク構築にも協力し，日本の朝鮮統治は人種主義にもとづくイギリスのインド統治と根本的に異なる，と説明しながら前者の正当性を朝鮮人知識人に対して説いた[Mizutani 2015]．

抵抗する被支配者が帝国の枠を超えて〈横〉の関係を求めたことは，〈縦〉の関係をそれぞれ内部に抱える帝国同士の関係性をさらに複雑なものにした．間–帝国史研究のひとつの課題は，協力と対立で揺れる支配国同士の関係の下で抵抗する被支配者がどのような立ち位置を見いだし，他帝国の植民地主義と反植

民地主義をいかに自らの植民地経験と結びつけたか，その〈比較のポリティクス〉を明らかにしていくことである．

結語

　複数の帝国間の相互影響関係のなかに各々の植民地主義と反植民地主義を捉え直した時，「帝国史」はどう見えてくるのか．間－帝国史研究の試みはまだ始まったばかりである．本章が提示した分析概念や枠組も最終形ではなく，実証研究の進展とともに必然的に鍛え直されていくべきものである．移住型植民地主義 settler colonialism から／への人の間－帝国的移動の問題をはじめとして，本章ではうまく扱えなかった領域が残る一方，研究の進展に従って新たな領域もこれから発見されていくことであろう．さまざまな帝国を論じる性質上，間－帝国史研究こそ共同研究のかたちで進めることが望ましい分野である．そのための「たたき台」として本章が役立つことを願いつつこの「試論」を終わりとしたい．

*1　本稿は科学研究費・基盤研究(B)「間帝国的関係性からみた植民地支配と抵抗——比較・協力・並存・移動の史的構造」(代表：水谷智，研究課題番号 16H03501)の成果の一部である．

コラム⑪
植民地近代論

松本武祝

　「「近代はすべからく植民地近代」である」．2000 年代以降，韓国における植民地近代論を主導してきた尹海東が提示する命題である[尹海東 2017：294 頁]．尹海東は，帝国主義国と植民地の関係性こそが近代世界を成立させた基盤であった点に着目し，両者が表裏一体のかたちで併存してきた「近代」という時代を総体として「植民地近代」と呼んでいる．この命題は，他地域に先駆けて欧米において成立したとされてきた「近代」の規範性を，歴史的に相対化するきわめて重要な問題提起を含意している．

　こうした問題提起は，じつは 1970 年代以来この半世紀のうちで，従属理論や世界システム論などを介して何度かなされてきたということができる．そして，植民地近代論の文脈においても，「あらゆる近代は植民地的近代(colonial modernities)である」という命題が，尹海東に先立って，T. バーロウによって提示されている[Barlow 1997]．なお，尹海東は植民地近代をグローバル

な同時代的次元で捉えることを強調し，colonial modernity(ies)に代えて，colonial modern という表現を用いている[尹海東 2017：293 頁]．

ところで，従属理論においては，資本主義を世界システムとして捉える視点が強調される一方で，被植民地地域に固有な社会構成体に関する議論が積み重ねられてきた．植民地近代論においても，(尹海東の命題を踏まえて言えば，)いわば「植民地における「植民地近代」」の特質に関する分析が進められてきている．

ただし，韓国においては，この「植民地における「植民地近代」」に関する研究動向に関して，"植民地にも近代があった"ことを論ずるにとどまり，植民地主義の問題を欠落させた研究が少なくない，という批判がなされている[ホン・ジョンウク 2014]．ホン・ジョンウクは，「様式としての近代」が支配的ではなかった被植民地地域をも包含した「構造としての近代」という観点から，ここで言うところの「植民地における「植民地近代」」を捉えることを主張する．そして，近代の非対称性・不均等性に注目する点において，1980 年代韓国において激しく議論された「植民地半封建」論とここでの「植民地における「植民地近代」」論との方法論上の共通性を見出している．尹海東も，上記の命題を主張する一方で，「生産様式の接合（articulation）」という従属理論を想起させる概念を援用して「植民地朝鮮の資本主義」の特徴について言及している[尹海東 2017：295 頁]．このように，韓国において植民地近代論は，従属理論―世界システム論―韓国社会構成体論争という 1970-80 年代に展開された議論の系譜上に位置づけられている．まさに，"古くて新しい"問題であるということができる．

ところで，帝国日本―植民地という関係性に着目する場合，東アジアという地域が分析対象として設定されることになる．伊藤るりらの著書[伊藤るり・坂元ひろ子・バーロウ編 2010]においては，前述の T. バーロウの命題を援用しながら，ジェンダー論の観点から，いわば「東アジアにおける「植民地的近代」」が分析対象として設定されている．それらの分析に対しては，日本の近代を「植民地的近代」として捉える分析視角と，日本の植民地であった台湾や朝鮮における「植民地的近代」を分析する視角とはどのように区別されるのか，という問題提起がなされている[MATSUDA 2011: p. 305]．すなわち，尹海東の命題における「近代」と「植民地近代」の関係性をめぐる論点が，東アジアという地域を対象にして再現されているのである．

帝国日本による被植民地地域においては，解放後に，内在的発展論にもとづ

いた新たな歴史研究が発展し，それらは日本の歴史研究にも大きな影響を及ぼしていった．尹海東は，内在的発展論を「一国的次元から近代性の起源を探りだし，解析しようとする論理」として捉え，その限界を乗り越える歴史学として，トランスナショナル・ヒストリーを提唱する［尹海東 2017：293 頁］．そして，「近代の東アジア世界」を「トランスナショナルな状況を含む地域秩序」(303 頁) と捉えて，トランスナショナル・ヒストリーによる叙述の有効性を強調する．

　東アジアは，欧米列強による「開港」を経験したという共通の特徴を有する．梶村秀樹は，内在的発展論に動機づけられて 1950 年代以降に進展した朝鮮・中国に関する歴史研究の成果を踏まえつつ，開港期から日清戦争期にかけて東アジア 3 国が直面した外圧とそれに対する国内的対応を分析し，「東アジアでの国際的両極分解」を論じた［梶村秀樹 1981］．日本帝国主義による東アジア地域秩序の改編の結果，尹海東の言う「トランスナショナルな状況」が東アジア地域に成立したとしても，それは，「内在的発展」を前提とする「国際的両極分解」の過程を経たのちのことである．しかも，先に述べたように，「(帝国日本の)植民地における「植民地近代」」という類型それ自体は「一国的次元」で成立しうる．したがって，東アジアに関する歴史叙述において，内在的発展論を容易に放棄することはできないと考える．「既存の「民族主義的歴史叙述」，そのなかでも社会構成の変化に注目した内在的発展論に対する理解があまりに主観的であるという印象を消すことができない」というイ・スンヨルによる植民地近代論に対する批判［イ・スンヨル 2007］は，依然，傾聴に値すると考える．

　チョ・ヒョングンは，「西欧近代性」と「植民地近代性」との表裏一体性を強調しつつも，一旦はこれらを 2 つの範疇として措定したうえで，両者の境界およびその境界における(それぞれの範疇に属する)主体間の相互作用を関係論的に分析するという方法論を提起している．そして，「植民地主体」の社会的実践(集合行動)に着目した社会変動論を提唱している［チョ・ヒョングン 2014］．「植民地主体」の民族意識や民族運動は，「西欧近代性」の範疇に属する主体との相互作用によって生起する現象として分析の俎上に上げられている．この分析枠組みを踏まえつつ，とくに東アジアという領域に着目したとき，いわば「帝国日本(本国)における「植民地近代」」の範疇に属する"主体"の側が生みだし，今日に至ってもなお社会的に再生産され続けている排外主義的ナショナリズムこそが，なによりも批判的な分析の対象とされなければならないと

考える.

第21章
グローバル・ヒストリーから見た「日本帝国」

脇村孝平

はじめに——「大分岐」説をめぐって

　本章の課題は日本植民地史を外側から文脈化することにあるが,「各国間の不平等 inequality among countries」[*1]という問題に焦点を合わせつつ,日本植民地史を「グローバル・ヒストリー」のなかに位置づけることでその目的を果たしたい.具体的には,両大戦間期の日本帝国を,「南北格差 North/South divide」として表現されるような「各国間の不平等」の問題との関わりで論じることにしたい.

　「グローバル・ヒストリー」とは何か.言うまでもなく,今日では様々なアプローチがありうるし,取り上げる史実も時代的・地域的にほぼ無限に多様でありうる.だが,本章でいう「グローバル・ヒストリー」とは,以下のような限定を付すものである.そもそも,「グローバル・ヒストリー」という用語がアカデミックな世界で流布する契機の一つとなったのは,K.ポメランツの『大分岐』という作品の登場であった.世界史的な近世において,ユーラシア大陸の両端——西ヨーロッパと中国(揚子江下流域)——における経済発展の程度には大きな差異はなかったとするポメランツ説は,「西洋中心 Euro-centric」史観に対する果敢な挑戦として注目を浴びた.しかし,ポメランツ説では,18世紀の後半になると,ユーラシア大陸の両端においてどちらも資源制約の罠に陥ることとなるが,石炭という化石燃料へのアクセスとアメリカ大陸の領有という好条件を活かした西ヨーロッパは,資源制約の罠を脱して,停滞の淵に沈む中国との経済格差(「大分岐」)が拡がったということになる[ポメランツ 2015(原著は 2000 年)].

　その後,この作品が打ち出した歴史像に対して批判的な実証も提出されてき

た．その代表として，R. アレンの「近世イングランド高賃金」説を挙げることができる．すでに近世（17世紀）において，西ヨーロッパ（イングランドやオランダ）の実質賃金など経済発展を示す指標は，アジア（デリーと北京）のそれらを上回っていたという．すなわち，「大分岐」は18世紀以前に起こっていたと指摘した．このような指摘は，「なぜイギリスで産業革命が起こったのか」という設問に対する解答――イングランドでは高賃金ゆえに，資本集約的かつ労働節約的な技術革新が起こったとする仮説――とともに，少なからずインパクトを与えるものであったと言えよう［アレン2017（原著は2009年）］．

　本章で「グローバル・ヒストリー」と称するのは，このような「大分岐」説をめぐって展開されてきた「グローバル経済史 global economic history」の文脈を指している．端的に言って，このような「グローバル経済史」が焦点を合わせるのは，「各国間の不平等」の問題である．そのような視角から見たとき，19世紀初頭までの近世において，ユーラシア大陸の東西の両端において，「経済格差」が存在した――西ヨーロッパの所得は，アジアのそれよりも高かった――とするのか（アレン），それともなかった――ほぼ同等だった――とするのか（ポメランツ）が係争点であった．

　しかしながら，19世紀以降について，グローバルな規模で「各国間の不平等」が拡大したという点に関しては，ポメランツとアレンの見解には相違はない．特に19世紀後半から20世紀前半にかけて，格差拡大の時代であることは疑いを入れないということになる．実は，この時期に，飛躍的な交通革命，そして西ヨーロッパおよび北米における工業化によって，世界貿易の量的な増加は著しかった．ヨーロッパおよび北米の温帯地域における工業化とそれにともなう工業製品の輸出，他方でアジア・アフリカの熱帯地域からの一次産品の輸出という，「農工間」の国際分業が進行した．それと同時に，この時期に，ヨーロッパおよび北米の温帯地域とアジア・アフリカの熱帯地域の間には，大きな経済格差が拡がった．ヨーロッパおよび北米の温帯地域における工業化とアジア・アフリカの熱帯地域の一次産品輸出経済化という国際分業こそが，この著しい経済格差の拡大をもたらしたと考えざるをえない．言うまでもなく，このような「古典的」な国際分業体制の背後で，ヨーロッパ諸国によるアジア・アフリカの主に熱帯地域に対する植民地支配の進行もあった．したがって，かかる経済格差の拡大は，植民地支配に基づく国家的な搾取・収奪の手段によっ

てもたらされたとも考えられてきた.

このような「南北格差」と表現されうるグローバルな経済格差の進行は, 第二次世界大戦後も依然として継続し, 2世紀近く続く趨勢であったと言えるであろう. このような歴史的趨勢に対して, 以下で取り上げる両大戦間期の東アジアの事例は, 些か異質な要素ではなかったのか, というのが本章の基本的な問題設定である[*2].

1 両大戦間期における東アジアの経済発展

19世紀にはじまるグローバルな経済格差の拡大の構図のなかで, 東アジアはどのように位置づけられるのであろうか. 1880年代以降の日本の工業化は, 間違いなくかかる二極化の構図における異質な要素であった. また, 1870年代以降のインドの工業化も, その意味で同様に異質的要素であった. 貿易を生産(＝所得)の代理変数と仮定したうえで, アジア各地域の貿易額の動向を見つつ, このような事態の意味するところを考えてみることにしよう.

杉原薫は, 1883年から1913年にかけて, アジア間貿易 intra-Asian trade の成長率は5.5%だったとし, アジアの対欧米貿易の成長率(輸出の場合3.8%, 輸入の場合4.2%)を上回っていたことを明らかにした. さらに, こうした事実を基に, 地域内貿易 intra-regional trade がこのように成長していたことは, 「アジアが地域全体として欧米を中心とする世界システムからの相対的自立性を獲得していったことの表現である」と指摘した[杉原薫 1996b：1-3, 13-14頁]. ここで言う「相対的自立性」とは, アジアの内部で展開した国際分業体制にほかならず, 一方における日本の工業化(およびインドの工業化)と東南アジアにおける一次産品輸出経済化という「コインの表裏」とも言うべき事態の進行を指す. さらに, 両大戦間期になると, アジア間貿易は, 世界貿易の総額に占める比率を高めた. 1913年の4.16%から, 1928年には6.47%, 続いて1938年には8.21%にまで高めたのである[杉原薫 1996b：96-97頁].

ただし, 堀和生の指摘によると表21-1に明らかなように, アジア間貿易の成長は, 多分に日本の対アジア貿易の成長によって牽引された可能性が高い. 1883年から1938年までの期間におけるアジア間貿易に関して, インド・東南アジア・中国・日本の4地域の対アジア貿易の成長率をそれぞれ比較してみると, どの時期をとっても, 日本の対アジア貿易の成長率が突出して高いことに

表21-1 アジア4地域の対アジア貿易額(輸出入計)(100万ポンド)

	1883	1898	1913	1928	1938	1883-1938
インド	22.1	27.3	68.5	130	74	2.26
東南アジア	15.1	28.9	73.8	150.1	82.1	3.19
中国	13.3	21.4	84.8	188.9	140	4.46
日本	2.7	21.6	78.5	259.1	296	9.07
計	53.2	99.1	305.6	728	592.1	4.56

(出所)［杉原薫 1996b：14, 96-97頁］［堀和生 2008：5頁］．
(注) 第6列は，堀和生の計算による．期間内成長率(年率，％)．

表21-2 輸出の成長率(％) 1919-37

	成長率		成長率
日本	5.2	オランダ	1.8
英領マラヤ	4.2	アルゼンチン	1.6
カナダ	3.7	合衆国	1.4
インドネシア	3	世界	1.4
中国(満洲を含む)	2.4	ベルギー	0.7
タイ	2.4	イタリア	0.5
オーストラリア	2.2	イギリス	0.1

(出所)［Maddison 1969: p.36］．

気づくのである［堀和生 2008：5頁］［杉原薫 1996b：14, 96-97頁］．

　このような1880年代以降のアジア間貿易の成長において，第一次世界大戦が与えた影響は，極めて大きかった．第一次世界大戦の勃発によって，ヨーロッパからアジアへの工業製品の輸出が激減した．その空隙を埋めたのが，日本のアジア諸国への工業製品の輸出であった．大戦前から大戦後にかけて，日本の輸出額はほぼ2倍になり，輸入は微増にとどまった．その結果，日本の貿易収支は大幅に改善した．日本の輸出ブームは，台湾および朝鮮という日本の植民地にも波及した．たとえば，朝鮮では，第一次世界大戦以降，日本への米をはじめとする一次産品の輸出を急激に伸ばした．同様に，台湾においても，砂糖と米を中心に日本への一次産品輸出が大幅に増加した．

　両大戦間期，特に1930年代の世界的な不況期には世界貿易が停滞したのに対して，アジア諸国の貿易は相対的に好調であった．表21-2が示すように，1913-37年の期間における世界各国の輸出額の成長率(年率)をみると，欧米諸国が低迷するなかで，アジア諸国は相対的に良好で，とりわけ日本の輸出成長

率の高さは突出していた[Maddison 1969: p. 36]．かかる日本の輸出成長は，日本帝国内の朝鮮や台湾にも波及した．両大戦間期において，アジア間貿易に占める東アジアの比率は，1913年の45.69%から1928年の61.54%に増え，さらに1938年には73.63%にまで達している[杉原薫1996b：96頁]．ここでいう東アジアとは，日本，中国，朝鮮，台湾を指すが，要するに，アジア間貿易のなかで，東アジア域内貿易 intra East Asian trade の比重が増したことを意味する．しかも，この東アジア域内貿易のうち過半を占めるのは，日本，朝鮮，台湾の日本帝国内の域内貿易であり，1931年(満洲事変)以降は，満洲も加えたなかでの域内貿易の拡大であった．

　最初の仮定に戻るならば，こうしたことは何を意味しているのであろうか．まさに，貿易の伸長の背後に，生産(所得)の拡大があったとみるべきであろう．堀和生は，貿易統計および生産統計の綿密な検討から，両大戦間期における日本帝国内の域内貿易の拡大が，この時期に進展した朝鮮，満洲，台湾における工業化と深く関連していることを明らかにした[堀和生2009]．たとえば，朝鮮の工業化が本格的に始まるのは，1920年の「会社令」廃止以降のことであるが，朝鮮総督府の方針はそれまでの農業生産(米生産)中心の政策から工業重視の政策へシフトした[エッカート2004(原著1991年)：69-75頁]．その後，日本の綿工業資本による直接投資が始まり，朝鮮紡織，東洋紡績，鐘淵紡績の諸工場が朝鮮で稼働を始めた．それのみならず京城紡織のように朝鮮の民族資本が立ち上げた企業も現れた．朝鮮における工場製の綿布の生産額は，1920年代後半以降に上向きになった[堀和生2009：55-56頁]．

　朝鮮の工業化は，1930年代以降，その速度を飛躍的に増した．繊維のような軽工業だけではなく，朝鮮北部の水力発電を利用した化学工業のような重工業も発展した．満洲国の成立(1932年)によって，朝鮮は日本の大陸進出の橋頭堡として，日本の準戦時体制に組み込まれ，軍事関連物資の生産もなされるようにもなった．それとともに，朝鮮の対日本輸出において工業製品とも言うべき中間財も増えた[堀和生2009：61頁]．1930年代の朝鮮における工業化は，朝鮮社会を大きく変えた[木村光彦2018：84-85頁]．工業に雇用される労働者の数は，1932年の約38万5000人から1943年の約132万2000人にまで増加したことからも窺える[Eckert et al. 1990: p. 311]．

　台湾も，1920年代以降に工業化が進んだ．台湾の工業化は，朝鮮と比べる

と，現地の草の根の企業家によって進められた傾向が強い．確かに，日本向けの米と砂糖の輸出をサポートする精米業や製糖業といった農業関連産業では日本の資本が主導したが，それ以外に現地資本の小企業が様々な工業分野で立ち上がった．しかし，ここでもまた1930年代以降，植民地政府（台湾総督府）の主導によって日本向けの中間財などを生産する企業が生まれている．満洲における工業化を論じる余裕はないが，堀が指摘するように，日本を基軸にした朝鮮，台湾，満洲に拡がる工業における産業連関（堀は，「東アジア資本主義」と呼ぶ）が成立したと言えよう［堀和生2009］．

両大戦間期における朝鮮および台湾の工業化の前提となる農業の動向も踏まえておく必要がある．日本では，第一次世界大戦が終わった年（1918年）に，大戦中の好景気と物価高騰のなかで米価が上昇し，食糧不足が露呈して米騒動が起こった．これを契機として，朝鮮からの米の輸入を増加させるべく，いわゆる「産米増殖計画」が実施されるに至った．同様に，台湾からの米の輸入を増加させるために，ほぼ同様の産米増殖の政策が行われた．このような政策によって，土地改良（灌漑施設の整備など）や品種改良（蓬莱米などの導入）が行われ，土地生産性を高める技術改良がなされた．台湾では，1ヘクタール当たりの水稲の収量が，1920年の1.47石から1935年の1.97石へと増加した．同じく朝鮮では，1920年の1.43石から1935年の1.82石へと増加した［速水佑次郎1973：160-161頁］．

さて，本章においてこれまで，両大戦間期における中国の工業化に関して言及してこなかった．しかし，第一次世界大戦によるヨーロッパからの工業製品の輸出が途絶えたことによって，さらに，1928年には関税自主権を回復したことによって，市場に空隙が生まれた．かくして，上海を中心に近代的な綿工業（紡績および織布）の勃興があった．第1に，中国の民族資本が，同時期に，多くの近代的な綿工業企業を立ち上げた．第2は，在華紡の立ち上げである．関税の回避と低賃金を求めて日本の綿紡績資本が上海周辺の地域に直接投資を行った．ただし，この時期の中国の綿工業の発展は，国内市場に向けた多分に輸入代替的な工業化であったと言えよう［森時彦1996：109-119頁］．

このように，両大戦間期における東アジアの工業化は，中国を含めると相当に拡がりのある現象であったが，言うまでもなく，この時期の東アジアの工業化は，本質的な限界をともなうものであった．そもそも日本は，満洲国の成立

によって，中国(中華民国)との対立をエスカレートさせた．さらに，国際的に孤立したために，自立的な経済圏の構築に向かわざるをえなくなった．日本帝国規模の工業化とは，多分にそのような自立的な経済圏を目指す動きのなかで生じたものであった．しかも，かかるブロック化を進めると資本財や中間財の輸入という点でアメリカへの依存をさらに強めるというジレンマに陥った．それにもかかわらず，日本は，政治的・軍事的な意味でアメリカとの破局的な対立の道へと向かったのである．その意味で，日本帝国規模の工業化は本質的な矛盾を抱えるものであった．

2 「大分岐」の逆転と東アジア

19世紀の初頭以降，20世紀の後半まで，「各国間の不平等」，言い換えるならば「南北格差 North/South divide」は，継続的に拡大してきたと推測しうる．A. マディソンなどに依拠しつつ，19世紀まで遡って国ごとの1人当たりのGDPを推計してみると，北米・ヨーロッパとアジア・アフリカの間で，1人当たりのGDPの格差が継続的に拡大してきた可能性は高い[ピケティ2014：65-66頁][ミラノヴィッチ2017]．ポメランツにしてもアレンにしても，19世紀初頭以降に，グローバルな意味で「大分岐」が起こったとする点において違いはなかった．

しかしながら，ブランコ・ミラノヴィッチは，1990年代以降，このようなグローバルな経済格差が収斂傾向を見せ始めたと指摘していることが注目される．1990年代以降，中国やインドという人口大国における経済成長率の高まりが，これらの国々の欧米先進国への経済的キャッチアップを可能にしたという[ミラノヴィッチ2017]．特に，近年の中国の20年以上にわたる高度経済成長の意味は，大きかったと言えよう．ミラノヴィッチの指摘は，「グローバル経済史」の視角からしても極めて重要である．すなわち，「大分岐」の逆転現象が起きたという意味で特筆に値する．

このようなグローバルな経済格差の視角から振り返るとき，20世紀後半の東アジア(ここでは，特に日本，韓国，台湾を指す)における経済成長のパフォーマンスとその先導性，そして遡って両大戦間期の東アジアにおける経済発展の有する意味は小さくない(表21-3を参照)．なぜならば，当時すでに「大分岐」の趨勢に抵抗する歴史的事象だったとみることも可能だからである．言うまでも

表 21-3 日本とその旧植民地の経済パフォーマンスの比較 1820-2003（実質 GDP の年平均複利成長率％）

	1820-70	1870-1913	1913-41	1941-55	1955-90	1990-2003
日本	0.4	2.4	4	1.1	6.6	1.1
韓国	0.1	1	3.7	0	8	5.6
満洲	n.a.	n.a.	3.8a	n.a.	n.a.	n.a.
台湾	0.3	1.6	4.5	2.1	8.4	5.1
中国	−0.4	0.6	0.7b	1.2c	5.3	8.6
インド	0.4	0.8	0.4	1.3	4.1	5.7
インドネシア	1.1	2	2.5	−0.3	4.9	4.1
イギリス	2.1	1.9	1.7	0.8	2.8	2.3

（出所）［Maddison 2007: p.154］．
（注） a = 1924-41；b = 1913-38；c = 1938-55．

なく，1930 年代の日本帝国内の植民地における経済発展は，日中戦争（1937年）以後の戦争とその後の破壊的混乱のなかで，半ば水泡に帰したかもしれないが，1960 年代に始まる韓国と台湾の著しい経済発展を考えるとき，両大戦間期のこれら植民地における工業化過程を再考することは，必ずしも牽強付会の説ではないであろう．韓国も台湾も 1950 年代の短い「輸入代替工業化」の時期を経て，1960 年代の後半から「輸出志向工業化」の路線に転換する．この後者の時期において，工業製品の輸出市場としてのアメリカという新しい条件は加わるにしても，日本からの資本の供給，資本財の輸入，技術の移転という諸条件が依然として重要であり，その意味で両大戦間期との連続性を指摘することも可能だからである［堀内義隆 2016］．また，両大戦間期における，これらの植民地における社会的変化——工場労働者や都市住民の増加——が，20世紀後半の著しい経済発展の前提条件となったとみることも可能であろう．

言うまでもなく，第二次世界大戦後，日本，韓国，台湾においては，アメリカによる冷戦戦略の影響を強く受け，「断絶性」が際立っていたことは事実である[3]．しかしながら，植民地期との「連続性」は，海外の研究者によってすでに以前から指摘されてきたことでもある．たとえば，台湾に関してはサミュエル・ホー，韓国に関してはカーター・エッカートによって，植民地期と現在の経済発展の連続性は指摘されてきた［Ho 1978］［エッカート 2004］．

しかしながら，こうした研究は，いわば「一国」レベルの指摘であった．その意味で，韓国と台湾を含む「東アジア」レベルの空間単位で，あるいはそれ

以上のレベルで，この地域の発展を考察することは，「グローバル経済史」という視角から意義のある作業である．「東アジア資本主義」[堀和生 2009]，「アジア間貿易」，「環太平洋経済圏」[杉原薫 2013]といった議論は，より広域の地域システムから，しかもより長期的な視野で東アジアにおける経済発展を論じる点に特徴がある．堀和生の場合は，両大戦間期以来，韓国と台湾が日本に対して有する密接な経済関係（「東アジア資本主義」）が，戦後期においてはアメリカという新しい要因が加わったにしても，1970年代までは継続していたという認識であるのに対して，杉原薫の場合は，両大戦間期の「アジア間貿易」，さらにはその外側に存在する「環太平洋経済圏」という枠組みが現代との間に一定の連続性を有するという認識であり，確かに歴史像は異なっているが，両大戦間期に起こった事態を重視しているという点では，両者の見方は共通している．

　ミラノヴィッチが指摘するような，グローバルな経済格差の収斂傾向，すなわち「大分岐」の逆転が1990年代に本格的に始まったとしても，その歴史的淵源はいったいどこに求められるのであろうか．通常は，第二次世界大戦後に発展途上国の多くが採用した「輸入代替工業化」戦略に代わって，「輸出志向工業化」戦略が採用されるようになった1970年代から1980年代にかけての時期という理解になろう．すなわち，先進国が工業製品を輸出し，発展途上国は一次産品を輸出するという「古典的な国際分業」に代わって，発展途上国もまた工業製品を輸出するという「新国際分業」が始まった時期ということになろう[Fröbel et al. 1977]．

　しかしながら，発展途上地域が工業製品を輸出するというパターンは，実は両大戦間期の東アジア，日本帝国内の植民地で始まっていたのであり，その意味でこの時期に淵源を求めることも可能である．さらに言えば，「大分岐」の逆転現象の淵源もここに求めることができるかもしれない．ただし，両大戦間期の東アジアにおける工業化は，その政治的・外交的な文脈では，非常に脆弱な基盤の上に成立していたという自明の事実も強調せざるをえない．

　それと同様に，現在の東アジアもまた，一見するところ経済的には繁栄しているけれども，政治的・外交的に，さらに安全保障といった側面において，その国際秩序が非常に不安定な基盤の上に存立しているという皮肉な事実に気づかざるをえないのである．

*1　世界の各国(あるいは各地域)間の平均的な所得(たとえば，1人当たりのGDP)を比較して，それらの間の不平等を問題にする議論．
*2　なお，以下の論述において取り上げる研究は，「グローバル経済史」，およびマクロ(巨視的)な視点から両大戦間期の東アジアの経済発展を論じたものに限られることを，あらかじめお断りしておきたい．
*3　本章では，紙幅の都合から，この側面の考察を欠くことになった．ただし，たとえば韓国において，1950年代および1960年代において，アメリカの経済援助と軍事援助が重要な役割を果たしたという点は指摘しておきたい[菅英輝 2017]．

第22章
記憶

飯倉江里衣

はじめに——記憶論的転回後の歴史と記憶の論じられ方

　多くの研究が指摘するように，歴史における記憶の問題が注目されはじめたのは1990年代前後のことである．それは，1989年の冷戦の終結がそれまで抑圧されていた記憶を呼び覚ます契機となる一方で，植民地支配やアジア・太平洋戦争，第二次世界大戦の経験を持たない人々が社会の大多数を占めるようになった状況を迎え，世界のさまざまな国や地域でみられた共時的現象であった．以後，多様な文脈やディシプリンに沿って記憶が論じられるようになったが，世界規模で起こったこのような変化とそれが強いた方法的反省を，板垣竜太・鄭智泳・岩崎稔は「記憶論的転回」と呼んだ[板垣竜太・鄭智泳・岩崎稔編著 2011：7-9頁]．ここではまず，その記憶論的転回後の歴史と記憶の論じられ方を4つに分類してみたい．

　第1は，直接の体験者の語りに依拠しえない状況が出現しはじめるなかで，記憶の表象の仕方そのものが議論され焦点化された，記憶論的転回以後の歴史叙述・歴史認識を論じた岩崎稔[2002]，成田龍一[2010]，成田龍一・吉田裕編[2015]などの研究である．

　第2に，モーリス・アルヴァックス[1989]の集合的記憶論の系譜にあり，歴史学に対する方法的な反省・批判として展開されてきた集合的記憶論研究がある．岩崎によると，集合的記憶論研究には「近代的な歴史学の啓蒙的な知そのものが，つねにひとびとの記憶を切り落とすだけでなく，むしろその反省的な

手触りでそれらを破壊しているのではないかという批判も含まれて」いる［岩崎稔 2002：276 頁］．そのような関心を持った集合的記憶論研究には，フランスの歴史家ピエール・ノラの「記憶の場」プロジェクト［ノラ編 2002-2003］や，それに類するコメモレイションの研究（パブリック・メモリーの研究を含む），さらに日本植民地とのかかわりにおいては，板垣竜太ほか編著［2011］や裵姈美・酒井裕美・野木香里［2006］などがある．とりわけ板垣竜太ほか編著［2011］は，ノラの「記憶の場」の議論がナショナル・ヒストリーを批判しながらも，コロニアリズムの忘却という問題を孕む別のナショナルな歴史叙述になっているという限界性の指摘から出発した．これら集合的記憶論研究の方法的特徴は，「「事実はいかなるものであったか」というよりは，「いかに認識され記憶されてきたのか」」［板垣竜太ほか編著 2011：11 頁］を議論の対象とし，記憶する主体を個人ではなく，社会や空間，「場所」，文化的配置関係に置いたことにある［岩崎稔 2002：277 頁］．その方法的意義とは，記憶という視点によって「文化的装置の多くを解読可能に」し，「祝い，悲しみ，反復的に記念する行為によって過去をめぐるひとびとの価値観やアイデンティティがいかに創出され変換されるのかを明らかに」［岩崎稔 2002：277 頁］する点にある．ただし岩崎が，「記憶をもっぱら主観的な個人の力能として考えてしまうわたしたちの近代的な習癖」［岩崎稔 2002：276 頁］として，記憶する主体としての個人を否定したように，集合的記憶論研究において個人の主観は重視されない．

　第 3 に，集合的記憶論の議論を組み入れながらも，同時に社会学のライフストーリー論を応用し展開されてきた記憶研究がある（ここでいうライフストーリー論は，ライフストーリー研究を牽引してきた桜井厚の議論によっている）．ライフストーリー論を応用した記憶の論じ方は，ある部分では集合的記憶論研究と対照的方法をとる．ライフストーリー論は被調査者の主観性を重視し，「それぞれの価値観や動機によって意味構成された，きわめて主観的なリアリティ」［桜井厚 2002：39-40 頁］を研究目的とする．ライフストーリーとは，「個人が歩んできた自分の人生についての個人の語るストーリー」であり，「おもにインタビュアー／調査者のインタビューによって引き出された語りを想定している」［桜井厚 2002：60 頁］．ライフストーリー論において重要なのは，①語りは「語り手とインタビュアーとの相互行為を通して構築される」［桜井厚 2002：28 頁］という対話的構築主義，②ライフストーリーは，語り手と聞き手の社会関係である〈ス

トーリー領域〉と情報内容である〈物語世界〉の2つの異なる位相で構成されるということ，③語りの分析において，「全体社会の支配的言説（支配的文化）」[桜井厚2002：36頁]であるマスター・ナラティヴと，マスター・ナラティヴから影響を受けつつも体験者コミュニティのなかでつくられる記憶の語りであるモデル・ストーリーとを区別すること，である．つまりライフストーリー論を応用した記憶研究では，集合的記憶をマスター・ナラティヴ（集合的記憶論でいうパブリック・メモリー[蘭信三2007：244頁]）とモデル・ストーリーに区分し，それらの関係性，ないしはそれら双方に規定されながらも，そこからこぼれ落ちる個人の語り（記憶）に注目するのである．このように集合的記憶論研究とライフストーリー論を応用した記憶研究では，記憶する主体に対する理解と焦点の当て方に差異がみられるが，「いかに認識され記憶されてきたのか」に注目するアプローチにおいては共通しているといえよう．

　一方で，歴史学の方法としてもしばしば取り入れられるようになった，オーラルヒストリー（口述史）において，体験者の語りを「記憶」と名指すことがある（これまで日本やアジア各国において，日本植民地に関する口述資料の収集が盛んに行われてきたが，歴史と記憶の論じられ方に焦点を当てる本章では，紙幅の都合上，それについての紹介は割愛する）．これが第4である．しかし特に歴史学においてオーラルヒストリーの方法が用いられる場合，「いかに認識され記憶されてきたのか」よりも，ある特定の時期や出来事の「史実」のみに主な関心が向けられる傾向がある（実際に筆者もそのような歴史学論文を発表したことがある[飯倉江里衣2016]）．したがって，歴史学において植民地の記憶を扱う場合，体験者の語りを基に植民地期の歴史は描き出されても，植民地期の記憶を抱えた体験者がその後植民地期をどのように認識・記憶してきたかという歴史叙述はほとんどなされない．

　以上のような記憶論的転回後の歴史と記憶の論じられ方を踏まえ，今後歴史学としてどのように日本植民地の記憶という課題にアプローチできるのか，というのが本章で考察したい点である．以下ではまず，日本植民地の記憶をめぐる研究として近年最も盛り上がりをみせている，第3のライフストーリー論を応用した記憶研究の動向と研究事例を紹介する．そのうえで，それらの研究をめぐるいくつかの論点を提示したい．最後に，今後歴史学として日本植民地をめぐる記憶の研究にどのように取り組めるかという可能性を考えてみたい．

1　ライフストーリー論を応用した記憶研究の展開

　ライフストーリー論を応用した記憶研究は，主に山本有造編著[2007]（なかでも特に蘭信三[2007]），坂部晶子[2008]，佐藤量[2016]などの満洲国および関東州の記憶を対象とした研究者によって展開されてきた．

　蘭はまず，2007年の論文に先立ち，「満州移民を体験した人々の主観的に「生きられた世界」を記述し，解釈することを目指したモノグラフ」[蘭信三 1994：7頁]であり，満洲移民体験者の全人生を対象とした研究を発表している[蘭信三 1994]．蘭は同書で「記憶」という言葉を用いていないが，「終章　満州移民の心情と論理」で満洲移民体験者の記憶に関する叙述を行った．それは，集団引揚者が満洲体験に対しいかなる心情を抱き，満洲移民事業をどう評価しているか，また，中国残留婦人がどのように自身の人生を解釈し，自己のなかで一貫させているかを描き出した部分である．集団引揚者は，悲しみ，痛み，恨み，ノスタルジア（郷愁）といった4つの心情で満洲を振り返るとし，多くの人が満洲移民事業について合理的で正しい事業であったと考えており，植民地的侵略だったと理解する一部の人でさえ，個人の植民者としての加害性を認めないか，仕方がなかったという論理で評価しているとした．一方で中国残留婦人は，満洲移民体験とその後の人生への想いを尋ねると，残留から今日までに体験した出来事について語る傾向があり，祖国日本に対する，悲しみ，憎しみ，後悔，恨み，ノスタルジア（望郷），許し，諦め，達観といった8つの心情を示すことを指摘した．また彼女らは，戦後中国で生きる自分の人生を根底では受け入れられず，ノスタルジアとして日本へのアイデンティティを強く持ち続けたとした．このように蘭は，「満州移民体験や戦後体験によって彼らの語る心情が異なるだけでなく，戦後彼らがたどった人生経路（ライフコース）によって語られる対象がまったく異なる」ことを明らかにしている[蘭信三 1994：307-308頁]．

　その後，蘭は山本有造編著[2007]のなかでライフストーリー論を応用した記憶に関する論文を発表する．そこでは，中国残留婦人・孤児の記憶の語りを対象に，「語りの磁場」（日中関係や世界状況の変化による日本社会の歴史・社会認識の転換など）やマスター・ナラティヴとの関係において，彼・彼女らのモデル・ストーリーがどのように構築され変化していくのかに注目した（蘭信三[2013c]も方法的な観点からマスター・ナラティヴやモデル・ストーリーについて論じている）．

1970年代後半～1980年代には日中国交正常化を背景にして，彼・彼女らは戦争によって引き裂かれた可哀相な存在であり，日中友好の「架け橋」とされたが，1990年代以降は日中関係の変化と日本社会の関心の薄れという状況が彼・彼女らを取り巻いた．そのような流れのなかで彼・彼女らのモデル・ストーリーは，望郷や祖国愛を日本社会へ訴える「祖国に訴える」語りから，国家賠償請求集団訴訟という「祖国を訴える」語りへ変化した，ということであった．

そのほか山本有造編著[2007]には，日本人の記憶を扱った代表的な論文として，猪股祐介[2007a]がある（同書に掲載された坂部晶子の論文はその後，坂部晶子[2008]に再収録されたため後述）．

猪股は，岐阜県郡上村開拓団の元団員3名（男性1・女性2）の満洲体験の語りを取り上げ，彼・彼女らが自らの渡満や開拓団生活，敗戦後の引揚げや戦後開拓への参加をどのように振り返り，意味づけ，再構築しているのかに焦点を当てた．特に，ソ連兵にレイプされた日本人女性「文子」と，中国人男性と結婚した日本人女性「ハル」によって「想起された満洲」は，「日本」「開拓団」「家族」といった社会のなかで生成された集合的記憶とは関連づけられない個人的記憶であったことを示した．これは，個人的記憶は集合的記憶（マスター・ナラティヴやモデル・ストーリー）から影響を受けながらも，それらによって全面的に規定されるわけでないというライフストーリー論の考え方と通ずる［桜井厚2012：23頁］のであり，階層やジェンダーといった社会との関係性により排除された個人的経験の語りに注目することの必要性を示している．その後も猪股は別の論文［猪股祐介2013, 2015］で，戦後日本の戦争の記憶から満洲移民女性の戦時性暴力経験が排除されたことを論じている（なお，性的「奉仕」を強いられた開拓団女性をめぐる猪股祐介[2013]の議論への批判として，山本めゆ[2015]も参照されたい）．

一方，日本人だけでなく中国人の満洲経験にも注目していったのが坂部晶子[2008]や佐藤量[2016]である．

坂部は，満洲国で暮らした日本人と被植民者である中国人双方の植民地経験の語りを，語りの表出のされ方（記憶の次元）に重点を置いて分析した．坂部が論じた日本人の記憶は，1960年前後に現れた満洲国の為政者や「開発」担当者による満洲国理想国家論（「マスター・ナラティヴを志向する語り」）と，それに規

定されながらもそれとは一定の距離を保とうとする(ただし補完関係にある)，都市の一般市民の脱政治的で素朴なノスタルジア，および農村移民(開拓団)による「逃避行」の物語であった．

　中国人の記憶についてはまず，中国東北社会における集合的記憶として，満洲国時代に関するコメモレイション施設(烈士墓，万人坑，博物館)による抵抗と被害の表象の仕方を示した．また，中国東北の地方都市(黒龍江省東寧県)におけるコメモレイション・プロジェクトのなかで行われた満洲国下の労働者への聞き取り調査の過程を論じ，そこでの語りは，中国社会の植民地支配の被害の記憶というナショナル・ヒストリーの一部として収集・編纂されたとした．そのうえで，それらのマクロな歴史に対し齟齬をきたす，語られにくい経験の語り(後述)と，集合的記憶の枠組みによって表現しきれない，日本軍「慰安婦」として性暴力被害を受けた女性のトラウマ的記憶を提示した．

　佐藤は，関東州の日本人学校に通った日本人と中国人の戦後の交流史を描くなかで，とりわけ中国人同窓生たちが自分自身の経験をどのように記憶し，表象してきたかに関し2つの傾向を提示した．1つは，漢奸とみなされるかもしれない不安による生存戦略意識もともないながら「中日友好」を「国家への貢献」へと結びつけつつ，「愛国心」や「侵略精神への抵抗」など戦後中国におけるマスター・ナラティヴに寄り添い，それを中国人同窓生のモデル・ストーリーとして集合化していった「成功者」の語りである．もう1つは，大躍進，文化大革命期に右派分子として批判され迫害を強いられ「将来への絶望」を語った者(階層性)，あるいは朝鮮に出自を持つ者として常に境界に位置し続け，「大連」という場所のみへのこだわりをみせた者(多民族性)による，「中日友好」や「国家への貢献」といったモデル・ストーリーとは一致しない，個人的な記憶の語りであるとした．

　このようにライフストーリー論を応用した記憶研究は，日本人あるいは中国人を対象としたインタビューなどを通し，満洲国および関東州での植民地経験に関する語りを分析してきた．語りの分析にあたっては，「いかに認識され記憶されてきたのか」という観点から，語りをマスター・ナラティヴ，モデル・ストーリー，個人の語り(記憶)に区分し，それぞれの語りがどのように構築されるのかに注目するアプローチといえよう．

2 ライフストーリー論を応用した記憶研究をめぐる論点

　前節では，満洲国および関東州をめぐる日本人・中国人の記憶を対象にして展開されてきた，近年のライフストーリー論を応用した記憶研究の流れをおおまかにみてきたが，ここではそれらの研究をめぐる論点を3つ提示したい．

　第1に，日本人と被植民者についての研究蓄積の非対称性である．上述した坂部晶子［2008］や佐藤量［2016］のように，被植民者であった満洲国の中国人の記憶に注目する研究も出てはいるものの，ライフストーリー論を応用した記憶研究の多くが対象としたのは日本人の記憶であった．このような日本の研究状況の背景には，多くの日本の研究者の関心が被植民者に向けられなかったことや，中国で現地の人々にインタビュー調査を行うことなどのさまざまな難しさがあったと考えられる．

　第2に，ライフストーリー論の対話的構築主義の議論を被植民者の記憶研究に安易に応用できるのかという問題がある．この点については朴沙羅［2011, 2016］のライフストーリー論批判を参照して考えてみたい．

　社会学者としてオーラルヒストリー研究を行ってきた朴沙羅は，社会学的オーラルヒストリーを，語りの内容に注目し語られた出来事の解明を目指す立場である「ヒストリー派」と，語りの生まれる状況やインタビューの現場に注目し，インタビューのエスノグラフィーを書くことを目指す立場である「ストーリー派」に分けて定義し，「ストーリー派」の方法論の問題点を厳しく指摘した［朴沙羅 2011］．その批判点とは，ライフストーリー論を牽引してきた桜井厚が提唱する対話構築主義は，対話性を重視すれば調査の目的と方法が合致せず，構築性を重視すれば社会構築主義の方法論に矛盾する，ということであった．記憶研究の第2の論点と関わるのは，後者の構築性の問題である．これは桜井らに代表されるライフストーリー論が，語り手による過去の出来事の説明や意味づけがインタビューの場において「構築」されることを強調し，「あのとき—あそこ」の時間軸に属する〈物語世界〉＝「歴史的事実」と，「いま—ここ」の時間軸に属する〈ストーリー領域〉＝「語り手の経験や見方」とを分割し，対立させていることに関する批判であった．朴の指摘において重要なのは，「「構築」という用語を厳密な基準なしに多用すると，「語られた内容は事実ではない」「事実など存在しない」「語られた内容が事実かどうかを問うのは無意味で

ある」といった示唆を与えかねない」としたうえで，語り方も経験も出来事それ自体を離れては決して存在せず，「過去の出来事に対する語り手の経験や見方もまた「歴史的真実」(あるいは歴史的真実に裏打ちされた現在の真実)」[朴沙羅 2011：45頁]だ，と主張した点である．

　朴が指摘した問題は，「いかに認識され記憶されてきたのか」を重視してきたライフストーリー論を応用した記憶研究に対しても示唆する点が大きい．それはとりわけ被植民者の語りを分析する際，語られた内容を相対化してしまうことで，語り手が生きた植民地解放前後のリアルな歴史経験をとらえそこねるのではないかという疑問である．たとえば，被植民者であった満洲国下の中国人や朝鮮人の被害や抵抗の語りを，中国や韓国のナショナル・ヒストリー(マスター・ナラティヴ)に寄り添いながら「構築」された語りとみなすことは容易いが，それ以上に，語りのなかの出来事それ自体の重みと，ポストコロニアル状況において語り手がその出来事を語るに至ったプロセスを考えなくてはならないのではないだろうか．

　第3に，個人の語り(記憶)をマスター・ナラティヴやモデル・ストーリーと無条件に対比させる方法への疑問である．坂部晶子[2008]は，中国東北のコメモレイション・プロジェクトのなかで満洲国期に関する口述資料が収集され提示されてきたことについて，「近代国家における国民化の物語として機能すると同時に，植民地支配の構図のなかで細分化され隠蔽されてきた，被植民者の日常にまで入りこんだ被害の状況を掘り起こす働きをもっている」[坂部晶子 2008：192頁]としながらも，「このような中国社会におけるマクロな歴史にたいして，直接それに用いられないような，あるいは齟齬をきたすような経験の語りは，それ自体抑圧されているという印象がある」[坂部晶子 2008：197頁]と述べた．そのうえで，ナショナル・ヒストリー(マスター・ナラティヴ)からこぼれ落ちる個々人の経験として，満洲国下で植民地的規範や価値観が中国人に浸透していたという語りの事例や，協和会で日本人とともに働いた経験を持つ中国人老人が「〔満洲国期の日本人にも〕いいやつもいる」[坂部晶子 2008：207頁]などと述べた語りを取り上げた．前者については坂部自身が「植民地期の教育経験について記述されている証言集などのなかでも，このような植民地的規範や価値観が浸透していたという記述はひじょうに少ない」とし，その理由の1つとして，「実際にそのような事実が少なかったということもあろう」[坂部晶子

2008：204 頁］と留保している．しかし，坂部が重視するもう 1 つの理由とは，中国における満洲国に関するマスター・ナラティヴが人々の発言を規定している，ということであった．また，後者の証言については，「ネイション・ビルディングの物語や集合的被害の記憶とはいく分距離をとった，彼自身のもうひとつの植民地経験の物語」［坂部晶子 2008：208 頁］とした．

　ここで論点になると思われるのは，マスター・ナラティヴにそぐわない個人の語り（記憶）を単純に抽出するに留まる研究方法の有効性である．マスター・ナラティヴからこぼれ落ちた個人の語り（記憶）の事例を示すことで明らかにしたいものは何なのかということである．坂部は自身の著書は「歴史の記憶を，多面的で多層的なかたちで示すことに重点」［坂部晶子 2008：232 頁］をおいたと述べる．その手段として，植民地的規範や価値観が浸透していたととらえている中国人の認識・記憶や，日本人に「いいやつ」もいたと考えている中国人老人の認識・記憶を示したかったものと思われる．しかしこれらの語りにおいて重要なのは，マスター・ナラティヴにそぐわないような証言がなぜ出てきたのか，ということではないだろうか．つまり，その体験者の植民地解放前後の具体的経験（どのような立場の人がいかなる状況下でどのような植民地経験をし，なぜそう認識するにいたったか）に対する分析と構造的位置づけを行う必要があるのではないだろうか．マスター・ナラティヴやモデル・ストーリーを想定し，そこに合致しない個人の語り（記憶）を単純に拾い上げて歴史の記憶の多様性を提示しようとする視角は，果たして被植民者の記憶の状況を描き出す有効な方法といえるのだろうか．

おわりに——歴史学としての記憶研究の可能性

　以上本章では，日本植民地をめぐるライフストーリー論を応用した記憶研究の現状と，その論点を述べてきた．最後にこれらの論点を踏まえたうえで，今後どのように日本植民地をめぐる記憶研究を行いうるのか，口述資料の活用の問題と歴史学としての記憶研究の可能性に焦点を当てて考えてみたい．

　まず，植民地期の体験者の証言を直接聞くことが不可能になりつつあるなかで，これまで行われてきた聞き取りの資料をいかに活用していくかという問題である（活用にあたってはその前提として音声データのアーカイブス化という課題がある．これについては安岡健一［2015］などを参照）．たとえば，関東大震災時の朝鮮

人虐殺について，地域で聞き取り調査をした団体へ聞き取りを行った小薗崇明は，「体験者の語りは当時の空気や緊張を備えており，聞き手はそれを感じながらその時代を想像しやすくなる」が，「当時の体験者の聞き取りが不可能な状況で，もしくは聞き手が自分ではない聞き書き資料を活用する時に，どのように時代の空気や緊張感をとりあげることができるか」[小薗崇明 2014：32頁]という観点から，「聞き取りの聞き取り」の重要さを述べている．小薗も指摘するように，筆者は「聞き取りの聞き取り」の意義にはまず，①扱おうとする口述資料の具体的な資料批判を可能にする(調査者と体験者の関係性，聞き取り時の体験者の表情や雰囲気，口述資料に反映されない体験者の日常的姿などを知ることができる)，②聞き取りを行った調査者(あるいは支援者)と体験者の関係性の構築過程，およびその過程における体験者の変化／不変化の過程を知ることができる，という点があると考える．特に②は，植民地期の記憶を抱えた体験者が植民地解放後／戦後をどう生きてきたかを考察するうえでも重要である．日本軍「慰安婦」制度の被害女性たちが共同生活を営む韓国の「ナヌムの家」に滞在し，女性たちと日常的に接しながら参与観察を行ってきた坂本知壽子は，「口述内容だけを重要と考えるのではなく，口述者の生を尊重しなければならないのであり，口述者の過去にだけ関心を持つのではなく，そのような過去を抱えて生きる現在の姿を記憶し記録するのが重要」[坂本知壽子 2005：260頁]と指摘している．くわえて，「聞き取りの聞き取り」にはもう1つ，③聞き取りを行った調査者(支援者)が体験者にどのように出会って体験者との関係性を築き，体験者の記憶をどう継承しているのかを聞き取ることができる，という現代史的な意義もある．このように，体験者の植民地期の出来事のみならず，体験者の植民地解放後／戦後の歴史(あるいは調査者との関係の歴史)をともに叙述する記憶研究が歴史学において今後求められるのではないだろうか．「聞き取りの聞き取り」という方法は，これまで収集されてきた口述資料を植民地解放後史／戦後史の叙述に活用する可能性を大きく広げるだろう．

次に，このような植民地解放後史／戦後史の叙述に関連し，わずかながらそのような試みを行っている研究を紹介する．佐藤量・新谷千布美・菅野智博・飯倉江里衣[2015]は，満洲からの引揚者団体が戦後刊行した会報や回想録の分析を通し，さまざまな引揚者団体の戦後史を描き出すなかで，その構成員たちによる満洲体験の語りとその記憶への向き合い方について試論的考察を行った．

また，鄭永寿［2015, 2016］は，関東大震災時の朝鮮人虐殺の記憶がその後，再び植民地期や植民地解放／敗戦直後に，朝鮮人にはトラウマ的な恐怖として，日本人にとっては「朝鮮人暴動」への「疑心暗鬼」として蘇ったこと，それに対しそれぞれがどのような行動をとったのかを，聞き取り，証言集，地方自治体や警察による震災誌，新聞記事，警察資料，民族団体資料など多様な資料を分析して論じている．冒頭で述べたように，これまで歴史学では，オーラルヒストリーにおける語りを「記憶」と名指しながらも，「いかに認識され記憶されてきたのか」よりも，過去のある特定の時期や出来事のみに関心を向けてきた．しかしこれらの研究は，植民地解放後／戦後にいかに植民地期の記憶が想起されたのかを歴史学的な視点・方法で分析している点で，今後の歴史学としての記憶研究の可能性や方向性を指し示しているといえよう（歴史学の成果ではないが，人類学の観点から在朝日本人の戦後の記憶のつくられ方を論じた車恩妍［2016］も参照されたい）．

　元をたどるならば記憶論的転回以後，集合的記憶論研究やライフストーリー論を応用した記憶研究自体は，従来の歴史学の方法論に対する批判のなかで展開されてきた．今後はこれまでの日本植民地をめぐる記憶研究の成果と課題を踏まえ，歴史学の側から応答していく必要があるのではないだろうか．

コラム⑫
地域における歴史実践

小林信介

語りの制約

　終戦時の満洲には，朝鮮や台湾よりも多い100万人を超える日本人が居住していた．そして，農業移民が大々的に展開したことで，満洲における日本人の日常生活は，新京などの都市部のみならず，開拓団が入植した農村部でも営まれていた．いうなれば，民衆レベルにおいての日本植民地支配の多様な姿を満洲から垣間見ることができるのである．

　ところが，戦後のかなり長い期間，そうした多様な姿が私たちに語られることはなかった．このころ公刊された書籍において，民衆が語る満洲の体験談は，ソ連参戦に端を発する過酷な「逃避行」の帰国旅程にほぼ集中し，逃避行以前

の日常生活が描かれることはほとんどなかった．満洲での日常生活は，満洲で一定の空間を共有した者の間でのみ頒布される回顧録など，限定された場でのみ語られてきたのである．

　その背景のひとつには，戦争による惨劇を二度と繰り返すまいと希求する戦後日本社会の方向性があろう．逃避行で描かれるあまりにも凄惨な現実は，いわば，米軍による都市への無差別爆撃や沖縄戦におけるひめゆり学徒隊などと同様に，戦争が日本の民衆に与えた悲劇を伝える教材として適していた［小林信介 2015］．これに関連し，もうひとつの背景として考えられるのは，語る側そして語られる地域にとっても，満洲における日常的な生活が「不都合な史実」であったことである［寺沢秀文 2013］．これについて新谷千布美は，「〔送出を推進した側の人物や，家族を満洲で喪った人物が近隣で暮らすということも含め）地域の複雑な人間関係の中で，また引揚者に向けられる差別的なまなざしの中で，満洲からの生還者の声は長年公にされにくかった」と，寺沢秀文など地域における歴史実践者の言葉に依拠してまとめている［新谷千布美 2015：104 頁］．このように，本来，多様な姿であるはずの満洲における民衆体験は，場面も場所も方向性も，大きな制約を受けながら語られてきたのである．しかし近年，こうした制約を克服しようとする歴史実践への挑戦が地域から始まっている．

飯田市歴史研究所の活動

　長野県南部に位置する飯田市・下伊那郡は，日本近代民衆史研究の宝庫ともいえる地域である．日本植民地研究の枠組みからみれば，飯田下伊那は，最大の満洲農業移民送出県である長野県のなかでも突出する送出地域で，名簿で確認できるだけでも 7000 人余を数える．こうした歴史的前提をもつ地域だからこそ，市民が参加した「満蒙開拓を語りつぐ会」による体験者への聞き取りをはじめ多様な歴史実践が行われているといえよう．

　その様々な歴史実践のなかで本コラムでは，2003 年に飯田市によって設立された飯田市歴史研究所が監修した「胡桃澤盛日記」刊行会編『胡桃澤盛日記』（全 6 巻・別巻 1，2010-2017 年．以下『日記』）に注目したい．胡桃澤盛は，分村移民を推進した旧河野村村長で，1946 年に自ら命を絶った．河野村開拓団は逃避行の末に集団自決に追い込まれており，胡桃澤の自死についてはその結末への自責と見る向きもあるが，真相は不明である．筆者も『日記』の刊行を契機にして，「この集団自決から心ならずも生き延びた」と自ら語る生存者の体験談を，胡桃澤の遺族とともに聞く機会を得た．また，胡桃澤の孫による

歴史探訪の姿を，信越放送が『決壊』と題して2017年2月に放映した．旧河野村に現住している遺族の承諾を経て刊行された経緯に加えて，これまで明らかにされてこなかった事実の解明につながるという点で，『日記』の刊行は，地域での歴史実践に新たな可能性を拓いたといえよう（なお，飯田市歴史研究所が刊行した満蒙開拓を語りつぐ会編著『下伊那のなかの満洲』（全10巻，2003-2012年）については，新谷千布美［2015］を参照されたい）．

満蒙開拓平和記念館と支援団体

2013年4月に開館した満蒙開拓平和記念館（下伊那郡阿智村．以下，記念館）は，日本で初めての満洲農業移民に特化した民間施設である．来館者への展示説明や講演会などの各種イベントでは，常勤職員と同じようにボランティアグループ「ピースLabo.」の人々が重要な担い手となっている．ボランティアは，30代から80代までの約40人（常時活動しているのは約半数）で構成されている．満蒙開拓を語りつぐ会のメンバーや元教員など，満洲農業移民の歴史に関わった経験を持つ方もいるが，大半は記念館がきっかけでその歴史に興味を抱き集った市民である．筆者は，2018年2月から3月にかけて累計2週間以上の史料調査を記念館で行ったが，この間もボランティアメンバーの誰かが，必ず来館・活動していた．記念館では，職員とボランティアメンバーによる月例の勉強会なども実施されている．被害のみならず加害も伝えようとする記念館の理念を共有するボランティアメンバーは，記念館の運営に欠かせない存在となっている．

記念館には，開館準備期間から多くの資料が全国各地から寄贈され保管されている．ここで注目したいのは，手記・回想録など私家版の寄贈である．表だって語ることのできなかった満洲体験が綴られているそれは，日本の植民地支配の実態を研究するうえでも今後貴重な資料となっていくだろう．各地の図書館に所蔵されているものも多いが，記念館では日本各地に散在しているそれらにまとめて触れることができる．資料の整理は十分に追いついていないのが現状であるが，こうした資料を十全に活用できる環境は整えられつつある．もちろん，寄贈品は私家版に限ったものではない．実際に筆者の滞在中に，飯田下伊那地域の住民から千代村開拓団の先遣隊に関わる史料が寄贈された．満洲農業移民に関する史資料集積機関としても記念館は機能しているのである．

記念館とピースLabo.は，毎年「冬季連続講座」を開催している．5回目に当たる2018年の最後の講師である木村護郎クリストフは，ドイツ・ポー

ランドの関係史を事例に満洲農業移民を考える手掛かりを提示してみせた．逃避行という「終わり」を語るには，満洲事変という「始まり」も視野に入れなければならないという問いかけに，参加していた多くの市民がうなずいていたのが印象的であった．

　飯田下伊那地域での歴史実践が，今後とも多面性を持ちつつも多彩な人々に担われていくこと，そしてそれが全国各地に広がっていくことを期待し，筆者もその一助となるよう心掛けていきたい．

コラム⑬
植民地責任論

浅田進史

　1945 年の日本の敗戦は，アジア・太平洋戦争だけではなく，日清・日露戦争，第一次世界大戦を通じて奪取していった台湾，朝鮮，関東州租借地および南満洲鉄道付属地，樺太，南洋群島での植民地支配を終わらせた．植民地支配の根幹は異民族支配である．植民地支配者は自らの文化・歴史よりも被支配者の文化・歴史を劣位におき，被支配者を政治・経済的に従属させ，ときには強制移住や追放，また場合によっては絶滅政策をも行った．日本の植民地支配も，日清戦争後の台湾での植民地征服戦争，朝鮮での義兵戦争や三・一独立運動に対する激しい弾圧などの武力行使を支えに成立した．日本の植民地支配下におかれ，日本本国とその資本に寄与するための収奪と開発にさらされた各地域社会は，抵抗と協力の間で無数の分断を経験した．アジア・太平洋戦争期には，それらの地域は日本の侵略戦争を支える物資や人間の供給地となり，さらには南洋群島のように一部戦場化した．被支配者たちは，兵士，労働者，さらに性的搾取の対象としてその戦争に動員された．

　この日本の植民地支配に対する責任追及は，いつから始まったのだろうか．支配された社会にとっては，抵抗そのものが責任追及の１つであり，この問い自体が愚問に映るかもしれない．それでも，支配した社会がその責任に気づく過程を跡づける作業は重要であろう．いち早く日本の植民地支配責任論の定立を掲げてきた板垣竜太によれば，遅くとも日韓会談反対運動のさなかの 1963 年に，戦争責任に対応させる形で「植民地支配の責任」という表現が使用されていた［板垣竜太 2015：17 頁］．日本の戦争責任をめぐって，ベトナム反戦運動などの新しい社会運動が現れた 1960 年代後半以降，アジアへの加

害責任が意識的に語られるようになっていた．日本の植民地支配責任論は日本の戦争責任論と密接に結びついて現れてきたのである［山田朗 2015：6-7 頁］．

そして，1986 年 2 月のフィリピンでのマルコス政権の崩壊を皮切りに，アジアの民主化運動のうねりのなかで韓国，台湾と次々と冷戦下で布かれていた軍事独裁体制が崩れていった．この民主化運動を背景に，1990 年代に入るとこれまで封じ込められていた日本の戦争犯罪と植民地支配に対する日本国家の謝罪と賠償・補償を求める訴訟が次々と起こされた．旧樺太残留韓国・朝鮮人の補償請求，韓国・朝鮮人 BC 級戦犯の謝罪・補償請求，そして 1991 年 8 月の金学順(キムハクスン)氏による実名での元「慰安婦」としての告白と同年 12 月に始まった補償請求，朝鮮植民地支配に対する不法行為の確認と損害賠償・公式謝罪要求などはそのごく一部である．1990 年代初頭には，日本帝国主義・植民地支配についての通史でも，「植民地支配の責任」の文言が一節として掲げられた［浅田喬二編 1994：27-29 頁］．

このアジアの民主化の流れとそれに続く日本の植民地支配に対する責任追及の高まりは，歴史的な過去の不正義を問い直す世界的な潮流と重なり合ったものであった．1990 年 7 月に中南米では，「インディオ・黒人・民衆の抵抗の 500 年キャンペーン」が始まり，同年 10 月の米国連邦議会では 1890 年に起きた先住民に対するウンデッド・ニー虐殺事件に「深い遺憾の意」を表明する両院一致決議が行われた．1992 年 2 月には，アフリカ統一機構総会で奴隷制と植民地化に対する補償問題を扱う専門委員会が発足し，翌年 4 月に開催された「補償に関するパン・アフリカ会議」では，奴隷貿易・奴隷制および植民地主義の過去を現在にまで継続する問題として提起した「アブジャ宣言」が採択された．1993 年 12 月にオーストラリアでは，アボリジニの先住権を認める法律が成立し，また翌年からニュージーランドでは，先住民マオリに対する政府の補償提案とそれに対するマオリ側の抗議活動が始まった．1995 年 12 月には南アフリカで，アパルトヘイト期の重大な人権侵害を明らかにする真実和解委員会が発足した［永原陽子編 2009：vii-viii 頁］．このような世界各地で同時期に沸き起こった，さまざまな歴史的な過去の不正義に対する謝罪と補償・賠償を要求する運動を集約する 1 つの画期的な取り組みとして，2001 年 8 月から 9 月にかけて国際連合が主催した「人種主義，人種差別，排外主義および関連する不寛容に反対する世界会議」(ダーバン会議)がある．この会議は，奴隷貿易・奴隷制とあわせて植民地支配が「人道に対する罪」にあたるかどうかを問うものであった．

この世界的潮流を背景に，植民地支配の責任を世界史的な課題として取り組むべく，南部アフリカ地域の帝国主義・植民地主義研究に取り組んできた永原陽子は，2009年に『「植民地責任」論』を編んで，日本の歴史学界に大きな反響を呼んだ[永原陽子編2009]．永原が注目するのは，日本政府に対して補償を求めた「慰安婦」とされた女性たちの動きが南アフリカの真実和解委員会の構想に大きな刺激を与えたことである[永原陽子2017：82頁]．日本の植民地支配の責任を問う運動は，世界各地における過去の不正義の問い直しと克服を目指すさまざまな運動と重なり合い，日本の歴史学界に日本植民地研究の枠を超えた議論と運動の場を提供したのである．この植民地責任論の枠組みは，日本を例とすれば，アイヌや沖縄についても射程に入れることができる．

　植民地支配責任論も植民地責任論も，戦争責任論と比較対照させながら理論化・概念化が進められてきた．簡単に整理すれば，戦争責任論には，侵略戦争を計画・開始・遂行し，戦争相手国民および自国民に甚大な被害を与えたことに対する責任を意味する戦争責任 war responsibility と戦時に行われた敵兵および敵国住民・占領地住民に対する暴力・虐殺・略奪などの戦争犯罪 war crimes が含まれる．これを植民地（支配）責任論に当てはめれば，植民地支配を計画・開始・遂行し，被支配住民に甚大な被害を与えたことに対する植民地責任 colonial responsibility と植民地支配の過程で生じた被支配住民に対する犯罪行為に対する植民地犯罪 colonial crimes の2つとなる[清水正義2009：51-58頁]．さらに，ダーバン会議に見られるように，もともとナチ・ドイツによる組織的・体系的な大量虐殺行為を共同謀議として一括して裁くために生み出された「人道に対する罪」を援用して，16世紀以降の大西洋奴隷制・奴隷貿易にまでさかのぼって植民地主義の責任を問うことも試みられている．また，戦争責任論の起点となった第一次世界大戦の戦争責任論は，その倫理面も含む war guilt と表現されることから，それと対比させた植民地責任 colonial guilt という表記も見受けられる．

　このような1990年代初頭から高まった植民地（支配）責任を問う動きに対して，四半世紀を経た現在，日本でも世界でも，それらを封じ込める動きが激しさを増している．ダーバン会議を例に挙げれば，そもそもダーバン会議自体，イスラエルと米国が途中で退席し，2009年と2011年に開催されたダーバン会議を検証するための2度の会合では，かつての主要植民地支配国が次々に参加を拒絶した[永原陽子2017：84-85頁]．日本でも，「慰安婦」問題に対する激しいバックラッシュが起きている[「戦争と女性への暴力」リサーチ・アクシ

ョンセンター編 2013]．当事者を交渉の席につかせずに「最終かつ不可逆の解決」を明記した 2015 年 12 月の「慰安婦」問題をめぐる日韓合意は，謝罪と和解の手続きとしてまったく不適切にもかかわらず，日本政府はその責任を放棄しようとしている．現在の植民地(支配)責任論は，これらの封じ込めに抗して，植民地主義が生み出した，あるいは生み出し続けている過去と現在の不正義を明らかにし，またその作業を通じて歴史認識，さらには世界史認識を問い直すことを求めている．

参考文献一覧

1. 日・韓・中文

　　日・韓・中文の文献を著者名の五十音順(韓・中文は日本語音読み)で配列した．
　　中文の簡体字・繁体字は日本語常用漢字で表記した．
　　ハングル文献には文献名冒頭に＊を付した．

NHK 2010　「証言記録 市民たちの戦争 "引き揚げ" の嵐のなかで――京城帝国大学医学生の戦争」4 月 25 日放映
―― 2017　「告白――満蒙開拓団の女たち」8 月 5 日放映
NNN 2016　「奥底の悲しみ――戦後 70 年, 引揚げ者の記憶」2 月 21 日放映
SGCIME 編 2003　『資本主義原理像の再構築(マルクス経済学の現代的課題 II　現代資本主義の変容と経済学 1)』御茶の水書房
相庭和彦・大森直樹・陳錦・中島純・宮田幸枝・渡邊洋子 1996　『満洲「大陸の花嫁」はどうつくられたか――戦時期教育史の空白にせまる』明石書店
青井哲人 2005　『植民地神社と帝国日本』吉川弘文館
―― 2006　『彰化一九〇六年――市区改正が都市を動かす』アセテート
―― 2014　「竹の都市――台湾濁水渓河系の内陸河港都市群と竹造町屋の史的意義」陣内秀信・高村雅彦編『水都学 II』法政大学出版局
青井哲人・張亭菲 2013　『彰化一九〇六――一座城市被烙傷, 而後自体再生的故事』大家出版(台湾)
青井哲人・陳正哲・角南聡一郎・張亭菲 2008　「台湾漢人住居にみられる〈総舗 chóng-pho〉の調査研究」『住宅総合研究財団研究論文集』34
青木健 2011　「外地引揚者収容と戦後開拓農民の送出――長野県下伊那郡伊賀良村の事例」『社会経済史学』77-2
青野正明 2001　『朝鮮農村の民族宗教――植民地期の天道教・金剛大道を中心に』社会評論社
―― 2013　「植民地朝鮮の宗教運動と「中堅人物」――農村社会の変動を軸に」松田利彦・陳姃湲編『地域社会から見る帝国日本と植民地――朝鮮・台湾・満洲』思文閣出版
―― 2015　『帝国神道の形成――植民地朝鮮と国家神道の論理』岩波書店
―― 2016　「植民地朝鮮の神社に祀られなかった神々――宗教的な法的秩序の内と外」磯前順一・川村覚文編『他者論的転回――宗教と公共空間』ナカニシヤ出版
赤上裕幸 2013　『ポスト活字の考古学――「活映」のメディア史 1911-1958』柏書房
明石陽至編 2001　『日本占領下の英領マラヤ・シンガポール』岩波書店
秋田茂編著 2013　『アジアからみたグローバルヒストリー――「長期の 18 世紀」から「東アジアの経済的再興」へ』ミネルヴァ書房
アクティブ・ミュージアム「女たちの戦争と平和資料館」編 2006-2010　『証言未来への記憶　アジア「慰安婦」証言集――南・北・在日コリア編上・下』西野瑠美子・金富子責任編集, 明石書店
浅田喬二 1975　「日本植民史研究の現状と問題点」『歴史評論』300
浅田喬二編 1981　『日本帝国主義下の中国――中国占領地経済の研究』楽游書房
―― 1994　『近代日本の軌跡 10「帝国」日本とアジア』吉川弘文館

浅田喬二・小林英夫編 1986 『日本帝国主義の満州支配——一五年戦争期を中心に』時潮社
浅野豊美 2004 「折りたたまれた帝国——戦後日本における「引揚」の記憶と戦後的価値」細谷千博・入江昭・大芝亮編『記憶としてのパールハーバー』ミネルヴァ書房
―― 2008 『帝国日本の植民地法制——法域統合と帝国秩序』名古屋大学出版会
浅野豊美・松田利彦編 2004 『植民地帝国日本の法的構造』信山社
安達宏昭 2013 『「大東亜共栄圏」の経済構造——圏内産業と大東亜建設審議会』吉川弘文館
―― 2015 「「大東亜共栄圏」論」大津透ほか編『岩波講座日本歴史 18』岩波書店
阿部純一郎 2014 『〈移動〉と〈比較〉の日本帝国史——統治技術としての観光・博覧会・フィールドワーク』新曜社
荒川章二 2014 「「戦後日本」の問い方をめぐって——安田常雄編集・大串潤児ほか編集協力『戦後日本社会の歴史』の境界論を手がかりとして」『歴史学研究』920
荒山正彦 2008 「リーフレットからみる満洲ツーリズム」中西僚太郎・関戸明子編『近代日本の視覚的経験——絵地図と古写真の世界』ナカニシヤ出版
蘭信三 1994 『「満州移民」の歴史社会学』行路社
―― 2007 「中国「残留」日本人の記憶の語り——語りの変化と「語りの磁場」をめぐって」［山本有造編著 2007］
―― 2013a 「戦後日本をめぐる人の移動の特質——沖縄と本土の比較から」安田常雄編『シリーズ戦後日本社会の歴史 4』岩波書店
―― 2013b 「帝国以後の人の移動」蘭信三編著『帝国以後の人の移動——ポストコロニアリズムとグローバリズムの交錯点』勉誠出版
―― 2013c 「満洲引揚者のライフヒストリー研究の可能性——歴史実践としての『下伊那のなかの満洲』」福間良明・野上元・蘭信三・石原俊編『戦争社会学の構想——制度・体験・メディア』勉誠出版
アルヴァックス，モーリス 1989 『集合的記憶』小関藤一郎訳，行路社
アルブリトン，R. 1995 『資本主義発展の段階論——欧米における宇野理論の一展開』永谷清監訳，社会評論社
アレン，R. C. 2017 『世界史のなかの産業革命——資源・人的資本・グローバル経済』眞嶋史叙ほか訳，名古屋大学出版会（Allen, R. C. 2009. *The British Industrial Revolution in Global Perspective*, Cambridge University Press）
安基成 1984 ＊『韓国近代教育法制研究』高麗大学校民族文化研究所
晏妮 2010 『戦時日中映画交渉史』岩波書店
―― 2015 「満洲における日本映画の進出と映画館の変容」岩本憲児編『日本映画の海外進出——文化戦略の歴史』森話社
安秉直 1988 「日本窒素における朝鮮人労働者階級の成長に関する研究」『朝鮮史研究会論文集』25
―― 1990 「植民地期朝鮮の雇用構造に関する研究——一九三〇年代の工業化を中心に」松本武祝訳，中村哲・梶村秀樹・安秉直・李大根編『朝鮮近代の経済構造』日本評論社
安秉直・金洛年 1997 「韓国における経済成長とその歴史的条件」『鹿児島経大論集』38-2
庵逧由香 2010 「植民地期朝鮮史像をめぐって——韓国の新しい研究動向」『歴史学研究』868
アンダーソン，ベネディクト 1997 『増補 想像の共同体——ナショナリズムの起源と流行』白石隆・白石さや訳，NTT 出版
イ・スンヨル(이승렬) 2007 ＊「'植民地近代' 論と民族主義」『역사비평』80
イ・ヨンスク 2009 『「ことば」という幻影——近代日本の言語イデオロギー』明石書店
飯倉江里衣 2016 「満洲国陸軍軍官学校と朝鮮人——口述資料を通してみる教育経験」『朝鮮史研究会論文集』54

飯島渉 1998 「問題提起――「帝国」の「眼差し」・「しかけ」」『史潮』44
―― 2000 『ペストと近代中国――衛生の「制度化」と社会変容』研文出版
―― 2005 『マラリアと帝国――植民地医学と東アジアの広域秩序』東京大学出版会
―― 2015 「「医療社会史」という視角――二〇世紀東アジア・中国を中心に」『歴史評論』787
飯田市歴史研究所編 2007 『満州移民――飯田下伊那からのメッセージ』現代史料出版
飯塚靖 2003 「満鉄撫順オイルシェール事業の企業化とその展開」『アジア経済』44-8
井口和起 1998 『日露戦争の時代(歴史文化ライブラリー41)』吉川弘文館
―― 2000 『日本帝国主義の形成と東アジア』名著刊行会
井口治夫 2012 『鮎川義介と経済的国際主義――満洲問題から戦後日米関係へ』名古屋大学出版会
池川玲子 2011 『「帝国」の映画監督 坂根田鶴子――『開拓の花嫁』・一九四三年・満映』吉川弘文館
池田浩士 1988 「植民と観光のあいだ――〈五族協和〉はどう実現されたか」池田浩士・天野恵一編『国際化という〈ファシズム〉』社会評論社
池端雪浦編 1996 『日本占領下のフィリピン』岩波書店
石井寛治 2012 『帝国主義日本の対外戦略』名古屋大学出版会
石井寛治・原朗・武田晴人編 2002 『日本経済史3』東京大学出版会
石川亮太 2016 『近代アジア市場と朝鮮――開港・華商・帝国』名古屋大学出版会
石田眞 2003 「戦前の慣行調査が「法整備支援」に問いかけるもの」早稲田大学比較法研究所編『比較法研究の新段階――法の継受と移植の理論』早稲田大学比較法研究所
石原俊 2007 『近代日本と小笠原諸島――移動民の島々と帝国』平凡社
石丸雅邦 2008 『台湾日本時代的理蕃警察』国立政治大学政治研究所博士論文
磯田一雄 1993 「皇民化教育と植民地の国史教科書」大江志乃夫ほか編『岩波講座近代日本と植民地4』岩波書店
―― 1999 『『皇国の姿』を追って――教科書に見る植民地教育文化史』皓星社
板垣竜太 2008 『朝鮮近代の歴史民族誌――慶北尚州の植民地経験』明石書店
―― 2011 「批判理論の陥穽――ある同時代史的省察」歴史学研究会編『「韓国併合」100年と日本の歴史学――「植民地責任」論の視座から』青木書店
―― 2014 「朝鮮人強制連行論の系譜(1945-1955年)」『韓日協定50年史の再照明Ⅲ』東北亜歴史財団
―― 2015 「植民地支配責任論の系譜について」『歴史評論』784
―― 2018 ＊「朝鮮人強制連行論の系譜(1955-1965年)」太田修・許殷編『東アジア冷戦の文化』ソミョン出版
板垣竜太・鄭智泳・岩崎稔編著 2011 『東アジアの記憶の場』河出書房新社
伊地知紀子 2015 『消されたマッコリ．――朝鮮・家醸酒文化を今に受け継ぐ』社会評論社
伊地知紀子・村上尚子 2008 「解放直後・済州島の人びとの移動と生活史――在日済州島出身者の語りから」蘭信三編著『日本帝国をめぐる人口移動の国際社会学』不二出版
伊藤淳史 2015 「戦時動員・占領改革と戦後日本農政――人と物の移動に着目して」『日本史研究』631
伊藤裕久・吉野菜月 2014 「日本統治期における台湾・北港朝天宮周辺地域の都市改造に関する復原的考察」『日本建築学会計画系論文集』702
伊藤るり，坂元ひろ子，タニ・E.バーロウ編 2010 『モダンガールと植民地的近代――東アジアにおける帝国・資本・ジェンダー』岩波書店
井上清・旗手勲 1962 「沖縄と北海道」『岩波講座日本歴史16』岩波書店

井上晴丸・宇佐美誠次郎 1951 『危機における日本資本主義の構造』岩波書店
井上學 2013 「1945年10月10日「政治犯釈放」」『三田学会雑誌』105-4
―― 2016 「戦後変革期社会運動と朝鮮問題――1946年4月-5月」『海峡』27
猪股祐介 2007a 「想起される「満洲」――岐阜県郡上村開拓団を事例として」[山本有造編著 2007]
―― 2007b 「泰阜村の引揚者援護」〈満洲泰阜分村――七〇年の歴史と記憶〉編集委員会編『満洲泰阜分村――七〇年の歴史と記憶』不二出版
―― 2013 「満洲引揚げにおける戦時性暴力――満洲移民女性の語りを中心に」蘭信三編著『帝国以後の人の移動――ポストコロニアリズムとグローバリズムの交錯点』勉誠出版
―― 2015 「ホモソーシャルな戦争の記憶を越えて――「満洲移民女性」に対する戦時性暴力を事例として」『軍事史学』51-2
今泉裕美子 2000 「多様化する日本植民地研究」吉村武彦・安田常雄編『日本史研究最前線――現在，日本史の中になにがみえてきたか』新人物往来社
今泉裕美子・柳沢遊・木村健二編著 2016 『日本帝国崩壊期「引揚げ」の比較研究――国際関係と地域の視点から』日本経済評論社
移民研究会編 1997 『戦争と日本人移民』東洋書林
イム・サンソク 2008 ＊『20世紀国漢文体の形成過程』知識産業社（ソウル）
岩崎稔 2002 「歴史学にとっての記憶と忘却の問題系」歴史学研究会編『歴史学における方法的転回』青木書店
岩田正美 2012 「「貧しさ」のかたち」安田常雄編『シリーズ戦後日本社会の歴史1』岩波書店
尹海東 2002 「植民地認識の「グレーゾーン」――日帝下の「公共性」と規律権力」『現代思想』30-6
―― 2006 ＊『支配と自治――植民地期村落の三局面構造』歴史批評社
―― 2017 『植民地がつくった近代――植民地朝鮮と帝国日本のもつれを考える』三元社
殷可馨 2005 「台湾漢人竹囲形制之研究」国立台北芸術大学碩士論文
尹健次 1982 『朝鮮近代教育の思想と行動』東京大学出版会
尹明淑 2003 『日本の軍隊慰安所制度と朝鮮人軍隊慰安婦』明石書店
植田捷雄 1939 『在支列国権益概説』巖松堂書店
上田信 2009 『ペストと村――七三一部隊の細菌戦と被害者のトラウマ』風響社
上田信・水野祥子・藤原辰史 2015 「環境から問う帝国／帝国主義」『歴史学研究』937
上野千鶴子 2017 「「帝国の慰安婦」のポストコロニアリズム」浅野豊美・小倉紀蔵・西成彦編著『対話のために――「帝国の慰安婦」という問いをひらく』クレイン
内田じゅん・宣在源 2001 「アメリカにおける西洋植民地研究――新しい視点の開拓」『日本植民地研究』13
内海愛子・村井吉敬 1987 『シネアスト許泳の「昭和」――植民地下で映画づくりに奔走した一朝鮮人の軌跡』凱風社
宇野弘蔵 2008 『『資本論』と私』御茶の水書房
―― 2016 『社会科学としての経済学』ちくま学芸文庫
梅村又次ほか編 1988-1989 『日本経済史』(全8巻)岩波書店
エッカート，カーター・J. 2004 『日本帝国の申し子――高敞の金一族と韓国資本主義の植民地起源 1876-1945』小谷まさ代訳，草思社（Eckert, Carter J. 1991. *Offspring of Empire: The Koch'ang Kims and the Colonial Origins of Korean Capitalism, 1876-1945*, University of Washington Press）.
王雪萍 2009 「留日学生の選択」劉傑・川島真編『1945年の歴史認識――〈終戦〉をめぐる日中対話の試み』東京大学出版会

汪坦・藤森照信 1996 『全調査 東アジア近代の都市と建築』筑摩書房
王貞月 2011 『台湾シャーマニズムの民俗医療メカニズム』中国書店
王鉄軍 2010 「近代日本文官官僚制度の中の台湾総督府官僚」『中京法学』45-1・2
──── 2011 「外地統治と警察官吏──台湾統治における台湾総督府警察官」『中京法学』45-3・4
王楽 2017 「満洲映画の上映に関する考察──満洲国農村部の巡回映写活動を中心に」『東京大学大学院情報学環紀要 情報学研究』92
大石嘉一郎 1959 「日本産業革命の展開とその歴史的特質」金子武蔵・大塚久雄編『日本における西洋近代思想の受容(講座近代思想史Ⅸ)』弘文堂
大石嘉一郎編 1985-1994 『日本帝国主義史』(全3巻)東京大学出版会
大石嘉一郎・西田美昭編著 1991 『近代日本の行政村』日本経済評論社
大内力 1962 『日本経済論(上)』東京大学出版会
大江志乃夫 1992a 「東アジア新旧帝国の交替」大江志乃夫ほか編『岩波講座近代日本と植民地1』岩波書店
──── 1992b 「植民地戦争と総督府の成立」大江志乃夫ほか編『岩波講座近代日本と植民地2』岩波書店
大江志乃夫ほか編 1992-1993 『岩波講座近代日本と植民地』(全8巻)岩波書店
大門正克 2011 「「生存」を問い直す歴史学の構想──「1960～70年代の日本」と現在との往還を通じて」『歴史学研究』886
大鎌邦雄 1994 『行政村の執行体制と集落──秋田県由利郡西目村の「形成」過程』農業総合研究所
大川一司・篠原三代平・梅村又次編 1965-1988 『長期経済統計──推計と分析』(全14巻)東洋経済新報社
大倉財閥研究会編 1982 『大倉財閥の研究──大倉と大陸』近藤出版社
大澤武司 2003 「在華邦人引揚交渉をめぐる戦後日中関係──日中民間交渉における「三団体方式」を中心として」『アジア研究』49-3
太田仁樹 2016 『論戦マルクス主義理論史研究』岡山大学経済学部
大浜郁子 2017 「田代安定にみる沖縄と台湾における「旧慣」調査と統治政策の形成」『第九屆台湾総督府檔案学術研討会議議文集』国史館台湾文献館
大豆生田稔 1986 「日中戦争開戦当初における対植民地・「満州」米政策」『城西人文研究』13
岡崎哲二 1993 「企業システム」岡崎哲二・奥野正寛編『現代日本経済システムの源流(現代経済研究6)』日本経済新聞社
小笠原強 2017 「日中戦争下の「傀儡政権」史」『歴史評論』807
岡野翔太 2016a 「日本における台湾同郷組織の成立とそのジレンマ──日華平和条約の締結と終了を起因として」『現代台湾研究』46
──── 2016b 「華僑・台僑をめぐる歴史的位相──台湾「天然独」の抬頭に至るまで」『アジア遊学』204
──── 2017 「1950-60年代日本における親中華民国華僑組織の形成と変容──「帝国日本」を生きた滞日台湾外省人を中心に」『華僑華人研究』14
岡部牧夫 1994 「日本の敗戦とアジア諸国の独立」[浅田喬二編 1994]
──── 2001 「コメント1 課題と動向」『展望日本歴史20 帝国主義と植民地』東京堂出版
──── 2002 『海を渡った日本人(日本史リブレット)』山川出版社
──── 2008 「帝国主義論と植民地研究」[日本植民地研究会編 2008]
岡部牧夫編 2008 『南満洲鉄道会社の研究』日本経済評論社
岡本真希子 2000 「総督政治と政党政治──二大政党期の総督人事と総督府官制・予算」『朝

鮮史研究会論文集』38
―― 2003 「枢密院と植民地問題――朝鮮・台湾支配体制との関係から」由井正臣編『枢密院の研究』吉川弘文館
―― 2004 「植民地期台湾に関する近年の研究動向」『日本植民地研究』16
―― 2008 『植民地官僚の政治史――朝鮮・台湾総督府と帝国日本』三元社
―― 2010a 「植民地期の政治史を描く視角について――体制の内と外，そして「帝国日本」」『思想』1029
―― 2010b 「植民地統治初期台湾における内地人の政治・言論活動――六三法体制をめぐる相剋」同志社大学『社会科学』86
―― 2011 「台湾人巡査補をめぐる統合と排除――前期武官総督期における待遇と慰霊」『社会科学(同志社大学人文科学研究所)』41-1
小川正人 1997 『近代アイヌ教育制度史研究』北海道大学図書刊行会
沖縄女性史を考える会編 2013 『沖縄と「満洲」――「満洲一般開拓団」の記録』明石書店
長志珠絵 2011 「「過去」を消費する――日中戦争下の「満支」学校ツーリズム」『思想』1042
小都晶子 2008 「「満洲国」初期における日本人移民用地の取得と中国東北地域社会――「三江省」樺川県を事例として」西村成雄・田中仁編『中華民国の制度変容と東アジア地域秩序』汲古書院
小野容照 2017 『帝国日本と朝鮮野球――憧憬とナショナリズムの隘路』中央公論新社
小山田紀子 2008 「人の移動からみるフランス・アルジェリア関係史――脱植民地化と「引揚者」を中心に」『歴史学研究』846
何義麟 1993 『台湾知識人における植民地解放と祖国復帰』東京大学修士論文
―― 2013 「戦後台湾人留学生の活字メディアとその言論の左傾化」大里浩秋編『戦後日本と中国・朝鮮――プランゲ文庫を一つの手がかりとして』研文出版
―― 2015a 『戦後在日台湾人の状況とアイデンティティ』五南出版
―― 2015b 「GHQ 占領期における在日台湾人のメディア経営とその言論空間」『日本台湾学会報』17
―― 2015c 「戦後日本における台湾人華僑の苦悩――国籍問題とそのアイデンティティの変容を中心として」『大原社会問題研究所雑誌』679
郭怡棻 2011 「戦時体制下的警察与台湾社会(1937-1945)」国立台湾師範大学台湾史研究所碩士論文
郭中端・堀込憲二 1980 『中国人の街づくり』相模書房
籠谷直人 2000 『アジア国際通商秩序と近代日本』名古屋大学出版会
籠谷直人・脇村孝平編 2009 『帝国とアジア・ネットワーク――長期の 19 世紀』世界思想社
笠井信幸 1996 「韓国の開発戦略と発展メカニズム再考」服部民夫・佐藤幸人編『韓国・台湾の発展メカニズム』アジア経済研究所
梶村秀樹 1977 『朝鮮における資本主義の形成と展開』龍渓書舎
―― 1981 「東アジア地域における帝国主義体制への移行」冨岡倍雄・梶村秀樹編『発展途上経済の研究』世界書院
―― 1990 「旧韓末北関地域経済と内外交易」『商経論叢(神奈川大学経済学会)』26-1
―― 1993a 「解放後の在日朝鮮人運動」『梶村秀樹著作集 6』明石書店(初出 1980)
―― 1993b 「定住外国人としての在日朝鮮人」『梶村秀樹著作集 6』明石書店(初出 1985)
春日豊 2010 『帝国日本と財閥商社――恐慌・戦争下の三井物産』名古屋大学出版会
糟谷憲一 2003 「朝鮮のナショナリズム」『一橋大学スポーツ研究』22
加藤厚子 2003 『総動員体制と映画』新曜社
加藤聖文 2003 「植民地統治における官僚人事――伊沢多喜男と植民地」大西比呂志編『伊沢

多喜男と近代日本』芙蓉書房出版
―― 2006a 『満鉄全史――「国策会社」の全貌』講談社選書メチエ
―― 2006b 「海外引揚研究の現状と課題」『海外引揚問題と戦後日本人の東アジア観形成に関する基礎的研究』平成15〜17年度科学研究費補助金若手研究(A)成果報告書
―― 2008 「植民地官僚の形成と交流――関東州・満洲国・拓務省の役割」松田利彦編『国際シンポジウム30 日本の朝鮮・台湾支配と植民地官僚』国際日本文化研究センター
―― 2012 「大日本帝国の崩壊と残留日本人引揚問題――国際関係のなかの海外引揚」増田弘編著『大日本帝国の崩壊と引揚・復員』慶應義塾大学出版会
―― 2013 「引揚者をめぐる境界――忘却された「大日本帝国」」安田常雄編『シリーズ戦後日本社会の歴史4』岩波書店
―― 2017 『満蒙開拓団――虚妄の「日満一体」』岩波書店
加藤圭木 2011 「植民地期朝鮮における「労働者移動紹介事業」(1934〜1936)――朝鮮内労働力動員政策前史」『日本植民地研究』23
―― 2013 「日露戦争以降の朝鮮における軍事基地建設と地域――永興湾を対象として」『一橋社会科学』5
―― 2014a 「朝鮮東北部・雄基港における交易の変容――19世紀後半から1920年代まで」君島和彦編『近代の日本と朝鮮――「された側」からの視座』東京堂出版
―― 2014b 「朝鮮植民支配と公害――戦時期の黄海道鳳山郡を中心に」『史海』61
―― 2016 「朝鮮民族運動家の日本観――1910〜20年代を中心に」杉並歴史を語り合う会・歴史科学協議会編『隣国の肖像――日朝相互認識の歴史』大月書店
―― 2017a 『植民地期朝鮮の地域変容――日本の大陸進出と咸鏡北道』吉川弘文館
―― 2017b 「1920〜30年代朝鮮における地域社会の変容と有力者・社会運動――咸鏡北道雄基を対象として」『商学論纂』58-5・6
加藤茂生 2003 「上海自然科学研究所における研究と科学者の行動規範」『歴史学研究』781
金子文夫 1990 「松本俊郎著『侵略と開発――日本資本主義と中国植民地化』」土地制度史学 33-1
―― 1991 『近代日本における対満州投資の研究』近藤出版社
金子文夫編 1993 「戦後日本植民地研究史」大江志乃夫ほか編『岩波講座近代日本と植民地4』岩波書店
カプリオ, マーク・E. 2001 「朝鮮植民地研究――英語文献紹介」『日本植民地研究』13
カマチョ, キース・L. 2016 『戦禍を記念する――グアム・サイパンの歴史と記憶』西村明・町泰樹訳, 岩波書店
上沼八郎 1992 「「台湾教育令制定由来」(資料)について――植民地教育史研究ノート・その2」『高千穂論叢』26-4
―― 1998 「植民地「教育令」の公布について(台湾・朝鮮の比較「承前」)――植民地教育史研究ノート・その12」『高千穂論叢』32-4
河合和男・金早雪・羽鳥敬彦・松永達 2000 『国策会社・東拓の研究』不二出版
川口祥子 2017 「「巣鴨事件」の在日朝鮮人群像――事件への関わりとそれぞれの生」『在日朝鮮人史研究』47
川崎賢子 2006 「「外地」の映画ネットワーク――一九三〇―四〇年代における朝鮮・満洲国・中国占領地域を中心に」山本武利ほか編『岩波講座「帝国」日本の学知4』岩波書店
川島真・服部龍二編 2007 『東アジア国際政治史』名古屋大学出版会
カワシマ・ワトキンズ, ヨーコ著&監訳 2013 『竹林はるか遠く――日本人少女ヨーコの戦争体験記』都竹恵子訳, ハート出版
河西晃祐 2011 「「独立」国という「桎梏」」和田春樹ほか編『岩波講座東アジア近現代通史6』

岩波書店
―― 2012 『帝国日本の拡張と崩壊――「大東亜共栄圏」への歴史的展開』法政大学出版局
―― 2016 『大東亜共栄圏――帝国日本の南方体験』講談社選書メチエ
川西正鑑 1939 『工業立地の研究』日本評論社
川野重任 1941 『台湾米穀経済論』有斐閣
河原宏 1979 『昭和政治思想研究』早稲田大学出版部
河原林直人 2003 『近代アジアと台湾――台湾茶業の歴史的展開』世界思想社
関成和 2000 『七三一部隊がやってきた村――平房の社会史』松村高夫ほか編訳，こうち書房
菅英輝 2017 「アメリカ合衆国の対韓援助政策と朴正熙政権の対応――一九六四年〜一九七〇年代初頭」渡辺昭一編著『冷戦変容期の国際開発援助とアジア――一九六〇年代を問う』ミネルヴァ書房
簡佑丞 2018 「植民地初期台湾における港湾都市に関する研究」東京大学博士学位論文
木越義則 2009 「満鉄撫順炭礦の労務管理制度と小把頭――一九〇一〜一九四〇年」『日本史研究』560
―― 2012 『近代中国と広域市場圏――海関統計によるマクロ的アプローチ』京都大学学術出版会
貴志俊彦 2013 『東アジア流行歌アワー――越境する音 交錯する音楽人』岩波書店
北岡伸一 1978 『日本陸軍と大陸政策 1906-1918 年』東京大学出版会
北波道子 2003 『後発工業国の経済発展と電力事業――台湾電力の発展と工業化』晃洋書房
北村嘉恵 2008 『日本植民地下の台湾先住民教育史』北海道大学出版会
橘川武郎 1996 『日本の企業集団――財閥との連続と断絶』有斐閣
吉林省檔案館編 2003 『東北日本移民檔案 吉林巻(1-5)』広西師範大学出版社
木畑洋一 2012 「帝国と帝国主義」木畑洋一・南塚信吾・加納格『帝国と帝国主義(21 世紀歴史学の創造 4)』有志舎
木村健二 2005 「引揚者援護事業の推移」『年報・日本現代史』10
木村光彦 2018 『日本統治下の朝鮮――統計と実証研究は何を語るか』中央公論新社
邱淑婷 2007 『香港・日本映画交流史――アジア映画ネットワークのルーツを探る』東京大学出版会
許瓊丰 2009a 「在日台湾人と戦後日本神戸華僑社会の変遷」『台湾史研究』18-2
―― 2009b 「在日華僑の経済秩序の再編――1945 年から 1950 年代までの神戸を中心に」『星陵台論集』44-3
許淑真 1983 「留日華僑総会の成立に就いて(1945-1952)――阪神華僑を中心として」山田信夫編『日本華僑と文化摩擦』巌南堂書店
姜徳相 1997 『朝鮮人学徒出陣――もう一つのわだつみのこえ』岩波書店
金栄敏 1997 ＊『韓国近代小説史』ソル(ソウル)
―― 2005 ＊『韓国近代小説の形成過程』ソミョン出版(ソウル)
―― 2017 ＊「韓国近代文体の形成過程」『現代小説研究』65(ソウル)
金希娟 1989 ＊「旧韓末官立小学校に関する研究」ソウル大学修士論文
金京美 2009 ＊『韓国近代教育の形成』ヘアン
―― 2010 「韓国教育の近代化――近代中等教育体制の形成と学歴競争」『東アジアにおける教育の近代化とは何か』教育史学会第 54 回大会国際シンポジウム
金耿昊 2010 「解放後の朝鮮人生活権運動における生活保護適用要求の台頭――在日本朝鮮人連盟の生活安定事業・貧困者救済を中心に」『在日朝鮮人史研究』40
金振松 2005 『ソウルにダンスホールを――1930 年代朝鮮の文化』川村湊監訳，安岡明子・川村亜子訳，法政大学出版局(原著 1999 年)

金誠 2017　『近代日本・朝鮮とスポーツ——支配と抵抗，そして協力へ』塙書房
金哲 2015　「日帝の清算——「私たちは安楽に過ごしている」」田島哲夫訳，『抵抗と絶望——植民地朝鮮の記憶を問う』大月書店
—— 2017　「植民地の腹話術師たち——朝鮮作家の日本語小説創作」渡辺直紀訳『植民地の腹話術師たち——朝鮮の近代小説を読む』平凡社
金富子 2005　『植民地期朝鮮の教育とジェンダー——就学・不就学をめぐる権力関係』世織書房
—— 2010　「「韓国併合」100年と韓国の女性史・ジェンダー史研究の新潮流」『ジェンダー史学』6
—— 2011a　「植民地教育が求めた朝鮮人像とジェンダー——皇民化政策期を中心に」『朝鮮史研究会論文集』49
—— 2011b　「植民地教育史」和田春樹ほか編『岩波講座東アジア近現代通史別巻』岩波書店
金富子・板垣竜太 2015　『Q&A 朝鮮人「慰安婦」と植民地支配責任——あなたの疑問に答えます』御茶の水書房
金優綺 2016　「北海道における朝鮮人強制連行・強制労働と企業「慰安所」」『大原社会問題研究所雑誌』687
金洛年 2002　『日本帝国主義下の朝鮮経済』東京大学出版会
金洛年編 2008　『植民地期朝鮮の国民経済計算1910-1945』文浩一・金承美訳，東京大学出版会
クズネッツ，サイモン 1977　『諸国民の経済成長——総生産高および生産構造』西川俊作・戸田泰訳，ダイヤモンド社
久保文克 2016　『近代製糖業の経営史的研究』文眞堂
久保義三 1979　『天皇制国家の教育政策——その形成過程と枢密院』勁草書房
久保田裕次 2016　『対中借款の政治経済史——「開発」から二十一カ条要求へ』名古屋大学出版会
倉沢愛子 1992　『日本占領下のジャワ農村の変容』草思社
—— 2005　「二〇世紀アジアの戦争——帝国と脱植民地化」倉沢愛子ほか編『岩波講座アジア・太平洋戦争1』岩波書店
倉沢愛子編 1997　『東南アジア史のなかの日本占領』早稲田大学出版部
倉橋正直 2000　『北のからゆきさん』共栄書房(1989初版)
栗田禎子 2017a　「帝国主義と戦争」歴史学研究会編『第4次現代歴史学の成果と課題1』績文堂出版
—— 2017b　「帝国主義」歴史科学協議会編『歴史学が挑んだ課題——継承と展開の50年』大月書店
黒瀬郁二 2003　『東洋拓殖会社——日本帝国主義とアジア太平洋』日本経済評論社
桑原哲也 1990　『企業国際化の史的分析——戦前期日本紡績企業の中国投資』森山書店
權赫泰・李定垠・趙慶喜編 2017　＊『主権の野蛮——密航・収容所・在日朝鮮人』ハヌル
検閲研究会編 2011　＊『植民地検閲』ソミョン出版
顧雅文 2005　「植民地期台湾における開発とマラリアの流行——作られた「悪環境」」『社会経済史学』70-5
呉イクエ(呉昱瑩)・大場修 2011　「日本統治時代における台湾原住民族「アミ族」の住環境改善」『日本建築学会計画系論文集』668
—— 2012　「日本統治時代から戦後初期における台湾原住民族「アミ族」の改良蕃屋——秀姑巒アミ族と海岸アミ族の比較」『日本建築学会計画系論文集』675
呉永鎬 2017　＊「脱植民地化過程としての朝鮮学校の歴史——解放以後1960年代を中心に」裵芝遠・趙慶喜編『在日朝鮮人と朝鮮学校』先人

呉成哲 2000 ＊『植民地初等教育の形成』教育科学社
呉聡敏 1991 「1910年至1950年台湾国内生産毛額之估計」『経済論文叢刊』19-2
呉文星 2004a 「近代日本における学術と植民地――開拓すべきもう一つの新たな研究分野」『北東アジア研究』6
―― 2004b 「札幌農学校と台湾近代農学の展開――台湾総督府農事試験場を中心として」台湾史研究部会編『日本統治下台湾の支配と展開』中京大学社会科学研究所
―― 2008 『日治時期台湾的社会領導階層』五南図書出版（呉文星 2010『台湾の社会的リーダー階層と日本統治』所澤潤監訳，交流協会）
―― 2010 『台湾の社会的リーダー階層と日本統治』所澤潤監訳，交流協会
呉密察 2006 「明治国家体制与台湾――六三法之政治的展開」『台大歴史学報』第37期
高媛 2006 「ポストコロニアルな「再会」――戦後における日本人の「満洲」観光」倉沢愛子ほか編『岩波講座アジア・太平洋戦争4』岩波書店
―― 2012 「帝国の風景――満洲における桜の名所「鎮江山公園」の誕生」『Journal of Global Media Studies』11
黄嘉琪 2008 「第二次世界大戦前後の日本における台湾出身者の定住化の一過程――ライフコースの視点から」『海港都市研究』3
江慶林 1988 「日拠時期台湾之警制――以児玉源太郎之警政改革為中心」劉寧顔編『台湾省文献委員会慶祝成立四十週年紀念論文専輯』省文献会
黄士娟 2012 『建築技術官僚与殖民地経営(1895～1922)』台北芸術大学，遠流出版事業公司
洪秋芬 1992 「日拠初期台湾的保甲制度(1895-1903)」『中央研究院近代史研究所集刊』21
黄昭堂 1970 『台湾民主国の研究――台湾独立運動史の一断章』東京大学出版会
洪紹洋 2011 『台湾造船公司の研究――植民地工業化と技術移転(1919-1977)』御茶の水書房
洪性讚 1999 ＊「韓末―日帝下の社会変動と郷吏層」『韓国近代移行期中人研究』延世大学校国学研究院
洪宗郁 2011 『戦時期朝鮮の転向者たち――帝国／植民地の統合と亀裂』有志舎
黄武達 1998 『日治時代台北市近代都市計画』台湾都市史研究室
―― 2000 『日治時代(1895-1945)台湾都市計画歴程之建構』台湾都市史研究室
黄武達編 2006 『日治時期台湾都市発展地図集』南天書局・国史館台湾文献館
高祐二 2018 『吉本興業と韓流エンターテイメント――奇想天外，狂喜乱舞の戦前芸能絵巻』花伝社／共栄書房
黒龍江省檔案館編 2003 『東北日本移民檔案 黒龍江巻』1-10，広西師範大学出版社
小島清重郎 1944 「水稲研究三十年」満田隆一監修『満洲農業研究三十年』建国印書館
小薗崇明 2014 「オーラル・ヒストリーによる「生きた」歴史の再構築――関東大震災の朝鮮人虐殺における聞き取りの聞き取りを通じて」『日本オーラル・ヒストリー研究』10
兒玉州平 2011 「日本セメント産業の「満洲国」進出」『歴史と経済』53-2
後藤乾一 1989 『日本占領期インドネシア研究』龍渓書舎
五島寧 2012 「台湾都市計画令の立案における委任立法制度の影響に関する研究」『都市計画論文集（日本都市計画学会）』47-3
小林信介 2015 『人びとはなぜ満州へ渡ったのか――長野県の社会運動と移民』世界思想社
小林達也 1981 『技術移転――歴史からの考察・アメリカと日本』文真堂
小林知子 1996 「戦後における在日朝鮮人と「祖国」――朝鮮戦争期を中心に」『朝鮮史研究会論文集』34
―― 2011 「在外朝鮮人史」[朝鮮史研究会編 2011]
―― 2013 「朝鮮戦争下における在日朝鮮人の同時代史認識と東アジア史」『歴史学研究』908
小林英夫 1975 『「大東亜共栄圏」の形成と崩壊』御茶の水書房

―― 1992 「東アジアの経済圏――戦前と戦後」大江志乃夫ほか編『岩波講座近代日本と植民地 1』岩波書店
小林道彦 1996 『日本の大陸政策 1895-1914』南窓社
駒込武 1996 『植民地帝国日本の文化統合』岩波書店
―― 2002 「植民地支配と教育」辻本雅史・沖田行司編『新体系日本史 16 教育社会史』山川出版社
―― 2003 「台湾における「植民地的近代」を考える」『アジア遊学』48
―― 2007 「在台軍部と「反英運動」――ジュノー号事件を中心に」松浦正孝編『昭和・アジア主義の実像――帝国日本と台湾・「南洋」・「南支那」』ミネルヴァ書房
―― 2015 『世界史のなかの台湾植民地支配――台南長老教中学校からの視座』岩波書店
米家泰作 2014 「近代日本における植民地旅行記の基礎的研究――鮮満旅行記にみるツーリズム空間」『京都大学文学部研究紀要』53
菰田文男 1987 『国際技術移転の理論』有斐閣
小森陽一 2000 『日本語の近代』岩波書店
近藤正己 1996 『総力戦と台湾――日本植民地崩壊の研究』刀水書房
近藤正己・北村嘉恵・駒込武編 2012 『内海忠司日記 1928-1939――帝国日本の官僚と植民地台湾』京都大学学術出版会
蔡明志 2014 『殖民地警察之眼――台湾日治時期的地方警察，社会控制与空間改正』花木蘭文化出版社
蔡龍保 2007 「日治時期台湾総督府之技術官僚――以土木技師為例」『興大歴史学報』19
―― 2011 「台湾総督府の土地調査事業と技術者集団の形成――技手階層の役割に着目して」老川慶喜・須永徳武・谷ヶ城秀吉・立教大学経済学部編『植民地台湾の経済と社会』日本経済評論社
―― 2015 「鉄道建設と鹿島組」鈴木哲造訳，須永徳武編著『植民地台湾の経済基盤と産業』日本経済評論社
齊藤直 2009 「戦時経済下における資本市場と国策会社――台湾拓殖が直面した株式市場からの制約」『経営史学』43-4
―― 2010 「台湾拓殖の社債発行と政府保証――第 1 回社債発行の準備過程を中心に」『日本植民地研究』22
斎藤優 1979 『技術移転論』文真堂
坂上康博・金虎君 2013 「植民地下朝鮮におけるサッカー――民族の表象をめぐる闘争と熱狂」『日本植民地研究』25
坂部晶子 2008 『「満洲」経験の社会学――植民地の記憶のかたち』世界思想社
坂本知壽子 2005 ＊「ハルモニと私の小さな声――「元日本軍「慰安婦」生存者の「証言」の政治学」の完成過程」韓国口述史研究会『口述史――方法と事例』ソニン
坂本紀子 2014 「北海道庁令「簡易教育規程」(1898 年～1908 年)について――就学率の推移と簡易教育の実態に着目して」『日本の教育史学』57
―― 2016 「近代日本における「義務教育免除地」――地域の実態と義務教育獲得過程に着目して」日本教育学会第 75 回大会(於北海道大学，2016 年 8 月 24 日)
坂本雅子 2003 『財閥と帝国主義――三井物産と中国』ミネルヴァ書房
坂本悠一編 2015 『地域のなかの軍隊 7 帝国支配の最前線――植民地』吉川弘文館
崎浦誠治 1984 『稲品種改良の経済分析』養賢堂
サクソンハウス，G. 1981 「戦間期における朝鮮人労働者」中村隆英・清家篤訳，中村隆英編『戦間期の日本経済分析』山川出版社
作道洋太郎 1998 『阪神地域経済史の研究』御茶の水書房

桜井厚 2002 『インタビューの社会学——ライフストーリーの聞き方』せりか書房
—— 2012 『ライフストーリー論』弘文堂
櫻井毅・山口重克・柴垣和夫・伊藤誠編著 2010 『宇野理論の現在と論点——マルクス経済学の展開』社会評論社
笹本武治編 1965 『台湾の工業』アジア経済研究所
佐藤春夫 1956 「森鷗外のロマンティシズム」『森鷗外集2』筑摩書房
佐藤由美 2000 『植民地教育政策の研究——朝鮮・1905-1911』龍渓書舎
佐藤量 2016 『戦後日中関係と同窓会』彩流社
佐藤量・新谷千布美・菅野智博・飯倉江里衣 2015 「帰国邦人団体の会報からみる満洲の記憶」『信濃』67-11
三文字昌也 2018 「台湾における遊廓立地の研究 1895-1945——日本植民地都市計画論の観点から」東京大学修士論文
篠原三代平・石川滋編 1972 『台湾の経済成長——その数量経済的研究』アジア経済研究所
柴田善雅 2015 『植民地事業持株会社論——朝鮮・南洋群島・台湾・樺太』日本経済評論社
—— 2017 『満洲における政府系企業集団』日本経済評論社
芝原拓自 1981 『日本近代化の世界史的位置——その方法論的研究』岩波書店
渋谷玲奈 2006 「戦後における「華僑社会」の形成——留学生との統合に関連して」『成蹊大学法学政治学研究』32
清水賢一郎 2000 「梁啓超と〈帝国漢文〉——「新文体」の誕生と明治東京のメディア文化」『アジア遊学』13
清水正義 2009 「戦争責任と植民地責任もしくは戦争犯罪と植民地犯罪」[永原陽子編 2009]
清水美里 2013 「湊照宏著『近代台湾の電力産業——植民地工業化と資本市場』」『アジア経済』54-2
—— 2015 『帝国日本の「開発」と植民地台湾——台湾の嘉南大圳と日月潭発電所』有志舎
—— 2016 「日本植民地期嘉南大圳の運営から見る台南エリートの諸相」『南瀛歴史，社会与文化Ⅳ：社会与生活』台南市政府文化局
—— 2017 「台湾史研究からの考察」『Quadrante』19
下谷政弘 1993 『日本の系列と企業グループ——その歴史と理論』有斐閣
車恩妍 2016 ＊『植民地の記憶と他者の政治学——植民地朝鮮で生まれた日本人たちの脱郷，望郷，帰郷の叙事』ソニン
謝春木 1931a 『台湾人の要求』台湾新民報社
—— 1931b 「序」王白淵『棘の道』久保庄書店
朱徳蘭 2005 『台湾総督府と慰安婦』明石書店
シュンペーター 1956 『帝国主義と社会階級』都留重人訳，岩波書店
徐国章 2000 「台湾日治時期「警察政治」体制之建立」台湾省文献委員会編刊『台湾文献史料整理研究学術研討会論文集』
徐智瑛 2016 『京城のモダンガール——消費・労働・女性から見た植民地近代』姜信子・高橋梓訳，みすず書房（原著 2013 年）
徐仲錫 1997 ＊『解放後民族運動史研究』歴史批評社
徐禎完 2010 「植民地朝鮮における能——京釜鉄道開通式典における「国家芸能」能」『アジア遊学』138
鍾淑敏 2007 「植民と再植民——日本統治時代台湾と海南島の関係について」松浦正孝編著『昭和・アジア主義の実像——帝国日本と台湾・「南洋」・「南支那」』ミネルヴァ書房
聶莉莉 2006 『中国民衆の戦争記憶——日本軍の細菌戦による傷跡』明石書店
白戸健一郎 2016 『満洲電信電話株式会社——そのメディア史的研究』創元社

慎蒼宇 2004 「武断統治期における朝鮮人憲兵補助員・巡査補の考察」『歴史学研究』793
── 2008 『植民地朝鮮の警察と民衆世界 1894-1919──「近代」と「伝統」をめぐる政治文化』有志舎
── 2010 「植民地戦争としての義兵戦争」和田春樹ほか編『岩波講座東アジア近現代通史 2』岩波書店
── 2016 「伝統的知識人の日本観──崔益鉉と開化派人士の同時代的考察」杉並歴史を語り合う会・歴史科学協議会編『隣国の肖像──日朝相互認識の歴史』大月書店
慎蒼健 1999 「覇道に抗する王道としての医学──1930 年代朝鮮における東西医学論争から」『思想』905
陳野守正 1992 『大陸の花嫁──「満州」に送られた女たち』梨の木舎
新谷千布美 2015 「長野県飯田下伊那地域における満洲農業移民史調査記」『満洲の記憶』2
末永恵子 2005 『戦時医学の実態──旧満洲医科大学の研究』樹花舎
── 2011 「日中戦争期における対中国医療支援事業の変容──同仁会の医療支援について」『宮城歴史科学研究』68・69 合併号
末廣昭 2000 『キャッチアップ型工業化論──アジア経済の軌跡と展望』名古屋大学出版会
杉原薫 1996a 『アジア間貿易の形成と構造』ミネルヴァ書房
── 1996b 「両大戦間期のアジア間貿易」[杉原薫 1996a]
── 2003 『アジア太平洋経済圏の興隆』大阪大学出版会
── 2013 「戦後アジアにおける工業化型国際経済秩序の形成」[秋田茂編著 2013]
杉原達 1998 『越境する民──近代大阪の朝鮮人史研究』新幹社
杉山伸也 2012 『日本経済史──近世-現代』岩波書店
スコット，ジェームズ・C. 1999 『モーラル・エコノミー──東南アジアの農民叛乱と生存維持』高橋彰訳，勁草書房
鈴木晃仁 2002 「医学と医療の歴史」社会経済史学会編『社会経済史学の課題と展望』有斐閣
── 2014 「医学史の過去・現在・未来」『科学史研究』269
鈴木邦夫編著 2007 『満州企業史研究』日本経済評論社
鈴木恒夫・小早川洋一・和田一夫 2009 『企業家ネットワークの形成と展開──データベースからみた近代日本の地域経済』名古屋大学出版会
鈴木哲造 2014a 「日本統治下台湾における医師社会の階層構造と学歴主義──台湾総督府医院勤務医の任用過程を題材として」檜山幸夫編『歴史のなかの日本と台湾──東アジアの国際政治と台湾史研究』中国書店
── 2014b 「日治時期台湾医療法制之研究──以医師之培育与結構為中心」国立台湾師範大学歴史学系博士論文
── 2017 「日本の台湾統治と対外宣伝──1911 年ドレスデン万国衛生博覧会を事例として」国史館台湾文献館整理組編輯『第九屆台湾総督府檔案学術研討会論文集』国史館台湾文献館
須永徳武 2015 「商工会議所議員の植民地的特質」須永徳武編著『植民地台湾の経済基盤と産業』日本経済評論社
砂川晴彦 2018 「日本統治初期台南における近代市場の政策過程」『日本建築学会計画系論文集』744
角南総一郎 2005a 「旧日本植民地の物質文化研究とはどのようなものか？──台湾を中心として」メタ・アーケオロジー研究会編『近現代考古学の射程──今なぜ近現代を語るのか』六一書房
── 2005b 「近現代考古学調査の可能性──民俗学・民具学と近現代考古学，連携調査実践の試み」メタ・アーケオロジー研究会編『近現代考古学の射程──今なぜ近現代を語るの

か』六一書房
世界銀行編 1994 『東アジアの奇跡――経済成長と政府の役割』東洋経済新報社
石婉舜 2013 「植民地における演劇と観衆――台湾語通俗演劇の興起を中心に」近藤光雄訳,『言語社会（一橋大学大学院言語社会研究科）』7
芹澤良子 2007 「ハンセン病医療をめぐる政策と伝道――日本統治期台湾における事例から」『歴史学研究』834
宣在源 1995 「一九二〇・三〇年代朝鮮の労務管理体制――小野田セメント平壌工場と本社工場の比較を中心に」『社会経済史学』60-5
―― 2006 『近代朝鮮の雇用システムと日本――制度の移植と生成』東京大学出版会
千住一 2006 「日本による南洋群島統治に関する研究動向」『日本植民地研究』18
―― 2008 「南洋群島」［日本植民地研究会編 2008］
―― 2012 「日本統治下台湾・朝鮮・満洲における観光に関する研究動向」『奈良県立大学研究季報』22-2
―― 2013 「南洋群島における内地観光団をめぐる「内的心情」」『日本植民地研究』25
「戦争と女性への暴力」リサーチ・アクションセンター編 2013 『「慰安婦」バッシングを越えて――「河野談話」と日本の責任』大月書店
曽偉彰 2005 「台湾日本時代「遊廓」之研究――以台南為例」台北芸術大学建築与古蹟保存研究所碩士論文
宋恵媛 2016 「在日朝鮮女性の歴史叙述に向けて」『歴史評論』796
宋連玉 1994 「日本の植民地支配と国家的管理売春――朝鮮の公娼を中心にして」『朝鮮史研究会論文集』32
―― 2000 「公娼制度から「慰安婦」制度への歴史的展開」VAWW-NET Japan 編『「慰安婦」・戦時性暴力の実態Ⅰ（日本軍性奴隷制を裁く 2000年女性国際戦犯法廷の記録3）』緑風出版
―― 2009 「朝鮮戦争時期の在日朝鮮人女性の闘い」『アジア現代女性史』5
―― 2010 「世紀転換期の軍事占領と「売春」管理」［宋連玉・金栄編著 2010］
宋連玉・金栄編著 2010 『軍隊と性暴力――朝鮮半島の20世紀』現代史料出版
曽山毅 2003 『植民地台湾と近代ツーリズム』青弓社
―― 2013 「日本統治期台湾における修学旅行の展開――『台湾日日新報』を中心に」『観光学評論』1-2
孫準植 2010 ＊「日帝植民統治に対する台湾人の反応と警察イメージ」『歴史問題研究』37
孫文奎 2005 『共和国主権を擁護するための在日朝鮮同胞の闘争』金日成綜合大学出版社
胎中千鶴 2010 「帝国日本の相撲――外地から見た「国技」と大相撲」『現代思想』38-13
高江洲昌哉 2009 『近代日本の地方統治と「島嶼」』ゆまに書房
高岡裕之 2012 「戦時から戦後へ――「戦後」の起点としての一九五〇年代」安田常雄編『シリーズ戦後日本社会の歴史1』岩波書店
高雄市関懐台籍老兵文化協会 2013 『台湾近代戦争研討会論文輯』1,2届, 春暉
高嶋航 2012 『帝国日本とスポーツ』塙書房
高綱博文 1986 「「満州」における炭礦労務管理体制――撫順炭礦労務管理成立史」『日本大学経済学部経済科学研究所紀要』10
高野麻子 2016 『指紋と近代――移動する身体の管理と統治の技法』みすず書房
高橋泰隆 1995 『日本植民地鉄道史論――台湾，朝鮮，満州，華北，華中鉄道の経営史的研究』日本経済評論社
高林二郎 1989 「セメントプラントによる技術移転上の問題点についての考察」『アジア経済』30-10・11

武島良成 2003 『日本占領とビルマの民族運動——タキン勢力の政治的上昇』龍渓書舎
武田知己 2013 「第二次世界大戦期における国際情勢認識と対外構想——戦争のなかの戦後」井上寿一編『日本の外交1』岩波書店
武田晴人 1987 「日本における帝国主義経済構造の成立をめぐって」『社会科学研究』39-4
―― 2017 『異端の試み——日本経済史研究を読み解く』日本経済評論社
竹野学 2008 「樺太」[日本植民地研究会編 2008]
田島俊雄 2003 「中国化学工業の源流——永利化工・天原電化・満洲化学・満洲電化」『中国研究月報』57-10
―― 2017 「日本占領下の華北セメント産業」『日本植民地研究』29
田島俊雄・朱蔭貴・加島潤編著 2010 『中国セメント産業の発展——産業組織と構造変化』御茶の水書房
龍田光司編 2016 『朝鮮人強制動員韓国調査報告(全2冊)』緑蔭書房
田中傑 2006 『帝都復興と生活空間——関東大震災後の市街地形成の論理』東京大学出版会
田中良明 1989 『パルヴスと先進国革命——第二インタナショナル・マルクス主義の到達点』梓出版社
谷浦孝雄編 1988 『台湾の工業化——国際加工基地の形成』アジア経済研究所
谷川竜一 2016 『灯台から考える海の近代』京都大学学術出版会
谷本雅之 2015 「「在来的経済発展」論の射程——「在来」・「近代」の二元論を超えて」荒武賢一朗・太田光俊・木下光生編『日本史学のフロンティア1』法政大学出版局
駄場裕司 2007 『後藤新平をめぐる権力構造の研究』南窓社
田村貞雄 1992 「内国植民地としての北海道」大江志乃夫ほか編『岩波講座近代日本と植民地 1』岩波書店
田村志津枝 1993 「台湾の大衆芸能のありさま」大江志乃夫ほか編『岩波講座近代日本と植民地 7』岩波書店
池秀傑 1993 ＊『日帝下農民組合運動研究』歴史批評社
―― 1996 ＊「日帝下公州地域有志集団の道庁移転反対運動」『歴史と現実』20
―― 1999 ＊「旧韓末〜日帝初期有志集団の形成と郷吏」『韓国近代移行期中人研究』延世大学校国学研究院
―― 2005 ＊「日帝時期忠南扶余・論山郡の有志集団と革新青年集団」『韓国文化』36
―― 2007 ＊「日帝下の地方統治システムと郡単位「官僚—有志支配体制」——尹海東著『支配と自治』(歴史批評社，2006)に対する論評」『歴史と現実』63
チェン・チュア，カール・イアン 2017 「想起を介した忘却——日比におけるアジア太平洋戦争の碑と観光」岡田泰平訳，『歴史評論』808
チョ・ヒョングン(조형근) 2014 ＊「日帝植民地期在来市場の社会史的分析を通じた植民地近代性論の社会変動論的再構成」『한국사회학』48-5
張海燕 2016 「旅順における歴史的遺産の観光活用に関する研究」『アジア経営研究』22
張暁紅 2017 『近代中国東北地域の綿業——奉天市の中国人綿織物業を中心として』大学教育出版
張暁旻 2008 「植民地台湾における公娼制の確立過程(1896年〜1906年)——「貸座敷・娼妓取締規則」を中心に」『現代台湾研究』34
―― 2010 『植民地台湾における買売春の研究——公娼制の確立過程を中心に』神戸大学大学院国際文化学研究科博士論文
趙景達 2008 『植民地期朝鮮の知識人と民衆——植民地近代性論批判』有志舎
―― 2012 『近代朝鮮と日本』岩波新書
―― 2013 『植民地朝鮮と日本』岩波新書

張信 2004　＊「警察制度の確立と植民地国家権力の日常浸透」延世大学校国学研究院編『日帝の植民支配と日常生活』ヘアン
―― 2009　＊「朝鮮総督府の警察人事と朝鮮人警察」『歴史問題研究』22
張新民 2015　「占領下の華北における日本映画と映画館」岩本憲児編『日本映画の海外進出』森話社
張宗漢 2001　『光復前台湾の工業化』長房明訳，交流協会（1980『光復前台湾之工業化』聯経出版事業公司）
朝鮮史研究会編 2011　『朝鮮史研究入門』名古屋大学出版会
陳穎禎 2017　「台湾阿里山における植民地産業開発にともなう地域・都市・集落の再編に関する研究」明治大学博士学位論文
陳嘉齢 2002　『日拠時期台湾短篇詳説中的警察描写――含保正，御用紳士』国立政治大学国文教学碩士論文
陳姃湲 2010　「在殖民地台湾社会夾縫中的朝鮮人娼妓業（植民地台湾社会の狭間の朝鮮人娼妓業）」『台湾史研究』17-3
―― 2013　「植民地から帝国史研究の可能性を再考する――台湾史における地方エリートの研究動向と関連して」松田利彦・陳姃湲編『地域社会から見る帝国日本と植民地――朝鮮・台湾・満洲』思文閣出版
陳正哲 1999　『台湾震災重建史――日治震害下建築与都市的新生』南天書局（台湾）
―― 2004　「植民地都市景観の形成と日本生活文化の定着――日本植民地時代の台湾土地建物株式会社の住宅生産と都市経営」東京大学博士学位論文
陳培豊 2001　『「同化」の同床異夢――日本統治下台湾の国語教育史再考』三元社
―― 2012　『日本統治と植民地漢文――台湾における漢文の境界と想像』三元社
陳芳明 2015　『台湾新文学史上下』下村作次郎ほか訳，東方書店
陳來幸 2010　「戦後日本における華僑社会の再建と構造変化――台湾人の台頭と錯綜する東アジアの政治的帰属意識」小林道彦・中西寛編著『歴史の桎梏を越えて――20世紀日中関係への新視点』千倉書房
―― 2011　「在日台湾人アイデンティティの脱日本化――戦後神戸・大阪における華僑社会変容の諸契機」貴志俊彦編著『近代アジアの自画像と他者――地域社会と「外国人」問題』京都大学学術出版会
―― 2016　「在日台湾人と戦後日本における華僑社会の左傾化現象」『アジア遊学』204
塚﨑昌之 2010　「アジア太平洋戦争下の大阪府協和会・協和協力会・興生会の活動と朝鮮人――戦時動員体制への「親日派」朝鮮人の対応を中心として」『東アジア研究（大阪経済法科大学アジア研究所）』54
塚瀬進 2004　『満洲の日本人』吉川弘文館
塚原東吾 2009　「旧植民地帝国大学の科学史をどう考えるのか――1945年以降の歴史も射程に入れて」『科学史研究』48-249
辻原万規彦・青井哲人編 2018　『戦前期台湾火災保険特殊地図集成1・2』柏書房
常石敬一 2016　「731部隊――戦争と学術を考える原点として」『科学』86-10
角田房子 1967　『墓標なき八万の死者――満蒙開拓団の壊滅』番町書房
坪田＝中西美貴 2013　「引揚援護活動と女性引揚者の沈黙――二日市保養所を中心として」蘭信三編著『帝国以後の人の移動――ポストコロニアリズムとグローバリズムの交錯点』勉誠出版
鶴園裕基 2016　「すれ違う「国」と「民」――中華民国／台湾の国籍・パスポートをめぐる統制と抵抗」『アジア遊学』204
鄭栄桓 2013　『朝鮮独立への隘路――在日朝鮮人の解放5年史』法政大学出版局

―― 2016a 『忘却のための「和解」――『帝国の慰安婦』と日本の責任』世織書房
―― 2016b 「解放直後の在日朝鮮人運動と「戦争責任」論(1945-1949)――戦犯裁判と「親日派」処遇をめぐって」『日本植民地研究』28
―― 2017 「解説『セチョソン』とその時代」鄭栄桓編『セチョソン』地方版一九五〇〜五五2』緑蔭書房
鄭永寿 2015 「関東大震災時の虐殺事件によるトラウマ的体験とそのゆくえ――在日朝鮮人の口述資料を中心に」『Quadrante』17
―― 2016 「敗戦／解放前後における日本人の「疑心暗鬼」と朝鮮人の恐怖――関東大震災との関連を中心に」『コリア研究』7
―― 2017 「解放後在日朝鮮人運動における「関東大虐殺事件」の真相究明・責任追及(1945-49年)」『在日朝鮮人史研究』47
鄭恵瓊 2006 ＊「解放以後強制連行・強制労働帰還者の社会適応過程」『朝鮮人強制連行・強制労働Ⅰ 日本編』先人
鄭根埴 2011 ＊「植民地衛生警察の形成と変化，そして遺産」『社会と歴史』90
鄭駿永 2014 ＊「朝鮮総督府の"殖産"行政と産業官僚」『社会と歴史』102
鄭泰憲 2012 「経済成長論の歴史像の淵源と矛盾する近現代史認識」『日本の朝鮮植民地支配と植民地的近代』庵逧由香監訳，明石書店
鄭祐宗 2010 「解放後在日朝鮮人教育史研究の方法と実践」『教育史・比較教育論考』20
寺沢秀文 2013 「語り継ぐ「満蒙開拓」の史実――「満蒙開拓平和記念館」の建設実現まで」『信濃』65-3
寺澤優 2014 「東京府の二大私娼窟形成にみる近代日本の売買春と管理体制」『日本史研究』626
寺林伸明・劉含発・白木沢旭児編 2014 『日中両国から見た「満洲開拓」――体験・記憶・証言』御茶の水書房
東京の満蒙開拓団を知る会 2012 『東京満蒙開拓団』ゆまに書房
東畑精一・大川一司 1935 『朝鮮米穀経済論』日本学術振興会
外村大 2012 『朝鮮人強制連行』岩波新書
戸邉秀明 2003 「ポストコロニアリズムのインパクトと可能性――日本植民地研究とのかかわりで」『日本植民地研究』15
―― 2008 「ポストコロニアリズムと帝国史研究」[日本植民地研究会編 2008]
戸部良一 2005 「朝鮮駐屯日本軍の実像――治安・防衛・帝国」日韓歴史共同研究委員会編刊『日韓歴史共同研究報告書』第3分科会下巻
土木工業協会・電力建設業協会編 1971 『日本土木建設業史』技報堂
冨田哲 2017 「日本統治期台湾の通訳者，通訳をめぐる近年の研究動向」郭南燕編『世界の日本研究2017 国際的視野からの日本研究』国際日本文化研究センター
冨山一郎 1990 『近代日本社会と「沖縄人」――「日本人」になるということ』日本経済評論社
鳥山淳 2013 『沖縄／基地社会の起源と相克 1945-1956』勁草書房
永井和 2007 「日中戦争と陸軍慰安所の創設」『日中戦争から世界戦争へ』思文閣出版
永井秀夫 1996 「辺境の位置づけについて――北海道と沖縄」『北海学園大学人文論集』6
長岡新吉 1978 「猪俣津南雄の日本帝国主義論」逆井孝仁・保志恂・関口尚志・石井寛治『日本資本主義――展開と論理』東京大学出版会
長岡新吉・石坂昭雄編著 1983 『一般経済史』ミネルヴァ書房
長岡新吉・西川博史編著 1995 『日本経済と東アジア――戦時と戦後の経済史』ミネルヴァ書房
中川理 2015 『京都と近代――せめぎ合う都市空間の歴史』鹿島出版会

中川敬一郎 1981 『比較経営史序説』東京大学出版会
長島修 2002 「現代資本主義，国家独占資本主義」[石井・原・武田編 2002]
永島剛・市川智生・飯島渉編 2017 『衛生と近代——ペスト流行にみる東アジアの統治・医療・社会』法政大学出版局
永田四郎 1957 『日本セメント産業史』建設文化社
中野聡 2006 「植民地統治と南方軍政——帝国・日本の解体と東南アジア」倉沢愛子ほか編『岩波講座アジア・太平洋戦争 7』岩波書店
―― 2012 『東南アジア占領と日本人——帝国・日本の解体』岩波書店
中野敏男 2006 「植民地主義概念の新たな定位に向けて」中野敏男・波平恒男・屋嘉比収・李孝徳編著『沖縄の占領と日本の復興——植民地主義はいかに継続したか』青弓社
永原慶二 2003 『20 世紀日本の歴史学』吉川弘文館
永原陽子 2017 「植民地責任論」歴史学研究会編『第 4 次現代歴史学の成果と課題 1』績文堂出版
永原陽子編 2009 『「植民地責任」論——脱植民地化の比較史』青木書店
長見崇亮 2003 「満鉄の鉄道技術移転と中国の鉄道復興——満鉄の鉄道技術者の動向を中心に」『日本植民地研究』15
―― 2006 「留用技術者と満鉄の技術移転」『満鉄とは何だったのか』藤原書店
中村尚史 2010 『地方からの産業革命——日本における企業勃興の原動力』名古屋大学出版会
中村光夫 1958 『二葉亭四迷伝』講談社
波形昭一 1997 「台湾における経済団体の形成と商業会議所設立問題」[波形昭一編著 1997]
―― 2000 「植民地台湾の官僚人事と経済官僚」波形昭一・堀越芳昭編『近代日本の経済官僚』日本経済評論社
―― 2004 「台北商工会議所の設立と展開過程」[柳沢遊・木村健二編著 2004]
―― 2017 『植民地期台湾の銀行家・木村匡』ゆまに書房
波形昭一編著 1997 『近代アジアの日本人経済団体』同文舘出版
並木真人 1993 「植民地期朝鮮人の政治参加について——解放後史との関連において」『朝鮮史研究会論文集』31
―― 1999 「植民地期朝鮮政治・社会史研究に関する試論」『朝鮮文化研究』6
―― 2003 「朝鮮における「植民地近代性」・「植民地公共性」・対日協力——植民地政治史・社会史研究のための予備的考察」『国際交流研究 国際交流学部紀要』5
波平恒男 2014 『近代東アジア史のなかの琉球併合——中華世界秩序から植民地帝国日本へ』岩波書店
成田龍一 2010 『「戦争経験」の戦後史——語られた体験／証言／記憶』岩波書店
成田龍一・吉田裕編 2015 『岩波講座アジア・太平洋戦争 戦後篇——記憶と認識の中のアジア・太平洋戦争』岩波書店
南宮晧 2000 「日本統治期朝鮮における東亜日報社主催女子庭球大会(1923-1939)に関する研究——大会創設の経緯，概要及び報道の役割を中心にして」『スポーツ史研究』13
西尾達雄 2005 「植民地スポーツ史研究で今求められている課題とは——「植民地近代化論」との関わりで」『植民地教育史研究年報』8
西川長夫 1992 『国境の越え方——比較文化論序説』筑摩書房
西川博史 1995 「東アジア経済圏と日本の貿易」長岡新吉・西川博史編著[1995]
西里喜行 2005 『清末中琉日関係史の研究』京都大学学術出版会
西澤泰彦 2008 『日本植民地建築論』名古屋大学出版会
西田秀子 2003 「戦時下北海道における朝鮮人「労務慰安婦」の成立と実態——強制連行との関係性において」『女性史研究ほっかいどう』1

西村秀樹 2004 『大阪で闘った朝鮮戦争——吹田枚方事件の青春群像』岩波書店
日本商工会議所 1933 「日満実業懇談会ニ於ケル各商工会議所質問事項」(東京商工会議所経済資料センター)
日本植民地研究会編 2008 『日本植民地研究の現状と課題』アテネ社
任ダハム 2014 『韓国映画史における映画都市〈京城〉の意味——1910〜30年代の在朝鮮日本人と朝鮮人映画人の活動を中心に』東京大学大学院総合文化研究科博士論文
野口真広 2009 「石塚英蔵総督の台湾統治改革構想——台湾経験から見る郡警分離問題」松田利彦・やまだあつし編『日本の朝鮮・台湾支配と植民地官僚』思文閣出版
野尻重雄 1942 『農民離村の実証的研究』岩波書店
ノース, ダグラス & ロバート・トーマス 1980 『西欧世界の勃興——新しい経済史の試み』速水融・穐本洋哉訳, ミネルヴァ書房
延近充 2015 『21世紀のマルクス経済学』慶應義塾大学出版会
野村佳正 2016 『「大東亜共栄圏」の形成過程とその構造——陸軍の占領地軍政と軍事作戦の葛藤』錦正社
ノラ, ピエール編 2002-2003 『記憶の場——フランス国民意識の文化＝社会史1・2』谷川稔監訳, 岩波書店
裵姈美・酒井裕美・野木香里 2006 「朝鮮人特攻隊員に関する一考察」森村敏己編『視覚表象と集合的記憶——歴史・現在・戦争』旬報社
白佐立 2017 「狭小集合住宅を生きる——台北市南機場アパートメントにおける生活のかたち」『現代民俗学研究』9
パク・チャンスン 1992 ＊『韓国政治思想史研究——民族主義右派の実力養成論』歴史批評社
橋谷弘 2004 『帝国日本と植民地都市』吉川弘文館
橋本寿朗 2004 『戦間期の産業発展と産業組織Ⅱ——重化学工業化と独占』武田晴人解題, 東京大学出版会
波多野澄雄 1996 『太平洋戦争とアジア外交』東京大学出版会
波田野節子 2013 『韓国近代作家たちの日本留学』白帝社
── 2014 「李光洙と「翻訳」」『韓国朝鮮文化研究』13
── 2015 「『無情』の表記と文体について」『朝鮮学報』236
── 2017a 「謝春木の日本語創作——「彼女は何処へ」(一九二二)から「硝子越に見た南朝鮮」(一九二四)まで」『植民地研究』16
── 2017b 「李光洙——山崎俊夫という「異郷」」和田博文・徐静波・兪在真・横路啓子編『異郷としての日本——東アジアの留学生がみた近代』勉誠出版
服部民夫編 1987 『韓国の工業化——発展の構図』アジア経済研究所
濱下武志 2013 『華僑・華人と中華網——移民・交易・送金ネットワークの構造と展開』岩波書店
林博史 2015 『日本軍「慰安婦」問題の核心』花伝社
速水佑次郎 1973 『日本農業の成長過程』創文社
原朗 1972 「1930年代の満州経済統制政策」満州史研究会編『日本帝国主義下の満州——「満州国」成立前後の経済研究』御茶の水書房
── 1976 「「大東亜共栄圏」の経済的実態」『土地制度史学』18-3
── 2013a 『日本戦時経済研究』東京大学出版会
── 2013b 「書評 堀和生著『東アジア資本主義史論Ⅰ——形成・構造・展開』・堀和生編著『東アジア資本主義史論Ⅱ——構造と特質』」『歴史と経済』55-2
春山明哲 1978 「昭和政治史における霧社事件——植民地統治の政治過程分析」『台湾近代史研究』1

―― 1980　「近代日本の植民地統治と原敬」春山明哲・若林正丈編『日本植民地主義の政治的展開――その統治体制と台湾の民族運動　一八九五――一九三四年』アジア政経学会
―― 2008　『近代日本と台湾――霧社事件・植民地統治政策の研究』藤原書店（初出1980）
范燕秋 1994　「日拠前期台湾之公共衛生――以防疫為中心之研究(1895-1920)」国立台湾師範大学歴史研究所碩士論文
―― 1998　「後藤新平と台湾経営――近代国家衛生の視点から」『史潮』44
―― 2008　「衛生看得見――1910年代台湾的衛生展覧会」『科技，医療与社会』7
―― 2010　『疾病，医学与殖民現代性：日治台湾医学史』稲郷，二版
ハント，リン 2016　『グローバル時代の歴史学』長谷川貴彦訳，岩波書店
樋浦郷子 2013　『神社・学校・植民地――逆機能する朝鮮支配』京都大学学術出版会
東アジア地域研究会ほか編 2001-2002　『講座東アジア近現代史』(全6巻)青木書店
疋田康行編著 1995　『南方共栄圏――戦時日本の東南アジア経済支配』多賀出版
樋口雄一 2001　『戦時下朝鮮の民衆と徴兵』総和社
ピケティ，トマ 2014　『21世紀の資本』山形浩生ほか訳，みすず書房（Piketty, Thomas 2014. *Capital in the Twenty-First Century*, Harvard University Press）
久末亮一 2012　『香港「帝国の時代」のゲートウェイ』名古屋大学出版会
檜山幸夫 1998　「台湾総督の律令制定権と外地統治論――「匪徒刑罰令」の制定と「台湾総督府臨時法院条例改正」を例として」中京大学社会科学研究所台湾総督府文書目録纂編委員会編『台湾総督府文書目録』4巻，ゆまに書房
―― 2004　「台湾統治基本法と外地統治機構の形成――六三法の制定と憲法問題」台湾史研究部会編『日本統治下台湾の支配と展開』中京大学社会科学研究所
―― 2011　「日台戦争論――台湾接収時における台湾での戦争の呼称問題を中心に」檜山幸夫編著『帝国日本の展開と台湾』創泉堂
―― 2015　「日本の外地統治機構と外地支配について――「植民地官僚」「植民地大学」論への問い」檜山幸夫編『台湾植民地史の研究』ゆまに書房
平井健介 2017　『砂糖の帝国――日本植民地とアジア市場』東京大学出版会
平田雅博 2004　「古い帝国史と新しい帝国史」『二十世紀研究』5
平山勉 2003　「日本植民地研究の回顧――満州研究 2000～2002」『日本植民地研究』15
―― 2009　「満鉄の増資と株主の変動――1933年増資の払込期間を中心として」『歴史と経済』51-2
―― 2010　「戦時経済統制下の株式市場における競争の変質――満鉄の1940年増資と株主の安定」『日本植民地研究』22
―― 2012　「株式市場の拡大と株券譲渡の「正当性」――満鉄株主訴訟(1934年)を事例として」Graduate School of Film Producing; Working Paper Series No. 12-02
ヒルシュマイア，J. 1965　『日本における企業者精神の生成』土屋喬雄・由井常彦訳，東洋経済新報社
広川淑子 1977　「第二次朝鮮教育令の成立過程」『北海道大学教育学部紀要』30
広瀬貞三 2003　「「満州国」における水豊ダム建設」『新潟国際情報大学情報文化学部紀要』6
―― 2009　「朝鮮総督府の土木官僚」松田利彦・やまだあつし編『日本の朝鮮・台湾支配と植民地官僚』思文閣出版
―― 2013　「南朝鮮鉄道工事と土地収用令」松田利彦・陳姃湲編『地域社会から見る帝国日本と植民地――朝鮮・台湾・満洲』思文閣出版
広瀬玲子 2014　「植民地支配とジェンダー――朝鮮における女性植民者」『ジェンダー史学』10
巫靚 2015　「戦後日本をめぐる中国大陸籍者および台湾籍者の移動――占領期(1945～52年)を中心として」『移民研究年報』21

傅朝卿 1999　『日治時期台湾建築──1895-1945』大地地理(台湾)
福田勇助 2016　『日本農地改革と農地委員会──「農民参加型」土地改革の構造と展開』日本経済評論社
藤井和子 2014　「植民地支配の残滓はいかに遺産化されたか──韓国・台湾の比較研究から」『旅の文化研究所研究報告』24
藤田貞一郎 1966　『近世経済思想の研究──「国益」思想と幕藩体制』吉川弘文館
藤永壯 1998　「日露戦争と日本による「満州」への公娼制度移植」桂川光正ほか『快楽と規制〈近代における娯楽の行方〉』大阪産業大学産業研究所
── 2000　「朝鮮植民地支配と「慰安婦」制度の成立過程」VAWW-NET Japan 編『「慰安婦」・戦時性暴力の実態Ⅰ(日本軍性奴隷制を裁く 2000 年女性国際戦犯法廷の記録3)』緑風出版
── 2004　「植民地朝鮮における公娼制度の確立過程──1910 年代のソウルを中心に」『二十世紀研究』5
── 2005a　「植民地公娼制度と日本軍「慰安婦」制度」早川紀代編『戦争・暴力と女性 3　植民地と戦争責任』吉川弘文館
── 2005b　「植民地台湾における公娼制度の導入とその変遷──法令の分析を通じた基礎的考察」『「日本帝国」の支配地域における公娼制度と接客業の実態分析』平成 14～16 年度科学研究費成果報告書
── 2009　「【資料紹介】十五年戦争期・台湾の接客業──『台湾日日新報』の記事より」『季刊戦争責任研究』66
── 2013　「戦時期朝鮮における「慰安婦」動員の「流言」「造言」をめぐって」松田利彦・陳姃湲編『地域社会から見る帝国日本と植民地──朝鮮・台湾・満洲』思文閣出版
布野修司 2005　『近代世界システムと植民都市』京都大学学術出版会
布野修司, ヒメネス・ベルデホ・ホアン・ラモン 2013　『グリッド都市──スペイン植民都市の起源, 形成, 変容, 転生』京都大学学術出版会
古川宣子 1993　「植民地期朝鮮における初等教育──就学状況の分析を中心に」『日本史研究』370
古久保さくら 1999　「満州における日本人女性の経験──犠牲者性の構築」『女性史学』9
── 2003　「「近代家族」としての満州農業移民家族像──「大陸の花嫁」をめぐる言説から」大日方純夫編『民族・戦争と家族』吉川弘文館
古田和子 2000　『上海ネットワークと近代東アジア』東京大学出版会
文明基 2013　＊「台湾・朝鮮の'植民地近代'の格差──警察部門の比較を通して」『中国近現代史研究』59
ヘッドリク, ダニエル・R. 1989　『帝国の手先──ヨーロッパ膨張と技術』原田勝正・老川慶喜・多田博一訳, 日本経済評論社
卞鳳奎 2011　『日治時期台湾留学日本醫師之探討』博揚文化
彭瑞金 2005　『台湾新文学運動四〇年』中島利郎・澤井律之訳, 東方書店
龐濤 2014　『新中国映画, 新中国文芸における「満映」の影響──朱文順, 賈作光, 王啓民を中心に』北海道大学大学院文学研究科博士論文
朴完 2016　「3・1 運動時期の「朝鮮人軍人」問題と日本陸軍の対応──帝国内の「統合」強化の側面から」『訪日学術研究者論文集』22
朴慶植 1989　『解放後在日朝鮮人運動史』三一書房
朴沙羅 2011　「物語から歴史へ──社会学的オーラルヒストリー研究の試み」『ソシオロジ』56-1
── 2016　「生活史における「事実」のために」『At プラス　思想と活動』28

朴燦鎬 2018　『韓国歌謡史Ⅰ——1895-1945』邑楽社
朴淳遠 1993　＊「解放後三陟시멘트工場의 再建過程——1945-1960」(解放後三陟セメント工場の再建過程——1945-1960)『経済史学』(経済史学) 17
朴雙 2013　「体制変化」原朗・宣在源編著『韓国経済発展への経路——解放・戦争・復興』日本経済評論社
朴祥美 2017　『帝国と戦後の文化政策——舞台の上の日本像』岩波書店
朴宣美 2005　『朝鮮女性の知の回遊——植民地文化支配と日本留学』山川出版社
朴廷鎬 2005　「近代日本における治安維持政策と国家防衛政策の狭間——朝鮮軍を中心に」『本郷法政紀要』14
朴裕河 2014　『帝国の慰安婦——植民地支配と記憶の闘い』朝日新聞出版
細川嘉六 1972(1941)　『細川嘉六著作集 2』理論社(『植民史』)
—— 1973(1927)　『細川嘉六著作集 1』理論社(「現代植民運動における階級利害の対立」)
細谷亨 2014　「戦時期における満洲分村移民送出と母村の変容——長野県諏訪郡富士見村を事例に」『社会経済史学』80-2
—— 2015　「地域から送り出された満洲移民」加藤聖文・田畑光永・松重充浩編『挑戦する満洲研究——地域・民族・時間』国際善隣協会
ポメランツ, K. 2015　『大分岐——中国，ヨーロッパ，そして近代世界経済の形成』川北稔監訳，名古屋大学出版会(Pomeranz, K. 2000. *The Great Divergence: China, Europe, and the Making of the Modern World Economy*, Princeton University Press)
堀和生 1995　『朝鮮工業化の史的分析』有斐閣
—— 2008　「総論 東アジア資本主義史論の射程——貿易構造の分析」堀和生編著『東アジア資本主義史論Ⅱ　構造と特質』ミネルヴァ書房
—— 2009　『東アジア資本主義史論Ⅰ　形成・構造・展開』ミネルヴァ書房
堀内義隆 2001　「日本植民地期台湾の米穀産業と工業化——籾摺・精米業の発展を中心に」『社会経済史学』67-1
—— 2016　「台湾の高度経済成長と資本財供給」堀和生編『東アジア高度成長の歴史的起源』京都大学学術出版会
ホン・ジョンウク(홍종욱) 2014　＊「周辺部の近代——南北韓の植民地半封建論を再び考える」『사이間 SAI』17
増尾伸一郎 2010　「孫晋泰と金素雲——朝鮮歌謡の収集と翻訳」『アジア遊学』138
松浦正孝 2010　『「大東亜戦争」はなぜ起きたのか——汎アジア主義の政治経済史』名古屋大学出版会
松尾純広 1985　「石炭鉱業連合会と昭和石炭株式会社」橋本寿朗・武田晴人編著『両大戦間期日本のカルテル』御茶の水書房
松田利彦 2005　＊「日本陸軍の中国大陸侵略政策と朝鮮——1910-1915 年」ソウル大学校韓国文化研究所編『韓国近代社会と文化Ⅱ——1910 年代　植民統治政策と韓国社会の変化』ソウル大学校出版部
—— 2007　「近代日本植民地における「憲兵警察制度」に見る「統治様式の遷移」——朝鮮から関東州・「満洲国」へ」『日本研究』35
—— 2009a　「朝鮮における植民地官僚／官僚制についての研究史」松田利彦・やまだあつし編『日本の朝鮮・台湾支配と植民地官僚』思文閣出版
—— 2009b　『日本の朝鮮植民地支配と警察——1905〜1945 年』校倉書房
—— 2010　「内務官僚と植民地朝鮮」『思想』1029
松田法子ほか 2015　特集「都市史から領域史へ」『建築雑誌』1671
松田良孝 2004　『八重山の台湾人』南山舎

松村高夫 2017 「関東憲兵隊による「特移扱」——七三一細菌戦部隊の全体史解明のために」荻野富士夫・兒嶋俊郎・江田憲治・松村高夫『「満洲国」における抵抗と弾圧——関東憲兵隊と「合作社事件」』小樽商科大学出版会
松本武祝 1999 「植民地期朝鮮農村における衛生・医療事業の展開——「植民地的近代性」に関する試論」『商経論叢』34-4
—— 2005 『朝鮮農村の〈植民地近代〉経験』社会評論社
—— 2007 「植民地朝鮮における衛生・医療制度の改編と朝鮮人社会の反応」『歴史学研究』834
—— 2008 「韓国における農業水利組織の改編過程——公共性と協同の相克」『歴史と経済』50-3
—— 2015 「植民地朝鮮における河川改修事業をめぐる「公共性」——全羅北道・万頃江を事例として」『日本植民地研究』27
松本俊郎 1988 『侵略と開発——日本資本主義と中国植民地化』御茶の水書房
—— 1989 「台湾・韓国経済の長期的動向分析, 1903-1983 年」『社会経済史学』55-3
—— 2000 『「満洲国」から新中国へ——鞍山鉄鋼業からみた中国東北の再編過程1940〜1954』名古屋大学出版会.
松山恵 2014 『江戸・東京の都市史——近代移行期の都市・建築・社会』東京大学出版会
マディソン, アンガス 2004 『経済統計で見る世界経済 2000 年史』金森久雄監訳, 柏書房
見市雅俊 2001 「病気と医療の世界史——開発原病と帝国医療をめぐって」[見市雅俊・斎藤修・脇村孝平・飯島渉編 2001]
見市雅俊・斎藤修・脇村孝平・飯島渉編 2001 『疾病・開発・帝国医療——アジアにおける病気と医療の歴史学』東京大学出版会
三澤真美恵 2010 『「帝国」と「祖国」のはざま——植民地期台湾映画人の交渉と越境』岩波書店
水島司 2010 『グローバル・ヒストリー入門』山川出版社
水島司・加藤博・久保亨・島田竜登編 2015 『アジア経済史研究入門』名古屋大学出版会
水谷智 2009 「〈比較する主体〉としての植民地帝国——越境する英領インド教育政策批判と東郷實」『社会科学』85
水野直樹 1997 「戦時期の植民地支配と「内外地行政一元化」」『人文学報(京都大学人文科学研究所)』79
溝口敏行 1975 『台湾・朝鮮の経済成長——物価統計を中心として』岩波書店
溝口敏行・梅村又次編 1988 『旧日本植民地経済統計——推計と分析』東洋経済新報社
溝口雄三・平石直昭・浜下武志・宮嶋博史編 1993-1994 『アジアから考える』(全7巻)東京大学出版会
三谷太一郎 2009 『ウォール・ストリートと極東——政治における国際金融資本』東京大学出版会
三谷博 1997 「帝国大学生の国内移動」『年報近代日本研究』19
道場親信 2002 「新しい難民 戦後開拓と農民闘争——社会運動の中の「難民」体験」『現代思想』30-13
—— 2008 「「戦後開拓」再考——「引揚げ」以後の「非／国民」たち」『歴史学研究』846
湊照宏 2005a 「戦後復興期における台湾電力業の後発性の利益とその内部化(1945-1950 年)」『企業研究(中央大学企業研究所)』7
—— 2005b 「戦時および戦後復興期台湾におけるソーダ産業」『中国研究月報』59-12
—— 2005c 「日中戦争期における台湾拓殖会社の金融構造」『日本台湾学会報』7
—— 2006 「太平洋戦争期における台湾拓殖会社の金融構造」『日本植民地研究』18

―― 2010a 「戦後復興期の公営台湾水泥公司」[田島俊雄ほか編著 2010]
―― 2010b 「戦時日本におけるセメント産業の構造調整――回転窯の対アジア移設」[田島俊雄ほか編著 2010]
―― 2011 『近代台湾の電力産業――植民地工業化と資本市場』御茶の水書房
―― 2017 「書評 柴田善雅著『植民地事業持株会社論――朝鮮・南洋群島・台湾・樺太』」『経営史学』51-4
峰毅 2009 『中国に継承された「満洲国」の産業――化学工業を中心にみた継承の実態』御茶の水書房
宮島英昭 2002 「独占資本主義成立論争」[石井・原・武田編 2002]
―― 2004 『産業政策と企業統治の経済史――日本経済発展のミクロ分析』有斐閣
宮田節子 1985 『朝鮮民衆と「皇民化」政策』未来社
宮地正人 1973 『日露戦後政治史の研究――帝国主義形成期の都市と農村』東京大学出版会
宮本憲一 1976 『社会資本論[改訂版]』有斐閣
宮本正明 2004 「朝鮮軍・解放前後の朝鮮」『東洋文化研究』6
―― 2010 「宇都宮太郎と朝鮮支配」安田常雄・趙景達編『近代日本のなかの「韓国併合」』東京堂出版
三吉明 1959 「貧困階層としての引揚者の援護について」『明治学院論叢』52-1
ミラノヴィッチ, ブランコ 2017 『大不平等――エレファントカーブが予測する未来』立木勝訳, みすず書房(Milanovic, B. 2016. *Global Inequality: A New Approach for the Age of Globalization*, Harvard University Press)
村串仁三郎 1981 「満州への石炭業技術移転と労働力」国際連合大学
モスコビッチ, C. 1986 『植民地朝鮮における日本の銀行の従業員達』殖銀行友会訳, 殖銀行友会(原著 1979 年)
桃木至朗編 2008 『海域アジア史研究入門』岩波書店
森時彦 1996 「産業――中国の「産業革命」」狭間直樹ほか『データでみる中国近代史』有斐閣
森田明 1974 『清代水利史研究』亜紀書房
谷ヶ城秀吉 2007 「戦時経済下における国策会社の企業行動――台湾拓殖の華南占領地経営を事例に」『東アジア近代史』10
―― 2010 「戦時経済下における国策会社の利益確保行動――台湾拓殖を事例に」『日本植民地研究』22
―― 2012 『帝国日本の流通ネットワーク――流通機構の変容と市場の形成』日本経済評論社
矢島桂 2012 「戦間期朝鮮における鉄道金融の展開――朝鮮鉄道会社の社債発行を中心に」『社会経済史学』78-1
安岡健一 2014 『「他者」たちの農業史――在日朝鮮人・疎開者・開拓農民・海外移民』京都大学学術出版会
―― 2015 「飯田市歴史研究所におけるオーラルヒストリー」『飯田市歴史研究所年報』13
安嶌歩・深尾葉子編 2009 『「満洲」の成立――森林の消尽と近代空間の形成』名古屋大学出版会
矢内原忠雄 1963(1926) 『矢内原忠雄全集 1』岩波書店(『植民及植民政策』)
柳沢遊 1999 『日本人の植民地経験――大連日本人商工業者の歴史(日本近代からの問い 2)』青木書店
柳沢遊・岡部牧夫 2001 「解説・帝国主義と植民地」[柳沢遊・岡部牧夫編 2001]
柳沢遊・岡部牧夫編 2001 『展望日本歴史 20 帝国主義と植民地』東京堂出版
柳沢遊・木村健二編著 2004 『戦時下アジアの日本経済団体』日本経済評論社
柳沢遊・木村健二・浅田進史編著 2013 『日本帝国勢力圏の東アジア都市経済』慶應義塾大学

出版会
山口修 1993 「歌のなかの植民地」大江志乃夫ほか編『岩波講座近代日本と植民地 7』岩波書店
山下達也 2011 『植民地朝鮮の学校教員——初等教育集団と植民地支配』九州大学出版会
山田朗 2015 「戦争責任論の現在と今後の課題——戦争の〈記憶〉の継承の観点から」『歴史評論』784
やまだあつし 2009a 「台湾植民地官僚制について」松田利彦・やまだあつし編『日本の朝鮮・台湾支配と植民地官僚』思文閣出版
—— 2009b 「ノンキャリア技術官僚と植民地台湾——測量技師・野呂寧を中心として」松田利彦・やまだあつし編『日本の朝鮮・台湾支配と植民地官僚』思文閣出版
—— 2012 「1900 年代台湾農政への熊本農業学校の関与」『名古屋市立大学大学院人間文化研究科人間文化研究』18
山田昭次 1996 『金子文子——自己・天皇制国家・朝鮮人』影書房
—— 2005 「戦時期の皇民化教育と朝鮮女子勤労挺身隊」山田昭次・古庄正・樋口雄一『朝鮮人戦時労働動員』岩波書店
山田千香子 2011 「カナダの日系移民——ジェンダー視点からの考察」粟屋利江・松本悠子編著『ジェンダー史叢書 7 人の移動と文化の交差』明石書店
山田寛人 2004 『植民地朝鮮における朝鮮語奨励政策——朝鮮語を学んだ日本人』不二出版
山田盛太郎 1977 『日本資本主義分析』岩波文庫
山之内靖、ヴィクター・コシュマン、成田龍一編 1995 『総力戦と現代化』柏書房
山室信一 2001 「日本と東アジアの連関をめぐる新視角を求めて」古屋哲夫・山室信一編『近代日本における東アジア問題』吉川弘文館
—— 2003 「「国民帝国」論の射程」山本有造編『帝国の研究——原理・類型・関係』名古屋大学出版会
—— 2011 「国民帝国日本における異法域の統合と格差」『人文学報』101
山本和行 2015 『日本学研究叢書 17 自由・平等・植民地性——台湾における植民地教育制度の形成』国立台湾大学出版中心
山本潔 1985 「華北産業科学研究所」『華北産業科学研究所業績集』1
山本武利ほか編 2006 『岩波講座「帝国」日本の学知』(全 8 巻) 岩波書店
山本美越乃 1927 『改訂植民政策研究(改訂第十一版)』弘文堂書房
山本めゆ 2015 「戦時性暴力の再-政治化に向けて——「引揚女性」の性暴力被害を手がかりに」『女性学』22
山本裕 2002 「「満州」日系企業研究史」田中明編著『近代日中関係史再考』日本経済評論社
—— 2003 「「満州国」における鉱産物流通組織の再編過程——日満商事の設立経緯 1932-1936 年」『歴史と経済』45-2
山本有造 1992 『日本植民地経済史研究』名古屋大学出版会
—— 2003 『「満洲国」経済史研究』名古屋大学出版会
—— 2011 『「大東亜共栄圏」経済史研究』名古屋大学出版会
山本有造編著 2007 『「満洲」——記憶と歴史』京都大学学術出版会
ヤン・ジヘ 2016 ＊「日帝時期日本窒素肥料株式会社の産業公害問題と「植民性」』『歴史問題研究』36
ヤング, ルイーズ 2001 『総動員帝国——満洲と戦時帝国主義の文化』加藤陽子・川島真・高光佳絵・千葉功・古市大輔訳, 岩波書店
楊子震 2012 「帝国臣民から在日華僑へ——渋谷事件と戦後初期在日台湾人の法的地位」『日本台湾学会報』14
葉衽榤 2010 「従台湾日治時期的漢詩再探日治警察, 保正与保甲之形象」『文史台湾学報』2

横手慎二 2009 「スターリンの日本人送還政策と日本の冷戦への道(1・2・3)」『法学研究』82-9・10・11
芳井研一 2000 『環日本海地域社会の変容——「満蒙」・「間島」と「裏日本」』青木書店
吉開那津子 1993 『消せない記憶——湯浅軍医生体解剖の記録』日中出版
吉田裕 1986 「軍事支配(1)満洲事変期」[浅田喬二・小林英夫編 1986]
吉野誠 1987 「朝鮮史研究における内在的発展論」『東海大学紀要(文学部)』47
吉見義明 1995 『従軍慰安婦』岩波新書
吉本興業 2017 『吉本興業百五年史』吉本興業株式会社／ワニブックス
頼郁雯 1999 「日治時期台湾的衛生研究——以台湾総督府中央研究所衛生部為例」国立中央大学歴史研究所碩士論文
ラフ=オハーン, ジャン 1999 『オランダ人「慰安婦」ジャンの物語』渡辺洋美訳, 木犀社
李英載 2013 『帝国日本の朝鮮映画——植民地メランコリアと協力』三元社
李宛儒 2007 「日本統治下の台湾演劇——総督府が奨励した青年劇と皇民化劇をみる」『言葉と文化(名古屋大学大学院国際言語文化研究科)』8
—— 2008 「植民地台湾の新劇発展と張維賢——日本留学の影響をめぐって」『演劇学論集(日本演劇学会)』47
李淵植 2004 「解放直後に帰還した在日朝鮮人3世の境界体験」『韓日民族問題研究』7
李海訓 2015 『中国東北における稲作農業の展開過程』御茶の水書房
李炯植 2013 『朝鮮総督府官僚の統治構想』吉川弘文館
李元浩 1983 ＊『開化期教育政策史』文音社
李乾朗 1980 『台湾近代建築』雄獅図書公司(台湾)
—— 2003 『台湾古建築図解事典』遠流(台湾)
李国生 1997 「戦争与台湾人——殖民政府対台湾的軍事人力動員(1937～1945)」国立台湾大学歴史学研究所碩士論文
李升熙 2008 『韓国併合と日本軍憲兵隊——韓国植民地化過程における役割』新泉社
李尚仁 2004 「医学, 帝国主義与現代性」『台湾社会研究』54
李昌玟 2015 『戦前期東アジアの情報化と経済発展——台湾と朝鮮における歴史的経験』東京大学出版会
李崇禧 1996 『日本時代台湾警察制度之研究』国立台湾大学碩士論文
李理 2013 『日据時期台湾警察制度研究』鳳凰出版社
劉士永 2008 「日治時期台湾医薬関係管窺」李建民主編『従医療看中国史』聯経
劉士永・王文基編 2017 『東亜医療史——殖民, 性別与現代性』聯経出版
劉文兵 2016 『日中映画交流史』東京大学出版会
劉碧蓉 2009 「日本殖民体制下星製薬会社的政商関係」国立台湾師範大学政治学研究所博士論文
劉鳳翰 1997 『日軍在台湾——一八九五年至一九四五年的軍事措施与主要活動』上・下巻, 国史館
柳芳蘭 1995 ＊『韓国近代教育の登場と発達』ソウル大学博士論文
呂哲奇 2004 「由爸爾登(W. K. Burton)的衛生工程看台湾日治初期基礎衛生工程与市区設計」『台湾文献』55-2
呂明純 2002 「日本領台時期の衛生政策と公学校衛生教育」東呉大学日本語文学系碩士論文
梁秋虹 2013 「治理底層女性——日本殖民性治理与被治理者的政治(1895-1937)(サバルタン女性を統治する——性に関する日本の植民地統治性と統治されるものの政治学(1895-1937))」台湾大学社会科学院社会学系博士論文
梁晶弼 2013 「植民地期開城における韓国人商権とその特徴」[柳沢遊・木村健二・浅田進史編

著2013]
林京錫 2017 「韓国における朝鮮近現代史研究の現状と課題——社会主義運動研究を中心に」『PRIME』40
林玉茹 2011 「技術移転から地域開発へ——官営日本人漁業移民事業の展開」老川慶喜・須永徳武・谷ヶ城秀吉・立教大学経済学部編『植民地台湾の経済と社会』日本経済評論社
林慶花 2005 ＊「民族の声としての民謡——植民地下朝鮮の「民謡」概念導入と展開」林慶花編『近代韓国と日本の民謡創出』ソミョン出版
林采成 2005 『戦時経済と鉄道運営——「植民地」朝鮮から「分断」韓国への歴史的経路を探る』東京大学出版会
—— 2013 「満鉄における鉄道業の展開——効率性と収益性の視点より」『歴史と経済』55-4
—— 2015 「鉄道業の展開——推計と実態」須永徳武編著『植民地台湾の経済基盤と産業』日本経済評論社
—— 2016 『華北交通の日中戦争史——中国華北における日本帝国の輸送戦とその歴史的意義』日本経済評論社
林鍾国 1988-89 ＊『日本軍の朝鮮侵略史』Ⅰ・Ⅱ巻，日月書閣
林鐘雄 2002 『台湾経済発展の歴史的考察 1895～1995(増訂版)』石田浩校閲，交流協会
林勝龍 2012 「日本統治下台湾における武士道野球の受容と展開」早稲田大学大学院博士論文
林和 1993(1940) ＊「朝鮮文学研究の一課題」『林和・新文学史』ハンギル社(ソウル)
—— 2001(1940) 「新文学史の方法」李光鎬編『韓国の近現代文学』尹相仁・渡辺直紀訳，法政大学出版局
ルクセンブルク，ローザ 1934 『資本蓄積論——帝国主義の経済的説明への一寄与』(上中下)長谷部文雄訳，岩波文庫
歴史学研究会編 1994 『国民国家を問う』青木書店
歴史学研究会編集委員会 2007 「特集によせて」『歴史学研究』834
レーニン 1956 『帝国主義』宇高基輔訳，岩波文庫
若林正丈 1983 『台湾抗日運動史研究』研文出版
脇田憲一 2004 『朝鮮戦争と吹田・枚方事件——戦後史の空白を埋める』明石書店
脇村孝平 1997 「植民地統治と公衆衛生——インドと台湾」『思想』878
—— 2002 『飢饉・疫病・植民地統治——開発の中の英領インド』名古屋大学出版会
—— 2013 「書評 堀和生著『東アジア資本主義史論Ⅰ——形成・構造・展開』」『経済史研究』16
鷲谷花 2007 「花木蘭の転生——「大東亜共栄圏」をめぐる日中大衆文化の交錯」池田浩士編『大東亜共栄圏の文化建設』人文書院
和田春樹ほか編 2010-2011 『岩波講座東アジア近現代通史』(全10巻・別巻)岩波書店
渡辺兵力 1976 『農業技術論』龍渓書舎
渡部学 1975 「朝鮮の近代教育とは？——「換骨奪胎」的連続としての前進」『世界教育史大系5 朝鮮教育史』講談社

2. 欧文

欧文文献をアルファベット順で配列した．

Barlow, Tani. 1997. 'Introduction: On "Colonial Modernity",' in Tani E. Barlow, ed., *Formations of Colonial Modernity in East Asia*, Duke University Press

Bernhard, Patrick. 2015. 'Hitler's Africa in the east: Italian colonialism as a model for German planning in eastern Europe', *Journal of Contemporary History*, 51
Brückenhaus, Daniel. 2015. 'The Origins of Trans-imperial Policing: British-French Government Co-operation in the Surveillance of Anti-colonialists in Europe', 1905-25, in V. Barth and R. Cvetkovski eds., *Imperial Co-operation and Transfer, 1870-1930: empires and encounters*, Bloomsbury
Bush, Barbara. 2010. 'Review of *The New Imperial Histories Reader*', *Reviews in History*, Review no. 989. [http://www.history.ac.uk/reviews/review/989 (Date accessed: 25 February, 2018)]
Chen, Ching-chih. 1984. 'Police and Community Control Systems in the Empire', in R. H. Myers and M. R. Peattie eds., *The Japanese Colonial Empire, 1895-1945*, Princeton University Press
Cook, S. B. 1993. *Imperial Affinities: Nineteenth Century Analogies and Exchanges between India and Ireland*, Sage Publications
Cooper, Frederick and Ann Stoler. 1997. 'Between Metropole and Colony: Rethinking a Research Agenda', in F. Cooper and A. Stoler eds., *Tensions of Empire: Colonial Cultures in a Bourgeois World*, University of California Press
Eckert, C. J. et al. 1990. *Korea, Old and New: A History*, Harvard University Press
Fröbel, F. et al. 1977. *The New International Division of Labour: Structural Unemployment in Industrialised Countries and Industrialisation in Developing Countries*, Rowohlt Taschenbuch Verlag
Gallagher, J. and R. Robinson. 1953. 'Imperialism of free trade', *Economic History Review*, VI-1
Hedinger, Daniel. 2017. 'The imperial nexus: the Second World War and the Axis in global perspective', *Journal of Global History*, 12
Hiroko MATSUDA. 2011. 'Book Reviw: Modan Garu to Shokuminchiteki Kindai', *Social Science Japan Journal*, 14-2
Ho, Samuel P. S. 1978. *Economic Development of Taiwan, 1860-1970*, Yale University Press
Lindner, Ulrike. 2015. 'New Forms of Knowledge Exchange Between Imperial Powers: The Development of the Institut Colonial International (ICI) Since the End of the Nineteenth Century', in V. Barth and R. Cvetkovski eds., *Imperial Co-operation and Transfer, 1870-1930*, Bloomsbury
Liu, Michael Shiyung. 2009. *Prescribing colonization: the role of medical practices and policies in Japan-ruled Taiwan, 1895-1945*, Association for Asian Studies
Lo, Ming-cheng M. 2002. *Doctors within Borders: Profession, Ethnicity, and Modernity in Colonial Taiwan*, University of California Press (ロー・ミンチェン 2014『医師の社会史――植民地台湾の近代と民族』塚原東吾訳, 法政大学出版局)
Maddison, A. 1969. *Economic Growth in Japan and the USSR*, George Allen & Unwin
—— 2007. *Contours of the World Economy, 1-2030AD: Essays in Macro-Economic History*, Oxford University Press
Manjapra, Kris. 2013. *Age of Entanglement: German and Indian Intellectuals across Empire*, Harvard University Press
Mizutani, Satoshi. 2015. 'Anti-Colonialism and the Contested Politics of Comparison: Rabindranath Tagore, Rash Behari Bose and Japanese colonialism in Korea in the inter-war period', *Journal of Colonialism and Colonial History*, 16(1)

Okazaki, Tetsuji. 2015. 'Development and management of the Manchurian economy under Japan's empire', in M. Boldorf and T. Okazaki eds., *Economies under Occupation: The hegemony of Nazi Germany and Imperial Japan in World War II*, Routledge

Park Soon-Won. 1999. *Colonial Industrialization and Labor in Korea: The Onoda Cement Factory*, Harvard University Press

Sawai, Minoru ed. 2017. *The Development of Railway Technology in East Asia in Comparative Perspective*, Springer

Stoler, Ann Laura. 2001. 'Tense and Tender Ties: The Politics of Comparison in North American History and (Post) Colonial Studies', *The Journal of American History*, 88(3)

Stoler, Ann Laura and McGranahan, Carole. 2007. 'Refiguring Imperial Terrains', in A. L. Stoler, C. McGranahan, and P. Perdue eds., *Imperial Formulations*, School of American Research Press

Tsuru, Shuntaro. 2018. 'Embedding Technologies into the Farming Economy: Extension Work of Japanese Sugar Companies in Colonial Taiwan', *East Asian Science, Technology and Society*, Volume 12, Issue 1, pp. 3-32

Twomey, Christina. 2011. 'Atrocity Narratives and Inter-Imperial Rivalry: Britain, Germany and the Treatment of "Native Races", 1904-1839', in T. Crook and B. Taithe eds., *Evil, Barbarism and Empire: Britain and Abroad, c. 1830-2000*, Palgrave Macmillan

Wolf, Margery. 1968. *The House of Lim: A Study of a Chinese Farm Family*, Prentice Hall（マージェレイ・ウルフ 1998『リン家の人々——台湾農村の家庭生活』中川勝美訳，風響社）

あとがき

　本書を企画・編集した日本植民地研究会(以下，本会．https://sjcs.exblog.jp/)は，浅田喬二氏らによって1986年に設立された．現在の会員数は160名前後で，日本学術会議協力学術研究団体としてはおそらく最小の規模に分類されるが，活気ある若手研究者が数多く在籍していることが本会の特色である．

　本会の基本的な活動は，年1回の全国研究大会と年2回の定例研究会である．全国研究大会では，複数の報告者・コメンテーターで構成する共通論題報告を企画することが通例で，近年では「帝国日本の熱狂・ホスピタリティ・アイロニィ」(2012年)，「北東アジアの鉄道システムの崩壊と再編——帝国日本の敗戦とソ連の東アジア戦略」(2013年)，「植民地権力と「公共性」」(2014年)，「帝国日本の植民地支配責任を問い直す」(2015年)など，特定の地域や研究手法に偏らない多種多様なテーマに取り組んでいる．本会の設立30周年を記念する2016年の全国研究大会では，これまでの研究動向をサーベイして今後の取り組むべき論点を探る「日本植民地研究の論点」を共通論題報告として企画した．当日は，吉井文美・脇村孝平の両氏から適切なコメントを頂戴したほか，後述する編纂委員会の設立以前からこの企画に係わっていた加藤圭木・竹内祐介・細谷亨の各氏が，ある種の「実験台」として報告を引き受けてくださった．この共通論題報告にご協力くださった皆様に厚くお礼申し上げたい．

　共通論題報告の準備と並行して，日本植民地研究会編[2008]で示した研究情報の更新・補完を目的として共通論題報告の出版計画を進めることにした．2008年に刊行された同書は，今でも十分に有用な入門書であるが，研究の進展などに起因して記述に不足が生じつつあった．たとえば，永原陽子編[2009]の前に刊行された同書は，「植民地責任」論にほとんど言及していないし，本書の第10章(金富子氏執筆)が批判するように，ジェンダーやセクシュアリティに関する記述が少ないという問題も抱えていた．同書の執筆を担当した経験から言えば，それぞれの専門分野を持つ研究者が，異なるディシプリンを持つ他の分野に「越境」して地域全体の研究動向を論じることは，想定よりも遥かに困難な仕事であった．そこで今回は，地域横断的なテーマ別の編成として地域

別編成の日本植民地研究会編[2008]を補うことにした．その場合，今度は地域を「越境」する困難が生じるので，当初は1つのテーマに地域別の執筆者を立てる構想であった．しかし，そうすると掲載可能なテーマが極端に限定され，かつ執筆者間の調整も難しくなることから，最終的には1テーマ＝1執筆者の枠組みとした．その結果，執筆者の方々には大変ご無理をお願いすることになった．伏してお詫びするとともに，困難な仕事をお引き受けくださった執筆者の方々に心から敬意と謝意を表したい．

　執筆者の選定や内容の妥当性を判断するために本会は，時限的な編纂委員会を設けることにした．委員長には，2015-16年度に本会の理事代表を務めた須永徳武氏が就き，安達宏昭・加藤圭木・清水美里・千住一・竹内祐介・平山勉・細谷亨・三ツ井崇の各氏および谷ヶ城秀吉が委員として実務を担当した．木村健二氏(2013-14年度理事代表)，山本裕氏(同事務局長)，飯塚靖氏(2017-18年度理事代表)をはじめとする本会関係者からも多大なご支援を賜ったほか，会議室の利用については岡部桂史氏のお世話になった．記して感謝したい．

　出版については当初，根拠もなく楽観視していたが，学術的な刊行物を巡る出版事情は思いのほか厳しく，すぐに難航することになった．そこで『岩波講座近代日本と植民地』と『岩波講座「帝国」日本の学知』のシリーズを刊行する岩波書店に安達委員を介して出版を依頼したところ，快くお引き受けくださった．岩波書店および本書の担当編集者である吉田浩一氏に深く感謝申し上げたい．

　このように本書は，多くの方々からのご支援とご協力を得て刊行することができた．内容については万全を期したつもりであるが，言及できなかったテーマも残されており，課題を残している．たとえば，言語論的転回以後の現代歴史学と植民地研究の関係は，本来であれば1つの章を立てて論じるべきであるが，本書では果たせていない．また，テーマ別の編成とした結果，台湾・朝鮮および満洲以外の地域を対象とする研究の多くが本書から欠落することになった．これらの点は，戸邉秀明[2008]，竹野学[2008]および千住一[2008]が論じているので，本書と併せてご参照いただきたい．以上，本書を通じて得られた知見が，「一国史」でもなく，「日本中心史観」でもない，オルタナティブな歴史像の構築に幾ばくかでも貢献できたならば幸いである．

（谷ヶ城秀吉）

執筆者一覧(掲載順)

須永徳武(すなが のりたけ)　1956年生．立教大学経済学部教授．『植民地台湾の経済基盤と産業』(編著)日本経済評論社，2015年

谷ヶ城秀吉(やがしろ ひでよし)　1975年生．専修大学経済学部教授．『帝国日本の流通ネットワーク——流通機構の変容と市場の形成』日本経済評論社，2012年

駒込 武(こまごめ たけし)　1962年生．京都大学大学院教育学研究科教授．『世界史のなかの台湾植民地支配——台南長老教中学校からの視座』岩波書店，2015年

松田利彦(まつだ としひこ)　1964年生．国際日本文化研究センター教授・総合研究大学院大学文化科学研究科教授．『日本の朝鮮植民地支配と警察——1905〜1945年』校倉書房，2009年

加藤圭木(かとう けいき)　1983年生．一橋大学大学院社会学研究科准教授．『植民地期朝鮮の地域変容——日本の大陸進出と咸鏡北道』吉川弘文館，2017年

竹内祐介(たけうち ゆうすけ)　1980年生．東京都立大学経済経営学部准教授．「満鉄社線の連絡輸送と「満洲国」市場」『社会経済史学』83-1，2017年

平山 勉(ひらやま つとむ)　1971年生．湘南工科大学工学部総合文化教育センター教授．「満鉄調査の慣習的方法——統計調査を中心として」松村高夫・柳沢遊・江田憲治編『満鉄の調査と研究——その「神話」と実像』青木書店，2008年

清水美里(しみず みさと)　1982年生．立教大学経済学部助教．『帝国日本の「開発」と植民地台湾——台湾の嘉南大圳と日月潭発電所』有志舎，2015年

林 采成(イム チェソン)　1969年生．立教大学経済学部教授．『戦時経済と鉄道運営——「植民地」朝鮮から「分断」韓国への歴史的経路を探る』東京大学出版会，2005年

李 海訓(り かいくん)　東京経済大学経済学部講師．『中国東北における稲作農業の展開過程』御茶の水書房，2015年

安達宏昭(あだち ひろあき)　1965年生．東北大学大学院文学研究科教授．『「大東亜共栄圏」の経済構想——圏内産業と大東亜建設審議会』吉川弘文館，2013年

大浜郁子（おおはま いくこ）　琉球大学人文社会学部准教授．「「加害の元凶は牡丹社蕃に非ず」――「牡丹社事件」からみる沖縄と台湾」『二十世紀研究』7，2006年

湊　照宏（みなと てるひろ）　1974年生．立教大学経済学部教授．『近代台湾の電力産業――植民地工業化と資本市場』御茶の水書房，2011年

金　富子（キム プジャ）　東京外国語大学大学院教授．『植民地遊廓――日本の軍隊と朝鮮半島』（共著）吉川弘文館，2018年

都留俊太郎（つる しゅんたろう）　1987年生．京都大学人文科学研究所助教．'Embedding Technologies into the Farming Economy: Extension Work of Japanese Sugar Companies in Colonial Taiwan', *East Asian Science, Technology and Society*, 12-1, 2018

細谷　亨（ほそや とおる）　1979年生．立命館大学経済学部准教授．「戦時期における日本人「満洲開拓民」の経営・生活と意識――山形県高松村送出・「阿城高柴開拓団」を事例として」『日本史研究』566，2009年

千住　一（せんじゅ はじめ）　1976年生．立教大学観光学部准教授．「南洋群島における内地観光団をめぐる「内的心情」」『日本植民地研究』25，2013年

古川宣子（ふるかわ のりこ）　1961年生．大東文化大学国際関係学部教授．「1920年代大邱徳山学校――その教育実態と植民地教育行政」『朝鮮史研究会論文集』45，2007年

小野容照（おの やすてる）　九州大学大学院人文科学研究院准教授．『朝鮮独立運動と東アジア 1910-1925』思文閣出版，2013年

鈴木哲造（すずき てつぞう）　1980年生．中京大学社会科学研究所研究員．「日本統治下台湾における医師社会の階層構造と学歴主義――台湾総督府医院勤務医の任用過程を題材として」檜山幸夫編『歴史のなかの日本と台湾――東アジアの国際政治と台湾史研究』中国書店，2014年

末永恵子（すえなが けいこ）　福島県立医科大学講師．『戦時医学の実態――旧満洲医科大学の研究』樹花舎，2005年

青野正明（あおの まさあき）　1958年生．桃山学院大学国際教養学部教授．『帝国神道の形成――植民地朝鮮と国家神道の論理』岩波書店，2015年

青井哲人（あおい あきひと）　1970年生．明治大学理工学部教授．『彰化一九〇六――一座城市被烙傷，而後自体再生的故事』大家出版（台湾），2013年

波田野節子（はたの せつこ）　1950年生．新潟県立大学名誉教授．『韓国近代作家たちの日本留学』白帝社，2013年

高　媛（こう えん）　1972年生．駒澤大学グローバル・メディア・スタディーズ学部准教授．「戦前期満洲における中国人青年の学校生活——南満中学堂生の「学生日記」(一九三六年)から」田中祐介編『日記文化から近代日本を問う——人々はいかに書き，書かされ，書き遺してきたか』笠間書院，2017年

三ツ井　崇（みつい たかし）　1974年生．東京大学大学院総合文化研究科准教授．『朝鮮植民地支配と言語』明石書店，2010年

宮本正明（みやもと まさあき）　早稲田大学大学史資料センター嘱託．「日本敗戦直後における朝鮮奨学会の改編と活動」『立教学院史研究』12，2015年

兒玉州平（こだま しゅうへい）　1980年生．山口大学経済学部准教授．「戦間期硫安業界における東洋窒素工業株式会社の活動」『社会経済史学』80-3，2014年

吉井文美（よしい ふみ）　1984年生．国立歴史民俗博物館研究部准教授．「日中戦争下における揚子江航行問題——日本の華中支配と対英米協調路線の蹉跌」『史学雑誌』127-3，2018年

加藤聖文（かとう きよふみ）　1966年生．国文学研究資料館准教授．『満蒙開拓団——虚妄の「日満一体」』岩波書店，2017年

水谷　智（みずたに さとし）　1974年生．同志社大学グローバル地域文化学部教授．'Anti-Colonialism and the Contested Politics of Comparison: Rabindranath Tagore, Rash Behari Bose and Japanese colonialism in Korea in the inter-war period', *Journal of Colonialism and Colonial History*, 16-1, 2015

松本武祝（まつもと たけのり）　1960年生．東京大学大学院農学生命科学研究科教授．『朝鮮農村の〈植民地近代〉経験』社会評論社，2005年

脇村孝平（わきむら こうへい）　1954年生．大阪経済法科大学経済学部教授．『飢饉・疫病・植民地統治——開発の中の英領インド』名古屋大学出版会，2002年

飯倉江里衣（いいくら えりい）　1987年生．神戸女子大学助教．「満洲国陸軍軍官学校と朝鮮人——口述資料を通してみる教育経験」『朝鮮史研究会論文集』54，2016年

小林信介（こばやし しんすけ）　1972年生．金沢大学人間社会研究域経済学経営学系准教授．『人びとはなぜ満州へ渡ったのか——長野県の社会運動と移民』世界思想社，2015年

浅田進史（あさだ しんじ）　1974年生．駒澤大学経済学部教授．『ドイツ統治下の青島——経済的自由主義と植民地社会秩序』東京大学出版会，2011年

日本植民地研究の論点

2018 年 7 月 11 日　第 1 刷発行
2020 年 4 月 24 日　第 2 刷発行

編　者　日本植民地研究会
　　　　にほんしょくみんちけんきゅうかい

発行者　岡本　厚

発行所　株式会社　岩波書店
　　　　〒101-8002 東京都千代田区一ツ橋 2-5-5
　　　　電話案内 03-5210-4000
　　　　https://www.iwanami.co.jp/

印刷・精興社　製本・松岳社

Ⓒ 日本植民地研究会 2018
ISBN 978-4-00-061279-1　Printed in Japan

帝国神道の形成 ―植民地朝鮮と国家神道の論理―	青野正明	A5判 400頁 本体 6000円
世界史のなかの台湾植民地支配 ―台南長老教中学校からの視座―	駒込 武	A5判 896頁 本体 15000円
阿片帝国日本と朝鮮人	朴橿 著 小林元裕, 吉澤文寿 権寧俊 訳	A5判 238頁 本体 5500円
「慰安婦」問題を／から考える ―軍事性暴力と日常世界―	歴史学研究会 日本史研究会 編	四六判 278頁 本体 2700円
海域アジア史研究入門	桃木至朗 編	A5判 302頁 本体 3200円
戦禍を記念する ―グアム・サイパンの歴史と記憶―	キース・L.カマチョ 著 西村明, 町泰樹 訳	A5判 320頁 本体 5400円

――― 岩波書店刊 ―――

定価は表示価格に消費税が加算されます
2020年4月現在